◆ 本书的出版得到华南师范大学法学院经费资助 ◆

高校公共安全法律研究

主　编：崔卓兰　江乐忠

撰稿人：宋慧宇　孔繁华　张继红

　　　　季洪涛　王立峰　刘　畅

　　　　廖　丹　李洪明

人民出版社

前　言

　　"高校公共安全法律研究"是 2006 年中国高等教育学会教育科学"十一五"规划重点课题的研究成果。当前,高等教育的改革与发展面临一系列的新情况和新问题,尤其是高等教育服务经济建设的要求,使得高校的办学空间和办学规模得到了迅速扩大,高校公共安全作为其中一个重要问题已经远远滞后于高等教育的改革与发展。校园治安状况每况愈下,各类案件层出不穷,周边环境混乱复杂,严重干扰和破坏了和谐稳定的校园秩序,而且,在司法实践中,相同的案件有时却有不同的处理结果,也反映出法律依据的缺失和理论研究的滞后。因此,高校公共安全问题备受社会瞩目,校园安全立法议案在全国人大会议上连续被提出。我们深切感受到高校公共安全恶化给学校、学生、家长带来的困惑、烦恼、尴尬和负担,特别是对学校正常教学秩序带来的严重负面影响,给教育事业造成的危害不容低估,甚至制约着高等教育的协调与可持续发展。

　　就世界范围而言,高校公共安全已成为世界各国教育发展中的一个共性问题,对其处理也已成为学校法律活动的一个重要方面。美国、英国、日本等国家和港澳台地区相继建立了一套以保护校园公共安全为内容的完备的法律法规体系,相关主体法律责任和义务明确,处理机构专门化、法定程序严格,事故赔偿责任社会化机制完善,这些都与其以相对完善的理论作为基础是分不开的。

在全球化大背景下,我国高校公共安全的理论研究工作必将加快吸收和借鉴发达国家和地区的先进管理经验和管理理念,通过制定校园公共安全法,构建校园公共安全法律机制,为高校的长治久安提供保证。2006年,吉林大学、华南师范大学、吉林省社会科学院联合申请了中国高等教育学会教育科学"十一五"规划重点课题"高校公共安全法律机制比较研究",希望结合南北两地的科研力量针对高校公共安全法律机制进行系统的研究和探讨。作为整个课题的研究成果,本书具有实证调查全面准确、资料收集典型及时、理论观点新颖科学的特色。

首先,本书的整体结构分为调查分析篇、域外法制篇、制度建构篇,共十章。调查分析篇对国内一些省份高校公共安全现状进行实证调查,并对调查结果进行分析,总结出影响高校公共安全的内在和外在因素,建立在实证研究之上的理论研究必将具有坚实的基础。域外法制篇重点对美国、英国、日本等国以及港澳台地区高校公共安全法律机制历史背景、法律内容、实效等方面进行介绍与分析,尽管法律体系不尽相同,但这些国家和地区高校公共安全管理方面有很多成功的经验和机制值得我们仔细研究并加以借鉴。本书在适当借鉴先进管理机制的同时,也结合了我国实际认真思考并总结这些机制的缺憾与不足。批判地借鉴,永远是法律移植的核心要义。制度建构篇对高校公共安全法律机制基本范畴、理论依据、制度建构进行梳理和探讨,并在此基础上重点对高校公共安全服务社会化机制以及高校突发事件应急管理法律机制进行研究。

其次,本书各篇章内容重点突出,资料收集典型及时,研究方法具有多样性。

调查分析篇采取自填式问卷与访谈式问卷相结合并辅之以个案调查的方式,对高校教师、学生、保卫部门工作人员和个案当事人进行了调查。调查内容涉及人身安全、财产安全、交通安全、消防安全、食品安全,以及对高校公共安全状况总体评价,共采纳十六份表格、十几个案例和二十多份访谈。应当说调查分析篇对高校公共安全现状调查内容全面、方法多样,在此基础上对影响高校公共安全的因素分析具有一定的准确性和科学性。

域外法制篇是本书研究的重点。比较研究的前提是对国外的法律制度有一定程度的了解,这样才能有的放矢。本部分的研究具有研究方法多样性、资料类型多样化、研究内容典型性的特点。

1. 本篇运用的研究方法具有多样性。本篇研究过程中采用对比分析法、历史考察法、实证分析法、案例分析法等多种研究方法。特别是对比分析法,通过对各国法律制度的对比介绍和比较分析,能够使我们对其有更深刻的认识与了解。如各国校园安全立法大体可以分为校内保护型(以日本为例)和校外保护型(以美国为例),本篇即对美国校外保护最具特色的校园警察制度以及日本校园以体育、保健、饮食为主要内容的校园安全法律体系均进行了介绍,关注世界校园安全不同保护类型。此外,同为英美法系国家的英国和美国在高校公共安全法律机制方面有相似之处,同时也有区别,对此我们也有简要的比较分析。

2. 本篇资料收集类型多样化。本篇对世界各个国家和地区关于高校公共安全管理相关新闻报道、法律规章、特色制度、政府措施、理论研究、社会工作、典型案例等方面做了较为全面详细的介绍、分析和总结。特别是当发生具体案件、公共安全受到威胁时各个国家和地区运用法律制度以应对和解决问题的典型案例分析,能使读者更直观地感受到各个国家和地区高校公共安全法律机制的实际运行。如作为普通法系国家的美国具有判例传统,在介绍其高校公共安全法律机制时我们收集并选取了大量案例,说明了美国司法机关针对高校公共安全及学生权益保障的立场及态度,以便更好地说明高校公共安全法律机制的运行及实效。针对美国校园枪击案件频繁,我们专章对美国校园枪击案件进行总结分析,从美国枪支文化、宪法精神、校园文化矛盾等方面总结与反思了校园危机事件中的逃生经验、反应机制的缺陷与改进等,这些内容必将对我国高校公共安全管理提供有益经验。其他典型案如英国 2001 年"口蹄疫"危机管理案例、日本 2003 年"SARS"疫情健康管理案例、我国澳门特别行政区 2008 年校园流感事件应对案例等。

3. 本篇研究内容具有典型性。本篇通过对各个国家和地区最具有特色的法律制度的介绍,凸显出各个国家和地区高校公共安全法律机制的鲜明特点。如美国最具特色的校园警察制度;英国 2001 年设立专门机构以协调各部门危机紧急应变工作,并建设世界上最为先进的公共安全集群调度通信系统作为协调性工作的技术保障;日本各大学引进社会保险机制,为使学生在受到危险冲击后能得到有效保障;我国香港、澳门特别行政区最为普遍且有效的社会工作制度,社会工作者以专业知识为学生提供辅导和帮助等。

制度建构篇以调查分析篇、域外法制篇作为基础,提出我国高校公共安全法律机制之具体建构。基于本书所涉范畴的多学科、多重理论维度的特性,本篇研究在侧重于法学理论的前提下,借助哲学、社会学、管理学、经济学、法学等多方面的最新研究成果及研究方法,从多个视角、多个理论维度分析问题,对高校公共安全法律机制核心范畴、理论依据进行界定与解析,对法律维度下的高校公共安全从权利、权力、制度与价值四个方面加以阐释。并且重点对高校公共安全服务社会化问题进行探讨,借鉴美国和日本的管理经验,提出建立校园警察与校园保安服务相结合的高校公共安全服务社会化模式。

尽管我们做了大量的工作,仍然还有很多不足之处,但是我们相信"千里之行,始于足下",希望我们的努力能够为今后高校公共安全理论与实践做一些铺垫工作。

目　录

调查分析篇

制度建构篇

调查分析篇

第 一 章

高校公共安全状况调查

——广东省七所高校公共安全状况调查报告

第一节　高校公共安全现状调查概述

一、研究背景

改革开放使我国的高等教育进入了一个全新的时期,高校的校园已由过去的"两耳不闻窗外事,一心只读圣贤书"的封闭型转变为与市场经济相适应的开放型,传统高校的高墙深院越来越只是一种形式。伴随着这种转变,高校的公共安全也受到了强烈的冲击。随着近几年高校扩招,多种形式办学和后勤社会化改革,高校在办学规模和管理模式上都发生了很大变化,校园的社会化程度日益提高。今日的高校已不再是与世隔绝的"象牙之塔",高校与社会的联系越来越紧密,已成为社会经济文化发展的纽带,其拉动辐射作用和推动产业发展的特点日趋明显,周边地区的商业、服务业等发展迅速,异常活跃。高校驻地的有关部门、单位和居民依托高校进行商业开发,经营性商业网点甚至流动性的小商小贩遍布高校周围,人员流动不断增加,成分更趋复杂,使高校周边地区的治安环境相对复杂化,校园安全问题日益突出。"根据中国高教学会保卫学专业委员会(以下简称'高教保卫学会')对全国13

个省区市的 76 所高校的调查,1999 至 2000 年两年间,校园内共发生了各类案件 9278 起(自行车被盗未统计在内),非正常死亡164 人。这些事件严重地影响了学校和社会的稳定。"①

和谐校园是和谐社会的重要组成部分,是衡量教学工作水平的一个重要方面,把高校建设成和谐校园是广大师生的共同愿望和奋斗目标。没有和谐稳定的工作、学习和生活环境,师生的安全得不到保障,就不可能安下心来专心致志地工作和学习。构建和谐校园,是高校落实中央关于构建和谐社会要求的具体体现,是高校师生员工的共同愿望,更是高校营造教书育人良好环境和推进学校发展建设的重要举措。高校作为国家科学、教育文化的中心,对于构建和谐社会具有重要的作用;高校作为知识分子聚集之地,校园内各种文化思想相互响应,利益关系与社会联系紧密,和谐校园建设对整个和谐社会具有极大的影响力。

二、调查前提

(一)高校办学规模扩大,人员膨胀

高校办学规模扩大,校区增多,人员膨胀,层次复杂。校内各种外来人员增多。高等教育管理和办学体制的改革以及扩大招生政策的实施,使得现阶段各高校均出现了校区增多且分散,学生和教职员工数量膨胀、层次复杂、良莠不齐的现象。随着市场经济的发展及高校后勤社会化,在校内从事生产、经营、服务的人员日益增多。大批基础设施的建设,又导致众多民工涌入校园。此外,还有一些社会闲散人员出于各种目的经常进出校园。校内治安管理漏洞较多,很多管理工作不到位。高校公共安全管理的脚步一直

① "校园安全呼吁《校园安全法》",载《光明日报》2001 年 3 月 27 日。

跟不上改革的形势,体制落后、管理疏忽、人心不稳、责任心差、方法落后、硬件设施不完善。

（二）校园内外治安问题突出,情况复杂

近几年,高校内各类刑事、治安案件增多:重大刑事案件呈上升趋势;打架斗殴、偷窃财物、酗酒闹事、聚众赌博等治安案件时有发生;外来人员作案和流窜作案有增无减。大学生违法犯罪率升高。大学生违法犯罪现象在高等学校已是屡见不鲜,不仅有一般违法行为,也有刑事犯罪。高校学生在校外受侵害的现象不断发生。大学生虽然生理、心理趋于成熟,知识水平较高,但是相对缺乏社会经验,在社会上兼职、人际交往时往往容易受到侵害。校园周边秩序混乱,令人堪忧。高校社区巨大的消费群体、潜在的无限商机,吸引了大量的投资者、经营者,这里合法与非法经营活动掺杂并存,商业及其他各类诈骗现象比较严重。很多高校远离市区交通不便,在校园各个出口出租车排起长龙,横冲直撞,不仅影响了正常的交通秩序,更是一个安全隐患。很多高校地处城乡结合部,治安状况历来较差,存在着一些治安灰色地带,甚至是盲点。

三、基本概念

（一）高校

即高等学校,根据《普通高等学校设置暂行条例》第 2 条的规定,普通高等学校,是指以通过国家规定的专门入学考试的高级中学毕业学生为主要培养对象的全日制大学、独立设置的学院和高等专科学校、高等职业学校。

（二）高校公共安全

高校公共安全是高校全体师生和工作人员人身、财产、心理安全以及高校依法进行教学、科研、管理、对外交流等所必需的良好的内部秩序和外部环境。"中国高教保卫学会理事长顾海良同志将高等学校的安全归纳为 13 项,即人身安全、消防安全、交通安全、食品安全、心理安全、政治安全、网络安全、国家安全、国防安全、教育安全、财务安全、学术安全、行政安全等"。① 可见,高校公共安全涉及的范围非常广泛,本调查所研究的"高校公共安全"不可能涉及上述所有方面,仅指高校公共安全的人身安全、财产安全、消防安全、交通安全和食品安全五个方面。

第二节　调查组织与实施

一、调查方式

本次调查采取自填式问卷与访谈式问卷相结合的方式,并辅之以个案调查。对高校学生和教师采取自填式问卷的调查方式,此种问卷既有问题又有选项,调查对象只需将所选答案填在空白处即可;对高校保卫部门的工作人员和个案当事人采取访谈式问卷的调查方式,此种问卷只有问题没有选项,调查对象只能自己作出回答。

二、调查时间与地点

本次调查时间为 2007 年 5—6 月,在华南师范大学法学院 06 级本科生中选出 14 人担任调查员。我们在选择调查地点时,以调查地点的代表性为原则,同时结合广州大学城模式,适当考虑调查

---

① 杨小报:"正确处理八大关系,努力建设和谐校园",载中国高等教育学会保卫学专业委员会编 2006 年年会《和谐社会与高校保卫工作学术研讨会论文集》,第 60 页。

员出行的便利,以方便开展调查。经过几次筛选,最后确定包括华南师范大学、中山大学、华南理工大学、暨南大学、广东工业大学、华南农业大学、广东外语外贸大学七所高校作为本次调查的调查点。

三、调查对象

自填式问卷的调查对象为高校的教师和学生;访谈式问卷的调查对象为高校保卫部门的工作人员和个案当事人。自填式问卷的调查对象由调查员在宿舍、食堂、教室等地点采取偶遇抽样的方式选取,同时避免调查对象在某一群体过于集中,同一宿舍、同一班级、同一地点不发放过多的调查问卷,尽量做到调查对象分布的广泛性。对高校保卫部门的访谈,调查对象比较固定,一般是保卫部门的负责人或该部门的工作人员。个案当事人是调查员通过与高校保卫部门工作人员、教师和学生交流过程中获知的当事人信息,然后与当事人联系再进行访谈。这种方式获得的调查对象具有一定的随机性,同时也具有一定的代表性,因为在他们身上发生的案件往往是有一定影响、容易被其他人记住的案件。调查对象的数量,高校教师为70人,高校学生700人,高校保卫部门工作人员7人,个案当事人14人。

四、资料的收集与分析方式

我们在总结已有研究成果的基础上,结合本次调查的宗旨,设计出调查问卷的初稿。经过几次讨论,对问卷进行了修改,设计出正式问卷。问卷分自填式问卷和访谈式问卷两种,自填式问卷由说明词、主体、编码和结束语四部分组成,访谈式问卷由若干个开放性的问题组成。本次调查共发放自填式问卷4300份,其中教师卷为 70 份,每所调查学校 10 份;学生卷为 704 份,原计划每所调查学校 100 份,但有一所学校调查员多做了 4 份问卷;保卫部门工作人员访谈问卷 7 份,每所学校 1 份;当事人访谈问卷 14 份,每所调查学校选取 2 名当事人进行访谈。上述问卷全部回收,回收率为 100%。自填式问卷回收后,由调查员进行分类、编码,并录入计算机,采用 Spss 统计软件进行数据处理分析。访谈式问卷由于数量较少,且不易分类,因此采用人工方式进行分析整理。

需要指出的是,由于研究者自身水平的局限以及其他诸多方面的原因,调查中存在许多纰漏之处,调查问卷的设计不够科学、合理,调查所获得的第一手资料尚未充分发挥其作用。本书的结论主要以 Spss 软件的统计数据为依据,由于被调查者填写问卷的疏忽以及调查员填写编码框和录入计算机过程中的失误,统计数据难免出现一些缺失。虽存在上述诸多缺陷,但我们相信,作为实证研究的结果,本次调查及所取得的成果对完善我国高校公共安全保障机制仍有一定的价值。

第三节　调查结果与分析

一、人身安全方面

(一)多数同学面对人身侵害能采取正确的处理方式(见表1)

当面对校园中正在发生的各种犯罪行为时,当事人有多种反应,通过调查发现,当事人采取行为的多少依次为:通知校园保卫队——拨打 110 报警——联络同学抗争——马上走人——大声喊叫——直接与歹徒斗争。选择哪种斗争方式既与案件的具体情况有关,也与当事人的个性有关。我们认为,发生危险时,寻求专业人士或有权机关的保护是最理智的做法,直接斗争的做法有可能导致当事人权利进一步受到侵害。从调查结果来看,大部分同学能够采取正确的方式解决问题。

表1　当您面对校园中正在发生的各种犯罪行为时,
您首先会采取哪种方式

	有效回答次数	百分比(%)	占被调查对象比例(%)
直接面对,进行斗争	31	3.8	4.4
马上通知校园保卫队	391	47.9	55.9
立刻拨打110报警	254	31.1	36.3
联络同学,共同抗争	62	7.6	8.9
大声喊叫,吓走歹徒	35	4.3	5.0
少见为妙,马上走人	43	5.3	6.2
合计	816	100	116.7

说明:此题设计初衷为单项选择题,我们想要知道的是被调查者"首先"会采取哪种解决方式,但在调查过程中,很多被调查者没有看清题目,选择了多个答案。统计过程中,我们将此题作为多选题处理。因此最后"合计"的数量超过了被调查人数704人。

(二)大学生基本能恰当地处理与校方和同学之间的矛盾

大学生在学校的集体生活中,主要接触两类人群:同学与老师。发生矛盾也主要在这两方面,就学生与学校之间的关系而言,我们设计了以下问题(见表2、表3、表4):

针对学生能否接受宿舍被校方私自检查这一问题,89.3%的被调查者完全不能接受这一做法,不管他们能否清楚地说出自己享有哪些权利,在此时,至少他们知道没有经过自己的允许,任何人(包括作为管理者的校方)是不能随意检查自己宿舍的。如果说在这一问题上被调查者还能有效地捍卫自己的权利,但其他两个问题的调查结果却显示学生的态度离权利已经有点远了。针对

9

表2 您能否接受您的寝室在无人且未接到
通知的情况下被校方私自检查

	有效回答人数（学生）	百分比（%）
不能接受	628	89.3
可以接受	39	5.5
无所谓,不关心	22	3.1
说不清	14	2.0
合计	703	100

表3 您如何看待学校对于欠缴学费的
毕业生不发给毕业证这一行为

	有效回答人数（学生）	百分比（%）
理解,因为学校也要生存	74	10.6
理解,但仅限于对"恶意"欠费的学生	338	48.4
不理解,因为有些学生的确很困难,应该暂缓或采取其他方式	238	34.0
不理解,无论如何也不应该扣留毕业证	49	7.0
合计	699	100

学校对于欠缴学费的学生不发给毕业证这一行为,能够对学校这一做法给予理解的占到了被调查者的一半以上(理解,因为学校也要生存的占10.6%;理解,但仅限于对"恶意"欠费的学生占48.4%)。我们认为,虽然《高等教育法》第54条规定:"高等学校的学生应当按照国家规定缴纳学费",但该法第20条规定:"接受高等学历教育的学生,由所在高等学校或者经批准承担研究生教育任务的科学研究机构根据其修业年限、学业成绩等,按照国家有

表4　您如何看待学校对学生的纪律处分进行公示这一做法

	有效回答人数（学生）	百分比（%）
有必要,这充分发挥了公示的威慑力	181	25.8
有必要,但不宜将受处分学生的姓名公示出来	359	51.1
如果自己是当事人,则该做法没有道理,如果与己无关,则无所谓	36	5.1
完全没有必要,侵犯了受处分学生的隐私权,对其造成了心理创伤	126	17.9
合计	702	100

关规定,发给相应的学历证书或者其他学业证书。"第58条规定:"高等学校的学生思想品德合格,在规定的修业年限内学完规定的课程,成绩合格或者修满相应的学分,准予毕业。"《中华人民共和国学位条例》也规定了具体的授予学士、硕士和博士学位的条件。可见,法律并未规定学校对于欠费的学生可以扣发毕业证或学位证,学校这一做法是侵犯学生权利的行为,对此,只有7%的被调查者能够给予正确的认识。针对学校对学生的纪律处分进行公示的做法,我们认为,学校对学生作出的处分,在告知本人且不涉及本人隐私权的前提下,应在适合的范围内予以通报,以示警戒;一方面要保护学生的隐私权,另一方面要达到警戒效果,两者应兼顾。针对这一问题,约有一半的被调查者(51.1%)兼顾了隐私权和惩戒的实际效果,还有另一半的被调查者或者只看到了问题的一个方面。

就学生与学生之间的关系而言,我们设计了以下问题(见表5、表6):

表5 当您与室友发生冲突时,您会

	有效回答人数(学生)	百分比(%)
以合作的方式解决问题	423	60.9
迁就他人,能忍就忍	197	28.3
相互冷战,对抗	67	9.6
伺机报复,给其颜色	8	1.2
合计	695	100

表6 您如何看待学校教学楼的占座现象

	有效回答人数(学生)	百分比(%)
可以理解,如果确定能充分利用所占座位的话	444	64.2
无所谓,大家都占看谁运气好	98	14.2
反感,但是如果自己能够占到就心安理得	90	13.0
非常反感,只要遇见就把桌上的东西扔掉	55	7.9
其他	5	0.7
合计	692	100

　　大学生基本都是住校,由以往的家庭生活变为学校的集体生活,同学之间产生矛盾和摩擦在所难免,如何与同学、室友正确地相处是大学生日常生活中面对的一个重要的人生课题。当代大学生多为独生子女,在家受父母娇宠,来到学校后能否与同学和睦相处呢?由表5可见,超过一半的被调查者在与室友发生冲突后,能采取正确的方式和态度,"以合作的方式解决问题",也有不少同学(28.3%)采取忍让的态度,"迁就他人,能忍就忍",这是一种消极处事的方式,因各人性格不同而异,不管怎样,这样方式在化解

矛盾和纠纷方面有一定的作用。不过,也有少数同学不甘示弱,采取冷战和对抗的态度对待对方,甚至个别被调查者"伺机报复,给其颜色",这种做法容易导致矛盾升级和恶化,甚至酿成恶性事件,不利于创造和谐的校园生活环境。以教学楼占座这一事件为例,64.2%的受访者能给予理解,前提是占位者能充分利用所占的座位;14.2%的受访者持"无所谓"的态度;13.0%的受访者对此反感,但如果自己能占到座位就"心安理得",对人和对己双重标准;还有7.9%的受访者"非常反感,只要遇见就把桌上的东西扔掉"。教学楼和图书馆占座现象是大学里特有的"风景",这首先与教学硬件设施的数量有关,现有的教育条件还不能保证人人都有座位。在这种情况下,便产生了占座现象。多数同学是用书包、书、本等学习用品占位,回来后发现占位的东西不见了或者是座位被别人占了。这种现象容易导致同学之间的矛盾,如果不能很好地解决,矛盾进一步升级就会危及当事人的人身和财产安全。

(三)学校能采取一定的措施预防人身伤害事件(见表7)

表7 在关于学生人身安全方面,您所在学校
曾采取过下列哪些措施

	有效回答人数(学生)	百分比(%)	占被调查对象的比例
进行安全教育	376	37.7	53.6
定期组织各种避险或抢救演习	79	7.9	11.3
及时告知校内外出现的各种犯罪情况	248	24.9	35.3
在校内易出现事故的地方(如电梯)设立警示标志	263	26.4	37.5
无所作为	31	3.1	4.4
合计	997	100	142

说明:本题为多项选择题,不限定答案的数量。

总体上来看,高校在维护公共安全方面都采取了一定的措施,包括进行安全教育、设立警示标志、通告校内外出现的各种犯罪情况以及定期组织避险或抢救演习,也有少数学生认为学校在这方面"无所作为"。访谈中,保卫部门工作人员向我们介绍了一些具体的安全措施,例如:

华南农业大学的做法:第一,制定相关的管理制度,也有相关突发事件预案。第二,保安有严格标准,都是经过上岗培训、精挑细选的,具有一定的素质。第三,对于设备及时、定期的检查。消防栓定期检查,对于到使用期限的设备及时更换。第四,每栋宿舍楼均设有保安,对宿舍进出人员进行检查,同时每栋楼也派有一名保安 24 小时巡逻。第五,将相关资料粘贴于公告栏,提高学生的自我防范意识。

广东工业大学的做法:第一,面对 2000 亩的大校园,学校领导高度重视保卫工作,提出"高标准、高起点、高效率"的"三高"要求;第二,在安全保卫系统的建设中投入了大量资金,编制了 220名校卫队员,一部校内巡逻警车、五辆警用摩托车,还引进警犬配合保卫队员进行深夜巡逻;第三,在保卫工作社会化的趋势下,广工是大学城唯一一所不用物业公司协助管理的大学。由保卫人员直接管理保安,在公安部门的大力配合下,定期教育学生,进行安全知识的传授。主要措施有:(1)教育学生认真学习贯彻广工保卫处自己编写的《安全教育手册》,该书除了理论教育,还编入不少实际案例;(2)请公安部门的同志到学校进行公共安全教育,一年来共进行了 13 场;(3)军训时邀请广州市公安局、消防局专家在校进行消防安全教育,消防安全演练;(4)保卫处干部在班会、级会上与学生亲切交流。

华南师范大学的做法：第一，学校保卫办聘请奥园物业保安帮忙维护治安，并对其进行管理、监督和指导；第二，学校保卫部门与公安局沟通，制作宣传片和其他宣传资料；第三，针对不同类型的案件充分利用法制宣传栏、温馨提示牌等；第四，学校组织开展安全教育课；第五，公安局、派出所、保卫处等部门及时向学生处、辅导员方面进行反映，双方甚至多方相互配合；第六，针对自然气象灾害，与气象局联系，提前做好防护准备；第七，增设闭路防卫设施、关卡等对外来及可疑人员进行追踪盘查。

（四）学生对相关法规缺乏了解

在人身侵害方面,最直接的法律规范是教育部颁布的《学生伤害事故处理办法》。经过仔细阅读7所高校的学生手册,我们发现各高校的学生手册都收录了该办法,但我们走访得出的结论却令人失望,很少有学生知道该办法,更不要说了解其内容了。参加本次调查的学生表示:"如果不是参加了这次调研活动,我想我在没有发生意外之前是不会阅读到《办法》的具体内容的。"学生对相关法律规范缺乏了解,可能有以下几个方面的原因:第一,学生对《学生手册》不感兴趣,通常都只是在入学之初偶然翻阅,不会认真阅读其内容;第二,学校的教育和宣传力度不足,除了入学初期的一次关于学生手册的开卷考试以外,就再也没有就此规定实行专门的教育宣传;第三,《办法》的具体规定都是在意外事故之后才适用,但是意外事故发生的几率相对较低,即使有部分同学对该办法的内容有一定的了解,一段时间之后也会把相关的规定抛诸脑后。

二、财产安全方面

(一)盗窃案件居多(见表8)

表8　您认为校园违法以下列哪一类型最为常见

	有效回答人数(学生)	百分比(%)
经济违法	131	19.7
刑事犯罪	22	3.3
民事违法	114	17.2
行政违法	16	2.4
治安违法	106	16.0
一般违纪	275	41.4
合计	664	100

说明:此题为单选题,但在调查过程中,被调查者由于没有看清题目,选择了多个答案。在统计过程中,我们将多选的题目作为无效问题处理。

校园违法行为包括各种类型,调查结果显示,违法行为类型的发生率依次为:一般违纪——经济违法——民事违法——治安违法——刑事犯罪——行政违法。这一调查结果与访谈获得的结果有一定的差别,原因可能是我们对该问题设计的答案不够科学,使被调查者难以准确地判断选择哪一个答案,因此所选答案具有一定的随意性。通过对保卫部门工作人员和当事人的访谈得知,校园违法行为以盗窃案件为主;被盗物品主要包括单车、手机、文曲星、U盘、现金、书包、电脑等,也有一些日常生活用品包括洗发水、沐浴露、纸巾、剃须刀、笔等;盗窃地点主要分布在教室、食堂、宿舍、操场等学生经常出入的地方;作案时间以期初和期末居多,期初,有的学生面临补考、重修等压力,期末学习压力减少,容易滋生事端,大学生毕业分配前夕容易产生异常心态,是个"多事之秋",入室盗窃的作案时间主要是晚上、午睡时间或假期。"通过对典型案例进行综合分析,盗窃作案有几种可能:第一,偷盗者乘学生夜间熟睡之机,避开管理人员值班巡逻时间,溜门入室,悄悄将放在明处的贵重物品拿走;第二,偷盗者特别了解学生作息时间和宿舍值班人员巡查的时间规律,打时间差,乘机实施盗窃行为;第三,寝室内部人员作案比例较大,他们往往熟悉宿舍的情况、学生作息时间和寝室学生财物存放的位置,乘无人之机便下手作案;第四,偷盗者打着在学生宿舍找人、走错门的幌子,借机作案;第五,寝室学生将宿舍床位擅自租给他人,'引狼入室',发生被盗。"①

某当事人身上曾发生多起被盗事件:

发生过手机被盗事件。地点在地铁四号线大学城南站。当时车站特别拥挤,突然有一个外省农民工撞了我一下,然后头也不回地走开。我下意识摸了一下口袋,就发现手机不见了。发生单车被盗事件。我去学校团委办公室,把单车停在楼下。半个小时后出来,单车就连着锁都不见了。发生书包被盗事件。当时书包内有C程序设计语言、物理书、物理练习答案和钱包,钱包内有身份证等重要证件。

校园偷盗自行车案件成为高校高发案率的顽症,给广大师生的学习和生活造成了极大的不便。某当事人回忆:

① 陈峰:"学生宿舍、教学楼物业管理安全探究",载《保卫学研究》2005年第5期。

第一天把单车放在公寓楼下,第二天单车就不见了。单车是上锁的,在其他栋楼里的人也反映发生过许多类似事件。在被盗事件发生之后,并没有采取任何措施,也没有向学校、保安或其他有关人员反映情况,自认倒霉,再去买一辆单车。

一位高校保卫部门主管谈到本校曾经发生的案件,认为主要有以下类型:

多为侵财案件,人身伤害较少。第一,学生公寓被盗;第二,学生在山坡拍拖(谈恋爱)财物丢失;第三,图书馆学生物品丢失;第四,单车被盗;第五,网上诈骗。

不过也有的学校保卫工作人员为了面子,否认该校曾发生过盗窃案件。

针对学校食堂丢书包现象,暨南大学曾专门采取整治措施,在每一层楼设立专门的报警点,吃饭时间定期巡逻,这一措施效果较好,基本消除了丢书包现象。

(二)诈骗案件频发

除盗窃案件外,近年来,还经常发生以学生及其家长为作案对象的诈骗案件。某高校保卫处主管谈道:

偷窃案件是高校中发生最多的,比如有些同学在图书馆或自习室,上厕所回来东西就没有了,还有的同学去球场活动或在饭堂就餐而没有保管好自己的财物,东西丢了,学校对此也很无奈,因为这大都是自己人作案,我们也不可能每个学生旁都配一名保安,这种情况只能靠学生自己多注意,看管好自己的财物。此外,学生反映较多的就是诈骗案件,很多同学因为贪图小便宜,收到一条短信说你中奖了然后就盲目相信,这种案件的特点就是学生有点功利主义,认为这么好的事,不干白不干,存在一定的侥幸心理,认为我这么厉害不会上当的,其实没有天上掉馅饼这么好的事,掉下来也砸不到我的,但很多犯罪分子就是利用学生的这种单纯心理进行诈骗的。

诈骗案件主要有以下几种类型:"第一,假冒身份进行骗钱;第二,实物平分方式进行诈骗;第三,以假手机调包真手机的方式进行诈骗;第四,假称学生发生车祸或急病入院治疗需要费用的方式进行诈骗;第五,以招聘为名设置骗局方式进行诈骗;第六,以次充好的方式进行诈骗;第七,以骗取信任方式寻机作案;第八,以消灾解难的迷信方式进行诈骗;第九,利用网络信息设局方式进行诈骗;第十,以手机短信形式进行金融诈骗。"①

现在高校大学生几乎人手一部手机、一台电脑,发短信、上网更是大学生业余生活不可缺少的一部分。利用手机和网络诈骗也是犯罪分子常用的手段。手机诈骗方法主要有②:

第一,"因日前发生多起资料外泄,取款卡遭复制案件,为避免盗刷,请立即与银行联合管理局联系,电话:×××。"——骗取银行卡号码和密码;

第二,"您的储蓄卡于×××刷卡消费×××元成功,此笔

---

① 陈东、张炎方:"对几种类型诈骗案的剖析和防范对策",载《广东高校保卫》2006年第2期。

② 《大学城真实案例》,广州大学城校园警务信息网,http://police. 100steps. net.

消费将从您账上扣除。如有疑问请拨×××银联联合管理局。"——骗取银行卡号码和密码;

第三,"××银行通知:贵用户取款卡刚刚在×××刷卡消费××××元,已授权通过,授权码×××。如有疑问请拨×××管理部查询。"——骗取银行卡号码和密码;

第四,"您的朋友13×××××××××为您点播了一首××歌曲,以此表达他的思念和祝福,请你拨打9×××××收听"。——回电话听歌可能会造成高额话费;

第五,屡次听到铃声,一接电话又挂。按照号码回拨,对方的录音提示:"欢迎致电香港六合彩……香港中心驻××为广大彩民爱好者提供信息,透露特码。联系电话1395983×××。"——以非法六合彩招揽客人,而回电话可能既丢话费又上当;

第六,"××,我现在在外出差,手机马上快没钱了,麻烦帮我买张充值卡,再用短信告知卡号和密码……"——该机已被盗,现持机人用盗得的手机发送短信给手机内的联系人,骗取对方话费;

第七,"你好,移动通信公司现在将对您的手机进行线路检测,请您暂时关闭手机3个小时……"——因某种原因泄露了家庭电话号码或手机号码,行骗者可能在你关机的时候说"你发生交通事故或其他意外而要求你家里马上'汇款'"等事由骗你的家人或朋友;

第八,"我是××公司的工程师,现在将对你手机进行检查,为配合检查,请按#90或90#……"——若按指示进行按键,SIM卡卡号可能被骗取,行骗者利用该卡肆无忌惮地打电话;

第九,"我是××省公证处公证员××,恭喜你的号码在××抽奖活动中中奖了,奖品是小轿车一部,价值8.8万元,请你带着

本人身份证和750元手续费去××处领奖……"——利用人们的贪利心理设计"巨奖陷阱";

第十，"电台广告：你喜欢我们为你提供的彩铃吗，移动用户拨打12590×××××，联通用户拨打×××××××××××，即可免费获得你喜欢的彩铃。"——如果你真的拨打会付出每分钟几元的高额话费。

广州大学城某高校就曾发生网络诈骗事件①：

2006年3月26日晚18时，广州大学城某高校女生许某在网上QQ聊天时，忽然电脑屏幕显示："我是某电信公司员工，恭喜你，你中奖了，中奖金额是8000元和一部摩托罗拉手机。请你将×××检验码填入并按要求操作。"操作后，要求许某首先是先汇600元的税费，紧接着说又要求许某购买一张优惠的电话充值卡800元，许某在没有细心考虑便按对方要求购电话充值卡，当被骗1400元后，许某想继续拨打电话联系，但对方已关机，许某知道受骗上当，许某的1400元是借周围同学的，而同学的钱是当月生活费，最后许某哭哭啼啼来到派出所报案。

2006年4月份，广州大学城（中大、广工）某男同学，由于家境贫穷，想做点生意，便在互联网的购物网站了解点卡价钱，每个点卡批发价是5元，而某同学心想一个点卡卖给同学可以卖到13元，故此购买250个点卡，按要求汇款1250元到安徽芜湖某账户，款一到，对方就说马上发货，紧接着就关了手机，对方所留的固定

① 《大学城真实案例》，广州大学城校园警务信息网，http://police.100steps.net.

电话是空号,最后才知道被骗。

(三)违法行为人以学生和经常出入校园的民工居多(见表9)

表9　您认为外来人员进出校园是否会增加校园安全隐患

	有效回答人数（学生）	百分比（%）	有效回答人数（教师）	百分比（%）
会	570	82	59	85.5
不会	125	18	10	14.5
合计	695	100	69	100

违法行为人主要是两类人员:学生和进出校园的民工。案犯对作案地点周围环境熟悉,作案时机准确,手段隐蔽,作案目标具有明显的针对性。由表9可见,教师和学生普遍认为外来人员进出校园会增加校园安全隐患。外来人员中,以在学校曾从事一定工作的民工居多。他们由于在学校工作过,对校园环境相对熟悉,而且流动性较大,作案后不易被发现。通过对保卫部门工作人员的访谈得知:

作案人员多为学生和外来人口,"内盗"情况较多。

某高校一学生宿舍曾发生入室盗窃案件,该小偷身着学生打扮,并对宿舍楼况比较熟悉,选择较快逃跑的路线。

很多入户盗窃或者公共场合被偷的案件,我们查过很多不是社会人员偷的,尤其是宿舍被盗很多都是学生作案。因为很多学生根本不知道行为后果的严重性。

某当事人谈道:

有一天我在食堂吃饭，正准备插进饭卡，旁边一个人问我可不可以帮她买饭票，我说我不用饭票我用饭卡……那时我只留意她说话，没留意我身边的东西。然后她走的时候回头望我，后来我发现手机不见了。从外表看，是个中年妇女，应该是外来人员。

有当事人曾发生现金、U盘、书包、文曲星被盗事件，怀疑是"自己人"作案的可能性比较大：

我在自习室里看书，忽然有人给我打电话，我从书包里掏出手机跑出去接电话，临走时忘记了拉上拉链，我接完电话回来时，发现书包里放着的100块没有了，翻来翻去都找不到，我当时也没有采取什么措施，只是自认倒霉，也没去追究了。

放学后我拿我的U盘到讲台上拷老师的课件，这时候刚好有人叫我，我匆匆地走了，忘了把U盘拔下来带走，在饭堂吃饭时突然想起来，赶紧跑回去，U盘已经不见了。

在上体育课的时候书包放在网球场旁边，然后去测50米、立定跳之后回来不见啦。

我上完课后将一台"文曲星"学习机放于桌面，离开去洗手间，回来后发现学习机不见了。后来，询问附近几位尚未离开课室的同学都不知道，随后也没有采取其他措施解决。

某晚五点我一人在课室自习，去洗手间期间将书包放在课室，回来后发现书包被人翻动过，里面的钱包手机等财物被盗。

三、交通安全方面

交通安全，作为高校公共安全的重要内容之一，对师生公共安全问题产生着极大的影响。"大学城2004年因交通事故死亡7

人、2005 年死亡 4 人",①"2006 年大学城共发生交通事故 472 宗，受伤 103 人，死亡 3 人，其中涉及学生的有 8 宗，受伤 10 人，死亡 2 人。"②此次调研，我们针对广州 7 所高校的道路交通安全状况和各高校所制定的关于道路交通安全管理的具体规定进行了调查，并且对照《中华人民共和国道路交通安全法》进行了分析。目前各高校对于道路交通安全的管理存在以下一些问题：

（一）各校关于道路交通安全管理的规定相对简单

《中华人民共和国道路交通安全法》一共由八章构成，包括总则、车辆和驾驶人、道路通行条件、道路通行规定、交通事故处理、执法监督、法律责任和附则。而在调查各高校关于道路交通管理的规定时发现，各高校对于该方面的规定参差不齐，规定的内容相对较少，没有针对《中华人民共和国道路交通安全法》中规定的八个章节制定相关交通安全管理条例。其中规定的条款最多的有六章（如华工和华农），少的仅有几句话甚至一笔带过，不分章节，仅有简单的暂行管理规定（如暨南大学）。这明显地反映出各高校对道路交通安全的管理不够重视。道路交通安全作为学校内的公共安全表现形式之一，对于学生的人身安全具有直接的影响作用。

（二）对骑自行车的行为缺乏规范

自行车是高校中最为常见的交通工具，特别是校区范围大的学校（如广工、华农），骑自行车成了学生上课、生活的主要交通方式。根据我们的调查，目前高校学生对骑自行车带来的安全隐患防范意识不高，在路上不难见到单手骑车，勾肩搭背骑车，甚至放

①　"华工安全防范教育讲座"，广州大学城校园警务信息网，http://police. 100steps. net.

②　"迎亚运、讲文明、树新风、促和谐——安全教育宣传"，广州大学城校园警务信息网，http://police. 100steps. net.

开双手骑车的同学。据调查得知,某高校一女学生骑自行车在大学城的内环上,因斜坡坡度较大,又没有及时刹车,不小心把面部摔伤了。该事故原因一方面是由于路况坡度较大,另一方面是学生的安全防患意识不高。学生遵守交通规则的情况也存在很大的问题,大学城的建设规划都留出了自行车道,就目前的实际情况来看,基本上没有多少同学在自行车道上骑车,大部分学生都是在机动车道上行驶的,甚至连过马路也不走斑马线、不下车,横冲直撞,造成机动车和非机动车混乱行驶的局面。从我们收集到的各高校相关的管理规定中,很少涉及非机动车辆的规定。可见,高校在制定道路交通管理规定时,未能很好地从校园这一特殊环境的交通情况出发。

(三)大学生遵守交通规则的意识不强

《中华人民共和国道路交通安全法》第 62 条规定:"行人通过路口或者横过道路,应当走人行横道或者过街设施;通过有交通信号灯的人行横道,应当按照交通信号灯指示通行;通过没有交通信号灯、人行横道的路口,或者在没有过街设施的路段横过道路,应当在确认安全后通过。"大学校园里的交通事故,最多的当事人是学生,能否营造安全的校园交通环境,学生本身的素质问题占重要地位。在广州大学城,下列现象非常普遍:随处可见的大批学生不顾红绿灯横过马路。学生们通常以为人数众多车辆会避让行人,殊不知交通事故的发生往往是一瞬间的惨剧;每到上下课时间,蜂拥的同学在路上打打闹闹,经常抄近路而没有按照交通规则的指示行走。

从这些都可以看出,学生们交通安全意识薄弱,缺乏足够的安全理念,没有主动去增强自我安全意识,因而容易酿成交通悲剧。每个学校在新生入学时发有一本《大学生安全教程》,但是几乎很少有学生会看,正如我们在采访华工保卫部门工作人员谈到的"学校有开设思想道德和公共安全的课程,但是学生们的积极性不高,我们发的教育安全的书籍同学们看都不看就丢到垃圾桶里"。可见,学生本身没有意识到交通安全在高校中的重要性。要搞好高校公共安全,首先就必须从学生做起,提高学生的安全意识,严格遵守交通安全法规。

(四)高校对道路交通安全问题重视不够、宣传不足

我们在对各高校的保卫部门访谈卷中了解到,各学校都采取了相应的措施防止交通事故的发生。例如广工除了向学生颁发《安全教育手册》外,还请公安部门的同志到学校进行公共安全教育,2007 年共进行了 13 场;又如华工,2006 年 6 月 11 日,小谷围交警中队协同华工保卫处训练保安人员指挥交通安全疏导工作;再如华农,在保卫部门的网站上有不少关于交通安全的常识。可见,各高校对交通安全有一定的重视,只是重视程度不够。《中华人民共和国道路交通安全法》第六条第四款中明确规定"教育行政部门、学校应当将道路交通安全教育纳入法制教育的内容"。但是,各大高校普遍缺少对学生的交通安全教育,导致学生安全意识不足,不了解相关的法律规范。大多数被访谈者认为,学校很有必要把公共安全列入一门公选课,让学生一起来学习相关的安全法律知识。

(五)校园规划设计美中不足

广州大学城的校园是开放式的,没有围墙分隔。各高校之间的学生能够自由来往,不受传统的封闭式校园的限制,这种环境有利于增进各高校学生间的交流,共同利用教学设施。但是,从另外一个角度来看,却是一个极易产生交通事故的隐患所在。开放式的校园,使得学校与学校之间、学校与社会之间没有一个严格的界线。校外车辆可以随意穿行校园,广州大学城"12·8"交通事故就是一例,2006年12月8日,聂某驾驶的泥头车在广州大学城与某小学一辆出游学生客车相撞,造成两名学生当场死亡,四人轻伤,十余名师生轻微伤。① 开放的校园环境使得外地的车辆能够自由地在大学城内各高校随意通行,每逢上下课之际,学生流量相当大,更容易造成交通事故。位于市区的高校人来人往较多同样存在上述问题。各高校必须把交通安全问题放在重要位置,采取相关的措施限制校园内机动车辆和非机动车辆的行驶,为学生营造安全的环境。我们在对暨大保安部门进行访谈中了解到,由于"暨大处于中山大道与黄埔大道中间,车辆通行复杂,于是学校采取了门禁系统,大门车辆进出的管理系统控制车辆,使得原先来来往往的复杂车辆情况得到缓解,因而没有发生交通事故,只有小的碰碰撞撞"。这些措施值得各高校借鉴。

大学城规划和设计的特点之一是教学区和生活区分开,中环路贯穿所有高校的两区之间,以方便往来。但这却带来如下问题:一是学生宿舍与教学楼距离太远,学生上下课要花十几分钟甚至二十几分钟在路上,为了节省时间,学生在穿过贯穿宿舍和教学楼之间的中环路时不走人行天桥,而是横穿马路。在中环路的花圃中,几乎每个学校都会留下一道道显眼的人行痕迹,这一方面反映了大学生遵守交通规则的意识不强,另一方面也体现出校园的道路设计美中不足,不利于行人通行。就以华师生活北区的道路设计为例,住在最靠近内环的学生宿舍,去内环路却要绕一大圈,造成很大不便。虽然学校是没有围墙的开放式校园,但齐腰的花圃

---

① "广州大学城12·8交通事故肇事司机被捕",广州大学城网站,http://www1.gzdxc.cn.

也是一道坚固的"保护墙"，学生越过花圃通行，这不仅不安全，而且也是对公共绿化的一种破坏。学生们为了贪图方便，上下课几千名学生如挤独木桥般在1米左右的绿化带中挤来挤去，把连绵起伏的绿化带挤成一段一段，让人心痛不已。二是中环路允许机动车辆自由通行，但同时又是连接宿舍区与教学区之间的主通道，学生上课必须通过此路。虽然有红绿灯和天桥，但是学生为了赶时间图方便几乎都是横穿马路。于是在上下课的高峰期，保安不得不在道路两边阻拦车辆，待学生通过后再放行。道路的设计应该本着方便与整齐的原则，不能让学生上下课要绕一大圈，眼见着路就在你的对面却还要多花十多分钟绕过去，这无疑助长了学生违反交通规则的不良现象，对机动车和行人都造成了不便。目前已发生多起交通事故：

2006年9月30日上午12时许，在中环路广州美术学院路段，广外学生马某越过中心绿化带横过机动车道时，与一辆在机动车道上正常行驶的小客车发生碰撞，造成马某受伤。经查，马某不按规定使用人行横道横穿公路，负事故主要责任。

2006年12月17日晚上20时许，在中环路广东工业大学路段，郑某骑驶一辆自行车通过灯控路口时，由于闯红灯，致使与中环路上一辆正常行驶的大客车发生碰撞，造成郑某受伤及自行车损坏。经查，由于郑某不按交通信号灯指示通行，负事故主要责任。①

---

① "迎亚运、讲文明、树新风、促和谐——安全教育宣传"，广州大学城校园警务信息网，http://police.100steps.net.

（六）大学城相对封闭的地理位置增加了交通安全隐患

就大学城的地理环境来说，相对地与市内隔绝，因而交通工具成了学生们出入大学城的关键工具。然而经大多数学生反映，大学城内的公共汽车数量不够，车辆间隔时间太长，导致超载现象经常出现，特别是周末或者假期，这种现象更为明显。这种超载现象无疑给交通安全带来隐患。另外，广州自 2007 年元旦开始禁摩以来，治安相对好转。但是对于大学城内而言，除了公交车外，还存在大量非法营运的摩托车。非法营运的摩托车大多没有驾驶证或者车牌，这不仅会助长交通事故的发生率，而且经常出现犯罪分子利用摩托车载运女学生到郊外抢夺财物的犯罪事件。小谷围交警中队 2007 年 5 月以来的大力整治，共查纠交通违法行为 789 宗，共查扣摩托车 49 辆。

此外，除了公交车和摩托车外，不得不提的就是"包车"现象。大学城的学生来自五湖四海，身居小谷围的学生节假日回家要去市内车站搭车，难免有不便之处。学生们经常能够在饭堂或者宿舍门口收到一些包车的车讯。这些所谓的包车，实际就是某些私人自己联系车主，包下整辆车，让其运载学生到固定的目的地。许多学生为了方便和便宜，早已是这种包车的常客了。但是，大家普遍忽略的一个问题是大多数包车是不给车票的，更没有保险保障。一旦发生事故，学生与营运方之间的交通运输合同缺乏了车票这一有效证据，会产生不利后果。由于学生没有鉴别车辆证照真伪、是否齐全的能力，这样就容易造成同学们在租车时租到一些假牌证及没有营运资格的车辆，这些"野鸡车"（市民对此类车的蔑称）对学生的安全没有任何保障；在校学生社会经验不足，租车时可能让一些别有用心的车方在租赁合同中设置陷阱，致使发生合同纠纷时对同学们不利。车主既不需要纳税又规避了营运责任。这种现象虽然目前还未见相关交通事故的报道,但是安全隐患重大,一旦发生交通事故,后果不堪设想。

四、消防安全方面
(一)消防安全规范相对简单

消防安全在高校公共安全中占有举足轻重的地位,倘若不在平时多加防范,将对师生的人身和财产安全产生极大的威胁。在我们所调查的7所高校里,每所高校都以不同的篇幅在其相关管理规定中对学生宿舍用电做了限制。主要有以下几个方面:第一,加强住宿学生的安全用电意识。如《广东工业大学学生宿舍安全用电管理规定》第1条:"住宿学生要牢固树立安全用电意识,自觉做到安全用电,防止因用电不当引起触电或火灾等事故的发生。"第二,禁止学生在宿舍内、走廊和卫生间等宿舍区内私自拉接电源。第三,禁止在宿舍内存放和使用电热棒、电炉和电饭锅、电炒锅、电磁炉、电热杯、电水壶等电热器具。但每个学校对电器的最高功率限制不一,如广东工业大学规定功率在750W以下的电吹风和饮水机可以使用,华南理工大学禁止使用500W以上的电器以及电热棒、电热水杯等不安全的电热用具。暨南大学规定不准违章使用100W以上大功率灯泡照明。第四,禁止在床边的固定式插座使用其他电器,仅供电风扇使用。严禁在床上拉电线、放置移动式插座及使用台灯或其他用电设备。其他固定式插座只能接一个移动式插座,严禁多个互接。移动式插座必须放在安全的地方,不准靠近蚊帐、被褥、衣服、书本等易燃物品。

从各校规定的总体情况来看,有以下几个特点:第一,消防规定相对简单。一些高校制定了专门的消防安全规定,但是有些高校则是将关于消防方面的规定包含在其他的规定之中,如宿舍管理规定、实验室管理规定等。反映出学校对于消防安全问题不够重视。第二,重惩处轻防范。有些高校仅仅在消防事故发后对学生如何处分做了粗略的规定,对于如何防范消防安全事故,消防安全设备维护和使用等方面的问题都没有规定。即使一些对于消防安全规定只是一笔带过的高校,也在《××大学学生违纪处分规定》、《××大学学生住宿管理规定》中规定,学生如果造成了消防事故应如何处理。第三,重处罚轻奖励。学校在消防安全事故处理方面更多的是追究学生的责任,对于相关部门的处理并没有具体的规定。惩罚措施规定得很详尽,但奖励措施却没有规定。第四,高校防火责任制规定不明确。《中华人民共和国消防条例》第14条规定:"机关、企业事业单位实行防火责任制度。"有些高校也有相关防火责任的规定,如华农规定:学校设立四级防火责任制:学校第一防火责任人为校长;学校第二防火责任人为主管保卫工作的副校长;各学院、部处、各直属单位的行政主要负责人为本单位的防火责任人;各单位的下属机构或部门(实验室、教研室、科室、生产车间、仓库、餐厅等)负责人为基层防火责任人。但是我们也看到有部分高校对此规定不清,造成相关部门之间相互推卸责任。

(二)消防安全宣传教育不到位

在我们调查的七所高校里,大部分学校都有关于这方面的规定,如"对师生员工定期进行消防安全宣传教育,普及消防安全知识",还有高校设专章规定"消防安全教育培训和演练",使高校将这些工作列入常规工作从而起到防患于未然的作用。但在实践中我们看到,学校组织的消防宣传教育力度不够,同学普遍反映参加这方面的活动太少。有些学生根本不懂得任何消防知识,不知道如何使用消防栓。有些学校甚至从来没有进行过这方面的宣传教育。这反映出高校及领导层对消防安全重视不够。

(三)学生消防安全意识差

在我们走访的各个高校中,普遍存在学生在宿舍违反学校规定用电的行为。学生宿舍中大都有电磁炉、电饭锅等禁止性的用具,而且学校对这类行为的检查和查处也不严肃。以华南师范大学为例,通过走访学生我们发现,在校学生从没有接受过用电方面的检查。虽然各校都有相关的管理规定,但有些学生违反相关规定,宿舍电线乱接乱拉,床头灯放在蚊帐里灯泡发热,手机或电池长时间充电,由于电池质量差而容易发生火灾,使用电热棒烧开水,使用电饭煲煮饭。目前为止大学城地区虽然没有大的火灾发生,但小的事故还是颇有几起,例如:

2005 年 6 月,广州大学城某高校,在生活西十栋某学生宿舍(某研究生)使用电热棒烧开水时,该学生到隔壁宿舍与同学聊天,由于一时不慎而导致发生火灾,火灾将该同学宿舍的蚊帐、窗帘布、书籍都烧掉了,甚至将阳台的落地玻璃都烧爆了。幸好被同学发现得早,及时把火灾扑灭,才没有人员伤亡。①

(四)消防设施维护不力

很多高校都配备了齐全的消防器材,但对这些消防器材的管理和维护却不尽如人意。以华南师范大学为例,学校每年都对楼道口的消防栓进行检查。但大学城有时候停水,迫于无奈,学生就破坏消防栓取水,而校方管理人员却没有制止和进一步对消防设

---

① 《大学城真实案例》,广州大学城校园警务信息网,http://police. 100steps. net.

施进行维护和检修。对于宿舍内部的消防栓,学校从来没有检查过。根据我们调查走访得到的信息,大学城其他高校和广州市区内的高校也普遍存在这样的问题。消防栓几乎成了摆设。

五、食品安全

学校是人口集中的地方,学生过的都是吃食堂、住宿舍的集体生活。一旦发生食物中毒事件,影响大、波及面广、后果严重。从食品的采购、公共卫生监督到食品的加工制作、消毒保鲜,每一个环节都不能放松。食物的采买、加工、储存和运输等过程中的污染以及食堂经营管理的不善,有可能会导致食物中毒事件的发生和其他安全事故。

(一)学校食堂运作缺少监督

基本上各高校饭堂都是采取招标形式转让经营权,由中标者承包经营,学校负责监督。经营者如何采购原料,学生和普通大众并不了解情况,是否存在经营者为了赢利而采买不合格原料的情况,我们不得而知。大学城某高校曾发生过学校饭堂的食品质量出现问题引起大规模食物中毒事件,最终导致该饭堂停业整改,学校的饮食供应受到很大的影响,造成学生的不便。高校饮食安全是应该严格控制并受到监督的,但现状是虽然有监督却不明确,大部分到食堂用餐的师生都不知道食堂如何运作。

(二)学生食用不合格外卖情况严重

在大学城有四个城中村,分别是贝岗村、南亭村、北亭村和穗石村,这些城中村都有很多小吃店,还有大量提供外卖服务而没有营业执照的小作坊,这些店铺有的没有正式的卫生执照,即使有执照的,卫生情况也令人担忧。每天有大量的学生前往就餐或者叫外卖。如果因此而发生食物中毒现象,其影响范围也不小。经过走访得知,有学生曾发生吃外卖拉肚子的现象。这些非法存在的小餐馆在为学生提供便利的同时,也是一大安全隐患。有学生明知道这些小店卫生情况不合格,仍然去就餐,也是出于无奈:

学校饭堂开饭早,等我们中午下课去吃饭,已经没有什么了,只好叫外卖。

饭堂伙食实在太差。几乎见不到猪肉。价格很高,一餐饭要吃掉五六块钱,还不如吃外卖。

表10　当您认为学校食堂的饮食服务难以令人满意时,您会

	有效回答人数(学生)	百分比(%)
通过正常渠道,如留言板、监督电话等解决	265	38.2
算了,忍了吧,反正也不是我一个人在忍受	301	43.4
不去食堂吃饭,到外面去吃	114	16.4
打算罢餐给他们点颜色看看	14	2.0
合计	694	100

2007年以来物价上涨,米、面、油等基本生活必需品的价格不断攀升。学校食堂受此影响,也采取提高价格或减少分量的做法以维持利润。对于消费水平有限的学生来说,价格上涨对他们的影响较大。学生如何面对和解决这一问题呢(见表10)?43.4%的被调查者能忍就忍,因为不是自己一个人在忍受;38.2%的被调查者能够采取积极的措施寻求解决;16.4%的被调查者采取消极应对的态度,"不去食堂吃饭,到外面去吃"。从学校方面来看,应设立多种投诉渠道,及时反映学生的意见;从学生方面来看,对学

校的管理有意见应积极、及时地提出来,寻求解决,而不是憋在心里,采取消极对抗的方式,不利于化解矛盾、解决纠纷。

六、高校公共安全状况总体评价

(一)教师和学生对本校公共安全基本满意(见表11)

表11 您对于本校的治安管理情况所持的态度

	有效回答人数 (学生)	百分比 (%)	有效回答人数 (教师)	百分比 (%)
基本满意	368	52.6	47	68.1
满意	183	26.2	15	21.7
不满意	135	19.3	5	7.2
无所谓	13	1.9	2	2.9
合计	699	100	69	100

教师和学生是学校生活的主体,对校园公共安全有着切身的感受。从表11可见,无论教师还是学生,对校园的治安管理情况所持的态度依次为:基本满意——满意——不满意——无所谓。持肯定态度(包括基本满意和满意)的比例分别为78.8%(学生)和89.8%(教师)。各高校在维护校园公共安全方面的举措有一定的成效,也得到了师生的认可(见表12)。教师对学校公共安全方面的满意度高于学生,一方面可能因为教师本身社会阅历丰富,防范意识较强,不容易成为受侵害的对象;另一方面一些教师不住在校园里,对学校公共安全的感受不深。

校园周边环境虽然不是校园的组成部分,但却是校园的延伸,与学生的日常生活紧密联系,学校周围的小餐馆、网吧、影院等营业场所主要是以学生为消费群体,依托学校而生存。校园周边的

表 12　您对所在学校的校园周边环境秩序是否满意

	有效回答人数（学生）	百分比（%）
满意	386	55.3
不满意	312	44.7
合计	698	100

环境是影响校园公共安全的重要因素之一。营业场所的存在既为学生提供了方便,也存在着一定的隐患。由表 12 可见,学生对校园周边环境的满意度略高于不满意的比例,总体来看,满意度超过一半,但比例不高。学校周边环境的治理依然任重而道远。治理校园周边环境,已超出了学校能力的范围,需要政府相关部门的支持,希望政府有关部门能认真重视这一问题,还校园一个安宁的环境。

自己人身和财物受到侵害的当事人多数对本校公共安全不满意,认为学校没有尽到责任:

学校在维护高校安全方面并没有尽责,学校存在着不够完善之处。没有加强安全管理,保安并没有尽责,都在推卸责任,学校安全管理不善,学生向学校反映情况,学校或保安都没有及时地回复,也没有作出反应。

学校在此方面做得不够,宿舍区经常发生自行车失窃,保安措施不够严密。

学校未尽到维护高校公共安全的责任。不完善之处有:第一,阳台没有防护栏,外人容易翻墙进入;第二,宿舍门质量较差,一用力踢就能打开;第三,没有健全的报警系统。

我认为学校没有尽到责任。不完善之处:第一,宿舍没有防盗网。第二，保安责任不明确，素质不够高。不能确定发生相关事件是否与保安有关。第三，物业与学校之间责任不明确。出事之后相互推诿，学生不知道究竟向谁反映。第四，担心自然村存在隐患。第五，教学区与生活区之间路灯的关闭对学生的人身、财产安全造成困扰。第六，没有明确的专门机构或部门来供学生反映情况、寻求帮助。第七，南北区之间的山坡处晚上存在安全隐患。第八，对外来人口的管理不够规范。

学校方面并未尽到责任。对外来人员管理不善。闭路监视系统，录像方位不完善。并未起到监督作用。

学校未尽到责任。不完善之处有：第一，进出宿舍楼，楼下保安未能很好地履行职责，检查证件，加强管理；第二，平时没有派相关保安巡逻宿舍楼（相关事件发生后，有了此种措施）；第三，防盗意识不够强。

也有受害人认为自己财物被盗主要是自己粗心大意，"学校在维护公共安全方面还是做得比较好的"，"基本上尽到了责任"。

学校还是不错的，我的贵重的物品没有失窃过，保安对可疑的人员都进行细致的检查，外窃现象很少。消防设施、宿舍用电都很科学。不完善之处就是对学生内部的盗窃尚无比较有效的解决措施。

还有的当事人认为：

学校虽然尽到了责任但效果不佳。保卫处工作不认真，没及时发现隐患，无忧患意识。

有人的地方就会有犯罪,发生高校公共安全事件,一方面是受害人本身防范意识薄弱导致的结果;另一方面各高校在维护公共安全方面措施不到位、人力不足、经费不足,其效果自然要打折扣。大学生处于从学校向社会的过渡阶段,社会经验不足,防范意识差,学校应从宣传、保卫等方面着手,努力创建和谐的校园环境。

(二)各高校在维护校园公共安全方面普遍采取一定的措施(见表13)

表13 您所在的宿舍外来人员进出是否需要查验证件或登记

	有效回答人数(学生)	百分比(%)
需要	569	81.6
不需要	128	18.4
合计	697	100

由表13可见,被调查的7所学校几乎都规定了外来人员进出宿舍应查验证件,也有的学校只是在形式上做了规定,并没有真正实行。从实际情况看,这一做法实行起来有一定的难度。一方面,人流量太大,客观上操作起来有困难。而且有很多学生不理解这种措施,不配合查验工作,或者有很多人不带工作证或者学生证;另一方面,宿舍楼的保安由于工资、待遇等方面的问题,人员流动频繁,不可能对经常进出的人员都很熟悉,学生对每次查验证件很反感、觉得啰唆,久而久之,在一些学校这一规定基本流于形式,没有真正发挥作用。在访谈过程中,有被调查者就提出自己所在的宿舍:

平时出入宿舍不会查证件,外校的同性同龄的可以随便出入。只有图书馆的出入比较严格。

表14 您认为所在宿舍的管理人员在维护
治安秩序方面是否起到实际作用

	有效回答人数(学生)	百分比(%)
作用很大	159	22.7
有一点作用	472	67.5
完全没用,只是摆设	68	9.7
合计	699	100

　　每所学校的每栋宿舍都配有管理人员,这些人或者是保安或者是普通的工人,大多数学生认为宿舍管理人员的存在有一定作用,至少是"有一点作用"(见表14)。例如有些学校大宗物品进出宿舍需要进行登记,在一定程度上避免了盗窃案件的发生,有些案件就是管理人员及时发现并制止的。管理人员作用的大小很大程度上依赖于该校的制度,例如要求管理人员严格登记、查验出入人员和物品,定时巡逻等,这些制度只有真正执行,管理人员才能切实起到"管理"的作用。而有些学校制度松散,对管理人员要求不严,正如部分学生的感受一样,管理人员"完全没用,只是摆设"。

表15 您如何看待学校关于学生宿舍不准异性进入的规定

	有效回答人数(学生)	百分比(%)
支持,严格遵守,认为学校的管理有必要	216	30.9
无所谓,不支持也不反对	200	28.7
完全没有必要做出硬性规定	275	39.4
自己会用尽一切途径设法进入	7	1.0
合计	698	100

异性进出宿舍会增加安全隐患,所以有些学校规定学生宿舍不准异性进入。这一规定是从学生切身利益出发,但也为异性同学的正常交往带来了不便(见表15)。对此规定,有接近三分之一(30.9%)的被调查者能够理解,并给予支持;28.7%的同学认为无所谓;39.4%的同学认为"完全没必要做出硬性规定",这一选项占最高的比例,与我们调查前的设想完全相反。我们认为,这一维护学生切身利益的规定应该得到大多数同学的支持,但调查结果与我们的预期有一定差距。究其原因,可能有两方面:第一是学生感觉这一规定对维护宿舍的安全没有太大意义;第二,与被调查者的性别有关,因为这一规定往往对男生执行严、女生执行宽,或者只在女生宿舍执行这一规定,如果被调查者为男性,容易引起反感。我们认为,这一规定至少在一定程度上对维护宿舍安全有利,不应取消。

从上述分析得知,基本的安全教育和措施是每个学校都有的,但是每个学校也有自己的特点。不同学校操作起来也是不一样的,有些涉及各部门的职能问题,加上经费投入的大小不同,效果也有很大差别。

一些受害人对加强校园公共安全管理提出了自己的建议:

实行责任制,加强与治安部门的联系,提供一些应急措施培训,定期举办案例重现舞台剧。

学校内加强保安巡查管理,对学生进行公共安全意识教育,高校间联合合作加强保卫管理。

加强巡逻,加大警力,威慑犯罪分子;加强宿舍防护措施,门锁加固,加防护栏等;进行安全知识讲座等安全教育,提高自我保卫意识;增强宿舍管理员的人力,提高其素质及服务、工作质量。

提高学生自我保护意识;建立相关安全保护机制,为学生提供一个专门反映并寻求解决问题的部门;对外来人口加强管理,如教学区须凭证进出;管理自然村、民工和流动人口;保卫部门进一步发挥职能。

完善闭路监视系统,避免犯罪分子有漏洞可钻。

也有保卫部门的工作人员从自己的实际工作经验出发,提出了校园公共安全的改进建议:

第一,上级领导部门真正地重视保卫工作,加大力度对高校公共安全存在的不良现象进行统一整顿。第二,建议高校保卫协会从立法角度来维护公共安全,制定《高校公共安全法》,明确赋予保卫部门权力,在发现违法案件时可及时准确进行制止或制裁。目前,高校保卫部门是有责无权,面对不少问题都不能很好地处理。第三,加强对师生的安全教育,建议将安全教育同毛泽东思想、邓小平理论一样纳入大学生必修课中,切实贯彻落实安全教育。第四,学校建设规划方面要与实际相结合,舍弃或推迟实施过于超前的建设规划,做到与实际相结合,合理又科学。

有些学校与公安机关联合推出了一些新措施,为完善校园公共安全管理进行了有益的尝试:

驻中山大学的李警官谈道:"07年的上半年提出了'六个一',就是说每间学校一间警务室,经营好一个社区警务网站,上好一堂法制课,写好一本民警日记,一张温馨提示卡,搞好一个法制宣传栏。而且我们还建立起了华工警务网,现在这个网站为十大高校治安方面的资源共享提供了良好渠道。"

华南理工大学保卫部门工作人员介绍了他们的经验:"学校与当地公安部门联合创办了驻校的警务室,这在大学城是第一个,学校还与当地的公安联合推出了一个网站,将近期出现的一些治安案件及其防范的措施公布在网上,给予同学们参考,学生也可以通过网络与民警交流,使警民关系更加和谐,也使民警更加了解学生们的安全状况。同时,我们还引进物业管理制度,每栋宿舍,每栋教学楼都配备一名保安,从而保证学生的人身财产安全。此外学校还经常举办一些安全教育,比如新生安全教育,学生安全课,还发放一些安全资料,张贴温馨提示,保卫处还不定期地与学生公开交流信息,共同促进学校公共安全的良性发展。"

(三)校园采用物业化管理模式需进一步完善

随着高校后勤社会化管理模式的推进,原来隶属于学校的后勤服务部门从学校剥离,变成按市场机制运行、自主经营、自负盈亏的实体。学生宿舍的管理责任相当部分转移到后勤物业管理部门,经过实践的检验,高校学生宿舍采用物业管理模式行之有效。在我们所调查中的七所高校中,只有一所学校没有采用物业化管理,其宿舍管理状况也不尽如人意,甚至还有男女混宿的不良现象。但是采用物业化的管理仍有很多方面需要进一步完善:第一,高校保卫部门与物业公司并没有完全划清界限,导致职责不明确,管理不到位;第二,有的物业公司注重经济效益,忽视社会效益;第三,宿管人员与学生之间的矛盾时有发生。有的宿管人员素质比较低,生活习惯和语言习惯使同学们反感;有的宿管人员比较内向,可能热情不足但是认真有余,导致同学们认为其有针对自己的倾向,或者觉得手续过于麻烦而又产生抵制情绪;有的宿管人员工作态度不认真,办事效率低,让同学们不放心。这是一个多因一果的事件,管理者和被管理者的关系不和谐,那么管理秩序就不可能有成效;第四,物业公司往往为了公司私利而推卸属于自己的责任,一旦发生事故,就把责任推到学生身上。

(四)大学城模式在维护高校公共安全方面的作用有待检验

近年来全国很多城市兴起建设大学城的热潮,而对于这一做法公众也是褒贬不一。大学城模式在维护高校公共安全方面是否比传统的校园更有优势呢? 此次调查所涉及的七所高校中,有四所院校在广州大学城设有校区,包括中山大学、华南理工大学、华南师范大学和广东工业大学。广州大学城是一个没有围墙、四通八达的开放式校园,这在校园公共安全方面是否带来更多的隐患? 我们专门针对这一问题在学生和高校保卫部门工作人员中展开了调查(见表16)。

表16 您认为广州大学城模式是否有利于维护校园公共安全

	有效回答人数(学生)	百分比(%)
有利	107	15.3
没有利	78	11.1
利弊并存	424	60.5
说不清楚	92	13.1
合计	701	100

针对这一问题,多数大学生认为大学城模式在维护公共安全方面利弊并存。一方面,由于大学城处于相对孤立的小谷围岛,与市区分离,一些社会不法分子一般不会进入大学城作案;另一方面,大学城相对人口密度较小,而且居民主要是学生,更容易受到侵犯,给犯罪分子以可乘之机。

保卫部门的工作人员对这一问题形成三种态度,一种与学生持相同的意见,某高校保卫科长认为:

有利也有不利。有利在于将多所高校集中,便于管理,受外界社会的不良影响较小;不利在于一旦发生紧急事件难以较好及时处理,由于远离市区,维护公共安全的警力投入有限。

另一种则与学生持相反的意见,某高校保卫处的主管认为:

广州大学城毕竟还是个新兴的产物,一切都还在摸索阶段,但就目前来看,还是有利的。我们大学城十所高校保卫部门的领导经常开通气会,介绍各个学校近期发生的治安案件及其特点,其他的高校会引以为鉴……各高校很合作,小谷围派出所也很尽心尽责,总体来说还是有利的。

还有一种意见认为大学城模式在维护校园公共安全方面"不是很有利,存在隐患",理由是:

第一,开放式管理,外来人口随意进出;第二,没有安装防盗网;第三,教学区处的对外出入口较多;第四,自然村中非法网吧、小影院易滋生犯罪。

大学城在建设过程存在的问题,以及自然村的存在为大学城的治安执法带来一定的难度。某高校保卫科长认为:

广州大学城模式有其优越的地方,但也存在不科学不切实际之处。例如:(1)宿舍楼的设计,八九栋连通起来,这一方面方便学生的交往,但给保卫安全工作带来很大的困难。(2)自然村的存在,师生与村民的交往可能产生经济纠纷而引发暴力事件,破坏正常的安全保卫工作。(3)自然村很大程度上是一个藏污纳垢之处,单车盗窃的第一窝藏点可能就在其中。对此,学校又无执法权力,无法对其追究违法责任。

可见,大学城模式在维护高校公共安全方面的作用仍有待于实践检验。如何利用大学城在地理位置上的优势,发挥其在维护高校公共安全方面的作用,是今后大学城各高校需要进一步探索的问题。

第 二 章

影响高校公共安全的因素分析

第一节　影响高校公共安全的内在因素

高校公共安全问题的存在不是由单一因素造成的,而是多种因素相互作用的结果,这就使得校园安全问题复杂化。只有全面深入地剖析校园安全问题的原因,才能对症下药,有效地解决问题。

一、学校方面

(一)高校办学规模扩大导致安全隐患增加

1. 高校扩招,校区增多,人员膨胀,层次复杂

高等教育管理和办学体制的改革以及扩大招生政策的实施,使得现阶段各高校均出现了校区增多且分散,学生和教职员工数量膨胀、层次复杂、良莠不齐。为了加快高等教育的发展,国家采取了整合高等教育资源、扩大高校规模的做法,从而达到提高高等教育的办学规模效益和办学水平的目标。合并学校和扩大办学规模使很多高校出现了一个学校多个校区的情况。随着高校的扩招、合并和发展,学校规模不断扩大,在校生人数成倍增长,高等教育已实现从精英教育向大众化教育的转变,学生成分更加复杂化,

而办学条件、教学设施、生活设施建设还存在许多不尽如人意之处,这些矛盾使校园安全问题更加突出。由于新生增员较大,不乏个别思想素质较差的学生进入学校这个群体,片面追求高消费和享受,滋生了拜金主义、享乐主义的心态,为满足自己的虚荣心,产生了盗窃他人财物占为己有的念头;另有扭曲心理的同学,对自己讨厌的同学进行行窃以示报复。利用自己熟悉周边人、环境、学生学习生活规律等有利条件在本人或其他同学宿舍实施盗窃。

2. 校内各种外来人员增多

随着市场经济的发展及高校后勤社会化,在校内从事生产、经营、服务的人员日益增多。大批基础设施的建设,导致众多民工涌入校园;高校后勤社会化后,物业公司为了适应学校各方面的服务,没有经过严格的考核和岗前培训,便从社会上招聘各类人员,宿管、维修、保安、清洁人员,他们中有的是凭关系上岗的,有的在社会上本来就有劣迹;还有一些社会闲散人员出于各种目的经常进出校园。此外,校内出租房屋混乱,既有教工的私房出租,也有学校的公房出租。出租房存在的主要问题,"一是'杂',人员居住杂,既有多人住在一间,也有多家住一套;既有学生,也有生意人,还有闲杂人员;二是'乱',出租房屋内乱接乱拉、乱摆乱放、乱堆乱扔、乱七八糟;三是'烂',有的出租房变成了赌博吸毒场所、淫乱流氓场所、传教传销场所和盗窃作案窝点。"[1]

3. 校内设施不合理

近年来,大学教育在一定程度上呈普及趋势,学校的基本建设

---

[1] 晏华满:"构建和谐校园保卫工作要抓好三个建设",载中国高等教育学会保卫学专业委员会编2006年年会《和谐社会与高校保卫工作学术研讨会论文集》,第104页。

赶不上扩招的速度,硬件设施不足。一些教学楼、宿舍楼等设施为了在新学期投入使用,存在盲目赶工的现象,工程质量差,把关不严,粗制滥造,门窗质量不合格。为一些不法分子提供了可乘之机。

(二)校园管理制度不完善

由于多方面的原因,当前高校安全工作仍没有摆脱传统的管理模式,安全管理中单纯依靠相关职能部门采用纪律教育、惩罚等手段,许多管理措施不能落到实处,安全管理水平与当今高校发展要求有一定距离。校内治安管理漏洞较多,很多管理工作不到位。高校公共安全管理的脚步一直跟不上改革的形势,体制落后、管理疏忽、人心不稳、责任心差、方法落后、硬件设施不完善。当前很多高校管理者还未形成自觉运用法律手段管理教育、调处纠纷、维护权益的观念和习惯,在高校公共安全管理方面依靠各种校规校纪,严管严罚,动辄警告处分,更甚者经济制裁。"几十年来,国际国内的形势不断变化,而我国高校的管理体制却没有多大的变化,可谓'以不变应万变'。高校的行政组织就像传统的国营大企业一样,人们形象地比喻是一个没有改革的吃大锅饭的'国营大企业',是'温水里的青蛙'。传统国营大企业的弊端无一例外地体现在高校组织中,行政组织僵化,人浮于事,财务管理不严,效益和效率不高,没有公平竞争机制,干部能上不能下,员工能进不能出,干好干坏一个样,干多干少一个样。"①完善校园管理制度,应"落实治安综合治理的责任制度以及责任追究制度、法制宣传教育制度、安全制度和安全检查制度、设施设备与危险物品安全管理制度、计算机网络安全制度、放射性物品、有毒物品及易燃易爆物品

---

① "教育危机管理:新世纪我国高校面临的新课题",载《当代教育论坛》2005年第6期(上)。

的安全管理规定,消防、交通、治安秩序管理规定以及校内经营典当和流动人口的管理办法等。"[①]

1. 责任制度

学校领导和学校有关职能部门要全力做好维护学校稳定的工作,切实把维护学校及周边治安秩序纳入重要议事日程和经常性工作中。健全学校治安综合治理的领导机构,定期分析校园及周边治安形势,逐级落实责任制,明确各级职责和任务,使维护安全稳定工作责任落实到人。

2. 登记制度

对外来人员和大宗物品进出学校和宿舍、实验室实行登记制度。凡是进校做工的民工一律凭证进场施工,并到保卫部门登记造册。无身份证的一律不准在校内参加施工暂住,进校一周内一律到当地公安派出所和劳动部门办理有关证件,否则将不准在校内做工。

3. 巡逻制度

校园巡逻能够及时发现和处置校内随时发生的各类治安案件,师生经常能看到保卫人员巡逻在校园的各个区域,就会本能地产生一种安全感,同时企图作案者也会大大减少。巡逻应该不间断地全天候、全方位地进行,在重点部位应加强巡逻,以预防案件的发生。

4. 通报制度

高校保卫部门应定期向校内师生员工通报近期发生的案件及

---

① 杨小报:"正确处理八大关系,努力建设和谐校园",载中国高等教育学会保卫学专业委员会编 2006 年年会《和谐社会与高校保卫工作学术研讨会论文集》,第 62 页。

其特点,使广大师生提高警惕。通报的形式可以在校园显著位置如教室、食堂、宿舍等师生经常出入的地方张贴公告,也可以利用校园广播,或者书面通告到各个班级、宿舍。各学校保卫部门应保持经常性的联系,定期通报本地区、本校发生的治安案件,使其他学校能提前做好应对准备,防患于未然。

(三)思想道德教育不到位

高校思想政治工作乏力,内容陈旧老化;方法呆板单调,缺乏针对性的说服力和感染力,不符合大学生的思想实际和心理特点,使学生感到枯燥无味,甚至产生强烈的厌倦感和"逆反"心理。一段较长的时间里,我国高校普遍忽视人文素质教育,导致大学生文史哲知识缺乏,艺术知识匮乏,重业务素质轻人文素质,部分学生精神空虚,生活品位较低,思想道德素质也存在很多问题。大学教育尤其是德育教育目前还存在着深层次的问题:"第一,大学教育或者说学校教育目前还仅仅是泛泛而谈的德智教育;而重智育轻德育的状况也没有从根本上得到解决。虽然素质教育被广泛提倡,对教学和课程设置也进行了改革,学分制也得到了推广,但许多高校依然只注重专业知识的培养,德育和人文主义的课程流于形式,重学分轻实效。第二,没有针对学生思想趋于成熟而又不完全成熟的特点加强健康心理的培养。许多高校心理教育、生理教育或未开展,或刚刚起步。第三,忽视普法教育,对广大非法学专业学生法律基础知识的普及重视不够。在当前高校分配制度和教学制度改革的过程中,一些高校为保证专业教师课时量,对法律基础知识的课程、课时进行精简或压缩,由于教学经费投入得不足,使教学手段、内容等更新不及时,教学效果无法保证。"[1]

---

[1]　姜兵:"关于大学生犯罪现象的思考",载《现代教育科学》2004年第5期。

在访谈过程中,有当事人表示学校虽然有一些宣传教育的措施,但都流于形式,作用不大。驻某高校的李警官就认为:

宣传的力度不够。因为现在很多学生的法律意识比较淡薄,防范意识差,社会经验比较浅,所以我认为如果要有效保障学校的治安,我们在宣传这个方面还是有待改善的。

一方面是学校的宣传力度不够,另一方面学生对此不感兴趣,仅有的宣传措施效果也很有限,某保卫工作人员谈道:

学校方面做得很好,能够及时发现案情并与相关部门取得联系解决。只是学生方面不够重视,不感兴趣,没有安全意识,或者说自我防范意识不够。

一些学校开了思想道德和公共安全课,但是学生们的积极性不高,我们发的教育安全的书籍同学们看都不看就丢到垃圾桶里。我们张贴的温馨提示,学生们一般也不会看,但我们仍然在做,因为有一个同学看到,就有一个同学减少了发生事故的可能。

针对这一现象,学校应加强大学生的安全教育,教育的内容应包括以下方面:"第一,法律法规、校纪校规教育;第二,日常安全教育。应当加强对大学生防盗、防骗、防抢等日常安全知识的教育,加强大学生的社会形势及当地治安形势教育;第三,消防安全教育。加强大学生安全用电教育,预防电气火灾的发生,加强大学生的安全逃生教育;第四,网络安全教育。加强网络法律知识教育,使大学生认识到哪些行为在网上是非法的,是法律严令禁止的;加强网络安全教育,使大学生懂得如何在网络中保护自己,避免上当受骗;第五,交通安全教育。一方面应当组织大学生学习交通安全常识及交通安全法规,使大学生在懂得交通安全知识的同时,培养遵守交通规则的良好行为习惯;另一方面强调大学生的交通安全意识,过马路时注意力要集中,以防发生交通事故;第六,求职安全教育。一方面组织大学生系统学习《劳动法》、《合同法》及相关条例和规章;另一方面教育大学生识别单位虚假招聘信息;第七,心理健康教育。各高校应当将心理素质教育纳入高校教育体系中,开设大学生心理教育课;在学校内设立心理咨询室。"大学生安全教育的方式,可以"通过课堂教学、开办安全知识讲座或安全形势报告会等方式;利用学校的校园网、报纸、广播、宣传栏等传播媒体;总结发生在本校及兄弟院校的案件,对大学生进行典型案例教育;学校公安保卫部门与学工部门共同组织,在校学生会内成立学生安全防范与安全教育协会"。①

二、违法行为人方面

前述调查分析告诉我们,校园公共安全事件的违法行为主体主要是进出校园的民工和大学生。民工作为违法犯罪主体与一般的社会违法行为主体没有差别,这里我们着重分析大学生违法犯罪的内在原因。

(一)价值观偏差

1. 享乐主义的价值观

社会环境中的一些负面效应对大学生的成长产生了较大的消极影响。社会上有一些人金钱至上、享乐主义等歪风邪气对大学

---

① 张德国、孙德仁:"加强大学生安全教育刍议",载《保卫学研究》2007 年第 2 期。

生的世界观、人生观、价值观产生了一定程度的误导。有一些大学生得不到正确的引导,未能树立远大理想,追求不切实际的高消费、贪玩、懒惰,不严格要求自己,做事不考虑后果。择友标准不高,与具有不良习惯的人交往,久而久之,自己也成为其中的一员。有的大学生奉行"金钱万能、享乐至上"的人生价值观,一旦与外界不良因素结合,就会产生违法犯罪的心理动机,进而转化成为犯罪行为。

2. 爱情至上的价值观

有些大学生把青春等同于爱情,在"爱情至上"思想的影响下,一旦恋爱不成,便对自己追逐的对象采取报复手段,以致构成犯罪。有的女大学生误认为"读书好,不如嫁得好",贪图金钱和享乐,对自己和他人造成伤害。北京理工大学博士研究生殷兆辉是全村唯一的一名大学生,却因恋爱问题掐死女友并将尸体扔到宿舍楼下,造成严重的社会影响。①

（二）个体心理不健康

1. 心智不成熟

大学生虽然生理上已是成人,但在心理发育方面,正处于从青春期向成年期的过渡阶段,正在走向成熟但又未完全成熟,心理起伏比较大,自我控制能力差,加上人生体验肤浅,如果没有正确的引导,一旦遇到外界的刺激(例如考试失败、恋爱失意)或与不良因素结合,很容易导致犯罪。目前的青年学生,大都是独生子女,自立自理能力差,世界观、人生观正处于形成时期,心理不成熟,学生面临着学习压力、经济压力、就业压力和竞争压力,而对学生的

---

① "北京理工大学高楼抛尸案",人民网读书频道,http://book.people.com. cn.

心理健康教育还难以适应新的需要,学生中的心理障碍或心理问题增多。如不及时疏导,可能诱发或导致违纪、违法、犯罪。

2. 不良心理

大学生是否具有健康的心理素质,是否养成了高尚的公德意识和法制观念,不仅折射出学校造就高素质人才的成效,也直接影响到学校治安的好坏。长期以来,大学生素质教育的落后以及受社会不良风气等因素的影响,一些学生心理偏差、人格扭曲,社会道德观念、遵纪守法意识薄弱,在校学习、生活期间,举止有悖高校风俗,扰乱公共秩序、妨碍校园管理的不文明行为经常发生。大学生是心理障碍的高发人群,有的大学生喜欢随心所欲,一切以自我为中心,目无法纪,表现出不同程度的反约束感;有的大学生任性、好强、敏感、偏激,优越感、虚荣心强,对人时冷时热。每当临近暑假,就会有一大批学生面临毕业。由于他们学习压力小,空余时间多,活动自由度大,加之将近毕业,学生心态各异,有喜有忧,酗酒滋事、打架斗殴、泄私愤、图报复等违纪违法现象也日渐增多。北京的大学生蒋晓峰从小学到中学一直是品学兼优的好学生,然而在大学宿舍里因为一瓶开水,竟用铁管尖刀将一名同学扎伤致死。① 马加爵事件留给人们的思考是沉重的,他的一些不良个性心理特征,如自卑、敏感、多疑、孤僻、报复心强等,在整个事件发生过程中起到很大的诱导作用。这些诱因没有得到及时疏导,从而恶性发展,给自己、亲人、朋友和社会都造成了巨大的伤害。

在访谈过程中,有保卫部门工作人员认为大学生犯罪的主要诱因在于:

---

① "大学生为一杯水用尖刀扎死同学,被判 14 年",腾讯新闻,http://news. qq. com.

攀比心理,家庭条件不好的虚荣心膨胀;习惯心理、侥幸心理;法律意识淡薄,不知法不懂法;自身不重视,不知道问题的严重性。

心理方面:自身心理不健康,虚荣、习惯、攀比;环境方面:家庭条件与他人相比有差异;教育方面:成长过程中接受的教育、道德熏陶等。

平时消费过于铺张浪费,家里给的生活费不能满足虚荣攀比的心理。心理不健康,"小偷小摸"的习惯心理。

(三)法律意识淡薄

大学生虽然具备一定的科学文化知识,但很多学生法律意识淡薄,人生阅历浅,言行容易感情用事。在旧的高等教育体制中普遍忽视对学生的人文和法制教育,忽视宽容、理解、爱心、诚信、责任等良好道德观念的培养,致使部分大学生缺乏公德心、责任感,是非不明;再加上高校部分无法律依据的规范制度使学生对其有用性产生怀疑,进而对法律的权威性产生怀疑,导致法律信仰的缺失。有的学生无视学校管理规定,自由散漫、无故旷课、酗酒滋事,打架偷盗;有的学生轻信别人传言,参加非法传销组织;有的学生私自在外租住,发生意外事故;有的大学生不懂法、甚至违法后不认为是违法;有的纵容、包庇违法行为人,遇事不讲法只讲"哥们儿"义气;有的帮助同学打架,知情不报。某高校保卫部门工作人员谈道:

大学生的道德以及法制观念需要提高。其实大学生的很多偷盗案件都是身旁的学生做的,我们查来查去查到了被偷者身边的人,这些人甚至没有意识到他的行为已经构成了违法犯罪,法制意识还有待加强。学校也应该以人为本,发现学生的心理问题及时疏导,防止恶化。

三、受害人方面

(一)防卫意识薄弱

从违法行为人方面看,法律意识薄弱,根本没有认识到自己行为的严重性;从受害人方面看,防卫意识有待提高。很多高校的学生安全教育滞后,学生安全意识薄弱,学生存在认识片面、感情用事等缺陷,这些特点使学生在社会交往中为自身和他人的安全埋下了隐患。学生的防范意识淡薄,自我防范意识和防范能力低下,严重阻碍了大学生自我价值的实现,甚至给自己和他人造成巨大的人身和财产损失。如出门经常不注意关好宿舍的门窗,午休时往往不关门,晚上睡觉关了门不反锁;在日常生活中警惕性不高,麻痹大意,宿舍钥匙乱丢乱放等。

通过对保卫部门工作人员的访谈得知:

学生的防范意识并不是很强,同学与同学之间的交流、串访很多,同一栋宿舍很容易今天我到你宿舍你到我宿舍扯皮去啦,或者说是交流学习啦,或者是干什么其他的事情啦。在互相串门当中,自己的门是不关的。

夏天的时候学生宿舍的门不关,睡觉时也是如此,这样有利于通风。一些手脚不干净的人趁机会拿房子里面的东西,比如说手机啊、钱包啊、小电脑啊,这些小件的东西会容易丢失。

某当事人认为,维护校园公共安全,主要依靠下列因素:

提高自身防范意识,平时自己多注意,提高防盗意识,注意关好门窗,做好相关预防措施;加强学校管理,学校应当提高防盗意识,加强管理,特别要加强宿舍管理,对于出入宿舍楼都应出示相关证件,避免外来人口的随意进出;另一方面要加强巡逻,保障学生宿舍安全。

维护校园公共安全主要是依靠保卫部门的管理工作,因为保安负责学校的公共安全,学生有任何问题都会第一时间去找保安的;在另一方面,学生也应当保护好自己的人身和财产安全,要提高自己的安全意识,而且学生也应当互相监督,保护好自己的财物。

(二)案发后不报案或不及时报案

有些当事人因为丢失财物物品少、价值小,认为是小案而不报,或当事人认为自己丢失财物有丢人的心理,以致报案不及时,等到几天后再报案已事过境迁。不仅使自己财物损失不能挽回,而且间接助长了作案人继续作案的心理。

表18　如果您的财物在学校内被盗,您会

	有效回答次数	百分比(%)	占被调查对象比例(%)
自认倒霉,下次注意	194	27.1	27.7
主动报案,积极配合保卫部门或公安部门的工作	414	57.7	59.1
自己寻找线索,认真审视周围一切可疑人员	57	7.9	8.1
认为学校的安全保卫工作没有做好,准备抗议	52	7.3	7.4
合计	717	100	102.4

说明:本题为多项选择题,不限定答案的数量。

从表18可知,59.1%的同学能够在财物被盗后寻求积极的解决措施,主动向有关部门报案,但也有相当一部分学生由于对破案无望,在财物被盗事件发生之后,并没有采取任何措施,也没有向学校、保安或其他有关人员反映情况,当事人只是自认倒霉,或者自己寻求解决措施。在我们所访谈的14名受害者中,有11人在事件发生后没有采取任何措施,只是自认倒霉,有些同学告知周围的同学或朋友多加小心;只有3名受害人在事件发生后积极报案,但有受害人表示"事发后找宿舍管理员,但其不予理睬,至今未得到任何解决的回音,"或者是"公安机关虽然做了笔录,但至今没有消息,不知有没有找到。"一名受害者在报案后"没有下文"的情况下,自己采取了寻找措施,在宿舍楼下张贴告示。

通过对当事人的访谈得知:

东西不见了也没办法,没有采取什么措施,觉得没什么帮助。

没有采取什么特别的措施,觉得作用不大,只是告知班内其他同学要多加小心。

觉得向学校反映也没什么效果就忍气吞声,自认倒霉了。

破案率低、防范打击力度不够,也使当事人对保卫部门和公安机关失去信任。学校保卫部门对校内发生的各类案件无侦查权,而当地公安机关对学校发生的一般案件只能察看一下案发现场,根本没有警力去侦破这些案件。高校保卫部门仅仅是校内一个以治安防范、协调、协助公安机关查处案件的职能部门。高校保卫部门没有调查权、执法权,大大削弱了工作能力。发生在高校的各类案件只能报公安部门,由他们派干警来查处。由于辖区派出所管辖单位太多,社会上发生的大案、要案不断,警力不足致使大量发生在高校的案件尤其是一些"小"案件得不到及时查处。加上一些干警对高校违法犯罪行为特点认识不足、重视不够,公安机关技术装备落后,调查又不及时,致使高校违法犯罪案件破案率低,对罪犯打击不力,导致个别罪犯更加猖狂。访谈过程中,我们的调查员询问某当事人,"事后为什么不去报案",该当事人回答:

> 报案也不会有什么结果。害怕被师长责备。对学校保卫部门、派出所等破案无信心,失去信任感。

1998—2001 年期间,在一些省市的部分高校设立了派出所,作为公安机关的派出机构,具有一定的执法权。实践证明,这是维护高校政治稳定和治安安定的有效途径。校园安全在世界范围内越来越受到人们的重视,许多国家和地区的学校都有了校园警察,专门管理校园安全。一些专家建议,建立中国校园警察制度,将学校保卫人员纳入人民警察序列,实行由学校和公安机构的双重领导体制,同时在公安机关的监督指导下进行执法活动,保障校园的安全。

第二节 影响高校公共安全的外在因素

一、社会原因

(一)社会转型

现代社会的高校早已不再是世外桃源,社会变革从来没有像今天这样深刻,社会对高校影响也从来没有像今天这样深远。中国向市场经济转型期间产生的社会震荡是治安状况难以好转的主要原因。在转型期间,物质欲望迅速增长,收入差距不断增大,失业人员增多,流动人口得不到有效的管理导致刑事案件居高不下;社会不正之风盛行,以言代法、权大于法、情大于法、有法不依现象的大量存在,严重削弱了法制的权威地位,影响了包括大学生在内的广大群众对法律的信心;科技发展日新月异,在带来社会进步的同时,也为违法犯罪活动提供了先进的技术和手段。近几年来,由于社会竞争的加剧,大学生找工作或找到较理想的工作已越来越困难,这使许多高年级大学生产生了巨大的心理压力,从而产生焦虑不安、自卑等心理问题,并在一部分学生中引发了犯罪动机。

(二)社会经济

目前高校中的大学生都是"80后"的一代,改革开放与市场经济的深入发展一直伴随着他们的成长。市场经济对每个人都产生着巨大的影响,大学生也不例外。

大学生正处于人格迅速发展的关键时期,时代的变革大潮,必然对当代大学生人格的发展与完善产生重要影响。一方面,经济的发展为大学生人格的构建提供了比从前更为宽松的环境;另一方面,改革开放带来的负面效应也使少部分大学生的人格发生扭曲。分配不公、贫富差距拉大等,容易造成包括一些大学生在内的人的心理上的失衡;拜金主义、享乐主义观念对于阅历不深、辨别力不强的大学生具有很大的诱惑力。

某高校保卫工作人员认为:

当前市场经济物质诱惑力很大,社会交往日益频繁,见识到社会丑恶的一面,而大学生的思想道德较薄弱,道德建设并不完善,传统教育方法不能收到预期的效果,学生接受落实程度较低。

（三）社会文化

形形色色的文化,包括传统的、现代的、后现代的、高雅的、低俗的、真实的、虚拟的等各种文化形态在校园并存。大众传媒中不良因素的诱导,减弱了人们对犯罪的敏感度和控制力,甚至为有些人提供了犯罪的手段和技巧。社会不良风气对大学生影响较大。在市场经济体制下,人们的思想观念呈现复杂化、多元化的特点。一些拜金主义、不劳而获等思想仍然影响着部分大学生。大学生人格未真正形成,出于好奇心极易模仿,影响他们身心的健康成长。一些非主流文化和不同背景的西方文化、港台文化对大学生产生不可低估的影响。健康向上的社会主流文化,当然会对大学生起着积极的正面引导作用,但像色情、暴力、享乐主义以及西方、港台文化中所宣传的私有化、极端个人主义文化及文化商业化作用下产生的文化糟粕,则在社会上起着极坏的影响,诱导大学生走上违法犯罪之路。

国际互联网是继报纸、电台、电视台之后的"第四传媒",这里各种信息良莠并存,对年轻的大学生们产生的影响不容忽视。大学生由于心理不成熟、社会经验不足,往往道德辨别力较差、道德意志力不强,对网络文化的识别能力和抗诱惑能力较弱,在五光十色的网络文化面前很难固守良知、把握方向。"相关调查显示,大学生上网的比例超过90%……

大学生网络道德失范主要显现在以下几个方面:

第一,剽窃他人网上成果而侵犯知识产权;

第二,网上行为不文明;

第三,网上色情有局部泛滥之势;

第四,对网上不良信息甚至反动信息鉴别力不高,恶意下载传播;

第五,'黑客文化'受宠;

第六,随意作假、不愿在网上透露真实信息;

第七,网络道德认知力不高。"①由于网络本身的特性决定了网络犯罪具有主体多样性、隐蔽性、高智能性、即时性(事后难追查)、跨国性等特点,给新时期高校安全保卫工作带来了前所未有的难题。玩电子游戏和上网已经成为大学生中一类具有高度成瘾倾向的行为。他们难以控制玩电子游戏与上网的冲动,甚至放弃学习和其他正常活动,有时为筹集玩游戏和上网的费用,可以不择手段。轻者省吃俭用,花掉学费、生活费,欺骗父母、亲友;重者到处行骗、偷窃、抢劫,给学校、社会和家人带来严重危害。

某被访的当事人认为,大学生犯罪的主要原因是:

网络文化的影响,网络上有许多负面的东西,有些东西是教唆大学生犯罪的;家庭和社会氛围的影响,有些大学生从小由于家庭的教育和周围人的言传身教,早早在心中就埋下了犯罪的种子。

二、家庭原因

家庭是人生的第一所学校,父母是孩子的第一任老师。有些家庭在主观或客观上存在一些问题,为青少年的犯罪埋下了隐患。以青少年为行为主体的校园暴力,往往受到青少年家庭方面一些因素的影响。缺乏良好的家庭教育,是青少年走上违法犯罪道路的主要原因。

---

① 檀江林:"大学生思想政治教育视野中的网络道德建设",载《保卫学研究》2007年第2期。

（一）家庭结构

家庭成员的缺损或者家庭成员不和睦，可能会阻碍青少年人格的健康成长，容易对孩子的心理造成各种不良反映，如得不到矫正，任其发展，在一定情况下容易产生犯罪。"因离婚、死亡或服刑以及其他原因，使家庭完整性遭到破坏，这给子女心理造成一定伤害，又给子女的家庭教育造成了严重的缺陷。相当多的孩子因此产生了严重的心理障碍，悲观失望，痛恨父母，嫉妒他人，不满现实，形成一种反社会的心理。据有关部门统计，父母离异家庭子女犯罪率是健全家庭的 4.2 倍。"①有被害人就认为大学生犯罪的原因：

主要是家庭不和谐，社会上的不良风气影响，还有就是交友不慎受到不良同伴的怂恿。

（二）家庭教育

有的家庭在教育孩子的指导思想上存在偏差，不是着眼于培养孩子追求真、善、美的健康人格，只注重孩子的成绩，不同程度上忽视了子女的思想道德教育，由于社会竞争激烈，父母对子女的教育往往重智轻德，而家庭对子女的期望一旦无法实现，对大学生造成的压力也会使得他们产生过激行为。有的家庭在教育方法上存在问题，如"溺爱教育"、"棍棒教育"，过分关爱易造成孩子认知和情感发育不正常，养成孩子自我中心意识，缺乏谦让、合作精神，有的人不能像常人一样约束自己的行为，行动时不考虑后果。这样

---

① 姜兵："关于大学生犯罪现象的思考"，载《现代教育科学》2004 年第 5 期。

的孩子会认为自己的需要应该及时得到满足,否则就会采取他们自认为应该采取的行动来达到目的,而不考虑行为的后果。有的家庭成员中有违法或犯罪行为,父母忽视了对孩子的教育,不良的行为习惯容易对孩子产生"言传身教"。有当事人认为大学生犯罪的主要原因在于:

家庭管教不严,没有很好的指导作用……

(三)家庭经济

高校从过去的基本由国家财政负担,转变为家庭和国家共同负担,高校收费从 20 世纪 90 年代中期开始不断攀升。高额的学费加生活费使很多家庭难以承受如此重负。校园内的学生来自不同区域,存在着家庭经济地位、政治地位和社会地位的差别,但他们又以同一身份共同生活在一起。在大学校园中贫穷与富裕客观地浓缩汇集到一起。贫困生和富裕生面对面地生活、学习在一起,往往容易引发较为激烈的冲突。一些家境状况不好的学生,不得不考虑上学的经济来源等问题。个别困难学生面对同学间生活水平的强烈反差,心理上很受刺激,一旦自我调适不当、道德品质薄弱,就可能抵御不住诱惑,铤而走险。

三、法律原因

(一)缺乏高校公共安全的专门立法

适用于高校公共安全的法律、法规不健全,体制不完善。自1980 年《中华人民共和国学位条例》制定颁布以来,全国人民代表大会及其常务委员会先后颁布了《中华人民共和国义务教育法》、《中华人民共和国教师法》、《中华人民共和国教育法》、《中华人民共和国职业教育法》和《中华人民共和国高等教育法》等教育法律，以及《中华人民共和国未成年人保护法》、《中华人民共和国预防未成年人犯罪法》等与教育相关的法律；国务院制定了《中华人民共和国扫除文盲工作条例》、《中华人民共和国社会力量办学条例》等行政法规；各地也出台了大量地方性的教育法规。但现行的教育法律、法规、规章极少涉及高校公共安全的内容，涵盖面太窄又缺乏可操作性。目前我国尚无一部规范校园公共安全的专门立法，使得校园安全管理体制不稳定、安全管理模式不统一、安全管理措施不落实、安全管理工作不到位，从而影响了校园安全工作的正常进行。在第九届全国人民代表大会第三次会议上，中国科学院院士谢联辉代表向大会主席团提交了尽快制定《校园安全法》的立法议案；十届全国人大代表、华中师范大学教育科学学院周洪宇教授也提出了制定《中华人民共和国校园安全法》的立法建议；《保卫学研究》杂志公布了"《校园安全法》立法研究课题组"起草的《中华人民共和国校园安全法（建议草案）》，这标志着校园安全立法工作的进程向前迈了一大步。校园安全法的具体内容、何时出台，我们将拭目以待。

（二）校内规章制度不完善

由于校园公共安全立法不完善，实际上主要依靠的是学校内部的规定，但这些规定很多与过去计划经济体制相适应，采用传统的压制型管理模式，极易引起被管理者的逆反心理，并且相当一部分内部管理规章制度还存在与国家法律、法规相抵触的现象，侵害了广大师生的合法权益。不能否认的是学校内部良好的规范纪律对于维护高校的公共安全起到了重要的作用，但是，高校公共安全治理必须依靠国家有关校园安全的法律规范而不是学校的权威，更不能依靠那些与法律、法规相抵触的校规校纪。

四、地理与环境原因

（一）校外环境

1. 校园周边不良因素对校园治安影响大

高校社区巨大的消费群体、潜在的无限商机，吸引了大量的投资者、经营者，这里合法与非法经营活动掺杂并存，商业及其他各类诈骗现象比较严重。随着学校人数的增多，带动了校园消费需求的增长，吸引了大量外来人员在高校周边经商。学校周边由于有校园消费的带动，房屋大量出租，商铺、餐馆林立，这些地方不属于学校管理且管理松懈，从业和居住人员复杂，有劣迹的人员经常隐蔽其间，这些人员由于住在学校附近，经常出入学校，扰乱了高校治安秩序的稳定。

2. 校园地理位置偏僻

很多高校远离市区交通不便，在校园各个出口出租车排起长龙，横冲直撞，不仅影响了正常的交通秩序，更是一个安全隐患。很多高校地处城乡结合部，周边环境复杂，人员流动量大，治安状况历来较差，经常发生抢劫、敲诈、欺骗学生钱物的案件，存在着一些治安灰色地带，甚至是盲点。有的学生外出乘车购物，钱财、手机等被偷，使学生身心受到极大伤害。

（二）校内环境

近年来，我国高校有了突飞猛进的发展，然而扩招也带来了一些新的问题和矛盾。管理体制跟不上形势的发展，管理力度不够，校园文化建设有待加强。高校是高级知识分子学习、工作的地方，知识分子思想活跃，思维敏捷，权利意识、自主意识较强，更关心社会时事，以他们为主体的高校校园成为社会上最敏感的区域之一；高校具有较强的群体性，师生间的感染力强，辐射面广，教师的一些不良情绪很容易影响到学生；在校大学生普遍缺乏社会经验，易感情用事，遇事敏感冲动，加之互联网的普及，学生与社会接触的增多，不可避免地会受到很多不良的影响，某一事件的发生也极易在高校中形成较普遍的反响。

域外法制篇

第三章

美国高校公共安全法律机制研究

高校是国家中的"小社会",因为人群密集,因此它的安全问题让国家尤为重视。全球大部分高校校园均属开放或半开放型,人员流动性强且不易管理,教室和寝室等特定区域人口密度大,加上校园安全事件的社会轰动效应大,因此,校园其实是不折不扣的高危区,这些都要求校园必须具备高质量的安保系统。如何建立更为及时有效的校园预警系统及完备的校园危机处理机制,强化师生的安全意识和危机应对能力,应当成为世界各国家和地区高校认真思考的问题。

美国是公共安全管理机制较为先进、管理历史较长的国家,在20世纪70年代,美国就正式建立了公共安全管理制度。因而它的管理机制、管理模式纷纷被很多国家所效仿。高校公共安全管理属于公共安全管理其中的一个领域,因此,受大气候影响,美国高校公共安全管理也具有法律健全、组织完备、管理现代化的特点。

然而,看待任何西方的先进经验,我们应当一如既往地持有辩证的态度:尽管美国的公共安全管理机制属于世界先进水平,然而当面对"9·11事件"时的无助,还是很多问题是值得我们深思的。面对2007年4月16日弗吉尼亚理工大学的血色清晨时,他们也同样付出了惨重的生命代价。因此,无论在大范围的公共安全管理问题上,还是在高校的公共安全管理问题上,都需要我们在适当借鉴美国先进管理机制的同时,要认真思考并总结美国机制的缺憾与不足。批判地借鉴,永远是法律移植的核心要义。

本章将就美国高校公共安全管理的先进经验做系统的总结,以期对我国的高校公共安全管理法制化进程有管窥之益。

第一节　美国高校公共安全管理体制概述

一、美国公共安全管理体制概述

公共安全管理即紧急事态管理,在美国 2004 年《国家应对预案》中,美国联邦紧急事态管理局将"紧急事态管理"定义为:组织分析、规划、决策和对可用资源的分配以实施对灾难影响的解除、准备、应对和恢复。其目标是:拯救生命;防止伤亡;保护财产和环境。

谈到美国高校公共安全管理问题,不能不涉及它的上位概念——美国的公共安全管理。美国高校的公共安全管理方式与政府的公共安全管理体制有着密切的联系,它是政府公共安全管理的一部分,也是其功能和内容上的延续。下面我们首先来了解美国的公共安全管理体制。

(一)美国公共安全管理体制中的基本概念

在美国公共安全管理立法中,有以下几个基本概念:紧急事态、灾难、突发事件、紧急事态管理;危险、风险、脆弱性、紧急事态风险管理。

"公共安全管理"在美国通常称为"紧急事态管理"或"紧急事务管理"(Emergency Management)。而且,美国在很多场合,紧急事务管理通常与"突发事件管理"(Incident Management)混用。

1. 紧急事务或紧急事态

在美国公共安全管理领域,2000 年《灾害减除法》(Disaster Mitigation)即修正的《罗伯特·斯塔福灾难救援与紧急事态援助法》,简称《斯塔福法》,该法将"紧急事态"分为在地方管理层次上的紧急事态和需要联邦介入的紧急事态两方面,包括以下三层含义:

第一,紧急事态是一种危险事件或状态,且都会危及人民的生命、财产或公共卫生与安全;

第二,紧急事态具有突然性或紧急性,需要马上采取应对措施;

第三,紧急事态是政府必须采取应对行动的事件或状态。因为这些事态已经超出了社区和居民应对能力的范围,需要地方或联邦政府迅速予以干预应对。

2. 突发事件

美国国土安全部将"突发事件"界定为:一种自然发生的或人为原因引起的需要紧急应对以保护生命或财产的事件(event)。可以包括:重大灾难、紧急事态、恐怖主义袭击、荒野和城区火灾、洪水、危险物质泄漏、核事故、空难、地震、飓风、龙卷风、热带风暴、与战争相关的灾难、公共卫生与医疗紧急事态,以及发生的其他需要紧急应对的事件(occurrences)。

美国的突发事件按级别可分为三类:

第一,一般的"突发事件":无须联邦政府出面应对的自然原因或人为原因引起的需要州和地方政府紧急应对以保护生命或财产的事件。

第二,具有全国影响的突发事件(Incident of National Significance):需要联邦政府出面应对。小布什总统在 HSPD—5 号中规定的"具有全国影响的突发事件",必须符合以下标准中任何一个:联邦的部或机构对国土安全部部长已经提出援助请求;州和地方政府的资源已经无济于事,该州或地方政府已经请求联邦援助;已有一个以上的部或机构实质性地参与了对该突发事件的应对;国土安全部长已经接到总统指示,去承担管理某个突发事件的责任。

第三,灾难性突发事件——最高级别的突发事件或称"灾难性突发事件"(Catastrophic Incident),是指造成对人口、基础设施、环境、经济、道德和政府功能特大程度的损害或严重破坏的任何自然的或人为的事件,包括恐怖主义。

综上所述,"突发事件"是上述公共安全管理有关概念中范畴最大的概念。而且,在美国公共安全管理领域,它才是最为标准的用语。

3. 公共安全管理

即紧急事态管理,在美国 2004 年的《国家应对预案》中,美国联邦紧急事态管理局将"紧急事态管理"定义为:组织分析、规划、决策和对可用资源的分配以实施对灾难影响的解除、准备、应对和恢复。其目标是:拯救生命,防止伤亡,保护财产和环境。

(二)美国公共安全管理中的系统管理

关于美国公共安全管理的理论与原则内容非常丰富,此处不再赘述。这里我们只谈一些与高校公共安全管理密切相关的内容:紧急事态综合管理系统(Integrated Emergency Management System)。

在美国,紧急事态管理局(署)将"紧急事态综合管理系统"界定为:当紧急事态发生的时候,需要来自不同的机构、部门、各级政府的代表一起工作、相互配合;需要迅速作出决策。没有计划、协调和统一领导,势必影响政府的反应速度和应对能力,就不能实施有效的管理。因此要求建立一个能使所有紧急事态管理工作的参与者一起工作的系统,即紧急事态综合管理系统。它是一个通过网络化增强紧急事态管理能力的概念上的架构。在该系统中,各机构、部门有着明确的分工。

(三)美国公共安全管理的四阶段论

表19 "公共安全危机管理的四阶段生命周期表"①

危机生命周期	内容描述	对应任务
预防阶段 preparedness	在危机发生前采取相应措施发展和提高危机应对与运作能力	●准备全面计划 ●实施人员培训 ●设计可能的撤退路线 ●进行演习
应急阶段 response	在危机发生时采取行动抢救人员,避免财产损失和人员伤亡	●向市民发出危机警告 ●实施撤退 ●提供食物和暂居地 ●进行搜寻和救援
恢复阶段 recovery	恢复生活支持体系和基础设施服务系统	●清除废墟 ●搭建临时房屋 ●重建公共设施和家庭住宅
减灾阶段 mitigation	采取措施降低未来危机的影响,减轻危机的后果,预防未来危机的发生	●实施建筑标准 ●安装预警装置 ●在可能发生洪灾的地区提升建筑水平

紧急事态管理从历史沿革来讲,是由应对——预防和应对并重的发展过程。20世纪70年代美国又有学者提出了全面管理方

---

① 万鹏飞编:《美国、加拿大和英国突发事件应急管理法选编》,北京大学出版社2006年版,第14页。

法理论,很快被官方所接受。于是,美国紧急事态管理局根据灾难的发生周期,将紧急事态管理活动分为四个功能区:减灾(mitigation)、预防(preparedness)、应急(response)和恢复(recovery)。即紧急事态管理的四阶段论。这四个阶段的依次顺序为:危机(Disaster)——应急——恢复——减灾——预防。(见表19)

尽管可以把紧急事态管理全过程分为四个阶段,但它们彼此之间并无明显的界限,而且各阶段是互相渗透、彼此关联的。而正由于美国在四个阶段的紧急事态管理中,将减灾和预防置于重要的位置上,才使得美国的紧急事态管理与我国正在创建的公共安全管理有很多互相融通之处。①

二、美国高校公共安全管理的基本概念

由于美国是典型英美法系国家,因而不是特别强调对概念的界定。我们出于介绍美国高校公共安全管理机制的需要,此处简单罗列有关该领域的常用基本概念:学校危机管理、校园安全、校园暴力、高校突发事件等。

(一)校园危机管理

危机。是指对一个社会系统的基本价值和行为准则体系产生严重威胁,并且在时间压力和不确定性极高的情况下,必须对其做出关键性决策的事件。

学校危机。学校作为社会生活的一部分,也是 FEMA 安全管理体系中的一个重要环节。FEMA 与各州教育部门合作制定了一系列应对危机的行动指南。一般认为:学校危机,是指突然发生未

---

① 夏保成:《美国公共安全管理导论》,当代中国出版社 2006 年版,第 13—23 页。

曾预料的事件,学校总体上或重点部分可能受到严重的、消极的影响,通常包括严重伤害或死亡。

学校危机管理。美国联邦安全委员会任务微机管理包括四个子系统:减灾(Mitigation)、预防(Preparation)、反应(Response)和恢复(Recovery)。在此基础之上,美国教育部认为,学校危机管理的核心是学校的全面安全,即全体师生的健康、安全和幸福。

美国教育部2003年5月向全国下发的《危机计划的实用资料:学校与社区指南》(Practical Information on Crisis Planning:A Guide for Schools and Communities,以下简称《指南》)中指出:危机是指自然灾害(地震、洪水、龙卷风和飓风),恶劣气候,火灾,化学与危险品溢出,交通事故,学校枪击事件,炸弹危险,医学紧急事件,学生或教职员死亡(自杀、他杀、过失和自然死亡),恐怖事件或战争等。危机的发展可以划分为三个时期:潜伏期、爆发期、恢复重建期。在危机潜伏期中,主要是事前的预防。很多危机的发生,事前都是有征兆的。危机是一个非常态的过程。在危机管理的早期,对环境的分析和判断能力很重要,要尽可能地寻找危机出现的各种迹象。事前的预防胜于事后的救济。最成功的危机解决办法应该是在潜伏期解决危机。美国教育部在此基础上制定了学校危机管理的模式。即学校危机管理是一个连续的四阶段模式,具体为:减灾(Mitigation)、预防(Preparedness)、反应(Response)和恢复(Recovery)四个子系统。

(二)校园安全

校园安全指校园内公共财产、师生个人财产和人身安全,灾害事故的预防和管理,治安防范和处理,安全防范技术等。其阵地主要是校园内部的公共场所,目的是减少损失,核心是防范宣传教育和防范措施落实,其管理主体在美国是校园警察。高校安全管理的服务对象为高等学校和师生员工。安全管理事故有犯罪事故和灾害事故,如盗窃、强奸、杀人、滋扰、打架等。①

(三)校园暴力

世界卫生组织(WHO)将暴力定义为:蓄意地运用躯体的力量或者权力,对自身、他人、群体或者社会进行威胁或者伤害,造成或极有可能造成损伤、死亡、精神伤害、发育障碍或权益的剥夺。暴力的类型可分为自我施暴、个体施暴、集体施暴。

校园暴力是指在学校实施的教育教学活动或在学校组织的校外活动中,以及在学校负有管理责任的校舍、场地、校车及其他教育教学设施或生活设施内发生的、蓄意地对学校师生的生命、安全或财产进行威胁或伤害,造成或极有可能造成损伤、死亡、精神伤害、发育障碍或权益的剥夺。按施暴者及其施暴对象来划分,校园暴力包括:自我施暴、学生对学生的个体施暴、学生对老师的个体施暴、教师对学生的个体施暴、校园团伙对师生及其他团伙的集体施暴、学生对学校财产的暴力等。按施暴行为来划分,校园暴力的类型包括:打架、抢劫或抢夺、欺凌弱小、持枪或爆炸性设备、持刀及尖锐工具、自杀、强奸、性侵犯、性虐待、分发和滥用物品、私藏和使用酒精或毒品、非法团伙、故意破坏行为(包括计算机黑客入侵)等。②

从美国校园暴力发生的实际情况来看,有学者将"校园暴力"定义为:发生在校园内外、施加于学校成员(既包括学生又包括老师)的能导致身体和心理伤害的行为。事实上,很多暴力事件并

---

① 郭爱昕:"中美高校安全管理比较研究",载《中国高教研究》2003 年第 7 期。

② 宋雁慧:"美国公立学校暴力及其对策研究",载《比较教育研究》2005 年第 2 期。

非发生在校园内,而是发生在学生上学或回家的路上,研究者一般把这些事件也视为校园暴力事件。种类有:青少年自杀事件,使用武器的恶性暴力事件,暴力攻击,偷盗,针对教师的暴力行为,其他形式的暴力等。[①] 近年来在世界各地,校园暴力事件愈来愈严重,而发生在美国的校园枪击案更是连绵不断。一位教授甚至预言:"如果不改变这种状况,美国中小学将变成人类屠场!"这绝对不是危言耸听!

(四)高校突发事件

高校突发事件是指由于自然的、人为的或社会政治的原因引发的,在高校内部忽然发生的,大学生起主导作用的,不以高校管理者的意志为转移的,对学校的教学、工作、生活秩序造成一定影响、冲击或危害、危及校园及周边生命、财产、公共卫生与安全的事件。[②] 近年来,学校内的欺负同学、偷盗、吸毒、破坏公物等不良现象时有发生,它已严重地威胁到了教育目的的顺利达成。于是,世界各国的学校对此都高度重视,学校如何采取安全措施防范各种事故的发生,已经成为世界教育研究的重要课题。

美国历史上发生过很多危机事件。美国的公共安全管理法律机制处于世界领先水平,在关系政府形象的高校危机管理方面,美国也是技高一筹。美国各级政府不但制定了一系列的政策法规,而且还设有详细的操作指南,值得我国高校危机管理借鉴。

---

① 张旺:"美国校园暴力:现状、成因及措施",载《青年研究》2002 年第 11 期。

② 陈涛、阳慧玲:"高校突发事件法制化管理机制之构建",载《长沙铁道学院学报(社科版)》第 8 卷第 1 期。

三、美国高校公共安全事件的类型

(一)美国高校公共安全事件的类型划分

1. 校园欺负

(1)校园欺负的界定。美国教育部门给学生欺负定义为:当其他的学生向某个学生说不愉快的事情时,这个学生就是受到了威胁或欺侮。某个学生遭到殴打、踢踹、胁迫,被禁闭在屋里,受到恶语相加,或者没有人和他说话,诸如此类的事情就是欺侮。学生被用令人讨厌的方式反复地嘲弄,也是欺侮。从本质上讲,欺侮行为是一种暴力行为,不管是直接暴力还是间接暴力,都是非人性的、侵权性的。

欺负是一种特殊类型的攻击行为,它是力量相对较强的一方对力量相对弱小或处于劣势的一方进行的攻击。

欺负同攻击一样,都属于校园暴力的范畴,且是较为普遍的校园暴力形式。它们都以给他人造成身体、心理的伤害或财物损失为目的,即具有行为的有意伤害性。但欺负又不同于攻击,二者的本质区别在于卷入欺负的行为双方具有力量的不均衡性,即在欺负行为中,欺负者通常在身体或心理力量上处于优势地位,受欺负者在受到欺负时不能有效地保护自己;换言之,欺负是指力量相对较强的一方对力量相对弱小或处于劣势的一方进行的攻击,通常表现为以大欺小、以众欺寡、以强凌弱。此外,欺负通常还具有重复发生的特点。所谓重复发生性,是指欺负者和受欺负者通常会在较长的一段时间内形成稳定的欺负/受欺负关系,受欺负者在一段时间内重复性地遭受来自另外一个或多个他人的攻击。

根据欺负发生的方式,通常把欺负划分为身体欺负、言语欺负和关系欺负。

身体欺负(physical bullying)是指运用身体力量、通过身体动作来实施的欺负行为,包括打、踢、推、撞以及抢夺、破坏物品等。

言语欺负(verbal bullying)是运用语言、通过言语活动来实施的欺负行为,包括骂人、叫取外号、嘲讽。

关系欺负(relational bullying)是运用人际关系或关系网络来实施的欺负行为,主要包括背后说人坏话、散布谣言、社会排斥等。①

(2)校园欺负的现状。根据美国司法部的最新统计数字,在美亚裔学生经常遭到殴打、恐吓和辱骂。学校的相关安全资料也显示,类似问题正在恶化。这个情况一经披露,美国媒体,尤其是亚裔媒体大量转载,引起各界关注。

18 岁的华裔学生苏晨,放学后在纽约布鲁克林区的一个地铁站候车时,无辜遭到 4 位同学的围攻。当他拉开空空的口袋,示意无钱可给时,即遭到围殴,造成浑身淤伤,多日才痊愈。纽约另一个区的 3 个韩国学生同样被同学打得不敢上学,甚至向校方祈求转学。波士顿一名 16 岁的越南学生在去年的一宗校园暴力事件中被杀。

带有种族歧视成分的欺凌亚裔学生事件,不仅发生在中小学校,大学也不例外。9 月 15 日,密歇根大学发生白人学生在楼上朝亚裔学生"撒尿"、抛掷物品和使用种族歧视性语言咒骂的事件。当地"亚裔联合组织"更接到大批亚裔学生的电话,投诉自己在校园里遭到的种族骚扰。亚裔学生大多勤奋好学,在文化习惯

---

① "欺负的界定",资料来源:中国学校欺负网。

上倾向于避免冲突，所以不少人也许并没向学校或警方报告。可以想见，亚裔学生被欺凌事件可能比已知的要多得多。

纽约市政府 2004 年专门通过了一项法案，坚决制止类似事件的发生。一向华人聚集的加利福尼亚州也立法，对手段恶劣的肇事者追究刑事责任。①

其实，总的来说，来自世界各国的移民后代，他们如何融入美国学校的生活是个社会问题。例如：弗吉尼亚理工大学枪击案的制造者——赵承熙，就是因为在美国学校的生活总是受到同学嘲笑而产生压抑、产生孤独感与新环境的疏离感，从而产生仇富心理和报复心理，这点在有关枪击案的相关资料中可以得到验证。

赵承熙 1984 年 1 月出生在韩国。1992 年，赵承熙一家移民美国。一开始，他们住在华盛顿郊区，父母在一家洗衣店工作。在那里，赵承熙逐渐长大，拥有美国绿卡，获得了美国永久居住权。后来，他们一家搬到弗吉尼亚州森特维尔市，森特维尔市共有 5 万名韩国人居住。赵承熙的父母在那里开了一家洗衣店。

赵承熙在韩国少有玩伴，1992 年随父母到美国后朋友更少，唯一能与他顺利交流的是他姐姐赵善卿。不过，他也从不告诉姐姐自己的想法或感受。赵善卿知道弟弟常因说英语带口音遭嘲笑。但每次问起这件事时，赵承熙永远回答："没事。"

因而，现代社会竞争激烈，使得美国的人员流动性加剧，搬离故土者不得不面对一个陌生环境，因此产生的疏离与孤独感如果不能释放，容易对新环境产生敌意。

---

① 《世界经理人学院》ICXO. COM。

2. 校园暴力（含校园枪击）

高校校园暴力属于青少年暴力犯罪的一种，带有明显的青少年犯罪特点，是暴力犯罪在高校这一特定地区的表现。暴力是指蓄意地运用肢体的力量或权力，对自身、他人、群体或社会进行威胁或伤害，造成或极有可能造成损伤、死亡、精神伤害、发育障碍或权利剥夺的行为。同时根据施暴者的特点将暴力分为：

（1）针对自身的暴力，包括自杀和自虐；

（2）个人之间的暴力，包括家庭和伴侣之间的暴力，以及社区暴力；

（3）集团暴力，即大的集团或国家之间的战争、暴力冲突、经济隔离等。

所谓的校园暴力是近几年教育界提出的一个新概念，是社会中最常见的一种暴力形式，它属于特定社区（学校）中的个人之间的暴力。校园暴力主要是指侵犯师生人身、财产等权利的行为，它大体分为校外人员对师生的暴力行为、师生间的暴力行为和学生间的暴力行为这三个类型。本书关注的是狭义的校园暴力行为，即指发生在学生与学生之间的暴力行为。

校园暴力的研究最早即开始于美国。[①] 在美国，校园暴力不是一个新的社会问题，早在 20 世纪 50 年代的青少年犯罪历史中就可追溯到校园暴力的影子。而且，今日美国，学生用武器而不是拳头解决矛盾的比例在增长中。据美国司法部 1989 年统计，9% 的公立学校学生，7% 的私立学校学生，6% 的无宗派学校学生，都是暴力行为或财产犯罪的受害者。今日美国，校园暴力已经波及 54% 的郊区学校，64% 的城市学校，校园暴力已经成为渗入美国社

---

① 杨梅："高效暴力犯罪归因及对策"，载《时代经贸》2007 年第 7 期。

会核心的国家问题。

美国教育部对50个州的1200所公立学校进行调查,这些学校在1996—1997学年度共发生了1.1万宗持枪袭击他人事件,还发生了19万起未持械的暴力事件,11.6万宗情节轻微的失窃事件,以及9.8万起蓄意破坏他人财物的事件。①

(二)美国高校公共安全现状

美国的高校突发事件以吸毒、欺负、滋扰、枪击等暴力事件为主要表现形式。其中,以枪击的后果最为严重,也最能引起全美国乃至全世界对美国枪击案件的关注。在此,重点梳理一下美国历史上的部分校园枪击案。

1. 美国最早的校园枪击案

1979年1月29日,当时年仅16岁的高中生布伦达·斯潘塞手持一支步枪闯入就读的圣迭戈市格雷弗·克里夫兰高中,她逢人便开枪,打死2名老师,打伤8名学生。后来又与闻讯而来的警察进行了长达6个小时的对峙。在对峙期间,她说,之所以开枪,是因为"我不喜欢星期一,这是无法忍受的一天"。

斯潘塞后来因两项一级谋杀罪名和9项攻击罪名成立,被判处了25年监禁。但她从来没有为自己的行为表示过忏悔。

该枪击案发生在中学校园,被认为是美国历史上最早的校园枪击案。

2. 截止到2000年,美国史上最血腥的校园枪击案——哥伦拜恩

1999年4月20日,科罗拉多州哥伦拜恩中学的17岁学生哈

---

① 稚礼、佩纶:"美国的校园暴力——旅美散记",载《环球巡礼》1999年第7期。

里斯和 18 岁的克莱伯德在学校安放了近 30 个爆破装置,并携带自动步枪,冲进校园疯狂杀戮,在短短 16 分钟内,杀死了 12 名学生、1 名老师,打伤 13 人,后来在与警察的对峙中两名枪手自杀身亡,制造了美国历史上最血腥的一次校园枪击案。

3. 截止到 2007 年,美国史上最血腥的校园枪击案——美国弗吉尼亚理工大学枪击案

表 20 美国历史上的部分枪击事件

2000 年 8 月 28 日	阿肯色州大学一名研究生在打死教授后开枪自杀。
2000 年	麻省理工学院女生伊丽莎白·辛在学校宿舍纵火自焚,她的家人后来把学校推上法庭,指控校方没有及时通告伊丽莎白·辛的精神问题。
2002 年 1 月	一名被弗吉尼亚格伦迪 the Appalachian 法学院开除的学生开枪杀害了法学院的院长、一名教授和一名学生,他还开枪打伤了三名学生。
2002 年 10 月 28 日	亚利桑那大学护士学院一名男子——海湾战争老兵罗伯特·弗洛里斯因为成绩不好,在学院内枪杀三名女教授,然后吞枪自杀。
2006 年 9 月 2 日	道格拉斯·彭宁顿在西弗吉尼亚州谢泼德大学参观时打死了自己的两个儿子,随后自杀。
2006 年 9 月 17 日	杜肯大学 5 名篮球队员在参加完校园舞会后,遭到一名男子枪击,其中一人身受重伤。
2007 年 4 月 16 日	弗吉尼亚理工大学枪击案中,韩国学生赵承熙开枪打死 32 名师生后开枪自杀。
2007 年 5 月 7 日	加利福尼亚州立大学弗雷斯诺分校附近一座公寓大楼内发生枪击案,造成一死两伤。开枪者是加州州立大学弗雷斯诺分校 19 岁的大学生容凯尔·布鲁克斯,死者布兰特也是 19 岁,是从洛杉矶来到弗雷斯诺的,目前不是学生。
2007 年 9 月 21 日	美国特拉华州立大学发生枪击事件,有两名学生受伤。

美国东部时间 4 月 16 日早晨,23 岁的韩国裔英语系学生赵承熙,在美国弗吉尼亚理工大学校园连续开枪,33 人死亡,其中包括凶手本人,造成美国当代史上伤亡最为惨重的枪击事件。

4. 美国历史上的高校部分枪击事件一览(见表 20)

第二节　美国高校公共安全管理组织机构

美国高校公共安全管理是美国公共安全管理中的一个重要部分,因此,了解美国公共安全管理的组织构成,才会对高校公共安全管理组织有宏观的了解,并明确这些组织在整个美国公共安全管理组织体系中所处的位置。

美国大学不论私立还是公立均被认为是公共领域。因此,大学的危机管理自然就是国家公共危机管理的组成部分。美国的公共危机管理体制分为联邦和州两级。联邦紧急事务管理局(The Federal Emergency Management Agency, FEMA)的主要职能是:领导美国针对灾难进行预防、反应和恢复。它是全美危机反应的管理和协调机构,直接向总统负责。根据美国联邦应急计划,美国各州和地方政府有处理危机的主要责任。当大学出现危机事件时,州政府或地方政府的先期处置权要优于联邦政府,即只有在危机的严重性超出州或地方政府的处理能力,并在地方行政长官向联邦政府发出请求,经总统宣布危机发生后,联邦政府才能介入。此时 FEMA 将会担当起危机管理的协调机构。[1]

下面是美国的公共安全管理组织体系概况。

---

① 孙华:"美国大学校园危机管理模式",载《科学时报》2007 年 9 月 11 日。

一、美国公共安全管理组织机构

（一）政府组织

政府组织是美国最为重要的公共安全管理组织,承担着绝大部分的管理职能。根据美国联邦应急计划（Federal Response Plan,即 FRP）,州和地方政府负有处理危机的主要责任。但是联邦政府只在灾难的后果超出州和地方政府的处理能力时,提供补充性的帮助。而且,必须是所在州的长官向联邦政府发出请求,并且必须在总统宣布危机发生之后,联邦政府才能介入。

1. 联邦政府组织

（1）总统。美国总统作为国家元首,在公共安全管理方面享有最高的和最终的权力。

总统在公共安全管理方面的权力主要来源于美国宪法。

第一款规定,总统在开始执行职务前,应作如下宣誓或代誓宣言:"我庄严宣誓（或宣言）我一定忠实执行合众国总统职务,竭尽全力维护、保护和捍卫合众国宪法。"

第二款规定,总统是合众国陆军、海军和征调为合众国服役的各州民兵的总司令。他得要求每个行政部门长官就他们各自职责有关的任何事项提出书面意见。他有权对危害合众国的犯罪行为发布缓刑令和赦免令,但弹劾案除外。

第三款规定,总统应不时向国会报告联邦情况,并向国会提出他认为必要和妥善的措施供国会审议。在非常情况下,他得召集两院或任何一院开会。如遇两院对休会时间有意见分歧时,他可使两院休会到他认为适当的时间。他应接见大使和公使。他应负责使法律切实执行,并委任合众国的所有官员。

此外,三个重要的法案为美国总统实施公共安全管理提供了具体的法律依据。

其一,1974 年的《美国灾难救济和突发事件救助法》(2000 年修订)。

第二章,灾难防御救助。第 3 条规定,总统有权利用所有适当机构的服务来建立灾难防御计划……根据州的申请,总统被授权为灾难防御的发展提供总计不能超过 25 万美元的拨款。

第四章,重大灾难和突发事件救助管理。第 10 条规定,突发事件支援小组。总统应当组建由联邦职员组成的突发事件支援小组,到受重大灾难和突发事件影响的地区开展工作。

第五章,重大灾难救助计划。其中的内容,第 33—56 条,几乎都把对重大灾难的救助权力首先赋予了总统,由总统以总统的名义、以国家元首和行政首脑的权力及号召力来实施这些救助计划及救助措施。

其二,1988 年的《斯塔福法》。

它规定联邦政府对遭受灾害的州、地方政府、种族、个人和符合条件的私人非营利组织提供援助。灾害包括自然灾害和恐怖主义事件。该法规定了受灾者获得联邦援助的程序,而总统则是这种援助的最终决策者。

其三,2002 年的《国家安全法》(Homeland Security Act)

根据该法成立国土安全部,并将紧急事务管理署纳入其中,且将所有管理公共安全的专职机构合并到一起,在实施全面公共安全管理的同时,强化了对恐怖主义的打击。作为美国的第十七个部,总统对其的领导是首当其冲的。

综上所述,美国总统的公共安全管理职权有:对联邦公共安全管理机构的设置与重组、公共安全管理部门的主要官员的任命、公共安全管理政策的制定及公共安全管理立法的颁布、宣布紧急状态以及实施与此相配套的措施等。

（2）专职公共安全管理部门。美国联邦级的专职公共安全管理部门是：联邦紧急事态管理局或署（2003年3月前的专职部门）和国土安全部（2003年3月后的专职部门）。

其一，国土安全部和紧急事态管理局（FEMA）。"9·11事件"发生后，美国各界一致认为应当组建一个综合的部门来专职应对恐怖主义，而不是由一百多个部门来共同应对，那样会显得职责不清且互相推诿、效率低下。

新组建的国土安全部将原来分散在各个部和联邦直属部门的22个机构组合起来，下设一般部长办公厅和四个司。国土安全部是专门用来应对反恐的部门，而联邦紧急事态管理局（FEMA）才是进行安全管理的核心机构。

四个司中的紧急事态准备与应对司责任更重大。它负责监督国内灾难预防培训与协调政府的灾难应对。该司承担着美国联邦政府最主要的公共安全管理职责，其中，联邦紧急事态管理局和全国战略储备与全国灾难医疗系统又是公共安全管理的核心机构。它包括以下五个部门：联邦紧急事态管理局；全国战略储备与全国灾难医疗系统；核事故应对小组；国内紧急事态支持小组；全国国内准备办公室。

联邦紧急事态管理局概况。其使命是"领导美国针对灾难进行预防、反应和恢复"。它是直接向总统负责、报告并处理国家灾情的独立政府机构。FEMA成立于1979年，卡特总统颁布行政命令，将分散于各个部门与赈灾有关的机构集中起来成立了该联邦机构。多年来，该机构已经建立起一整套"综合应急管理系统"，应付各种类型和各种规模的天灾人祸，从火警、地震、飓风、爆炸直到危机的最高形态——战争，无所不管。一旦紧急事态发生，FE-

MA 就成为所有危机应对的协调机构。许多国家的应急管理中,不同团体之间缺乏协调和配合,美国的优势就在于 FEMA 的协调、沟通起到总指挥的作用。

其二,国土安全部的职责。根据《国土安全法》中第 101 条的规定,国土安全部的职责为:预防美国境内的恐怖袭击;减少美国面对恐怖主义的脆弱性;一旦在美国境内发生恐怖袭击,将损害减小到最小,并帮助国家从袭击中恢复;履行分配给国土安全部部门的所有职责,包括承担处理自然与人为危机和紧急事态预案编制的所有责任;确保与国土安全部所属部门和保护国土不直接相关的功能不被削弱或忽略,除非通过国会特别明确的法令许可;保证美国全面的经济安全不因为旨在保护国土安全的工作、行动和计划而被削弱;监控非法毒品交易与恐怖主义的联系,协调各方面工作以切断这种联系,同时致力于阻断非法毒品交易;调查和起诉恐怖主义的职责……

综上所述,美国国土安全部的主要职责是反恐。

其三,在国土安全法框架内,联邦紧急事态管理局的职责。

①《斯塔福法》规定的联邦紧急事态管理局的所有职责和权限。

②为实现其使命,减少生命和财产损失,保护国家免遭各种危险,要领导和支持国家实施保护下属内容的全面的、基于风险的紧急事态管理项目:a)减除灾害……b)制定规划,建立紧急事态管理职业,实现对任何危险有效的预防、减灾、应对以及恢复;c)实施应对,方法是采取紧急事态行动,通过配置紧急事态装备和供给……拯救生命和财产;d)实现恢复,通过重建社区,使个人、企业和政府能够自我运作,恢复正常的生活,保护他们免遭未来的危险;e)提高效率,通过协调有关减灾、规划编制、应对和恢复工作

来实现。

从以上立法内容来看,联邦紧急事态管理局的职责和功能基本上没有受到触动;尤其是它作为美国公共安全管理领导机关的地位。联邦紧急事态管理局负责全国绝大部分公共安全管理事务,而国土安全部以及其下属的诸多机构,只承担反恐任务。

(3)非专职公共安全管理部门。所谓非专职公共安全管理部门是指具有部分公共安全管理职责的政府部门,该类部门如下:

司法部:通过联邦调查局,同其他保护国土安全的联邦部门合作,配合其他执法机关,侦察、预防、先发制人、中断恐怖主义对美国的攻击。在恐怖主义威胁或袭击发生之后,司法部负责将犯罪分子抓获并送上法庭审判。

国防部:下设民用防御支持局,在国内发生重大公共安全事件的时候,根据总统的命令,或者与法律授权相一致的情况下,国防部可通过该局提供紧急事态所需要的支持。

国务院:具有国际协调职责。负责协调国际的重大公共安全事件的预防、应对和恢复、减灾活动,保护美国在海外的公民和利益。

其他联邦部门:在重大公共安全事件中,基于各自的资源、权限或事件的性质,其他联邦部门可能扮演主要的、协调性的和支持性的角色。在2004年12月国土安全部公布的美国《国家应对预案》中,有32个部门签署,包括:农业部、商业部、国防部、教育部、能源部、卫生与福利部、国土安全部、住房与城市发展部、内政部、司法部、劳工部、国务院、交通部、财政部、退伍军人事务部、中央情报局、环境保护局、联邦调查局、联邦通讯委员会、通用事业管理局、全国航空航天管理局、全国运输安全委员会、核管理委员会⋯⋯

此外,除了以上较为笼统的职责外,根据《斯塔福法》,《国家应对预案》还规定了很多联邦部门的具体的特别责任,包括可以宣布灾难状态和紧急事态状态。如:农业部可以宣布农业方面的灾难状态;商业部长可以宣布商业性的渔业歉收或渔业资源紧急状态;卫生与社会福利部长可以宣布公共卫生紧急状态等。

2. 州政府组织

(1)州专职紧急事态管理部门。美国的 50 个州和 6 个领地都设有紧急事态管理部门,但名称各不相同。如:新泽西州称为"紧急事态管理办公室"(Emergency Management Office),隶属于法律与公共安全部(Department of Law and Public Safety);而加利福尼亚州称为"州长紧急事态服务办公室"(Governor's Office of Emergency Services,OES),直接受州长管辖,级别高于新泽西的紧急事态管理办公室;佛罗里达称为"紧急事态管理处"(Division of Emergency Management);北卡罗来纳称为"紧急事态管理部"(Department of Emergency Management);田纳西称为"紧急事态管理局"(Emergency Management Agency)。不仅名称不同,组织结构也不尽相同。以下以组织机构比较完善的加利福尼亚州紧急事态管理体系为例来作说明。

(2)州非专职公共安全管理部门。根据加利福尼亚州的法律规定,以下部门具有公共安全管理的某些责任:加州环境保持部、加州资源局、加州能源委员会、加州运输部、加州森林与防火局、加州紧急事态医疗服务局(CA Emergency Medical Services Authority)、加州保持军(CA Conservation Corps)。①

----

① 夏保成:《美国公共安全管理导论》,当代中国出版社 2006 年版,第 27 页。

3. 县政府组织

（1）紧急事态管理处。

（2）县紧急事态行动中心。

（二）非政府组织

非政府组织在美国公共安全管理中也发挥着不可或缺的协助功能。

如：2007 年 10 月 26 日，美国加州东南部杜卡巴隆镇郊外发生大火。焦土面积达 2000 平方公里，100 多万人被迫离开家园。面对灾难，美国上下展开了全民总动员。除了联邦紧急救援事务署等政府组织、加州政府组织外，加州全州保险公司、红十字医疗中心和许多非政府组织都参与了救援行动。美国红十字会驾轻就熟地组织着各地的志愿者来灾区参加救援。还有当地的一些非政府组织也积极行动起来：如圣地亚哥移民联合组织在避难所设置服务台，避免移民在灾难后受到不公正待遇。还有，许多华人团体也组织起来，为受灾华人提供各种帮助，如华人的佛教慈善组织慈济协会也动员 1300 名志愿者，在美国各大城市的 124 个地点募捐。①

美国承担公共安全管理职能的非政府组织主要有以下三类：红十字国际委员会；教会组织（救世军）；志愿者组织。

二、美国高校公共安全管理组织机构

布什总统曾在加利福尼亚州和内华达州向媒体表示，连续的校园暴力震惊了全国上下，"美国人民有责任保护他们的孩子，我们学校的学生不应该为上学而感到恐惧"。他说："至关重要的

---

① 陆乐："大火来袭时美国如何救灾"，载《南方周末》2007 年 11 月 2 日。

是,联邦政府要与州政府和地方政府一道,保证学校是学习之地,而不是暴力场所。"①

尽管布什总统上台后费尽心机地想加强校园安全,但由于美国的学校安全为地方政府所负责的事务,联邦政府的实际作用有限。因为,根据美国联邦应急计划,美国各州和地方政府有处理危机的主要责任。当大学出现危机事件时,州政府或地方政府的先期处置权要优于联邦政府。下面笔者将对美国高校公共安全管理组织作一次梳理。

首先,美国公共安全管理的一般组织系统也是高校公共安全管理的当然组织。

美国大学不论私立还是公立均被认为是公共领域。因此,大学的公共安全管理自然就是国家公共安全管理的组成部分,因而,美国公共安全管理组织机构同样也承担着高校公共安全管理的职责。如美国总统、国家安全局、紧急事务管理署、各个有紧急事务协助职能的部等。

美国的公共危机管理体制分为联邦和州两级。根据美国联邦应急计划,美国各州和地方政府有处理大学公共安全危机的主要责任。当大学出现危机事件时,州政府或地方政府的先期处置权要优于联邦政府,即只有在危机的严重性超出州或地方政府的处理能力,并在地方行政长官向联邦政府发出请求,经总统宣布危机发生后,联邦政府才能介入。此时 FEMA(联邦紧急事态管理署)将会担当起危机管理的协调机构,各州的公共安全管理组织均可以配合、参与高校的安全管理事务。

---

① "布什强调加强校园安全'预防暴力重于应对暴力'",载《基础教育参考》2007 年第 1 期。

2007 年 4 月 16 日震惊美国的弗吉尼亚理工大学校园枪击案发生后,美国各方公共安全管理组织及时采取相应的应对措施。

(1)4 月 16 日,枪击案发生后大批警察迅速赶往案发现场。弗吉尼亚理工大学所在的弗吉尼亚州也进入紧急状态。

(2)4 月 16 日,美国总统布什在华盛顿就弗吉尼亚理工大学枪击案发表全国电视讲话。布什说,枪击事件令美国全国感到震惊和悲伤,并表示联邦政府将尽其所能协助此案的调查和善后工作。布什当天还下令所有联邦机构降半旗为遇难者致哀,并发布文告,悼念这一事件中的遇难者。

(3)布什总统责令联邦政府全力协助弗州政府,他已经命令弗吉尼亚州州长蒂姆·凯恩宣布该州进入紧急状态。此外弗州州长也在事发后中断外访紧急回国。该州也将降半旗向遇难者致哀。

(4)弗吉尼亚理工大学警长温德尔·弗林春 4 月 17 日向媒体透露说,制造美国历史上最严重校园枪击案的凶手身份已经查明,是 23 岁的英语系学生赵承熙,为韩国裔学生。

(5)学校师生在 17 日举行了悼念仪式和守夜活动。美国总统布什和夫人出席了悼念仪式。

(6)美国政府和校方安抚遇难家长家属、悼念死难人士、抚慰受伤学生、清理案发现场的工作将在一周内告一段落。有鉴于此,校方 4 月 20 日宣布,弗吉尼亚理工大学决定将于下周一(即 4 月 23 日)复课,校方的发言人还说,在枪案中死难的学子,将在同届毕业生毕业典礼上被追授学位。

(7)组织独立委员会对枪击案进行调查。美国弗吉尼亚州州长蒂莫西·卡因 19 日宣布,由前联邦政府国土安全部部长托马斯·里奇等人组成独立委员会,调查弗吉尼亚理工大学枪击案,尤其是彻查有关部门在危机发生时的应对措施。8人调查小组由弗吉尼亚州州长蒂莫西·卡因委派。这个小组由前警官杰拉尔德·W.马森吉尔挂帅,成员包括前任国土安全部长汤姆·里奇以及其他心理健康、安全和教育专家。

2007年8月末,该调查报告完成。报告说,弗吉尼亚理工大学官员,如果在第一轮枪击案发生后能及时通知学生和学校职员,受害者人数将会大大减少。而学校负责人知晓枪击案的严重性后,也"例行警务公事般处理",使同学对枪击案的了解"大打折扣"。

报告还说,枪击案发生前,弗吉尼亚理工大学的官员误解了美国联邦隐私法有关禁止交流学生心理健康信息的条文,从而忽略了赵承熙心理健康问题的诸多征兆。

报告说案发前,赵承熙因谈及有关自杀言论,法官曾要求他接受院外心理治疗。赵承熙与学校心理健康咨询中心提前预约过一次,但咨询中心人员仅仅与他进行过一次预约前的会面,事后便没有再会面。那次会面记录已经丢失,学校及当地官员也没有把赵承熙的自杀言论及可能的心理健康问题告诉他父母。

报告指出,入大学后,尽管校园警方知道赵承熙屡有不恰当行为,并且需接受心理治疗,但从没将这些信息告诉学校处理"问题少年"的工作人员。与学校人员的想法恰好相反,联邦隐私法允许他们将学生的心理健康问题告知州、当地及学校负责安全人员。

(8)联邦调查局等机构的20多名特工在校园内继续调查案情,美国司法部和教育部也向校区派驻人员协助处理善后工作。来自国土安全部的移民记录显示,赵承熙1984年1月出生在韩国。赵承熙一家移民美国前,住在首尔道峰区仓洞一栋公寓的地下室,这里通常是房租最便宜的地区。当年的房东、现年67岁的妇人任凤爱说,"我不知道他们(赵父赵成泰)做什么营生的,但是他们生活得很辛苦。"

从上述应对措施可以发现,在弗吉尼亚理工大学枪击案发生后,学校、警方、总统布什、弗吉尼亚州州长、联邦司法部、教育部、国土安全部、FBI等联邦机构和公共管理组织在美国总统布什的指挥下,分别就自己承担的管理职能进行运作。由此可以得知,美国公共安全管理的机制在高校公共安全管理领域的深刻贯彻和影响。

其次,本书要重点谈及的是美国高校公共安全管理组织中的专门机构。负责美国高校公共安全的组织除了上述提到的总统、州长、联邦相关部委外,高校内外的专职安全管理组织及机构、人员有以下几类:

(一)校外安全管理民间组织

1. 学校安全服务署

该组织是服务于美国学校安全的民间组织,是美国国内著名的提供学校安全咨询、相关培训、学校安全评估以及其他有关青少年安全服务的专门组织。其主要职能有以下几方面:

(1)向学校提供安全管理相关教育与培训。发布最新的学校安全动态、防暴措施、战略要闻、培训事宜等信息。服务署每年都为美国国内40多个州培训各种负责学校安全工作的人才,包括教育者、执法人员以及专门从事青少年工作的人员。来自校园的实践经验、遍及全国的信息触角和不断更新的技术资源使得服务署稳稳地居于行业尖端,同时也保证了旗下学员的质量。

(2)向学校提供安全评估。安全评估主要是为申请这项服务的学校提供一对一的考察、评估,并给出一套经济、可行的建议。

这种评估不仅有利于防止和应对校园暴力、降低风险,还能改善学校与周边环境的公共关系。

评估的重心并非一味集中在关乎学校安全的硬件或人力配备上,而是力求通过对现有资源的充分利用来改善安全状况。评估的主要方面有:学校的防暴措施、校警的工作情况、安全规范和细则、技术性防范能力、安全教育和实训、预防和调停工作、内部安全以及与社区的合作程度等。以上评估环节和内容都会事先以书面形式详细告知校方,数据信息一般通过网络等形式来传递,需要实地考察时也决不影响学校教学工作的正常进行,即不对考察时间和地点作具体流程安排,这种弹性极大的"暗访"有利于考察工作者最大限度地接近真实。

(3)为学校组织防暴模拟。这种模拟练习主要是训练学员对学校突发状况的应对能力。整个防暴模拟由服务署的校园安全专家负责设计、安排,通过一连串的环节来训练学员解决各种问题的实战能力。

对于每所学校来说,防暴模拟有利于增强学校安全工作人员应对紧急状况的能力,有利于评估和改善学校安全规划,同时也给那些纸上应急计划提供了被"实践"检验的机会。

(4)向学校提供安全咨询服务。在进行学校安全规划、设计安全设施、安保部门评估、推动安全工作、事后咨询、政策支持、资金投入、辅助资源等方面,服务署向校方提供技术支持和咨询服务。如在对安保部门的评估方面,通过考察其工作准则、工作程序、服务需求、指导方针、人员配备和培训、监督机制及财务状况来实现。[1]

---

① 孙佳:《安全服务署:美国学校的"定心丸"》,载《上海教育》2005 年第 7A 期。

2. 校外监督委员会

正所谓:旁观者清。由相关人士组成校园安全监督委员会,为校园安全献计献策,促进校园安全水平。也对学校安全管理加以监督,防止学校安全意识衰退。

在美国沃雷县,成立了一个由校外人员包括法律部门和其他职业的人所组成的委员会。这个委员会负有监督地方教育部门、并指出其不足之处的责任。因为内部的人可能会犯当局者迷的毛病,局外的人却有可能看得更清楚。这个校外委员会所起的作用是显著的,在委员会的最终报告出来以前,它所提出的 32 个建设性意见中已有 28 个被采用。①

(二)校内安全管理组织

1. 美国大学校长的安全管理职权

美国大学的管理模式可以概括为:董事会领导下的校长负责制。图示说明美国大学的管理体制(见表 21):

第一,美国高等学校管理的权力机关是董事会(公立大学为理事会)。

董事会负有对一切学术的、行政的和人事的事务做出最后决定的责任。重点负责本校大政方针,包括校长人选、教学预算、筹款以及校园建设、房屋建设、实验室设置等问题,对学术管理和具体的教学工作则很少介入和干涉。董事会把学术管理权交给评议会。校长(总括总校和各分校校长)由董事会或评议会选举或任命。校长是作为学校的最高行政官员,负责管理学校,执行校董事会的决定,并对校董事会负责。因此,可以说美国大学内部的管理

---

① 赵雪霞:"美国学校的安全措施",载《教学与管理》2001 年 8 月 15 日。

表21

```
        ┌──────────────────┐
        │   美国大学内部    │
        │   管理体制        │
        └────────┬─────────┘
                 │
        ┌────────┴─────────┐
        │  董事会（理事会） │
        │ （大学权力机关）  │
        └────────┬─────────┘
                 │
         ┌───────┴───────┐
    ┌────┴─────┐    ┌────┴─────┐
    │   校长    │    │  评议会   │
    │（日常管理权）│  │（教学研究权）│
    └──────────┘    └──────────┘
```

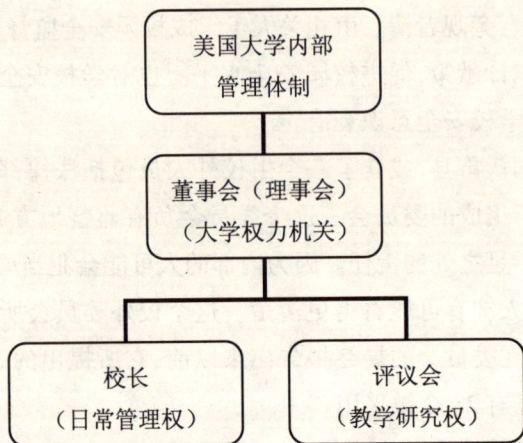

体制总的来说是董事会领导下的校长负责制。①

第二，美国大学校长是大学中首席行政和学术领袖，是该大学的象征。

对大学校长的具体职权很少有详细的说明，所以大学校长可以根据本人的意愿和学校的需要来确定自己的工作职责，有很大的灵活性。多数大学在确定自己工作职责时所遵循的一条原则是：不做其他人可以胜任或做得更好的事情。

美国的两位大学校长 Kerr 和 Gade 认为：大学校长的一般职责包括以下几点：确定目标；确定发展重点；建立或修改组织机构；建立有效的助手班子；筹集、分配和重新分配经费；处理非常规事件；处理与董事会、教师、学生、职工、校友及其他外部组织的关系。除筹集、分配和重新分配经费外，其他职责可以由校长和其他人共同承担，但不能完全交给下面人做。

---

① 张谦："国外大学的管理模式与启示"，载《民主》2003 年第 3 期。

除去上述一般职责外,大学校长还应该负责:信息交流;建立奖惩制度;造成有利于学校工作的士气;保证学校是一个完整的整体;处理学校中的各种矛盾;保证学校的自主权和教师的学术自由;保证有满意的短期效果;保证有满意的长期效果。

简言之,大学校长应该做到:发现问题,分析问题,确定解决问题的顺序;对于每一个问题以及所有问题,找出可行的解决办法;以合适的顺序,组织解决每一个和所有问题的力量;争取可能的人力和财力;采取管理措施,解决问题。①

第三,美国学校校长的角色定位。

美国学校的校长被定位为:学习愿景的创造者;学校文化的发展者;学校管理的执行者;学校、家庭、社区关系的协调者;师生行为的表率者;校外环境的影响者。

学校管理的执行者。校长是通过对学校组织、运作、资源的有效管理,创造一种安全、高效的学习环境来促使学生成功的领导者。由此决定了美国的校长非常重视服务职能和微观领导,在美国的校长看来,学校管理者首先应该是师生的服务者,其次才是领导者,因此,他们总是千方百计地为教师和学生谋求更好的资源和条件,他们的工作几乎涉及了学校管理的方方面面,包括与社区之间的良好合作。

校长的管理职能是为学生谋求、提供更好的学习环境,但保障学生的安全却是起码的要求。因为,学生进入学校是要谋求知识、人格、素质的提高与塑造;如果在这个学习的过程中,安全尚且不能保证,何谈其他高层次的追求呢?! 因此,学校首要的目标就是

---

① 阎凤桥:"对英美大学校长管理体制的比较",资料来源:http://library.azxx.net.

提供安全的学习环境,对学校的安全管理也就成为大学校长首要的管理职责。

第四,校长应当是负责校园安全管理的总指挥,拥有校内安全措施的发布权。

由于大学校长的职责为通过对学校组织、运作、资源的有效管理,为全体师生创造一种安全、高效的学习环境,进而为学生通向成功奠定基础。因而,对大学的安全管理就成为大学校长一项尤为重要的职责。

美国大学校长的安全管理职权有点类似美国总统的安全管理职权,即全校的安全管理系统应以校长为总指挥。全校校内的安全管理部门应当在校长的领导之下进行所有的管理措施。总之,校长享有校园安全管理方面对内的最高权及对外的代表权。

校长有权负责宣布全校进入紧急状态、向全体师生发布危机状况报告、向州政府及联邦政府报告危机处理状况、向媒体发布紧急状态信息等。通过电台和电视台来接受联邦或地方政府的指导;启动危机管理计划;限制学校去接近危险的来源;取消外出活动和野外旅行;对有需要的学生和教职工提供心理健康服务。派专人 24 小时监控学校入口;熟练评估安全程度;修正、更新家长对安全的看法和措施;修正、更新媒体对安全的看法和措施;告诉学生他们可能受到的恐怖袭击;布置事先准备好的学校和地区危机反应组等。具体如:危机发生后,向师生发布紧急电子邮件。

实例一:我上大学三年级那年晚秋的一个周末,打开电脑,赫然看见校长写给全校师生的一封电子邮件,那标题一下狠狠地打进我的眼睛:“悲伤的消息”:“耶鲁大学的全体师生们,我十分悲痛地告诉你们一个悲伤的消息。昨天晚上约 10 点钟,在离校园北部约一英里处,四年级学生苏珊·卓文被人从背后用刀刺死。现在,警方正在展开调查。如果你们有任何关于苏珊昨天晚上动向的线索,请尽快与警方联系。"①

实例二:弗吉尼亚理工大学枪击案中,4 月 16 日清晨,在凶手赵承熙 7:15 制造了第一起惨案(宿舍楼杀死一男一女)2 小时后,9:26 校方以校长的名义发布了第一封电子邮件,下面是案发之后校方的电邮发布情况:

上午 9:26,今天(16 日)早晨 West Amber Johnston 宿舍楼发生一起枪击案,警方正在现场调查。如果有人发现可疑情况或和这起案件相关的情况,请小心谨慎,并联系弗吉尼亚理工大学警方。请随时登录学校网站,我们将随时发布新情况。

上午 9:50,一名枪手在校园流窜。在接到新通知以前请待在楼里。请远离窗户。

上午 10:16,学校已经取消了全部课程。在校园里的人请待在原处,锁好门,并远离窗户。在校外的人请不要回校。

上午 10:52,除了早上在 West Amber Johnston 宿舍楼发生的一起枪击案,在诺里斯大楼又发生了多起枪击案,多人死亡。警方正在现场。警方已经拘押一名枪手,作为警方例行程序的一部分,他们正在追寻另外一名枪手。在接到新通知以前,所有的人都必须待在室内。学校的所有入口全部关闭。

2. 美国高校校园警察的安全管理职权
(1)美国校园警察的历史沿革

---

① 高歌:《领略美国校园安全》,载《21 世纪》2003 年第 6 期。

1903 年美国建立校园警察。当时，耶鲁大学娼妓成灾，严重影响学校的教学和生活秩序。为了打击娼妓活动，学校从地方警察局借用了两名警察协助工作，后来在此基础上，出现了校园警察的雏形。

校园警察机构普遍盛行是在 20 世纪 60 年代中期。当时，美国高校内不安定因素突出，对高校和社会的安全构成了严重威胁，加上学校的保卫组织没有执法权，各类犯罪活动在校园内十分猖獗。正是由于高校的这种安全需要，才促使校园警察制度的产生。到 1968 年，美国高校内部普遍设立了校园警察机构。

美国校园安全立法和警察制度至 20 世纪 90 年代才逐步完善。美国高校迫切需要安全保护，是美国校园警察产生的根本原因。但是，建立校园警察，必须要有法律依据。而校园安全立法的实现，主要靠校长的呼吁和立法机关的高度重视。在 60 年代，美国高校许多校长联名向社会和立法机关呼吁制定法律，形成了强烈的舆论，引起了许多州议会的重视。到 1968 年，美国 50 个州中除俄勒冈州外，其余 49 个州经州议会立法，规定在高校内可以建立校园警察机构。到 20 世纪 90 年代，美国校园安全立法和警察制度逐步完善起来。

（2）《1990 年校园安全法》与校园警察制度

1990 年 9 月 19 日，布什总统签署公布了《1990 年校园安全法》，使校园警察有了联邦法律依据。1994 年，马萨诸塞州等一些州的州议会对校园安全进行了专门补充立法，对校园警察的任职、条件、权力及对校园保卫的要求都有详细的规定，使校园警察制度逐步完善。

（3）美国校园警察的安全管理体制及其安全管理职权

①美国的校园警察体制。美国大学内部管理体制决定了高校实行的是校长领导的校园警察管理体制。校园警察机构的建立由校长和校董事会依法决定，人员聘任、升迁、淘汰由校长决定，经费开支也由学校负担。

②美国校园警察系统的人员构成。美国校园警察执法权的授予，对于公立学校和私立学校是有区别的。法律规定的校园警察执法权只给公立学校，私立学校校园警察的执法权要经过地方警察机关考核后进行宣誓授权。公立学校警察都可以独立侦查，直接向当地法院起诉。私立学校警察则只能自行处理校内发生的一般性问题，重罪主要依靠城市警察当局侦破。至于校园警察机构内人员的执法权，因人而定。

美国校园警察机构中，校园警察组织分为三类：一类是高级校警，他们是经过培训考核取得资格的正式警察，他们持有警察证书，穿着警察服装，佩戴警徽标记，并能持枪及佩带各种执法用的警械，在校园内行使执法权；他们享有同地方警察机构相同的权力，有权进行拘留和逮捕。二类是校园保卫组织，根据本地法规和学校规章制度执行保卫校园安全的任务，不佩枪，也没有逮捕权；他们是辅助人员，没有执法权，如秘书、技术人员、情报信息中心的守机人员及重点要害部位的守护人员。第三类是勤工俭学的学生或学校从地方保安公司雇用的私人保安。他们承担巡逻护送、医疗救护、维护秩序等任务。后两部分人是没有警察执法权的。例如几起校园突发事件之后，"让耶鲁校园变得更安全"的呼声达到高潮，为此校方还设立了"校内热线"，让深夜回家、心中忐忑的学生打电话呼唤来一名警察护送走夜路——"我有次从较远地方回宿舍时也使用过这种服务。那次我打电话叫来护送的警察是个黑人彪形大汉，足有三百多磅，人很和善，笑眯眯的，告诉我他曾经给很多名人当过保镖,现在轮到给我当保镖了。"①

③美国校园警察与州警察、联邦警察的关系。校园警察与州和联邦警察没有隶属关系,在业务上,他们是依法相互协作的关系,大家都只能服从法律。

④美国校园警察的安全管理职能。确立校警制度的初衷是学校的防火和防盗,但随着社会形势的发展,学生打架斗殴、抽烟吸毒、性泛滥和凶杀等问题的日益严重,校警的职能越来越多,工作自然也越来越累。

校园警察的职能:一方面是执法的职能。就是依照法律规定,侦查破案,打击犯罪,保障学校财产和师生员工的人身财产安全。另一方面是安全服务管理的职能。就是安全防范,预防犯罪,维护校园治安秩序,为师生安全服务。

校园警察的两种责任:一是对校长负责,二是对法律负责。②

3. 美国校园保安的职能

(1)美国高校保安体制

美国公立高校的安全管理体制以校园警察为主。但是,在公立高校中,校园保安也是校园安全管理组织机构中重要性仅次于校园警察的组成部分。只是,公立高校的保安没有法定执法权、警察权而已。

对于私立高校而言,保安就是首要的安全管理力量了。全美的名校中,私立大学多于公立大学,如耶鲁大学、哈佛大学、麻省理工学院等。美国的保安体制是许多州的私立高校安全管理工作实

---

① 高歌:"领略美国校园安全",载《21世纪》2003年第6期。
② 吴心正:"美国高校的安全立法和警察制度",载《武汉水利电力大学学报(社会科学版)》第3期。

行的体制,类似于我国高校目前的保卫机构。但是,多数大学安全管理机构都与地方警察局局长或地方县级以上行政司法长官签订授权协议而获得了警察权。高校安全管理机构只有一部分经过严格考核和专门培训合格的人员才能履行警察的权力,其他人员则履行保卫、保安职责。

(2)美国高校保安的保卫工作具有规范化之特点

几乎每所高校保卫部门的规章制度都付印成册,厚厚的一本。各部门的任务和范围非常明确,各个成员的岗位职责非常具体。保安的安全教育也很规范。各个学校保卫部门编写了多种安全教育的小册子。

规范化的另一方面表现就是对于高校保卫各门类和各层次工作都有评估和考核的规定。他们的工作规范最可贵的是能付诸实践。大学警察局和公共安全保卫部门在岗的人员都认真履行职责。他们的工作时间是按小时计算,每周 40 小时,不允许脱岗缺勤,就整个警局或保卫部而言,只有局(部)级领导、内部行政管理人员每天上正常班,工作 8 小时,一线干警则实行每天 24 小时三班轮流倒工作制。我国高校保卫部门一般都实行每天 8 小时工作制,8 小时以外实行少数人值班制,还有少数高校保卫部门 8 小时以外无人值班。相比之下,可见差距。①

2007 年 5 月下旬,世界大学联盟年会在北京召开。期间,威斯康星大学麦迪逊分校校长约翰怀利和西雅图华盛顿大学校长马克爱默特接受了《环球》杂志专访,就在华招收留学生、中美学生交流以及中国高考和教育制度等发表了自己的看法。

---

① 杜海鹰、吴心正:"美国高校保卫工作考察",载《中国高教研究》1998 年第 5 期。

《环球》:最近弗吉尼亚理工大学发生了枪击案,许多中国学生比较看重校园安全问题。您怎么看待这个问题?

爱默特:我们学校已经改进了校园安全,增加了警力,加强了对校园周边的巡逻,还配备了新的安全系统。如果学生晚上想回宿舍或想回家,可以打电话给校园保安,他们会护送学生回家,以防万一。学校还是一个很安全的地方。①

(3)美国高校保安体制存在的问题

然而,美国高校总是面临着这样的两难选择:由于学校经费有限,因而投入的方向总在教学研究投入与保安力量投入等多方面徘徊。美国国家学校安全机构的总裁肯尼迪·托姆在 2004 年总结说,他认为全国范围内的学校安全进程出现了危险的倒退。肯尼迪指出,目前,学校管理人员面临这样的选择,是雇一名保安人员还是雇一名教课老师,选择的结果往往是雇一名老师。原因是学校成绩、科研成果越来越重要,而学校紧缩预算又使得老师们无法进行应对暴力危机的训练。因为我们的本性所致,要等校园暴力再次发生时才意识到事情的危险。②

第三节　美国高校公共安全管理制度的法律基础

一、美国校园公共安全管理制度的立法基础
(一)美国联邦宪法
根据美国宪法第十条修正案规定:"凡是未经宪法规定授予

---

① 乐艳娜:"美国大学校长论中国高考及教育制度",载《环球》2007 年第 12 期。
② 张立:"科伦拜恩校园枪杀案五周年祭",载《检察风云》2004 年第 12 期。

合众国政府行使,或禁止各州行使的各种权力,均保留给各州或人民行使。"由于美国联邦宪法中未提及教育权的所属,因此根据上述宪法规定,应由美国各州享有。在此宪法背景下,美国教育制度及其中的校园安全制度基本上成为分权体制,各州拥有不同的教育法令,也保有相异的体制。

尽管关于设立并监督公立学校的权限为各州所保留,但这并不意味着联邦对于教育运作及校园安全方面无任何用武之地:事实上,联邦在教育方面的角色越来越重要。美国教育制度及校园安全制度的法律基础,包括以下几种来源:(1)美国联邦宪法;(2)联邦与各州的法律;(3)行政命令与规定;(4)法院判例。

下面首先陈述校园安全制度的首要法源——美国联邦宪法中相关的部分规定:

1. 第一条修正案

1791 年通过,规定"国会不得制定关于下列事项的法律:确立国教或禁止信教自由;剥夺人民的言论或出版自由;剥夺人民的和平集会及向政府请求救济的权力"。因此,各州制度的法律,不得侵害教师、学生宪法保障的实体权利,如言论自由、宗教自由、隐私权等。

2. 第四条修正案

1791 年通过,规定"人民有保护其身体、住所、文件与财产,不受无理拘捕、搜查与扣押的权利。……"因此,学校基于校园安全而搜查学生储物柜、车辆与身体的行为,以及测试毒品计划,常引起"是否违反第四修正案?"的质疑。

3. 第五条修正案

1791 年通过,规定"不得未经正当法律程序,而剥夺人民的生命、自由或财产。……"本条是针对联邦政府而言的。至于绝大部分学校诉讼,是根据第十四条修正案提起的,因为第十四条修正案是针对州政府行为的。

4. 第八修正案

1791 年通过,规定"不得要求过重的保释金,不得处分过高的罚款,不得施予残酷、异常的刑罚。……"此规定常在学生体罚案中引用,辩论焦点在于各种体罚措施,是否为残酷或异常的刑罚。

5. 第十条修正案

1791 年通过,规定:"凡是未经宪法规定授予合众国政府行使,或禁止各州行使的各种权力,均保留给各州或人民行使。"奠定了美国地方分权的教育行政制度。因此,这是美国的教育权、校园安全方面的管理职权主要属于州政府的根本法律原因所在。联邦只在州政府无力应对的情况发生时,才加以干预,并作原则的控制。

6. 第十四条修正案

该修正案 1868 年通过,成为美国公民维权的非常重要、常用的武器。该条规定"任何州,如未经正当法律程序,均不得剥夺任何人的生命、自由或财产。……"此修正案也成为学校诉讼中最常引用的宪法规定,也被称作"正当法律程序条款"(due process clause),在保障教师与学生宪法权利方面极有影响力。

(二)联邦与各州的法律

由于美国宪法第十条修正案的规定,在"二战"之前,美国联邦立法很少涉足教育方面,而把对教育的控制权赋予各州政府。但是随着社会的变迁,出现了联邦权限扩大,州权限缩小的趋势。体现在教育领域,联邦政府通过联邦经费的分配等方面间接实现对地方教育事务的适度干预。

此外,联邦政府也可经由联邦立法直接影响地方教育事务的运作。原则上,联邦有关教育的立法多牵涉到国家教育的基本原则与政策(如反歧视、保障特殊教育等),仍然较少涉足教育运作细节的干预,而仍然将教育微观管理的权限保留给州政府。因此,真正掌控美国教育日常运作的,是州政府与地方学区的法令与规定。

(三)行政命令与规定

基于贯彻执行相关教育原则的需要,美国教育行政部门会制定行政命令加以规范。与法律不同,行政命令的制定必须符合三个原则:(1)必须符合法律授权的原则;(2)行政命令的内容不得与授权的法律相抵触;(3)所依据的法律不得违宪。行政命令的影响力也不可小觑,特别是法律往往只作宏观规定,而缺乏细化规定,相关的行政命令就尤为重要了。

(四)法院判例

美国是判例法国家,所以教育法判例也是美国教育制度、校园安全制度的重要法源。美国法院在教育案件审判中,职责如下:(1)判定立法与行政行为的合宪性;(2)诠释立法条文;(3)根据法条与事实做出判决。由于判例法的灵活性,使得研究较为困难。因为法院可能对两个极为相似的案件做出截然相反的判决,时空不同,法院可能就会发生判断的转变,通过机动的审判,使得判决结果更符合当时社会的法治状况。例如,同为对学生身体加以搜查的案件,一为怀疑学生携带毒品的搜查,一为怀疑学生偷窃戒指的搜查,法院的判决为前者校方胜诉,后者校方败诉。原因为,毒品的严重性要远远超过戒指,因此,为了学生安全,搜查身体是有正当理由的,不是过度的管理行为。而后者,则属于过度管理,有悖正当法律程序原则。①

---

① 秦梦群:《美国教育法与判例》,北京大学出版社 2006 年版,第 22—26 页。

（五）校园安全法及其他校园安全专门立法

美国是普通法系国家，其教育立法权和学校管理权归各州所有。预防校园暴力的法规大多以宪法、州法、法令、官方政策声明和行政规定中的成文条款的形式出现。到 2003 年止，教育周报年度报告显示，28 个州以及哥伦比亚区已经制定了立法来加强对校园暴力行为的惩罚，32 个州和哥伦比亚区已经制定欺凌弱小、伤害保护的学校方案或法案，足见政府对校园暴力预防和处理的重视。[①]

美国联邦政府和立法、司法机关为保障校园安全，采取了一系列法律举措。

1. 1994 年的《校园禁枪法》

国家对校园暴力事件的关注已使联邦、各州、各地区尽力着手解决这一问题。通过采取下列手段进行调整：（1）对特定人群进行管理；（2）对学生个人及其财务进行随机检查；（3）使用金属探测仪检查是否携带枪支；（4）通过教育阻止暴力行为。联邦首先为各州执行其所制定的计划提供基金，此后若各州没有向美国国会提出专门申请，就削减该基金。两部法律因此出台：1994 年的《校园禁枪法》和《校园、社会禁毒及安全法》。

《校园禁枪法》即 GFSA 法，它要求所有接受联邦教育基金的州通过《改善校园环境法案》（即 IASA 法案）。IASA 法规定各校区如发现学生带枪入校有权将其至少开除一年。任何州到 1995 年时若仍没有类似 IASA 法的法规出台，将被取消领取联邦教育基金的资格。到 1995 年 10 月，全美 50 个州都颁布了相关立法满

---

① 宋雁慧："美国公立学校暴力及其对策研究"，载《比较教育研究》2005 年第 2 期。

足 GFSA 法的要求。联邦政府借此得以在处理校园暴力方面对各州立法权予以一定程度的控制。

2. 1994 年的《校园、社会禁毒及安全法》

另一方面,人们意识到暴力泛滥和毒品滥用对整个社会及国家的影响,于是国会通过了《校园、社会禁毒及安全法》,即 SDFS-CA。该法为《美国校园法》修正案的一部分,它努力陈述校园暴力增长造成的危害和校园的衰退,扩展了 1986 年制定时的相关内容,并为各种防止校园暴力的活动提供专项资金。

该法为各州教育机构、地方教育机构、高等教育组织及非营利性组织提供联邦基金支持,用以防止校园暴力、提供培训和技术协助、为反暴力教育活动提供资金、制止毒品和酒精的摄入。该法律允许举办活动宣传校园安全,强调校规校纪。此外,该法律还为学生往返学校开辟安全通道,并且为购买和安装电子监测仪雇佣额外安全保障人员提供资金。

3. 1994 年的《美国 2000 年教育目标》

美国高度重视学校安全,在立法上把建设安全的学校作为国家的教育目标。1994 年,国会通过了《美国 2000 年教育目标》,将国家教育目标增加为 8 项,其中第 7 项目标是"安全的学校"。

该项目标的主要内容是:美国的每一所学校都将没有毒品和暴力,不能出现未经授权的枪支和酒精;为学生提供一种秩序井然、有益的学习环境。1994 年,国会通过的《学校安全法》是专门为实现这项目标而制定的法律,这是联邦第一次拨专款用于地方学区以帮助学区实现更为安全的联邦计划。

4. 2001 年的《不让一个孩子掉队法案》

2001 年,布什总统签署了《不让一个孩子掉队法案》,该法案要求学区对校园暴力事件进行详细的统计,并将结果公之于众。

这项法案以得克萨斯州"所有学校必须通报暴力事件"的法规为蓝本,规定每个州必须对"长久处于危险境地的学校"做出说明和认定。这样即可保证学生对"长久处于危险境地的学校"有知情权,国家允许每个州对"长久处于危险境地的学校"制定不同的标准。[①]

5. 2003 年的《危机计划的实用资料:学校与社区指南》

美国联邦教育部认为,学校危机管理的核心是学校的全面安全。2003 年制定的《危机计划的实用资料:学校与社区指南》认为,危机的发展包括 3 个阶段:潜伏期、爆发期和恢复重建期;危机管理包括 4 个环节:危机的缓解与预防、针对危机的准备、对危机反应和危机后的恢复。教育部强烈建议按照这 4 个阶段制定安全计划,同时鼓励各大学制定适合每所校舍的安全计划。

6. 教育部《2002—2007 战略规划》

联邦教育部《2002—2007 战略规划》特别强调建立学校的安全目标,为响应联邦号召,各大学普遍加强了学生品格、公民意识和爱国主义教育,这些可以从他们的课程、教学和其他相关活动中得到证明。[②]

7. 学校安全白宫会议

1998 年 10 月 15 日,美国总统克林顿第一次就学校安全问题召集了白宫会议,会议的内容包括:(1)确认学校和社区暴力的成因,寻求改善学校安全的策略,增加改善学校安全的资源:新增6500 万拨款帮助学校雇佣和培训 2000 名新的社区警察和学校资

---

① 尹晓敏:"美国如何加强校园安全管理",载《中小学管理》2007 年第 4期。

② 孙华:"美国大学校园危机管理模式",载《科学时报》2007 年 9 月 11 日。

源官员;(2)应对学校暴力死亡事件的新的联邦机制:一项国会资助学校紧急应对暴力死亡的项目计划,类似于应对自然灾害的FEMA计划;(3)关于学校安全和禁毒项目的改革计划:彻底检查学校安全和禁毒项目,实施有效预防和减少毒品及暴力的综合性学校安全计划,包括严格学校纪律、禁止毒品策略、关于安全和禁毒措施进展的年度报告卡等;(4)社区范围的学校安全和青年暴力应对机制:在10个新城市开展实施社区范围的学校安全计划;(5)与MTV的新的合作伙伴关系:一项鼓励解决冲突以及其他非暴力信息和项目的运动。

8.《保护我们的孩子:一个行动计划》的报告

为了帮助学校制定和开展暴力预防和反应计划,联邦教育部、司法部和美国的研究所联合发布了一项名为《保护我们的孩子:一个行动计划》的报告,该报告认为一个有效的校园暴力预防计划必须包含以下三个方面:

(1)学校必须为所有儿童建立一个良好的基础,包括:制定积极的纪律,确保学业成功,通过提供关爱的学校环境确保儿童的心理和情感健康;向学生传授合适的行为习惯和解决问题的技能;通过开设课程和有效的教学实践向学生提供适当的学术指导。

(2)学校必须尽早发现可能产生严重学习和行为障碍的学生,并为他们提供服务和积极的帮助。因此,培训教职员识别早期预警标志就显得特别重要。

(3)学校必须识别少数有重大情感和行为问题的学生并提供强有力的干预措施。①

---

① 张旺:"美国校园暴力:现状、成因及措施",载《青年研究》2002年第1期。

二、校园安全维护与学生权利保障之间的冲突与选择

在以下的几个案件中,学校为了维护校园安全,对学生进行了搜查,还有学校对于宗教宣传、激烈的集会行为进行抵制,校方的这些行为在法院有时胜诉、有时败诉。原因在于,从20世纪70年代起,学校与学生的特别权力关系理论遭到了学生们的质疑,质疑的理由是美国宪法所保护的正当法律程序权利。

美国法院在平衡学生的宪法权利和校园安全公共利益过程中,尽量在不影响校园安全的前提下,主张重视保护学生的宪法权利。这是较为进步的趋向。但是这种对学生权利的保护也是有底线的,这个底线就是校园安全被确保的前提下,才可以谈论保护学生的隐私权、言论自由等宪法权利。

(一)搜查与学生隐私权

在校园安全管理过程中,为确保校园的秩序与安宁,学校安全管理机构有时必须要对学生进行搜查,范围包括学生的私人用品、身体、储物柜,甚至其尿液也要接受检查。以往的搜查多限于对个人小规模的搜查,20世纪70年代后,学生服用毒品的个人日增,迫使学校进行全面性的尿液检查,使得搜查学生的争议更为加剧。

就法理而言,学生虽然处于特别权力关系之中,必须接受学校的管理,但学生仍享有宪法和法律保障的基本权利,如隐私权(privacy right),学校不得无故加以侵犯。这是学校进行安全管理的权力界限。20世纪90年代后,为防堵毒品的侵入校园,学校强制学生进行药物检测,更引起极大的争议与辩论。下面笔者罗列几个相关案例①,从中可以看出,美国法院在维护校园安全与学生

---

① 虽然一些案例中当事人为中学生,因案件具代表性故在此选取,以此说明美国司法机关通过判例对学生权利的保障。

个人权利之间的取舍,以及如何设定平衡点。

美国宪法第四条修正案规定:人民的身体、住所、文件、财产,有不受无理搜查与拘捕的权利。除非有相当可信的理由,加上合法的宣誓保证、具体指明搜查的地点与人物,或必须扣押的物品之外,政府不得签发搜查令(search warrant)。

1. 1985 年的新泽西州诉蒂诺案(New Jersey v. T. L. O.)

(1)案情

本案发生于 1980 年,本案的被告蒂诺(因其未成年,故以缩写代之 T. L. O.)是新泽西州某高中的学生。一天她因为和另一女生在厕所吸烟而被带到副校长的办公室,因为在厕所吸烟是违反校规的。副校长在办公室的等候区柜台旁,询问这两个女生是否在厕所吸烟。其中一个女孩很快地回答说有,而当时 14 岁的蒂诺却拒绝承认自己在厕所里吸烟,她说自己根本不曾抽过烟。副校长不想当着蒂诺朋友的面和她正面对质,于是要求蒂诺进入他的办公室。在办公室里,副校长再次询问蒂诺是否曾经抽烟,但蒂诺再次否认。因此,副校长像通常一样要求检查蒂诺的皮包。打开皮包后,副校长看见一包万宝路香烟"就放在手提包里"。他在蒂诺面前拿着香烟,并且质问她为何说谎。这时,他再次看了一眼手提包,却发现一包 E-Z Wider(一种专门用于卷大麻的纸)。于是,副校长开始翻蒂诺的手提包,发现了一根烟斗、几个空塑料袋和一个像是用来装烟草的袋子。他打开蒂诺的钱包,发现里面有 40 张一元纸钞。在钱包的内层,发现一张"欠我钱的人"的索引卡,里面写着一串人名和一元或一元五角的金额。最后,副校长还发现两张和大麻买卖有关的信。上述种种迹象表明,蒂诺正在从事大麻买卖。

依据学校的规定,副校长将此事告知了蒂诺的父母,并通知了警察。后来,蒂诺承认自己在学校贩卖大麻,学校决定勒令蒂诺停课 10 天,其中 3 天因为吸烟,7 天因为在学校贩卖毒品。但是事情并未就此结束,警察将本案交给了地方检察官,检察官向少年法庭控告蒂诺犯有意图散布大麻的违法行为。

蒂诺父母雇用的律师就本案在两个方面提起了诉讼。首先他们反对少年法庭对蒂诺违法行为的指控,其次他们到民事法庭抗议蒂诺遭到勒令停课。在两个法庭上,蒂诺提出的论点都是相同的,即副校长搜查蒂诺钱包的行为,侵犯了宪法第 4 条修正案赋予蒂诺的权利,所以,因此而取得的证据不能作为不利于蒂诺的证据。没有贩毒的证据,就没有这件不利于蒂诺的案子,也不会有任何勒令蒂诺停课的证据。

(2)判决

新泽西州的三个地方法院对副校长的搜索行为的合法性做出了不同的结论。然后,新泽西州最高法院审理了本案。法院裁决,宪法第 4 条修正案适用于公立学校,但学校师长的搜查仅需"合理"即可,而副校长的搜索行为并不合理。因为副校长并没有合理的理由打开蒂诺的手提包。没有人提供任何信息给副校长,告诉他手提包里藏有香烟。再者,出现在包里的香烟并不能够证明蒂诺曾经在女厕所抽烟,而且在学校里持有香烟本身并没有违法,因为校方允许在某些地方抽烟。即使打开手提包是合理的,副校长"对手提包彻底翻找的行为"也并不合理。最后法院宣布,证据排除法则适用于校园案件,因此从蒂诺钱包中发现的证据不应该被使用。

新泽西州不服州最高法院的判决,向美国联邦最高法院提出了再审申请。不过,新泽西州并不要求联邦最高法院全面撤销原判决。新泽西州愿意接受"合理"标准较为宽松的宪法第 4 条修正案适用于学校师长,甚至也愿意接受副校长搜索行为不合理的裁定。但是新泽西州不希望证据排除法则适用于校园搜索案上。新泽西州法院表示:"我们宁愿请求法官造法修改证据排除规则,而不是请求修改宪法第4条修正案。"

联邦最高法院经审理后裁定,副校长的搜索行为"没什么不合理的"。法院同意蒂诺钱包中发现的香烟并不足以证明她曾在女厕所吸烟。不过法院认为,确实的证据并非必要,因为钱包中发现的香烟即可充分地反驳蒂诺宣称她从未抽烟的声明。针对新泽西州法院关于无人告知副校长蒂诺钱包中有香烟的认定,法院声明:"如果她真的有香烟的话,那么显然得在她的钱包中找到它们。"当副校长打开钱包看见 E-Z Wider 的香烟卷纸时,他更进一步的检查即是合理的。所以,副校长的搜查行为自始至终都是合理的。因此也就没有证据排除法则是否应该适用的问题。当然在联邦最高法院,也有法官持有不同意见。布瑞南和马歇尔法官就认为:"副校长彻底翻查蒂诺的钱包,毋庸置疑的是对她隐私的严重侵犯。"

(3)评论

校方在维持教室与校园纪律的利益,必须与学生的隐私权益相权衡。维持教室秩序向来不易,尤其近年来校园违反秩序现象日趋恶化,其中吸食毒品和暴力犯罪已成为社会问题。即使是没有严重纪律问题的学校,秩序的维持与适当教育环境的维护也是必要的。因此,联邦最高法院认为,维持校园安全与秩序,在惩戒程序上,必须有某种程度的弹性(即对学生物品的搜查无须获取搜查令),并且应尊重非正式师生关系的价值。

在学生的隐私与学校维持安全环境的需求之间,应如何取得平衡? 联邦最高法院认为,相比较于政府机构在搜查时所受到的限制,学校的限制应当可以较为宽松,尤其是持有搜查令这一要件,不适于用在学校环境中。要求教师在对违反校规的学生进行搜查前,必须持有搜查令,实为不当干预学校进行必要的、快速的与非正式的惩戒程序。一如其他案例,当持有搜查令的负担违背搜查的目的时,可以免除必须持有搜查令的要件。因此,学校人员对其学生进行搜查时,不必持有搜查令。

即使可以不用搜查令进行搜查,但仍必须基于"相当理由",相信违法事情已经发生后才可行动。联邦最高法院赞同多数下级法院的看法,即在平衡学生的隐私权与校方维持校园安全秩序的公众利益时,不必严守搜查必须基于相当理由,证明搜查对象已经违法或正在犯法的要件。相反地,搜查学生的合法性只需根据搜查的合理性。决定搜查的合理性应就两方面加以探讨。首先,必须考虑搜查行为在法律上是否为正当的;其次,必须考虑在实际执行时,其搜查的范围与程度是否合理。在一般情况下,如果有合理理由怀疑学生已经或将要违反校规,则校方符合"开始正当"的要件。如果采取的手段与搜查目的有合理关联,且依学生不同年龄、性别与其所犯过错加以检视,不至于违反比例原则,则这种搜查基本上应被允许。

联邦最高法院认为,以上主张既不会加重校方维持校园安全秩序的工作负担,也不至于授权校方侵入学生隐私。针对合理性的问题,这种标准使校方免于恪守"相当理由"的标准,且允许教师依据理性和常理的指示来规范学生的行为。同时,合理性标准应确保只有在维护校园秩序的必要范围内,才得以侵害学生权益。

在美国法院平衡学生隐私权与学校搜查权时,除了创设"合理性标准"外,还建设性地适用了源自德国行政法的比例原则。该原则主要内容为,行政管理采用的手段要与实现的管理目的所包含的公益之间合乎比例。其中比例原则包括：必要性、妥当性、和法益相称性三个子原则。美国法院在 Potts v. Wright(1973)一案的判决中，就鲜明贯彻了比例原则。

2. Potts v. Wright(1973)案

在该案中，一位学生发现丢了戒指，校方于是搜查 8 位女生。在搜查无所得后，校方召来警察协助。经过盘问而无所得，8 位女生于是被迫做全身搜查但仍未找到戒指。学生于是诉至法院，认为如此搜查已侵犯了她们的人权。

此案发生在宾夕法尼亚州的 Charter City。被告除了学校行政人员，尚有警方与市政府。在审理期间，法院在确定谁负责任上大费周折。学校行政人员虽然是开始搜查的人，然而后来却将权力赋予警方，法院也不确定后者是否在当时有足够的信息来阻止此项非法的搜查行动(因事出突然)。然而，法院却确定此次搜查为过当的行为。一枚戒指的重要性远低于毒品，学校却为此对女生做全身搜查，实为过度反应而使学生尊严扫地，人权受到伤害。

本案曾涉及警方，即政府公务员之一。其搜查权力受到宪法第 4 条修正案的限制(即搜查时必须获得搜查令)。然而法院却判定只要是学校当局起头搜查，警方后来赶到只是协助，故无须搜查令，否则一切均需按照法定程序处理。

最终，在校方维持安全秩序而执行搜查权的尺度上，法院不倾向对学生做全身搜查(即要求学生脱光衣服，只着内裤)。因为只有在海关缉捕毒品走私者时才使用全身搜查。

(二)对学生的处分与正当法律程序

Coss v. Lopez(1975 年高斯诉鲁帕兹案)

1. 案情

俄亥俄州法律规定 6—18 岁学童所受的教育免费，又授权公立学校校长得对行为不当的学生,予以短期停学10天以内或长期停学的处分。不论是短期停学或长期停学,校长都必须在24小时内通知学生家长,并说明处分的理由。被长期停学的学生或其家长,得向教育委员会申诉,并举行听证会;短期停学处分则无类似的程序规定。

本案一方当事人为俄亥俄州哥伦布学区内数个中学的学生,其中6位是因为不服规定或有干扰行为而被学校行政人员短期停学10天。这些短期停学的决定,均在没有召开听证会的情况下做成,只在后来相关会议中,才请这几位学生及其家长参加,讨论学生的未来出路问题。另外3位学生,其中一位为Lopez,校方以其跟一次骚扰活动有关联为由,将其短期停学。Lopez指出当天至少有75人被短期停学,他只是一位无辜的旁观者,根本未曾参与破坏活动。于是,这些学生不服校方的短期停学处分,以哥伦布教育委员会及其行政人员为被告,向联邦地区法院提起诉讼。其诉讼的声明为:

(1)请求法院宣告俄亥俄州法律违宪,因为该法允许公立学校行政人员未经任何听证却剥夺其接受教育的权利,违反了宪法第14条修正案所规定的正当程序要件(procedural due process component);

(2)请求法院禁止公立学校人员对于相关学生施以短期停学处分,并要求校方将学生短期停学资料从档案中删除。

2. 判决

联邦地区法院判决上述法律和学校的规定剥夺了学生的正当程序权利,是违宪的,并且命令学校当局从学生档案中去掉有关学生处分的材料。学校校长不服,上诉到联邦最高法院。上诉方称,宪法没有规定公民享有公费的权利,因而正当程序条款不适用于公立学校处分学生的情况。

最高法院认为,虽然纪律和秩序对于学校教育来说是非常必要的,但宪法第 14 条修正案的正当程序条款,禁止非经法律上的正当程序剥夺任何公民的生命、自由和财产,学生也是公民,受教育权是公民的宪法权利,应当受到正当程序的保护。学校校长有一定限度的处分学生权力,但必须在作出决定之前或之后适当的时间内,履行通知说明的义务或举行听证会,听取学生不同的意见。最后,联邦最高法院以 5∶4 的些微差距判决校方败诉,怀特法官以最高法院的名义裁定维持地方法院的判决。

3. 评论

本案即高斯诉鲁帕兹案最大的意义就在于,把正当法律程序的保护范围适用于短期停学的纪律处分。在本案中可见 20 世纪 70 年代美国法院在维护校园安全与保护学生宪法权利之间的徘徊与挣扎。

本案中,5 位法官认为,正当程序条款即禁止恣意剥夺自由。只要因为政府的行为,使个人的名声、荣誉或诚信受到危害,就必须符合正当程序条款最起码的要件。在本案中,学校基于不当行为的指控,将学生短期停学 10 天,倘若处分之后并在档案中加以记录,则其处分可能严重危害受惩戒者在同学与老师心目中的地位,而且影响将来进入高等教育与就业的机会,因此,校方主张可以未经程序,单方面决定是否有不当行为存在的权力,显然与宪法的要求相冲突。

但是,本案的 Powell 等其他 4 位法官反对本判决,其理由如下:

(1)本判决为司法干涉公立学校的运作,可能对教育质量有负面影响;

（2）根据俄州法律，短期停学并不会侵害学生教育上的权益。

此外，在高斯诉鲁帕兹案中，联邦最高法院还主张长期停学（即超过 10 天的停学，包括永久停学），需要更加正式的程序。

根据印第安纳州法律规定，以下事实可作为对学生施以长期性停学的正当事由：

（1）利用或鼓动他人使用暴力、强制力、鼓动、胁迫或其他类似行为，以致妨碍教学目的与过程；

（2）窃取或破坏昂贵的学校或私人财物，或一再破坏或窃取较不昂贵的学校或私人财物；

（3）对同学或学校员工造成或意图造成身体伤害；

（4）持有武器；

（5）故意持有、吸食或散布各种麻醉药剂（经合格医生所开处方药品例外）；

（6）一再拒绝遵守学校行政人员所定的合理指示；

（7）从事犯罪行为或其他州法所禁止的行为。

学者因此建议对学生课以长期停学处分前，校方应提供以下程序性的正当程序保障：

（1）给予书面通知，其中包括将学生长期停学的理由、听证会的时间与地点，并提供足够时间让学生准备申辩；

（2）举行完整而公正的听证会，由公正的仲裁人进行仲裁；

（3）学生有权利聘请法律顾问或其他已成年的代表出席听证会；

（4）让当事人有提出证人或证据的机会；

（5）让当事人有交叉诘问证人的机会；

（6）书面记录必须详载决定的做成系基于听证会上所提出的何种证据。

上述六项正当程序保障要件,对学生提供了相当齐全的保护,可作为学校在处理长期停学时遵循的准则。但实际上长期停学所必要的程序保障,与所需程序的周全程度,应视个案情形而定。

该案件最后以5∶4形成学生胜诉的结果,显示了当时联邦最高法院对此判决存有分歧看法。当时该判决形成的时期正处于美国学生运动风起云涌的20世纪70年代,法官对于学生的处境大多抱有同情的心理。而该案件的胜诉,更助长了学生要求争取扩张其正当程序的权利。但是,法院在确保学生正当程序权利的同时,又唯恐过分干涉学校的管理秩序、安全秩序运作,于是法院在不同的案件中在确保学生宪法权利与保障校园安全、秩序之间摇摆不定。最终,形成了以下运作规则:

(1)正当法律程序权利仍然是学生的宪法权利。不因享受公费教育就被剥夺宪法权利。

(2)学校处分是否需要正当程序,要看学校处分的严重性而定。

(3)通知和听证会是学校执行正当程序最基本的要件,即"最低标准的正当法律程序":①给犯错的学生及其父母正式的书面通知,告知其受惩戒的事由及证据。②举行正式听证会,让双方(学生和学校)有充分机会提出证据和证词。③有实质的证据,才能对被指控者进行惩戒。

至于听证会的时间限制,联邦最高法院则认为不宜对校方加诸太严格的限制,只要学校在做出重大处分后的合理时间内举行听证会即可。①

---

① 胡建淼主编:《外国宪法案例及其评述》(上册),北京大学出版社2004年版,第303页。

(三)学生的言论自由与校园安全管理

1. Widmar v. Vincent(1981)①

(1)案情

在该案中,位于 Kansas City 的密苏里大学学生组成一个团体叫基石(corner stone),要求学校出借场地让其在学校聚会。大学当局拒绝其要求,认为他们为了宗教礼拜和宗教教学的目的而要使用学校的设施,违反了学校的规定。于是该团团员向法院起诉,认为大学已经开放设施,提供校园内的团体普遍使用,如此已经为学生创立了公共论坛,因此不应以言论的内容为依据,在缺乏州的强制利益情况下歧视特定的团体。因此,其起诉要求为了宗教的活动,希望能使用学校的设施。

(2)评论

联邦地区法院支持学校的规定,但联邦第八上诉法院则做出相反的判决,认为学校的规定具有歧视性且对宗教社团不利。上诉法院主张大学条例并未禁止宗教社团使用学校设施,只要是公开公正地开放给各社团即可。学校不服,再上诉至联邦最高法院。审判该案的大法官在判决书中说明,大学如已创造公共论坛,并开放给一般学生团体使用,学生就有权使用学校设施。如果校方要禁止学生的活动,就有责任答辩对某些社团的歧视和排除是正当的。学生使用一般的公共论坛,作为从事宗教礼拜和讨论之用,是联邦宪法第一条修正案保障言论及集会自由的类型。学校若因该团体含有倾向于宗教内容的言论,而将其排除于公共论坛之外,就必须举出将其排除的正当理由。因此,最高法院判决学生胜诉。

2. 1981 年宾州校园传单案(Commonwealth v. Tate)

---

① 秦梦群:《美国教育法与判例》,北京大学出版社 2006 年版,第 247 页。

（1）案情

本案中，宾州一个学院组织了反对犯罪的专题讨论，并邀请当时的联邦调查局局长到会发言。被告申请在校园组织和平集会，在局长到来时抗议联邦调查局的政策。校方不批准被告的申请，但被告仍然坚持组织抗议，因而被警察逮捕问罪。被告宣称校方侵犯了其言论自由的权利。宾州最高法院判决，传单散发者在私立大学内具有州宪法规定的言论和结社、和平集会的自由。

（2）评论

1776年宾州首部宪法《权利宣言》第12章规定："人民有权获得言论、写作并发表见解的自由。"1790年的宾州宪法进一步阐明了这项正面保障，在现行宪法第1章第7节规定："自由交流思想和见解的权利乃是人的无价权利之一，且只要对这项自由的滥用担负法律责任，每个公民皆可自由谈论、写作并出版任何议题。"同时，州宪第1章第20节规定了集会和请愿的权利："公民有权以和平方式，为其共同利益而集会，并可通过请愿、演说或抗议，要求政府的掌权者对不幸给予补救。"

宾州最高法院认为，宾州宪法是个人权利的预备和独立源泉，其所保障的权利可比联邦权利更为广泛。因此，言论、集会和请愿自由的权利在首部宪法就得到保障，它是人的内在和"无价"权利。

由于本案的学院是私立大学，这就涉及宾州宪法第一章第一节规定的，"获得、占有并保护财产"的权利。但是，宾州最高法院认为，"宾州学院占有并使用财产的权利，必须受制于政府超越权利的合理调控和限制，当公共健康、安全、道德和普遍福利需要这种限制时，政府就有权以合理和非歧视的方式行使治安权力，来限制财产的使用"。即如果公益需要的话，政府可以动用治安权力对公民的私有财产权利加以限制,以维护公共安全、健康及福利。这就是我们常提到的,公民的私权或基本权利的界限,这个界限就是公共利益、国家利益。

最后,宾州最高法院考虑到宾州"自由的伟大传统及其宪法的强烈措辞",在对案件进行仔细平衡后,做出了保护言论自由的判决。也就是说,学生胜诉了。①

(四)对学生的精神健康管理与隐私权

弗吉尼亚理工大学枪击案体现了赵承熙的精神健康管理疏漏与隐私权的冲突与选择。

美国弗吉尼亚理工大学枪击案调查报告定于 8 月 30 日正式公布。《纽约时报》当天援引提前得到的报告复印件报道说,枪击案调查小组对理工大学在枪击案发生前后所采取的措施提出严厉批评,认为校方如果采取得当措施,会挽救一些人的性命。报告还说,枪击案发生前,大学官员误解了美国联邦隐私法有关禁止交流学生心理健康信息的条文,从而忽略了赵承熙心理健康问题的诸多征兆。

调查人员没有给出赵承熙为何杀人的新线索。为了弄清赵承熙为何首先在宿舍杀死两人,再进入教学楼制造更惊人的血案,调查人员回顾了 1999 年科罗拉多州哥伦拜恩高中发生的枪击案,还从中发现了一些线索。赵承熙的几位初中老师说,哥伦拜恩高中枪击案发生后,他们发现赵承熙所写文章中有自杀和谋杀的想法,并且建议他接受心理治疗。

报告说,赵承熙曾在中学英语课上暗示"他想使哥伦拜恩案

---

① 胡建淼主编:《外国宪法案例及其评述》(上册),北京大学出版社 2004 年版,第 340 页。

重演"。精神科医师确诊他患有"选择性缄默症",症状表现为因焦虑而沉默寡言、压抑。1999 年至 2000 年,医生让他服用抗抑郁药,疗效"颇好"。医生后来停止让赵承熙服药,理由是他的状况已有"改善"。赵承熙申请弗吉尼亚理工大学时,录取工作人员没有询问其患病的相关问题。

报告指出,赵承熙进入大学后,尽管校园警方知道他屡有不恰当行为,需接受心理治疗,但从没将这些信息告诉学校处理"问题少年"的工作人员。与学校人员的想法恰好相反,联邦隐私法允许他们将学生的心理健康问题告知州、当地及学校负责安全人员。

报告说,案发前,赵承熙因谈及有关自杀言论,法官曾要求他接受院外心理治疗。赵承熙与学校心理健康咨询中心提前预约过一次,但咨询中心人员仅仅与他进行过一次预约前的会面,事后便没有再会面。那次会面记录已经丢失,学校及当地官员也没有把赵承熙的自杀言论及可能的心理健康问题告诉他父母。

从以上弗吉尼亚理工大学针对赵承熙的心理健康管理可以得知:美国各大高校已经设有心理健康辅导中心,及专业的学生心理辅导人员,这是值得我国高校借鉴的方面。但遗憾的是,这种心理教育没有贯彻到底,即并未给予赵足够的心理关爱,就随之放手了。试想,如果这种心理健康辅导老师能对赵的心理抑郁给予充分的重视,并施以相应的一对一的治疗的话,血案很可能是不会发生的。

三、美国高校与政府间的法律关系

(一)美国的教育行政体制是典型的地方分权制

高等教育的外部管理制度是国家对大学在行政隶属关系上的控制、管辖和管理,因为任何一所学校都不能脱离于国家控制和管理。据此,世界各国的高等教育在接受国家管理上,除原有的中央集权型、地方分权型、中央和地方并存型,又出现了一种混乱无序型。高等教育管理的地方分权制,以美国、德国、加拿大等国为代表。

地方分权制与中央集权制正好相反。其特点是:教育事业是地方的事业、地方自治的思想占统治地位。教育事业是由地方公共团体独立自主经营管理的,只有在必要的范围内才由国家干预。中央政府处于援助、指导的地位。

因此,美国大学的直接经费主要来自各州政府的拨款、学生的学费和私人捐赠。州政府根据宪法和其他法规,通过管理组织的等级形式即立法、州行政部门代理机构或协调委员会、院校管理委员会以及院校行政管理实施对公立大学的治理。除法规外,州政府的拨款成为最终最为强大的管理大学的工具。因为拨款是涉及对大学特种行为的刺激和禁止的唯一有效的工具;拨款问题可以得到有规律地复查(通常一年一次);拨款决策影响大学的所有运行。

(二)联邦政府在大学公共安全管理中的作用

尽管美国大学教育实行的是各州分权的管理体制,但并不表明,联邦政府在大学教育管理、特别是高校公共安全管理问题上无所作为。

1. 联邦政府对大学教育的立法导向作用

联邦政府通过一系列联邦政策和立法等手段把权力扩展到高等教育的教育机会以及大学提供的服务等领域,对决定现代大学的本质和发展方向起着重要作用。

从1785年的《联邦法》到《赠地法案》和《退伍军人法》,从二战后政府——大学研究合作伙伴关系到《平等机会法案》(the Equal Opportunity Act)的制定,从联邦支持的经费项目到慈善捐赠的有益的赋税待遇,联邦政府对高等教育的影响是显而易见的。由此可见,在支持和管理高等教育方面,州政府历史上被认为起主要作用。在最为基本的宪法层面上,体现为教育是州政府一项明确的责任,但在现代社会中,美国联邦政府对大学的影响日益加强,大学治理的政治色彩加深。①

尽管美国高等教育的管理权限主要属于各州。但是,多年来,美国一直由联邦卫生、教育、福利部所属的美国教育署实施对全国教育的指导,直到 1979 年,才正式成立内阁级的教育部。但教育部的成立并没有改变地方分权的管理体制。教育部除了把教育经费拨给各州之外,并不直接管理和控制各州的高等教育。教育的权力仍分散在各个州,由州议会制定有关州内公立和私立学校的法律和政策,推行其认为是合适的教育制度,而各个州对州内公立大学的管理和控制又很不相同。至于私立大学则在各州的教育立法许可的范围内完全不被州政府或地方的控制,而是作为一个自主与自制的实体,由各学校自己管理。从以上不难看出,分散化和多样化是美国大学教育宏观管理体制的特点。

2. 美国联邦政府对各州校园公共安全服务管理的控制

美国联邦政府和立法、司法机关为抑制日益增长的校园暴力事件,保障校园安全,采取了一系列法律举措。国家对校园暴力事件的关注已经使联邦、各州、各地区尽力着手解决这一问题。联邦立法者通过制定各种措施来保障校园安全。联邦首先为各州执行其所制定的计划提供基金,此后若各州没有向美国国会提出专门

———————

① 蒋洪池:"21 世纪美国大学治理面临的挑战及其对中国的启示",载《比较教育研究》2006 年第 1 期。

申请,就削减该基金。两部法律因此出台:1994 年的《校园禁枪法》和《校园、社会禁毒及安全法》。

3. 适当处理政府控制与高校自由的关系

美国政府与高校的关系,和世界各国的高校一样,也是一个逐步演变的过程。演变的主线总是围绕着政府力图加深对高校的控制而高校力图争取自治之间的制衡。目前的格局是:政府对高校远距离的驾驭和高校显著的自由。

(1)美国政府对大学远距离的驾驭

美国政府间接控制大学,采取远距离驾驭的原因如下。

首先,美国自由主义的开国精神和思维方式渗入政府对大学的认识之中。

其次,美国高等教育实行最彻底的地方分权制,从而减弱了纵向的控制。

最后,美国是完全市场经济国家,市场竞争的模式渗透到生活的各个角落,反映在高等教育的管理上,联邦政府主要是运用经济手段,利用市场的竞争性远距离驾驭大学。该种控制体现在美国政府对高校的问责制上。

马丁·特罗(Martin Trow)曾将问责制阐释为教育组织按照法律和道德的要求有责任向他人汇报、解释、证明和回答教育资源如何使用,效果如何,主要涉及谁负责,负有何种责任,向谁负责,通过何种手段和方法,结果如何。并进一步指出美国高等学校强化问责制是为了证明自身的诚实可靠性以及向公众呈现如何自我改进,同时也是为防止政府和外界对于大学的过度干涉。

(2)美国大学的自由受到法律保障

美国大学从设置者的角度来讲,主要分为私立与州立两大部分。从法律的角度而言,私立大学一经州政府的认可成立即完全独立于政府,享有充分的自治权。而州立大学也具有较大的独立性,拥有诉讼权,财产管理、支配权,资金借贷权,人事雇佣权,制定学校内部规则权,征收有关费用权等诸多权力。甚至在州立大学中,还有一些拥有"宪法规定上的独立法人"法律地位的大学。这类大学享有更高程度的自治,拥有不受州政府、议会法院干涉的特权,所谓与立法、司法、行政并列的"第四权力"。

美国学者德里克·博克指出,美国大学的突出特点之一是享有显著的不受政府控制的自由。美国大学继承和变异了中世纪的学术自由,使之适应美国的土壤和空气,在政府的远距离的驾驭中,形成了美国大学举世闻名的特色:公立和私立并存、多样化和竞争性。大学和政府之间自由和控制的关系,既限制了政府的过度干预,也促使大学走出封闭的象牙塔,成就了美国大学举世闻名的业绩。由于自由和控制之间良性的互动和平衡的互补,形成了美国大学和政府和谐共处的基调。①

(3)弗吉尼亚理工大学枪击案发生后州政府与大学关系的处理

经历过血腥的4月16日枪击案后,美国弗吉尼亚理工大学校方备受社会各界质疑,特别是有舆论要求校长施特洛引咎辞职。但是,在新闻发布会上,施特洛称,他没有考虑过辞职,部分原因是他从校友、学生和教职员工中所获得的支持。

弗吉尼亚州州长蒂姆·卡因称,他对报告的结论感到满意,这些结论"全面、透彻、客观、在许多方面很尖锐"。他说,他认为没有必要要求处分学校官员,校方官员已为此承受了相当的压力。

---

① 许海杰、叶忠:"显著的自由和远距离的驾驭——美国政府与大学的关系",载《河北师范大学学报(教育科学版)》2007年1月(第9卷第1期)。

他说:"我想解决这一问题,这样我就可以降低这种事情再次发生的可能性。如果我认为解职将是解决这一问题的方法,那么我会把精力集中在那一方面。"

可见,美国政府并未迫于舆论压力而迫使校长辞职,而是充分发挥高校自治、自主的能力,由高校董事会或理事会自主决定校长的去留。由此可以得出,美国大学的管理自主权较大,获得了美国联邦政府的充分尊重。这也是历史上美国政府与高校自治之间的利益博弈最终形成的规则。

四、"9·11"后美国高校公共安全系统管理理论的更新

"9·11事件"对美国全社会都产生了深远的影响,其中大学由于其人口密度较大而更加产生了警惕意识和预防恐怖主义的举措。"9·11事件"在美国大学校园引起激烈论战,并对大学的人文及社会科学课程产生了冲击。不少教授连忙扩大中亚、南亚以及中东政治课程,增设伊斯兰宗教史以及阿拉伯研究与阿富汗研究的课程。"9·11"后美国官方对大学校园安全的关注很强烈,其中最具有影响力就是美国联邦国土安全部和教育部的学校四阶段危机计划实用指南和五色旗预警系统。

(一)美国校园安全管理的四阶段论

根据美国公共安全管理体制的四阶段论,当代的公共安全管理应该是一个由危机预防、危机准备、危机减灾与危机恢复四部分组成的循环;危机预防与危机准备意味着采取前瞻性措施预先减少危机发生的概率与降低危机的可能危害,危机减灾与危机恢复则指在危机爆发之后采取措施缓解危机的破坏力并减少损失。美国联邦安全委员会认为危机管理包括四方面内容:减灾(Mitigation)、预防(Preparation)、反应(Response)和恢复(Recovery）。

在此基础上，美国教育部认为，学校危机管理的核心是学校的全面安全，即全体师生的健康、安全和幸福。教育部在 2003 年 5 月向全国下发的《危机计划的实用资料：学校与社区指南》中指出：危机是指自然灾害（地震、洪水、龙卷风和飓风），恶劣气候，火灾，化学与危险品溢出，交通事故，学校枪击事件，炸弹危险，医学紧急事件，学生或教职员死亡（自杀、他杀、过失和自然死亡），恐怖事件或战争等。危机的发展可以划分为三个时期：潜伏期、爆发期、恢复重建期。在危机潜伏期中，主要是事前的预防。很多危机的发生，事前都是有征兆的。危机是一个非常态的过程。在危机管理的早期，对环境的分析和判断能力很重要，要尽可能地寻找危机出现的各种迹象。事前的预防胜于事后的救济。最成功的危机解决办法应该是在潜伏期解决危机。美国教育部在此基础上制定了学校危机管理的模式。即学校危机管理是一个连续的四阶段模式，具体为：危机的缓解与预防→针对危机作准备→对危机的反应→危机后恢复。

"危机的缓解与预防"，指学校和地区要减轻和消除对生命和财产的威胁；"针对危机作准备"，指危机管理计划的制定要针对最坏的危机状况；"对危机的反应"，指在危机过程中所要做的步骤；"危机后恢复"，指在危机后所要恢复的学习和教学环境。这个四阶段模式可以在实践过程中不断完善和修正，这种完善和修正是建立在经验、研究和实际情况的基础上的。如：弗吉尼亚州教育行政部门就认为，有效的学校危机管理计划主要应包括：危机前兆识别和干预、危机反应和危急事件管理。具体内容如表 22：

表22　美国弗吉尼亚州学校危机计划指南

	危机前兆识别和干预	危机反应	危急事件管理
目标	建立一个系统方法，以识别和评估可能发生的危机，并起到干预的作用，针对学生自杀和潜在危机。	指导有关人员应对事件:学生死亡,教师意外事故,疾病,自杀或交通事故。	即将到来的对学习和生活的威胁,涉及死亡威胁,如校园暴力和伤害、自然灾害、恐怖事件。强调各部门之间的合作和协调。
计划	预防或减少师生在健康、安全和幸福方面的危险。	设计有时间限定的、针对问题的干预,以确定事实,发布正确信息,恢复正常秩序。	初期的预防和防护。
内容	培训师生在认识危机到来的预兆信号;提供强有力的预告;学校与社区建立畅通渠道,以进行适当有效干预。	同上。	指明信息渠道(协调一致)、服务类型和责任范围,以及心理健康服务。

（二）五色旗预警系统与学校行动指南

"9·11"事件后,美国国土安全部(Department of Homeland Security,简称 DHS)建立了一套 5 级国家威胁预警系统,用绿、蓝、黄、橙、红 5 色旗代表从低到高的 5 种警戒级别,以实现从常态向紧急状态的转换。美国教育部根据上述"警戒级别"的要求,制定了学校采取相应行动的指南。如表 23 所示。各个学校可以根据这个行动指南来制订具体的行动方案。[①]

----

① 朱晓斌:"美国学校危机管理的模式与政策",载《比较教育研究》2004 年第 12 期。

表23 "9·11"后的美国国家预警系统与学校行动指南的五色旗

警戒级别 （DHS 制定）	政府采取 的行动	学校应采取的行动（教育部制定）
严重 （红色旗） SEVERE （Red）	动员紧急救护队，并布置工作人员，评估紧急需要。	通过电台和电视台来接受联邦或地方政府的指导； 启动危机管理计划； 限制学校去接近危险的来源； 取消外出活动和野外旅行； 对有需要的学生和教职工提供心理健康服务。
很高 （橙色旗） HIGH （Orange）	地方、州和联邦开展协调工作，加强在公众事件中的安全工作。	派专人24小时监控学校入口； 熟练评估安全程度； 修正、更新家长对安全的看法和措施； 修正、更新媒体对安全的看法和措施； 告诉学生他们可能受到的恐怖袭击； 布置事先准备好的学校和地区危机反应组。
较高 （黄色旗） ELEVATED （Yellow）	加强对重要地方的监视活动和对威胁的评估工作。	检查学校的建筑物及其周围的可疑物和人； 与公共安全官员一起评估危险程度； 与教职工一起复习危机反应计划； 测试可供选择的通讯方式。
警戒 （蓝色旗） GUARDED （Blue）	检查紧急状态程序，通知公众所要采取的必要措施。	检查和提升安全措施； 检查紧急状态下的通讯计划； 盘点、测试和修理通讯设备； 盘点和充实紧急状态下所需的物品； 引导针对危机的培训和操练。
低 （绿色旗） LOW （Green）	保持安全培训和准备状态	评估和修正危机管理计划和具体操作程序； 与危机反应组成人员一起商讨补充新材料； 与危机反应组成人员一起回顾他们的义务和职责； 对每个来访者进行身份检查。

第四节 美国高校公共安全管理的特征

关于美国高校公共安全管理的特点，不同的学者有不同的观察视角。尽管,美国的校园暴力、校园枪击案频频发生,然而,总的来说,美国的高校公共安全管理机制是建立最早的、较为完善的,硬件设备和软件机制都具有现代化特征。当然这和美国国民经济强大的后盾支撑是分不开的。然而,在强调要提高我国高校公共安全管理硬件设备的同时,我们更要强烈关注美国在高校公共安全管理方面的发达的软件机制。毕竟,这些软件机制是更难在短时间形成的,也是更值得我们学习、借鉴的。以下特点可以展示美国的高校公共安全管理软件机制的内容:

一、美国高校公共安全管理的法制化特征

(一)校园安全立法完善程度较高

国家对校园安全问题的关注,促使联邦、各州、各地区尽力完善解决校园安全问题的立法工作。联邦立法者通过制定各种具体法案并要求地方政府积极贯彻法案来保障校园安全。除了上文介绍的美国联邦宪法、联邦与各州的法律、行政命令与规定、法院判例及各项法律举措之外,美国预防校园暴力的教育法规政策包罗万象,几乎覆盖了一切方面,包含有午餐法、校车法、预防法、安全法、经费法、授权法等;其内容之详尽,涵盖各个方面:经费的发放与运用、申请的条件、程序、评审、评估以及对学校预防计划和发生暴力中的危机管理、各项措施的法律程序等。参照社会反击暴力威胁和犯罪的措施,各学校、各学区也采取了不同的强制措施应对校园暴力,如决不容忍政策,校服政策,安全措施,校警和其他法律执行人员的执勤,预防与减少暴力方案,学校预防枪支政策等。①

---

① 宋雁慧:"美国公立学校暴力及其对策研究",载《比较教育研究》2005 年第 2 期。

(二)重视保护学生宪法权利,平衡学校安全与保护学生宪法权利之间的关系

高校公共安全管理过程中的人权保护有许多相关案例。1975年高斯诉洛佩兹案:学生要求在受处分之前应当告知其有陈述、申辩的权利,并给予听证权。最终,联邦最高法院判决学生胜诉。1985年纽泽西诉 T. L. O 案:学校进行安全搜索时,学生要求保护其隐私权。联邦最高法院最终认定校长的搜索属于合理搜查,对学生安全产生了良性保护后果,不存在对其隐私权的侵犯问题。诸如此类的案件有很多,也是让高校备感头痛的方面。因为,保持校园的安全环境是高校无法推卸的责任,然而,在此过程中,难免会对大学的自由度有所减损。如要维护宿舍楼的安全,就要对通行的人进行严密的查证,这必然会引起学生及其亲友的不满,但却是防盗、防暴力案件的必要措施。

在以上案件裁决中,法官试图平衡学生的权利和校区工作人员的职责。如:学生的自由发表言论的权利受到限制,必须保证这些言论严格意义上并不干扰学校的正常教学,这是由于学校有义务为学生行为和举止设定标准。

因此,如何平衡确保校园安全与保护学生人权之间的关系,就成为校方面临的一个难题。在博弈过程中,校方也时有胜负。但是,总的来说,学生维权的活动对于高校安全管理与服务水平的提升,法治理念的增强,是很有促进作用的。

与之相类似的是学生的隐私权要为学校保持安全校园环境的义务让路。弗吉尼亚理工大学枪击案中,学校就误读了《联邦隐私法》中关于学生隐私权保护与保持校园安全义务的关系。FBI的调查报告中指出,入大学后,尽管校园警方知道赵承熙屡有不恰当行为,并且需接受心理治疗,但从没将这些信息告诉学校处理

"问题少年"的工作人员。因为,校方唯恐侵犯了赵承熙的隐私权,干扰到他正常的学习生活。与学校人员的想法恰好相反,《联邦隐私法》允许他们将学生的心理健康问题告知州、当地及学校负责安全人员。因此,校方不能以保护隐私权为由,懈怠了自己关注影响校园安全的危险征兆并做出相应预防对策的义务、职责。

二、美国高校公共安全管理的系统化特征

美国高校校园安全管理体制是个全方位的系统工程。其管理体制的系统性表现在以下几个方面:

(一)美国高校在校园安全管理方面的职责

根据美国教育部2003年5月向全国下发的《危机计划的实用资料:学校与社区指南》(Practical Information on Crisis Planning:A Guide for School and Communities),学校的安全管理职责如下:

提供一个有组织、系统的危机管理秩序来帮助师生和家长;让教职员工知道如何在危机状态下帮助学生;在危机管理方针指导下,危机管理小组组成人员应当制定合作计划、分配职责;学生家长和社会其他成员都是学校危机管理的重要组成部分;通过法律来保护学校的利益,当没有相应政策能防止诉讼发生时,应建立一个基于"最好实践"的政策和程序;各部门协同建立一个强有力的合作关系,以提高学校与社区公众安全信息的交流与协作。

由以上政策指导可以看到,美国教育部的危机应对《指南》也是基于"全社会形成一个系统来确保校园安全"的态度来加以指导的。这与美国公共安全管理一贯的系统化管理特点是一致的,一脉相承的。因为,只有齐抓共管才会最终赢得校园秩序的安宁。

由于危机就是导致社会偏离正常轨道的危急的非均衡状态。因此,对于学校危机而言,政府和学校有责任、有义务建立较为健

全的危机管理体系,并通过研究危机、危机预警和救治危机恢复社会和学校的均衡状态。危机管理的核心,就是迅速从正常情况转换到紧急情况(从常态到非常态)。当然这种迅速转换是建立在事先充分计划的基础之上。①

(二)确保学校安全是系统工程

从美国制定的防范措施来看,保证学校安全不仅仅是学校自己的事情,还需要教育行政部门、公安司法部门、社区组织、社会媒体、学生家长等多方面的努力和支持。众人皆知,学校不是真空,学校各种事情的发生都要受到来自于社会多方面的影响。教育行政部门如果将保证学校安全作为自己的一项任务,那么就会从学校的实际出发,考虑学校在人力、财力、物力等方面的需要,为学校提供较为充分的客观条件,帮助学校减少或避免各种事故的发生。社会其他各方面如果都能多考虑一点学校的安全需要,就会为保证学校安全创造一个和谐的环境,多给学生一些积极的影响,多给学校一些帮助,以便学校安全计划的顺利实施。②

美国校园安全管理的系统化,在实践中发挥了很强有力的作用,而这点正是我国校园安全管理所严重欠缺的方面,因而,对我国校园安全管理具有重要的借鉴意义。

三、美国高校公共安全管理的预防性特征

(一)防患于未然——安全意识、安全文化

1. 校园安全四阶段中,预防阶段最为重要。众所周知,美国

---

① 朱晓斌:"美国学校危机管理的模式与政策",载《比较教育研究》2004 年第 12 期。

② 杨颖秀:"美国学校安全措施及其启示",载《现代中小学教育》2001 年第 2 期。

公共安全管理的四阶段论也贯彻于高校安全管理过程中,美国教育部在此基础上制定了学校危机管理的模式,即学校危机管理是一个连续的四阶段模式,具体为:减灾(Mitigation)、预防(Preparation)、反应(Response)和恢复(Recovery)四个子系统。

减灾阶段是指学校和地区要减轻和消除对生命和财产的威胁;预防阶段是指危机管理计划的制定要针对最坏的危机状况;反应阶段指在危机过程中所要做的步骤;恢复阶段指在危机后要恢复的学习和教学环境。其中,对危机的预防阶段最重要。因为,从行政法比例原则来讲,对危机的预防会尽量避免生命、财产的损害,这是校园安全管理中效益最高的手段。众所周知,财产的损害可以弥补,而生命的消亡却谁也无力回天。

2006 年 10 月 10 日,美国联邦政府召开"白宫校园安全专题会议",研讨加强校园安全与保护学生之策。布什总统亲临会议,强调预防暴力重于应对暴力。各界也呼吁应该在校园中大力弘扬友爱文化,以战胜暴力文化,确保校园成为安全的学习、成长和工作场所。"白宫校园安全专题会议"共分四部分,其中的两场专题分别研讨了"预防学校中的暴力"(Preventing Violence In Schools),以及"有准备的学校与社区更加安全"(Prepared Schools and Communities Are Safer)。

面对学校血案的频发,一部分美国校园安全专家提议鼓励学生报料;一部分则认为应该在校园内安装金属探测器来防止校园枪击案的发生;一些校区则表示计划允许警力进驻学校。①

2. 全社会的校园安全意识对于校园暴力事件的预防更具有

---

① "布什强调加强校园安全'预防暴力重于应对暴力'",载《基础教育参考》2007 年第 1 期。

建设性作用,让预防意识成为全社会的习惯。

在 2004 年 4 月 20 日,数百名哥伦拜恩校园枪杀案的幸存者和死难者的家属聚集在哥伦拜恩校园,迎着早晨升起的太阳,纪念 5 年前在惨案中死去的 13 名死者。死难者丹尼斯的父亲——布赖恩·罗伯夫说:"一些无法辩驳的证据表明,哥伦拜恩惨案能够避免,我们不能令时光倒转,但是我们能把所有的问题拿出来,摆在桌面上。我们能够从中吸取教训,避免今后类似事件的发生。"

有关专家在哥伦拜恩校园枪杀案 5 周年之际指出,人们对学校安全的关注已经下降了。科罗拉多州司法部长助理堂·奎克说,当人民关注的热情一减退,一些预防措施就会减退。①

在校园安全事件的预防过程中,几乎一直以来形成了这样的循环:发生校园暴力事件——全社会、全国关注——加大校园安全的多方投入,特别是经费投入——平稳期——全社会、学校对校园安全关注的热情减退——预防措施减退——发生校园暴力事件。

在哥伦拜恩校园枪杀案发生 8 年后,2007 年 4 月 16 日,美国弗吉尼亚理工大学韩裔学生赵承熙制造的 33 人死亡的校园枪杀案就说明了这点,更验证了这个循环圈。因此,如何保持全社会、校方对校园安全持久的关注与投入,就是我们能否将校园安全进行到底的最重要的保证。

(二)校园安全计划或校园危机管理计划

美国的学校大多被当地教育委员会命令制定校园安全计划和安全措施。这其中包括,校园安全计划及包括其中的校园安全应急预案。

1. 校园安全计划

---

① 张立:"科伦拜恩校园枪杀案五周年祭",载《检察风云》2004 年第 12 期。

不同的学校要制定不同的安全计划。学校的安全计划要根据学校教育对象的年龄特征,学校所在地点等主客观条件来制定。如在美国,小学和中学校园欺负现象比较严重,而且学生年龄较小,安全计划要对这些方面有所侧重。大学校园中暴力、吸毒等现象发生频率较高,学生也都在18周岁以上,更容易获得枪支等危险武器,社交活动甚是广泛且更加难以监控。因此,大学安全计划应当侧重于心理引导干预、道德教育等预防手段。还有,有的大学校园地处郊区,有的地处闹市,据调查,美国郊区学校的安全程度要高于城市学校。因此,大学应该充分考虑周遭的大学城或社区的情况来制定其安全计划。因为,不同地点的大学面临着不同的教育、督导、社会和文化的需要。因此,学校在制定安全计划时,要聘请当地的警察、健康专业人员、心理专家、家长及社区成员等帮助学校制定适合其主客观特点的学校安全计划。而且,学校安全计划还要具有可操作性,要有相应的配套安全措施,还要形成行为准则告知学生和教职工。

以下是美国学校针对小学、中学、大学的不同特点,制定的校园安全计划:

(1)同辈调解计划:应用于所有小学和中学。主要介绍社会问题和冲突的解决方式。

(2)天然帮助者计划:在高中实施。主要培养学生帮助同辈解决问题的能力。有些孩子是天生的帮助者,因此,应利用和强化他们的天资。

(3)青少年犯罪的阻止者计划:当学生发现其他同学有吸毒、携带武器或破坏行为时,能举报这一情况,提供有益信息的人可得到青少年犯罪阻止者委员会的物质奖励。另外,还有专门的犯罪阻止者热线。教师支持队伍:这些老师在帮助学生处理行为问题方面都受过专门的训练。早期调停员:他们是获得许可证的心理学家,主要帮助那些在社会交往方面有困难的人。

(4)学生和家庭改进计划:这个计划聘请了一个社会工作者和两个顾问,他们为问题学生和家庭提供帮助和咨询。麦克考瑞认为,很多影响学校的问题都与家庭有关,应该对家庭提供帮助。这些学校所采取的安全措施和安全计划得到了社区内的绝大多数人的支持,并取得了理想的效果。①

2. 学校危机管理计划

根据美国教育部下发的《危机计划的实用资料:学校与社区指南》,有效的危机管理取决于政府的政策支持和学校的危机管理计划。

根据《指南》,学校在制定危机管理计划时,必须遵循的原则有:学校应建立危机管理领导小组,并明确各自的职责;学校危机计划的制定要因地因时因人制宜,并要考虑师生的需求(如身体的、感官的、心理的和语言方面的需求);学校危机计划的制定与实施,要与社区组织,如法律机构、消防机构和紧急卫生机构(如专业的医学、心理卫生组织)紧密结合;学校要制定一套危机来临时所使用的特定术语,这些术语必须为师生所熟悉;要使学校的教职工都理解危机计划,并能采取相应的行动;危机计划是在实践中不断发展的,有效的培训和实践是危机计划成功执行的关键。

因此,美国教育部长——斯佩林斯则要求,所有学校要有应对突发事件的应急预案,并且让每个人都知道。她呼吁社会共同努

---

① 赵雪霞:"美国学校的安全措施",载《教学与管理》2001 年 8 月 15 日。

力防范校园暴力。①

(三)安全评估

美国的学校会定期对校园安全管理工作进行现场评估。学校安全服务署为学校提供安全评估。安全评估能起到一定的良性促进作用,促进被评估学校对安全工作保持持久的警惕与热情,进行不断的整改以便应对随时可能发生的校园安全事件。如清理各种障碍,修理门窗,检查灭火器能否正常使用,清除各种对学校安全有影响的因素。对此类问题学校要有书面的、成体系的报告,包括对问题的分析。实现学校年度或季度安全现场评估和规范校园检查,可以激发师生的安全意识。

(四)危机事件应对演练、演习

主要培养、锻炼大学师生及安全管理者应对危机事件的能力。如:火灾逃生、暴力逃生等模拟训练。如:哥伦拜恩校园枪击案与弗吉尼亚理工大学校园枪击案,两者时间间隔8年,然而,前者的很多逃生经验却在后者逃生现场惊人地得到验证。①逃离危险地带,凶手一般不是职业杀手。只要跑开就有生还希望。在弗吉尼亚理工大学被赵承熙要求靠墙站立等他装子弹射杀过程中,一个男生逃开了,躲过一劫。②用桌椅顶住教室门口,熄灯,保持安静。能够逃过一劫。③装死。弗吉尼亚理工大学一个女生通过装死躲过一劫。在两起惨案中,都有按照上述三种方法在枪口下逃脱的例证。这说明,或者是这部分师生的应急能力较强,或者是他们都从哥伦拜恩惨案中习得了宝贵的经验。2002年,导演迈克尔·摩尔拍摄了《哥伦拜恩的保龄》,这部纪录片源自1999年的哥伦拜

---

① "布什强调加强校园安全'预防暴力重于应对暴力'",载《基础教育参考》2007年第1期。

恩中学枪击案,其中包含了很多逃生经验、生动的教训等内容。

然而,从1999年哥伦拜恩枪击案中获得逃生经验的师生只是少数,绝大多数都在盲目应对中丧生。作为校方,从这样的意识中获得安全管理的经验就是:师生们对危机事件的应对能力需要平时的演练、演习、培养。

美国的部分学校每年邀请特警进行安全培训,并进行9次紧急撤退演习,设立了一个计划委员会和一个危机应对小组,计划委员会每月开一次会,危机应对小组每年开4次会,对学校的安全计划进行修正。

(五)校园警察安全技能培训

美国校园警察及保安人员定期进行专业技能培训,以便不断提高他们的职业素质。而且,校园警察上岗前需经过14—16周职业培训,现职警察每年要到警察培训中心接受一至两周的知识更新培训,考试不合格者将不能继续当校园警察。这些培训的内容包括:

1. 法律知识的培训,包括联邦宪法、州犯罪法(即相当于我国的刑法、刑诉法)及有关高校保卫方面的法律。

2. 基础知识的培训,包括语文及文书写作知识、计算机基本理论知识。

3. 保卫业务知识的培训,包括预防犯罪和预审业务知识。

4. 基本保卫工作技能的培训,包括汽车、救护车驾驶,计算机操作,射击、拘捕、格斗等技能。

5. 体能训练,美国选拔警察注重体能条件,而且非常重视体能训练,训练的时间占训练总学时的1/4,因此,美国的校园警察,无论男女,身体都很壮实。一些学校办了近似于保卫方面的本科专业,他们称作"犯罪与公正"专业。圣地亚哥州立大学、旧金山州立大学设在管理类学院,而华盛顿大学设在法学院,但设置的课程基本一致。

美国校园警察的培训,是有组织、有计划进行的,培训内容也都根据实际需要设置。州一级设立警察训练管理委员会,该委员会由州长直接领导。市一级设有训练中心。这些机构并非专为校园警察而设置,然而它们对于校园警察和政府警察的培训要求是完全相同的。①

四、美国高校公共安全管理的社会化特征

(一)高校公共安全服务社会化趋势

1. 公共安全服务的社会化趋势

公共安全服务的核心问题是公共安全服务的有效供给。传统上,人们一直把公共安全服务作为一种公益物品,更确切地说是把它作为纯粹公益物品来看待,在公共安全服务上,绝大多数国家都采取了政府垄断经营公益物品的方式,这导致了公共安全服务的有效供给不足和供给上的低效率。安全服务关系到每个公民个人和单位,可以说是一项全民的事业,既然是一项全民的事业,提供安全服务也就不应当仅仅是政府的专职。因此,政府并不需要垄断公益物品,而应当利用更多社会化的方法,通过分权和校园参与,调动校园安全方面各部门的积极性,可以实现公益物品的更优化供给。

在社会心理上,依赖政府的惯性,也使人们认为社会治安是政府的职责,似乎社会犯罪率上升、治安状况恶化全部是由政府造成

---

① 杜海鹰、吴心正:"美国高校保卫工作考察",载《中国高教研究》1998 年第 5 期。

的,从而忽略了公民个人、社群等在公共安全方面所应承担的责任和所能够且应该做出的贡献。所以说公益物品的生产和提供的分离,可以使我们从公共安全服务的政府安排转向政府、市场和社会相结合的多元复合安排,从而提高公共安全服务的供给效率,增进社会福利。所以,对公共安全服务而言,提供者主要是政府,而生产者可以是多种多样的,包括政府、企业法人、公民团体,甚至是个人。① 政府在公共安全服务方面的主要职能应当是协调各种力量共同发挥作用,并对其加以适当的监督和控制。使得公共安全服务真正服务于民。如美国的紧急事态管理署就是发挥这样角色的联邦安全机构,在美国很多次的公共安全事件中,都可见证其协调指挥作用。

2. 校园公共安全管理社会化的必要性

(1)高校安全工作涉及的部门众多,包括治安、消防、政保、外事、交通、国家安全、警卫、保密、调研、综合治理、门卫、调解、帮教等多方面。这些方面集中在校园内,关系着师生的切身利益,关系着高校各项工作安全、有序地进行,这种工作的专业性具有其他部门所不能替代的特殊作用。

(2)高校在开放与安全之间徘徊,人员流动性强,如何利用社会各界力量实现校园安全管理成为必要的考虑。大学校园的公共安全服务是一种局部的公益物品。就其业务性质、经济成本和效率等方面开放社会参与是可行的。针对校园特点采取的犯罪预防策略,充分利用好校园资源共同预防犯罪,将犯罪遏制在发生之前,有着巨大的前景。

---

① 李海文:"校园安全立法与公共安全服务的社会化",载《行政与法》2003年第7期。

（二）美国校园公共安全管理社会化之体现

学校公共安全管理应当组成一个强大的社区网络。美国高校进行安全管理过程中，意识到仅靠校园警察和保安的力量是远远不够的，而需要社区内的每股力量包括学生、教师、家长和社区管理者等的共同努力，如鼓励学生举报校园安全隐患；对于有心理问题的学生动员其家长一起进行心理治疗；动员学生们组织社团活动时可以以社区居民为服务对象；组织法律社团进行咨询活动；鼓励学生多向社区居民提供义工服务等。

例如耶鲁大学与周边的纽黑文社区的关系。耶鲁大学是私立大学，它与所在城镇、所在州都没有隶属关系，它是纽黑文最大的一个"顾客"。因而，各种社会问题折射到耶鲁校园内，是不争的事实。

社会治安只是纽黑文这个破落小城的问题之一，甚至不是主要问题，贫穷才是问题症结所在。一个恶性循环的链条是：城里的居民贫穷，文化水平也低，除了售货员、送货工一类既不大稳定、收入也比较菲薄的工作，他们在就业市场上根本无法找到更为理想的职位；因为经济条件不佳，他们为子女的教育投资也就更力不从心。一边是耶鲁，美国数一数二的高等学府，进来的是所谓"尖子"，出去的是所谓"栋梁"，校方财大气粗；而另一边是"黑暗之中看起来才顺眼些"的纽黑文，就算校园没有围墙，城镇街道与校园浑然一体，这两部分人之间的社会藩篱、文化屏障、心理鸿沟也是截然分明。不过，从近几年开始，耶鲁的态度已经发生了很大的转变，承认帮助纽黑文摆脱困境，耶鲁责无旁贷。校方大概也认识到了，如果不改变纽黑文的贫穷状况，耶鲁的校园安全也是难以保障的。①

---

① 高歌："领略美国校园安全"，载《21世纪》2003年第6期。

美国学校安全措施中,往往强调学校要与其他社会力量形成协议。美国认为高校董事会和学校行政人员不可能独自维护学校安全。学校要与法律实施机关,学区代理人和学习人员,检测鉴定部门,青少年案件负责部门,社会、心理健康、福利部门等形成联盟,制定"参加力量协议"或"了解备忘录"。因为建立这样的联盟和协议仅需较少的投入就能给教育社区带来新的资源,共同促进校园安全。[①]

五、美国高校公共安全管理的服务性特征

(一)美国校园警察的安全服务制度

1. 校园警察老师

在美国,学校和警察局合作已有多年,警察在校园里除了维护秩序外还负责督学工作。这种合作计划在处理多变的校园环境中被证实为成功的策略。这种警察制度通过多渠道为学校和社会作出了贡献。

美国酒精和枪械管理局专门制定的一项"宏伟"项目就是由这些警察所授的一个课程,其他付诸实践的项目有"勇敢"、"健康"、"星光"等。尽管这些项目的名称五花八门,但都主要是给学生讲述毒品和犯罪团伙的危害。除了学习这些项目的内容外,学生还学习如何应对来自同伴及街道团伙的压力。这些指定课程着眼于学生对行为的选择并思考其后果。课程计划针对各个年级分别制定。

通过在校园授课,警察把警察局的各种观点、方法介绍给学

---

① 杨颖秀:"美国学校安全措施及其启示",载《现代中小学教育》2001年第2期。

生。一些警察甚至协助或负责课外运动及社会活动,使警察成为学校教职员中的一部分,但仍然保护其保持独立性。①

2. 校园警察为师生实行安全服务

据介绍,20世纪80年代初期,美国校园执法者(我国称高校保卫干部)提出了对师生实行安全服务的新观念。一方面是为了适应师生的安全需要,另一方面是为了树立校园警察的良好形象,争取师生理解和支持校园警察工作的需要。

现任的哈佛大学警察局长说:"我感到我之所以被选中为警察局长,是我能够同时为双方工作,了解双方的需要。"过去,哈佛大学警察局没有建立安全服务制度,同师生的关系紧张,人们戏称校警察局为"花园路29号的堡垒"(花园路29号为哈佛大学警察局所在地);而校园警察则抱怨人们不理解其工作性质,不了解他们的作用,每次他们试图调查起诉学生,校方还会干涉他们的工作。

造成这种状况的主要原因是校园警察部门的态度。他们将学生们视为潜在犯罪分子,而不是保卫他们,使他们不受犯罪分子的伤害。经过一系列改革,特别是树立校园警察安全服务意识,建立为师生安全服务的制度和计划,赢得了哈佛大学社区的称赞。美国校园警察的安全服务制度已普遍建立,他们在这方面的投入很大,装备精良,也能长期坚持,效果很好,很受欢迎。

从美国的经验看,建立安全服务制度,物质条件固然重要,但是,最基本的问题是安全服务意识问题。校园警察不能仅仅把自己视为是对犯罪的镇压力量,更主要的应该把自己看做是为学校和师生提供安全服务的力量。

---

① 鲍晓燕译:"美国警察驻校园",载《青少年犯罪问题》2002年第5期。

（二）危机事件后的心理健康服务

弗吉尼亚理工大学枪击案过后当地时间 4 月 16 日晚 7 时 45 分，弗吉尼亚理工大学就校园枪击案举行新闻会。校长斯特格对枪击事件进行了介绍，斯特格在随后发表的声明中说，"面对这样一起让人难以理解的、愚蠢的恶行，最初我也有些不知所措。不过学校会立刻成立心理辅导中心。""我们计划明天中午在卡塞尔体育馆举行集会，开始我们为这场悲剧的疗伤过程。"

（三）平时的一对一心理辅导

赵承熙曾经接受过老师的一对一心理辅导。可惜这种辅导没有坚持下去，惨案没有被心理指引所遏制。

意识到赵承熙可能存在心理和行为问题，罗伊先后向学生管理部门、校长办公室以及校警报告，但那些部门答复说，如果赵没有公然威胁他人，他们也无计可施。罗伊决定由她本人单独辅导赵承熙。

"一开始，他什么也不愿说。幸运的是，30 分钟内，我从他那里得到四五个只字片语的回答。后来，他逐渐跟我说起一些事，"罗伊说，"我设法让他关注一些自身以外的事物，因为他谈及自己时，看上去陷入一种迷惘的怪圈。"

罗伊说，赵的孤僻很大程度缘于自我封闭。"你看上去很孤独，"有次罗伊告诉赵，"你有朋友吗？"赵回答说："我很孤独，我一个朋友都没有。"罗伊认为，赵似乎有双重人格，"他非常自大，有时令人讨厌，但他同时又有深深的不安全感"。

但当罗伊提到赵在乔瓦尼班上的行为举止时，赵的回复"相当刺耳"。"他猛烈地为自己辩护，他显然认为，他是正确一方，错的是（乔瓦尼）教授。他用的措辞令我难以想象，这是一名本科生写给系领导的信。"

这个学期结束后,罗伊和赵承熙的合作也告一段落。与乔瓦尼一样,当听说关于枪手的描述后,她首先想到的也是赵承熙。枪击案真凶浮出水面后,罗伊深感遗憾,她觉得,如果后来继续这种一对一的辅导,也许就不会有后面的悲剧。

(四)美国很多学校设有早期调停员

这些早期调停员由获得许可证的心理专家组成,主要帮助那些在社会交往方面有困难的学生。

(五)学校要开设预防暴力的课程

据学区的教育主管人麦克考瑞(McCoy)介绍,这种课程能提供一种系统的方法,来帮助学生培养移情、怒气管理和冲动控制的技能。他说,他们教这门课就像教其他的主干课一样。①

安全服务署的诸多服务范围鲜明体现了服务性特征:如安全评估、安全培训、诉讼援助服务等。此处不再赘述。

六、美国高校校园公共安全管理的透明性、公开性特征

实例一:哥伦拜恩中学五周年纪念

2004 年 4 月 20 日,是美国哥伦拜恩校园枪杀案五周年的日子。在过去的五年中,有关此案的大约 3 万份文件被陆续披露,2004 年还公开展出了 10418 件有关此案的证据,包括牙齿的碎片和塑料桶等。但是与此同时,受害者家长的疑问并未得到解决:种种征兆显示,凶手案发前有杀人倾向,为何没有引起有关方面的重视? 枪杀案是不是本来可以避免的? 正如丹尼斯(枪击案中的死者)的父亲所说,把所有的问题拿出来,摆在桌面上。我们能够从

---

① 杨颖秀:"美国学校安全措施及其启示",载《现代中小学教育》2001 年第 2 期。

中吸取教训,才能避免今后类似事件的发生。

因此,美国校园安全管理强调其透明性、公开性,是为了让校园安全管理接受家长、政府及全社会的监督,以求得校园安全管理水平的不断提高。同时,对校园安全管理信息的公开,也有助于学生加强安全意识,保护学生及家长对相关安全信息的知情权。从而使得校园安全管理获得全社会的认同和支持,形成一股合力,共同促进校园的安全秩序的形成。

实例二:弗吉尼亚理工大学调查报告

美国弗吉尼亚理工大学枪击案调查报告定于 8 月 30 日正式公布。《纽约时报》当天援引提前得到的报告复印件报道说,枪击案调查小组对理工大学在枪击案发生前后所采取的措施提出严厉批评,认为校方如果采取得当措施,会挽救一些人的性命。①

该调查报告表明美国政府面对枪击案对美国人民负责的态度:把枪击案的原委调查出来,确定责任的承担,并且让弗吉尼亚理工大学、州政府、联邦政府接受全美国人民的监督和批评,以便求得将来对同类危机的预防与更好的应对。

报告在遇难者家属中引起了不同的反应,许多人已为此等待了数个月。儿子在枪击案中受伤的戈德达德称:"我认为报告很不错,我曾担心报告会粉饰问题,但报告没有这样做。我认为没有必要要求人们辞职或者承担责任。"但是安全顾问、六名遇害学生家人的发言人波维称,他所代表的受害者亲属对报告感到很愤怒,因为报告没有明确责任人。他说:"这与金钱和讼诉无关,这是一个问责的问题,受害者亲属尤其对校方在等待了那么长的时间后才发布警告感到愤怒。"

---

① 调查报告更为具体的内容参见本章第三节。

第五节　对美国校园暴力的分析与反思

一、美国校园暴力频发的原因分析

（一）校园暴力的主要表现形式

美国校园暴力的主要表现形式：

（1）青少年自杀事件；

（2）使用武器的恶性暴力事件。这类暴力事件包括携带枪支等武器到学校、以武器相威胁和使用武器的凶杀案件；

（3）暴力攻击。暴力攻击一般包括强奸、学生之间的打架、斗殴事件以及抢劫等使用暴力的行为；

（4）偷盗；

（5）针对教师的暴力行为。这一形式包括针对教师的偷盗行为和对教师进行辱骂、殴打等行为。在 1995—1999 年间，有 170 万名教师成为非致命犯罪的受害者，其中 100 万是偷盗的受害者，63.5 万教师报告说是暴力犯罪的受害者；

（6）其他形式的暴力。

除以上五种形式外，有关的研究者将吸毒和酗酒也列为校园暴力事件，而且这两种形式的校园暴力经常与其他形式的暴力相互交替。①

（二）校园暴力频发的原因

为什么会有这么多的高校青年学生变成冷血杀手？许多专家学者从各个角度进行分析，试图解开这个谜团。究竟是枪支、暴力

---

① 张旺：“美国校园暴力：现状、成因及措施”，载《青年研究》2002 年第 1 期。

文化还是什么因素造成的?

1. 一些行为专家们认为美国松散的枪支管理法是真正的罪魁祸首

在美国,青少年买支枪似乎比买瓶酒都要容易,而青少年拥有枪械,无疑是一种致命的现象。美国校园枪击案不断的一个重要原因是公众对枪支泛滥的危害性认识不够。美国公民对枪支管制向来争议颇多。美国宪法第二修正案规定:"人民拥有和携带武器的权利不可侵犯"。这决定了美国不能像许多其他国家那样采取禁枪措施,而只能在枪支的管理上做文章。一部分人认为,政府的枪支管理措施违背美国的宪法精神,侵犯了人民持枪的权利。

更为荒唐的是,不少青少年都相信美国枪支协会的说法,认为你有枪,我也有枪,只要达成"军备平衡",大家不敢轻易开枪,就太平了。这说法首先对没枪的人构成威胁,其次有枪者还面临"军备竞赛"问题,你有单发枪,他就有乌兹枪,你有铅头弹,他就有钢头弹。

2. 另一些专家认为暴力文化和暴力社会环境是美国青少年实施校园暴力的社会原因

管制枪支当然有助于减少枪支杀人的事件,不过就算没有了枪支炸弹,刀棍毒药石块照样会被用作杀人武器。主要的问题在于,杀人者是持武器的人,而不是武器本身。他们说,电视节目、电影和电视游戏中写实的血腥片段是促使暴力文化之火燃烧不尽的燃料。所以这些视觉媒体是暴力病毒的带菌者,就像带有黑死病病菌的老鼠一样。

的确,暴力文化和暴力社会环境对美国青少年的不良影响也不可低估。电视和电影里的暴力镜头使得缺乏分析能力的青少年从小崇尚暴力。近几年,美国校园枪杀案不断增多以及罪犯年龄越来越小,充分显露出美国暴力文化的恶果。根据传播学者的研究,影视节目、现代网络与游戏光碟中的血腥暴力内容应负一定的责任。暴力文化对暴力行为的大肆渲染,对青少年起到了极强的示范作用,许多儿童和青少年的整个生活都被暴力影响所包容。他们经常观看暴力影碟,然后出去杀人,然后回来再看,对他们来说,想象的战斗与真实的生活没有什么两样。美国的暴力文化繁殖了青少年的暴力行为,甚至凶杀行为。

3. 许多专家把青少年犯罪的增加归咎于缺少关爱的家庭和学校教育的缺失

社会日益增多的暴力现象,外加家庭疏于管教,学校教育的缺失,以及本身遭受过暴力伤害等种种复杂的因素导致青少年犯罪不断增加。因此,美国不少人权团体呼吁,是该在道德教育方面改进的时候了。①

(1)家庭方面的原因

①传统家庭结构及功能的衰落。20世纪80年代以来,由于社会结构及其成员的变化,美国传统的社会支持系统(如家庭、邻里关系、教堂、社区中心等)要么失去了其影响力,要么完全消失了。

②家庭暴力的影响。在美国社会里,家庭暴力普遍存在。受到虐待的父母也虐待他们的孩子。在这种暴力家庭环境中生活的小孩子,从小便性格孤僻、偏执和狂暴,经常成为校园暴力的主角。

③家庭的教育方式。父母对孩子缺乏关爱和温暖极易造成孩子将来的反叛性和攻击性。家庭对孩子无限度的宽容、溺爱或纵容会使孩子的不良习气愈演愈烈;反之,如果家长采用压制的方

---

① 光宇:"审视美国校园暴力",载《教书育人》2004年第4期。

法,如体罚或其他激烈行为会加重孩子的攻击性,正所谓"暴力引发暴力"。家长有酗酒、赌博等恶习也会给孩子的成长带来一些负面影响。

(2)学校道德教育的缺失

①对青少年的心理和伦理道德教育的缺失。由于传统价值观念的沦丧,学校又忽视对青少年的心理和伦理道德教育,青少年的伦理道德价值淡薄,对人的生命的漠视使校园暴力的强度、残忍性和随意性不断加剧。

②教师的教育方式和对待学生的态度。教师简单、粗暴的教育方式容易激起学生的反抗和暴力行为,对学生的偏见、歧视、冷落同样会刺激学生的偏激情绪。

③学校缺乏处理暴力的资源和技能。学校针对校园暴力的防范措施是制止和减少校园暴力的重要条件,然而许多学校根本没有开展有效防止暴力行为的项目和计划,一些开展的项目也未收到良好的效果。

④教师在课间对学生的行为进行关注和监督的程度也与校园暴力的多寡密切相关。然而,在大学管理中,要求教师对高校学生的课余生活加以关注是有点不太容易,但是,最起码学校的辅导人员应当保持与教师的联络,切实关注学生的心理状态,发现苗头及时辅导,这样才能将暴力事件制止在摇篮中。

4. 法律对校园暴力惩处不力也是原因之一

在美国,青少年犯罪通常被称为"过失犯罪",由青少年法庭根据一套不同的法规对这些犯罪进行处理。由于对青少年犯罪的惩处没有明确法律界定,犯罪者很少受到应有的惩罚。据1995年统计,全国范围内只有三分之一的青少年暴力犯罪者受到监禁,其余的犯罪青年都被缓刑或无罪释放,只有3%的犯罪者受到成人法庭的审判。更有甚者,即使一个青年犯了杀人罪,也只能将他关进青少年管教所直到 21 岁。对犯罪者的姑息使部分青年有恃无恐。

5. 种族和性别歧视催生暴力行为

美国是一个典型的移民国家,种族、民族的多样化使种族问题十分复杂。种族问题在学校里的表现也十分明显,少数民族学生经常遭到白人教师和学生的歧视和欺侮,成为暴力行为的受害者。同时,美国是一个男性文化占优势的国家,对女性的歧视、偏见导致大量针对女性的侮辱、强奸事件发生,而这些作为暴力行为的受害者的少数民族和女性青少年为了反抗和报仇,又反过来成为暴力行为的施暴者。①

二、美国宪法与美国的枪支文化、枪支管制

(一)美国的枪支文化及持枪权利被写入《美国宪法》的原因

在美国,拥有枪支已经作为一项公民权利被写入宪法。美国共有 38 个州的法律规定,公民有权拥有一支枪作为防身之用。2000 年,美国联邦调查局估计,当年发生的超过 1.5 万件谋杀案件中,66% 是通过枪支作案。目前美国是世界上私人拥有枪支最多的国家。枪支泛滥也是美国恶性校园暴力事件增多的直接原因。美国司法部 1995 年的一项调查发现,22% 的内陆城市男孩拥有枪支。

随着美国校园枪击案的日益增多,公众舆论越来越偏向于支持制定更加严格的枪支控制法案。[埃菲社华盛顿 4 月 16 日电]

---

① 张旺:"美国校园暴力:现状、成因及措施",载《青年研究》2002 年第 1 期。

在美国弗吉尼亚理工大学发生致命枪击案后,澳大利亚总理约翰·霍华德公开批评消极的美国"枪支文化",并提出澳大利亚严格的枪支管理法才是解决办法。

1996 年,澳大利亚南部的塔斯马尼亚州发生导致 35 人毙命的枪击案,霍华德随后开始推行严格的持枪法。[路透社悉尼 4 月 17 日电]①

从以上媒体评论可知,弗吉尼亚理工大学校园枪击案发生后,再次激起了全美国乃至全世界对美国枪支管理问题的激烈争论。

从历次美国各大媒体发表的关于此问题的言论看,无论是主张持枪自由的一派,还是主张限制持枪自由的一派,其争论的焦点始终都紧紧围绕着《美国宪法》第二条修正案关于"人民持有和携带武器的权利不得侵犯"的规定,但却鲜见对此规定之所以被列入"权利法案"(《美国宪法》第 1 至第 10 条修正案合称"权利法案")的具体分析。

事实上,美国的"建国之父"们之所以要在宪法中写入此条,是有着特定的历史背景的。

美国《1787 年宪法》中并无关于保护公民权利的内容。1789 年,十条有关公民基本权利的宪法修正案被提出,并于 1791 年按照严格的修宪程序被批准,正式成为美国宪法的一部分。贯穿整个"权利法案"的原则精神是保护人民和州、特别是人民的天赋权利。法案禁止联邦政府侵犯人民包括生命权、自由权和财产权等在内的"天赋权利"(后经最高法院的多次解释,这些禁令逐步从联邦政府扩大到各州政府)。

---

① "美校园枪击案震惊全球 '枪支文化'再遭猛烈抨击",新华网,2007 年 4 月 18 日。

　　为了落实这一原则精神,法案不仅从消极的方面对政府设置了一系列禁止性条款,而且从积极的方面赋予人民某些自我救济的手段,其中最重要的一条就是"持有和携带武器的权利"——也就是授予人民以暴力手段对抗暴政的权利。

　　除了这方面的原因外,更加重要的是,赋予人民以持械的自由,是为了应对人民和国家时刻面临的战争威胁。当时的美国还没有正规的国家军队,国家能够为人民提供的武力保护还非常有限,特别是面对犬牙交错地相处的强悍的印第安人,唯一能够保护美国人的,只有武装起来的美国人自己。所以,当时的美国,基本上是亦兵亦民、兵民一体,无警则耕植生产,一旦有警,立即披挂上阵。参与独立战争的所有美国军队就都是民兵。这些民兵参战时必须自己携带武器和其他物资。这种情况,一直持续到19世纪的"西进运动"。

　　但是,时至今日,这两个历史前提应该说都已经完全或部分改变了。一方面,美国早已是世界上最强大的国家,无论在国内还是国际上,其所拥有的国家军队都足以保护其人民安全而有余;另一方面,历史已经进入核子武器时代,无论是哪个国家的人民,都已不可能仅凭手中握有的有限武力成功对抗国家暴力。所以,从这个角度来说,限制公民持枪自由,未始不是一个顺应历史的理性选择。

　　当然,由于枪支管理问题牵涉到不同利益集团的经济利益,再加上美国国内对宪法的解释历来就有发展主义与原旨主义两种对立取向,所以是否可以完全根据历史现实的变化修改宪法,限制甚至取消公民"持有和携带武器"的宪法权利,肯定还会是个长期的争论话题。①

---

① 陈明峰:"美国宪法的诞生与枪支管制",载《检察风云》2007年第10期。

（二）1993 年，克林顿总统签署了《布雷迪枪支管制法案》

1999 年 5—6 月，针对青少年持枪犯罪，克林顿总统提出了一个枪支管制方案，其中包括：成年人如果非法让未成年人拿到枪支将构成重罪；手枪必须有防止儿童误用的安全装置；如果父母让青少年获得枪支并犯罪，将被追究刑事责任等等。但是这些法案内容松散，收效甚微。究其原因在于现实中控制枪支泛滥的困难、阻力太大。"美国步枪协会"等利益集体对政府制定法律和政策有很大的影响，同时两党政治始终在枪支的管制方面难以达成一致意见，加之各州的法律不一致，协调起来相当困难。可以说，在美国对枪支的管制是一个长期而艰巨的任务，这也是枪击案居高不下的主要原因。

三、美国校园文化对校园暴力的影响

尽管美国宪法中赋予公民持枪的权利，这点在近年来被很多校园安全专家所质疑。然而，也有很多专家认为，导致美国校园枪击事件频发的主要原因还在于美国的校园文化，校园文化的冷漠与暴力宣传，使得校园暴力事件频频发生。

各界也呼吁应该在校园中大力弘扬友爱文化，以战胜暴力文化，确保校园成为安全的学习、成长和工作场所。布什总统强调，应该通过在学校中实施积极的品格教育（character education）来培育学生抵制暴力文化。许多专家还呼吁，预防校园暴力的根本办法是培育友爱文化。

下面我们来探讨美国校园文化的特点，及其对美国校园公共安全的影响。

（一）美国校园文化的特点

1. 突出"以人为本"的校园文化

美国大学从经费来源渠道划分,有州立和私立两种办学形式,但都非常突出"以人为本"的办学理念,并始终强调学校的一切工作必须以学生为中心,将学生视为顾客,一切都围绕学生的健康成长和学生学习获得成功等有的放矢地开展教育和教育活动,力求让每个学生都能得到更好的教育。

2. 突出"多元文化交叉融合"的校园文化

美国是个发达的"移民国家",民族文化复杂,历史文化根基不深,当各个国家、各个民族的人们纷纷涌向这片辽阔而又肥沃的土地时,他们也把各国、各民族的文化种子播撒到了这片土地上。各种文化在这片土地上相互渗透、相互影响、相互冲撞、相互融合,并形成了具有强大生命力的移民文化"杂交优势",特别是产业革命与科技的进步,有力地推动了美国大学组织管理思想的发展,并且形成了一种具有一定宽容特点和多元文化特征的校园文化。

3. 崇尚以自我为中心的个人主义至上的校园文化

美国文化是世界移民所带来的多种民族文化兼收并蓄的结果,而富于冒险与自我奋斗精神的移民们为寻求自身的发展,背井离乡,开拓进取,他们信仰个人至上,提倡个人奋斗,崇尚独立、自由、平等、竞争,这些思想至今仍深刻地影响着美国大学校园的人民。此处的"个人主义至上"本质的含义是,"自己是自己命运或前途的主宰"。

4. 崇敬"英雄至上"的校园文化

美国是个创业英雄辈出的国度,在近代工业革命史中,这里先后涌现出了大量的创业英雄与创业巨子。创业者的价值,不仅在于创业者本身对经济发展的贡献,更在于它对社会民众产生的深远的启迪、激励和影响作用。因此,美国大学校园崇拜创业者的不屈不挠的奋斗精神,他们视创业者为英雄。如哈佛大学、麻省理工学院等著名大学,均在校园具有代表性的重要场所可以看到著名学者、历任校长和其他为学校做出过突出贡献者的照片和文字说明。这些都表达了对英雄的崇拜与尊重,以及催人奋进和勇往直前的力量。

(二)美国大学校园文化的内在矛盾及其对校园安全的影响

一是科学主义与理想精神的对立;二是审美的要求和原则与体育的方式及原则的对立;三是精英文化与大众文化之间的对立。这些矛盾对立具体表现在:一是校园暴力文化倾向逐渐上升,校园审美方式及其能力逐渐下降;二是校园高水平运动队与群众性的学生体育活动极不活跃的局面十分不协调;三是在大力推崇基督教教义及其虚幻性的文化背景下,过分重视美化环境与心理障碍严重的学生人数急剧上升的矛盾不相调和,审美活动逐渐丧失了塑造和调节学生情绪和心灵的功能,使得不少学生甚至不少教师都产生了强烈的精神危机。因此,学生中患心理疾病的人数日趋增多,已经成为美国大学校园文化今后发展的一个致命难题,每所大学每年都投入大量人力、财力和物力来疏导、解决学生的心理障碍或心理疾病的问题。[1]

同时,美国校园的移民多元文化产生的一个负面效果就是:现代社会竞争激烈,使得美国的人员流动性加剧,搬离故土者不得不面对一个陌生环境,因此产生的疏离与孤独感如果不能释放,容易对新环境产生敌意。例如,赵承熙案就以一种极端方式触动了美国社会的一些问题,比如移民融合、校园安全、精神健康法等。

---

[1] 王德广:"美国大学校园文化特点及其对我国高校的启示",载《三峡大学学报(人文社会科学版)》2003年第5期。

四、美国历史上校园枪击案件的总结与反思

(一)美国历史上最惨重的校园枪击案件

美国历史上的校园枪击事件,最惨重的要数 1999 年的哥伦拜恩中学校园枪击案与弗吉尼亚理工大学枪击案。1999 年 4 月 20 日,在科罗拉多州利特尔顿市哥伦拜恩中学内,"胶布雨衣黑手党"成员埃里克·哈里斯和迪伦·克莱博尔德携带自动步枪,冲进校园图书馆疯狂杀戮,在短短 16 分钟内,杀死了 12 名学生、1 名老师,后来在与警察的对峙中两名枪手自杀身亡,制造了美国历史上最血腥的一次校园枪击案。

赵承熙在安布勒·约翰斯通宿舍楼杀死了女友埃米丽,还对着留在埃米丽房间试图平息她们争吵的宿舍楼监管员克拉克开了一枪,克拉克随即身亡。2007 年 4 月 16 日美国东部时间早晨 7 点 15 分,有人拨打了 911 报警,校警闻讯赶到。警察和校方一开始就把发生在安布勒·约翰斯通宿舍楼里的凶杀案定性为一桩"家庭纷争案",以为凶手逃逸,结果忽视了案件可能扩大的危险,他们未能及时控制住持有枪支的凶手,也没有采取应急措施,直到差不多两个小时过后,才觉得有必要通过发送电子邮件警示师生们注意人身安全。

警示邮件差不多是在 9 点 26 分发出的,但这时已经太晚了。如平常一样,师生们都涌入教学楼开始了教学活动。就在校方发送电子邮件 20 分钟左右,穷凶极恶的凶手又发动了新一轮血腥的枪击。两小时后,赵承熙出现在离哈珀宿舍楼很远的位于校园另一端的弗吉尼亚大学工程系的诺里斯教学大楼里,此时楼里的师生并不知道厄运马上就要降临。赵承熙冲到一楼教室,命令师生靠着墙站着,然后一一射杀,又命令走廊里的人排好队,又向他们

开枪。有一名学生趁他换子弹的工夫,跑到另一间教室藏了起来,幸运地躲过一劫。靠装死逃生的一名女大学生回忆说,凶手穿着就像"童子军"。"他进教室后约五米就开始射击,神情非常镇定,好像就是要把教室里的每个人都打死。在整个开枪过程中,他根本没有说一句话,我觉得他实在太可怕了"。

弗吉尼亚理工大学枪击案中有 32 位师生遇难,17 人受伤,凶手自杀身亡。经确认,犯罪嫌疑人是该校英语专业 4 年级的韩国籍学生赵承熙。死亡的 33 人中,除凶手之外的 30 人全部都死在该校名为诺里斯的工程学院大楼,另外 2 人死在宿舍楼。其中有 5 名老师,其余的都是学生,博士生、硕士生、本科生都有。看着死亡名单,悲痛的心情难以表达。

惨重的代价震惊美国社会和全世界,让大家的目光停驻在校园安全问题上难以离开。世界各国纷纷在总结美国校园惨案的教训,以求在本土本国校园内避免类似事件发生。笔者也就这两起具有代表性的校园惨案加以总结、分析,以便在我国校园公共安全管理过程中加以借鉴。

(二)美国近年来校园枪击案件的特点

1. 犯罪行为方面的特点

总结美国近年来的校园枪击案件,可以得出以下犯罪行为方面的特点:

(1)大部分的校园枪击案件均为预谋犯罪。几乎所有的校园枪击案件犯案者都非激情犯罪,校园枪手们的攻击行为既非突发性亦非冲动性行为。在大部分的案件中,枪手都有事前的预谋,一半的罪犯会花费 2 周以上的时间来计划,最少也会花 2 天的时间进行策划。

(2)校园枪击案一般都有明确的攻击目标。大部分的校园枪手的行动都以某人为明确的目标,有时是学校的老师或警察,有时是同学。但同时,也有一小部分的枪手并没有明确的犯罪对象,可以说他们的行为是无差别杀人。应当注意的是在不到四分之一的案件中枪手曾恐吓过犯罪对象。

(3)校园枪手的犯罪动机有多种,但主要是报复。许多校园枪手不只有一个犯罪动机,但最主要的动机是报复。无论理由真实与否,大约有四分之三的枪手自称受到过(来自被害人施加的)委屈。在许多案例中,枪手们首先攻击的目标就是那些他们认为羞辱过他们的人。此外,由于感情问题而产生的仇恨和对杀人行为的崇拜也是一些校园枪手诸多犯罪动机中较常见的一部分。普通校园暴力中常见的谋财的动机在校园枪击案件中则十分罕见,已有案件中没有一个枪手是因为物质上原因而犯罪的。

(4)几乎所有枪击案件的实施都是高效的。所有的校园枪手都非那种狂暴、失去理智的杀人犯。他们中的许多人都将犯罪的目标列一张清单,甚至会考虑到以不同的顺序杀人所造成的不同效果。凭借这些事先的精密计划,大部分的枪手都能使他列入清单中的目标受到伤害。由于有了比较详细的计划,校园枪手也很少有被迫中止犯罪的情况。大部分的暴力行为是简短而有效的,基本没有行为过于残忍的过剩杀人情况。三分之二的校园枪手在警察赶到之前结束犯罪,一部分在实施犯罪后被同学或老师制止,另一部分选择自动放下武器或自杀。警察的特种部队几乎没起过任何作用,只有在3个案例中,由警察解除了校园枪手的武装。

2. 校园枪手的特点

在已发生校园枪击案件中,校园枪手的特点如下:

（1）他们一般都有正常社会交往圈,并会将犯罪计划告诉好友。在大约四分之三的案件中,枪手并非是那种不合群的人,枪手也会告诉别人,他在准备攻击学校的计划、收集武器装备。阿尔弗雷德大学校园暴力研究小组组长高根博士说:"学生们似乎知道很多,他们知道谁有可能会制造暴力,也知道制造暴力的动机。"

（2）校园枪手都有不同程度的行为困扰和遭受到一定的挫折。校园枪手与同龄的青少年一样受到来自多方面的行为困扰。主要包括学校生活、家庭、金钱、工作与前途、异性关系、人际关系等。超过四分之三的案例中的枪手都遭到过不同程度的挫折:包括被学校开除或停课、友谊破裂、失恋或迁居等。特别是有两个案例是因为就业不利而回母校杀人的。许多枪手认为暴力攻击是解决这些问题的方法。

例如,赵承熙之所以杀人,最直接的原因是女友的移情别恋让他难以接受,还有少年时期跟随父母迁居到美国,语言不通、家境贫寒引起的自卑感让他的仇富心理特别强烈,这些挫折感最后导致他在枪击案中,不仅杀死了女友,还殃及了很多无辜的同学。

（3）校园枪手并非精神病人,但精神状态均不佳。超过半数的校园枪手均有精神极端抑郁的状况。

（4）大多数枪手崇尚暴力,但很少使用暴力。大部分的校园枪手平时并非欺凌弱小者。六成以上的校园枪手都喜欢暴力内容的媒体节目,或电子游戏。

（5）凶手长久以来都对社会不满,而且有一种挫败感。他们应付生活中的不如意能力越来越差。他们将谴责对象具体化,常常抱怨别人没有给他们机会。这些杀手通常缺乏来自朋友和家人的情感支持。他们通常经历了他们认为灾难性的突发事件,比如失业或感情受挫。他们渴望得到一种威力强大的武器以满足他们的复仇要求。①

（三）校园危机事件中的逃生经验

哥伦拜恩枪击事件和弗吉尼亚理工大学枪击事件,两者时间间隔8年,然而,前者的很多逃生经验却在后者身上惊人地得到验证。下面就是以血的代价换来的珍贵逃生经验:

1. 遭遇枪击现场时,保命求生的要领是活动,即尽快逃离现场。持枪者的行凶目标带有选择性和随意性,在哥伦拜恩事件中遇害的人是一些文化观念不同以及信仰上帝的学生,然而在以后发生的事件中,却表现出了随意性倾向,许多受害学生并不在哈里斯和克莱坡的"打击名单"内,他们或东躲西藏,或不幸遇害。在弗吉尼亚理工大学惨案中也是一样,凶手赵承熙在最初杀害的两人中,有一人是其女友,后来被他杀害的30人均是与赵毫无纠葛的陌生师生。因此,在遭遇枪击情景时,保命求生的要领是活动,我们反思那些在此类事件中遇难的人员都是待着不动直至被杀,而快速逃逸的人员则能够幸免,因为击中移动目标是很难的,尤其是那些枪手技术并不高。

2. 逃离建筑物也许能够增加获救的机会。在哥伦拜恩中学,许多逃离现场的人得以求生,这表明脱离射击区域是一项实用的策略,并且在弗吉尼亚理工大学事件中,该策略也得到了验证。当赵承熙要求教室里全体师生面壁站立,等待他装满子弹再射击时,一个男生逃离了他的掌控,得以逃生。当然,如果持枪者在外面等

① 吴真:"美国校园枪击案的特点分析",载《青少年犯罪问题》2002年第3期。

候,就像在阿肯色州那样,情形就不同了。但是不管怎样,为了求生,每个人都应该千方百计与凶手之间拉大距离。

如果事发时已经措手不及,应该关死门窗抵御入侵者。哥伦拜恩中学不少学生和老师就是由此而逃生的。他们躲在教室里,关死前后门,关掉灯,全体保持安静,尽量不引起注意。当哈里斯和克莱博尔德遇到障碍时,他们只是猛烈撞击,大骂里面的人,随即放弃了。弗吉尼亚理工大学也有一个中国女博士程海燕带领四个男同学用讲桌拼死顶住教室门,凶犯尝试了好几次,还是没打开教室门,他终于放弃了,开始去别的地方行凶。勇敢的程海燕带领学生抵御住了赵承熙的入侵,使得全班学生获救。凶手知道他们得快速展开攻击,因为时间不帮他们的忙。

3. 装死逃生方法。有时候,装死对于那些潜在的受害人也是有帮助的,如果逃跑不成,装死就是第二位选择,在哥伦拜恩中学图书馆,许多学生遭遇侵害时一动不动,希望凶手错误判定他们已被"杀死",凶手并没有太多时间从容地检验每个人是否已被杀死,他们关心的是继续寻找目标并逃脱警察的追击。弗吉尼亚大学事件中,也有女生聪明地装死而逃脱了凶手的魔掌。

4. 顽强的求生意识能够决定逃生是否成功。弗吉尼亚理工大学的幸存者——帕金斯,勇敢地在枪口下逃生,以下是他的口述经验:他当时首先想到的就是生存,如果他不能幸存的话,他的母亲就会非常痛苦。想到这些后,他就试着采取行动,幸运的是他被推倒的桌子挡住了子弹。当枪手最后离开教室时,帕金斯和另外两名同学,其中一名同学的胳膊已中弹流血,试图赶紧关上教室大门,阻止枪手再次返回教室。帕金斯回忆说,枪手又返了回来,"他试图打开门冲进教室,接着又向教室门开枪,开了四五枪,可能有六枪吧。幸运的是,没有人被击中。"①

(四)校园枪击案中反应机制的缺陷

1. 案发现场指挥和通讯能力薄弱

哥伦拜恩枪击事件发生在科罗拉多州的利特顿,现场颇为震撼人心。遗留下的教训也不少,主要是指挥和通讯能力。由于多头管理的存在和双向式无线电频道的缺少,决定了一些紧急情报信息难以传给大楼内部及其周围地带的执法人员。

同时,好像是要忙中添乱,现场的火警声此起彼伏,使人难以判断面前的危险,救援工作无法顺利展开,SWAT 候补队员进入事发现场,但由于火警声干扰,也听不清枪声和呼救声。可见,我们应学会把火警警报关闭。事实上,学生们听到火警的反应是,慢步离开教室,全都站在大楼附近,从而导致险情。而 1998 年 3 月发生在阿肯色州琼斯保罗的事件中,两名学生拉响火警后,便守候在一旁,他们知道学生们会在规定的路线上列队而行,于是他俩得以杀死 4 人,打伤 10 人。如果出现紧急状态,在现场听到的是叫喊声、枪声或爆炸声,这些声音更有助于救援人员及时赶到,寻找入口,清除危险。

快速反应的命令由现场指挥官审时度势做出决定,它应考虑到询问现场逃散人员、寻找现场遗留的弹壳、观察建筑物受损情况等。对于查清暴力地点而言,损毁的窗户是一个明显的标志。

2. 警方快速反应机制存在缺陷

哥伦拜恩枪击事件发生前,在蒙哥马利以及全美的绝大部分执法队伍中,处理类似事件一般是由一名执法人员守住现场,等待

---

① "校园枪杀撕裂全美人心　学校将成立心理辅导中心",载《中国青年报》2007 年 4 月 18 日。

SWAT(特种武器和技术大队)赶到,再由谈判专家出面沟通。然而在哥伦拜恩事件和弗吉尼亚理工大学事件中,采取的这种方式值得反思:第一名执法人员到达现场需要4分钟,第一批SWAT队员到达则需要20分钟。人们意识到在一些高度危险的场合,人的生命正遭受威胁,此时如果仍等待SWAT队员的到来似乎已不太合适。应想方设法通过各方努力来减少血的代价,争取在SWAT队员到来前运用人员、火力、技巧克敌制胜,以挽救生命。重要的不是执法队员冒险盲动,而是设法降低损失。

弗吉尼亚枪击案中,警方的危机反应已经充分吸取了哥伦拜恩的教训。但遗憾的是,惨案仍然没有避免,损失仍然相当惨重。

枪手赵承熙在教学楼内肆虐9分钟,两把手枪射出子弹170发,警方说,从接获第二现场报警,到校警和理工大学所在布莱克斯堡市警察抵达,前后间隔仅为3分钟。然而,教学楼入口处,赵承熙在里面用链条把门封死。警方人员又花费5分钟,才破门而进入教学楼,赶往枪声响起方向……那5分钟,让赵承熙有了更多时间,把子弹逐一射向目标,继而在警方人员赶到以前自杀。弗吉尼亚州警方女发言人科琳娜·盖勒25日称赞警方人员出警迅速,同时解释说,如果他们匆忙闯入教学楼,可能会与学生和教师一样成为受害者。按照程序,警方人员先组成小组,再疏散周围人员,随后才能进入现场。

(五)危机后校园安全管理机制的改进

1. 校园应急预防

在校园安全管理的四个阶段中,即危机的预防、准备、应对、减灾,其中预防最为重要,这是因为将危机抑制于摇篮中,会是代价最小的危机管理手段。具体说来,学校应当采取下列危机预防措施:

（1）成立危机管理小组，负责危机管理的协调、指挥工作

成立险情分析和事件管理小组，由管理、教学、执法、家长等方面人员组成。他们负责进行情报分析、险情介入以及事件指挥协调等一系列工作，从而能够在事发时有条不紊、不慌不乱。

（2）危机预防

第一是拟订规划，包括学校规划蓝图，清晰标注各个出入口和重要电话号码，方便工作人员使用。由此，小组开始从地理上、方位上、机能上和法律责任上展开其计划，并在必要人员之间建立通讯运行系统。至于计划的检验可以采取沿用数十年的火警演示方式进行。计划的延续过程也会产生纸上谈兵的老问题，因此计划须因时而变，这包括指挥官及副手的确定，救急活动诸如媒体、运输、医疗救护，学生与家长见一面等，有时甚至涉及排除混乱，疏导交通事宜。第三是场所问题，地方执法人员和学校安全人员应审查现场安全设备，建筑方位及其内在的功能，尤其是撤离路线方面，而现有的建筑沿用的是火警路线，应该对建筑物及附属场地中的撤离、隐藏地点仔细改进。

2. 在开放的环境中如何维护校园安全

公立学校的性质并不是要把它建成堡垒模式，但是，运用犯罪预防技术和防范措施，却可以创建一个较为安全的校园。在创建安全校园的活动中，有必要做到：

①管理人员失去监控的校门一概关闭，限制人员的流入。

②对外来人员要求去传达室验证。

③对校外来访人员发放明显易识别的纸牌在校内佩戴。

④对于非学生人员建立服饰标志或制服着装以便易于辨认。

⑤派遣特别监察人员负责校园大道和周边的安全，但同时得通知全体管理服务员工提防坏人进校作乱。

⑥管理员工对于未在校传达室"挂号"的人,应注意观察,除非当时形势危险,不允许作正面接触(此时应直接向警察求助)。

⑦对校园环境实施定期安全检查制度。

此外有两项措施已在有些学校推行,一是要求学生在校园内佩戴明示身份的校徽;二是禁止学生携带背包或书包,除非是透明塑料的。此举旨在控制非法携带枪支上学。

3. 针对学生采取的预防措施

接连发生的血案使民众改变了对校园暴力事件的看法,加强学校管理被提到重要的地位。以往的传统是外向封闭型的,强调锁好校园大门、防止校外人员进校惹是生非,这仍然是个好的方略,但难免流于僵化的形式。而一系列校园悲剧显示,威胁主要发源于校内的学生,因此,学校安全人员和老师必须掌握学生的动向,鉴别那些需要关注和帮助的同学,应抽出时间帮助广大同学学会解决冲突、消除火气的技巧,应创造机会让他们畅言在家庭和班组面临的困惑,比如让他们与关心自己的成年人或者兴趣小组成员交流都是可行的。否则,这种挫折情绪发展下去就将酿成灾祸。

(1)密切关注危险信号的发出。学校管理人员、其他同学和家长应对潜在的暴力行为多作留意,许多枪击事件中,枪击者的预谋行动在一段时间里为同学所察觉,然而由于种种原因,他们未及时报告,他们存有向谁报告、报告什么、报告了又有什么后果的疑惑。在枪击人员中间存在13种共同特征,这是全美学生安全中心调查1992年7月至今有关学校的暴力致死案的结论,虽然这里的某些特征并不能给每个学生的行为贴下标签,但是却给管理人员提供了参考。潜在危险的学生一般具有下列某些特征:

做出惯常的威胁;曾经携带枪支进校;热衷于武器和爆炸物;遭受欺凌或虐待;无人监管;残害动物;喜爱暴力电影、音乐和电子游戏;威胁或试图自杀;与黑社会或反社会组织有牵连;情绪压抑或反复无常;很少或者没有亲密朋友;经历过无法控制的感情激怒;服用毒品或者酒精。

（2）面对威胁保持警觉意识。学生通过明示或暗示发出的威胁应予以应有的重视。有关的学生和家长应立即联络并向专家们求教,如果发现学生的"打击名单"或者可资行凶的物品,则应采取行动。

有些威胁都是隐晦地表达的。比如那些学生的作业字迹潦草,内容充斥着死亡、毁灭、折磨小动物等或者离奇的信念,对于这些隐藏的威胁,其他同学可谓知之为不知。在赵承熙制造弗吉尼亚惨案之前的英语作业中,就曾经有血腥和恐怖的场面出现,却未曾引起师生的警觉。

（3）鼓励学生汇报含有安全隐患的行为、心理等。

（4）追踪学生间的点滴不安全动态。有关某同学携带枪支或者准备暴力行动的信息是以校园流言或者同学之间交头接耳等方式传送的,许多确属虚假的谣言,但是仍有必要保证那些有关携带武器或临近的暴力行为的信息得到认真对待,并立即调查核实。①

第六节 美国高校公共安全管理 法律机制实效性总结

一、校园公共安全管理法制化

校园安全立法,授予各方安全管理组织以必要的职权,各司其

---

① 王楠高编译:"美国校园枪击案评价",载《青少年犯罪问题》2001 年第 4 期。

职,使得高校安全管理法制化。经费开支也要立法,如美国相关经费申请的法律规定。我国政府应当加大对高校公共安全管理的经费投入。现在很多高校紧缩开支,在安全管理方面的投入少得可怜,难以应对高校突发事件的发生。窃贼偷盗高校教学设施如入无人之境就是教训。

二、严格枪支管制制度

尽管,美国宪法中关于公民持枪的权利短时间内难以废除,但是,联邦政府可以通过普通立法对公民的持枪权利加以适当限制,特别是限制心理尚未成熟的青少年获得枪支的机会。因为,公民的宪法权利也都是有界限的,这个界限就是全体公民的生命、财产安全和健康。因此,美国公民在享有持枪权利的同时,也要接受法律为其设定的权利行使的界限。在此方面,美国国会要走的路还很长。

三、校园公共安全管理四个阶段均有核心任务

预防,应急,恢复,减灾。其中,最为重要的是高校危机事件的预防,主要是要制定危机计划,并加以切实地贯彻落实。美国的高校危机计划比较完善,可惜,实效性较为欠缺。主要原因在于,校方、教师、缺乏常态的危机防范意识,导致安全管理机制漏洞很多,给校园暴力、校园枪击有机可乘。

四、增强校园安全预防意识

让预防校园安全成为政府、学校师生、全社会的一种习惯。

1. 政府与学校应当共同形成校园安全预警系统。

2. 校方、保安、教师、学生,特别是校方和学校保安机构平时

应当给学生宣传安全意识:如让警察为学生上危机预防方面的课程,使学生们对此抱有形象的具体认识。

(1)警察老师定期安排课报安全课,组织突发事件演练,传授火灾逃离经验等。美国的警察教师就是很好的范例。酒精和枪械管理局专门制定的一项"宏伟"项目就是这些警察所授的一个课程。这些课程主要是给学生讲述毒品和犯罪团伙的危害。除了学习这些项目的内容外,学生还学习如何应对来自同伴及街道团伙的压力。这些指定课程着眼于学生对行为的选择并思考其后果。课程计划针对各个年级分别制定。通过警察对学生有关校园安全的授课,可以很形象生动地提高学生的危机预防意识。

(2)校园安全管理需要学校和周围大学城及周边社区的协力配合。校园安全管理需要学校、家长、社会各界的协力配合,可以邀请社区警察或学校保安给学生讲关于安全预防及应对的课,让学生对危机有应对及预防常识。把将来可能发生的危机损害降低到最低程度。如弗吉尼亚枪击案发时,有学生从窗户跳下,导致重伤。什么时候该跳?应当有常规认识。如凶手就在该教室中,跳是最小的伤害,如果凶手在隔壁,锁门并顶住门而不是跳楼恐怕才是最小的伤害。

贯彻综合治理原则。在管理上,应当借鉴美国有关做法,在立法上实行综合治理原则。美国认为学校董事会和学校行政人员不可能独自维护学校的安全。学校要与法律实施机关,青少年案件负责部门、社会、健康、福利部门等形成联盟,指定"参加力量协议"或者"了解备忘录"。建立这样的联盟和协议仅需很少的或不需额外的花销就能给教育、社会带来新的资源,促进学校的安全。而在我国,尚未形成学校综合管理体制,我国绝大多数学校属于主体单一性、空间封闭性、时间滞后性的校园管理范式,没有形成政府、学校、社区、用人单位、家长、媒体等利益相关方的联动机制。各方的信息成孤岛状态，没有联通。因此，应当通过立法的方式，使学校管理和社会管理形成联动机制和态势。①

3. 校园警察的业务素质很重要。业务培训要常抓不懈。我国校园保安的业务素质较差，需要设置准入资格、常规业务培训等，提高保安素质，提高工资水平，加大奖惩力度。

4. 保持与学生的沟通。对学生精神健康状况的时刻关怀与帮助是预防危机的有效手段。保持安全管理人员、老师与学生的畅通沟通是很重要的。鼓励学生举报不安全因素，防患于未然。美国多次的校园惨案都有证据表明，事前有的同学是能够发现危机的预兆的。如哥伦拜恩枪杀案，早在1997年(哥伦拜恩事件两年前)，朱蒂布朗的两个儿子都曾受到埃里克·哈里斯的威胁，他们几次向当地的治安官求助，希望治安官能进行调查。布朗家的两个儿子交给治安官的一份打印的网页，上面有哈里斯在网站上吹牛的话，他声称要和克莱博尔德开枪并摧毁财物，制造一个噩梦般的行动。这些线索提交到调查人员的手中，他们计划要搜查哈里斯的家。但遗憾的是，这个计划从未实施，于是哥伦拜恩惨案发生了。

如果能够保持良好的沟通渠道，在很大程度上可以避免惨案的发生。危机预兆的出现，要靠校方与学生的良好沟通与举报，然后可以对有心理问题的学生施以心理教育与关怀，进而上升到各种预防手段的采取，最终才能够避免危机或化解危机。

加强校园安全，需要家长、学校、学生、警察群策群力。专家指

① 宋远升、陈熙："解构与比较：校园警察制度及安全立法探究"，载《立法研究》2007年第1期。

出,防止校园暴力,比金属探测器和安全监控器更重要的是沟通。康涅狄格大学(University of Connecticut)的教育学教授乔治·苏盖(George Sugai)指出,家长的参与和沟通非常重要,而学校如果安上金属探测器,势必使他们望而却步。科罗拉多预防暴力中心(the Center for the Study and Prevention of Violence)的主任戴尔伯特·埃略特(Delbert Elliott)认为,第一道防线是要得到好的情报,应当鼓励学生在听见同学谈论暴力计划时及时报告老师。①

5. 健康校园文化的倡导。倡导健康友爱的校园文化。

五、建立金属探测系统

校园应当建立金属探测系统,从技术设备及硬件方面完善安全管理系统。尽管在哥伦拜恩中学枪击案中有了惨痛的教训,有一些美国的中学安装了相关安全设备,但是很多大学仍然缺乏必要的重视,没有安装金属探测设备,导致应急与预防措施落后。

8年前科罗拉多州哥伦拜恩中学发生校园枪击案后,美国许多高中安装了金属探测器。不过大多数大学没有采取这种措施,即使弗吉尼亚理工大学今天发生枪击案造成30多人死亡后,许多大学可能也不会这样做。与大多数中小学校园不同,大学校园占地面积广阔,难以封闭。正如各大院校在今天的枪击案中所认识到的那样,常常是发生一场悲剧才暴露出我们的体制存在多少漏洞。

---

① "布什强调加强校园安全'预防暴力重于应对暴力'",载《基础教育参考》2007年第1期。

六、校园在安全与开放之间关系的平衡

校长与全校师生建立通讯系统(包括邮件、短信等),使预防、应对危机的通讯渠道畅通。宾夕法尼亚州的德拉瓦山谷学院则模拟弗吉尼亚校园惨案或者火灾等情形,设计了一种新的网络信息群发系统,以便遇到紧急情况尽快通知学生。这种系统可以向登记了手机和邮件地址的学生发送紧急信息,但由于信息服务是收费的,校方首先要说服家长接受,因为毕竟是他们为学生支付学费。在新生指导课上,该校公共安全主管戴利向家长进行了演示。他说,家长们的兴趣十分浓厚,纷纷表示一定保证我们的孩子参加这个项目。①

再如,宿舍建立登记制度。发现陌生面孔或可疑人物,要求其提供学生证等证件,如果是学生亲友,则要进行登记手续,如身份证号、逗留时间、学生确认来宾身份等程序。

七、保障校园安全的同时应注重对师生基本权利的保障

尽量在公益优先的前提下,兼顾学生的隐私权、人格权等权利。美国历史上部分校园暴力判例,体现了学校安全与学生权利之间的博弈。

高校公共安全管理过程中的人权保护及相关案例:1975 年高斯诉洛佩兹案:告知权,知情权的保护;1985 年纽泽西诉 T. L. O 案:搜查权与隐私权的平衡;1986 年毕塞尔校区诉弗瑞瑟案:言论自由权的保护;1995 年薇诺尼娅校区诉艾格顿案:个人隐私权的

---

① "校园安全成新生第一课 美国高校推出应急系统",载《新民网—新民晚报》2007 年 8 月 6 日。

保护。

　　以上案件裁决中,法官试图平衡学生的权利和校区工作人员的职责。如学生的自由发表言论的权利受到限制,必须保证这些言论严格意义上并不干扰学校的正常教学,这是由于学校有义务为学生行为和举止设定标准。与之相类似的是学生的隐私权要为学校保持安全校园环境的义务让路。弗吉尼亚理工大学枪击案中,学校就误读了《联邦隐私法》中关于学生隐私权保护与保持校园安全义务的关系。

第四章

英国高校公共安全法律机制研究

　　英国教育部门一直对学校存在的校园暴力事件感到头疼,带刀上学的现象尤为严重,已经成了校园安全的最大威胁。近来出现不少与青少年有关的伤人致死案件,报界更是惊呼,英国年轻人携带刀具成风。内政部负责警察事务的高级官员托尼·麦克纳尔蒂说,新政策将避免学校沦为"战场"。①

　　据法新社报道,英国《星期日电讯报》2004 年 3 月 20 日报道称,为协助本国情报机构查出与恐怖组织有牵连的学生,英国的高等学校正在与一些情报部门进行合作,对在校学生的电话进行监听,同时对他们的电子邮件进行截获。

　　《星期日电讯报》报道说,大多数英国大学与"特别支队(Special Branch)"和英国反情报机构军情五局(MI5)进行合作,以完成好上述监视任务。"特别支队"是负责英国国家安全事务的警察机构。②

　　由以上内容可以得知,英国高校校园暴力、校园安全是备受英

---

　　① "英国准许对学生搜身防攻击性武器进校园",贝尔法斯特华人论坛,http://www.belfastchinese.com.

　　② "英国高校为反恐对学生电话邮件进行监听截获",中国新闻网,2006 - 6 - 14。

国各界关注的问题。而且,由于英国深刻地受到判例法的影响,公共安全管理方面的成文法不像美国那么发达。但是,毕竟英国的法律传统历史悠久,而且重视保护人权,因此,在高校公共安全管理方面有很多成功的经验和机制值得我们仔细研究。笔者就英国公共安全管理机制的概貌,以及英国高校公共安全法律机制的状况作简要梳理与总结,以期从中获得值得我国高校公共安全管理加以借鉴和移植的方面。

第一节 英国公共安全管理体制概述

一、英国公共安全管理概况

控制和打击犯罪,保障社会公共安全,是国家的首要和基本职能之一。为此,世界各国都建有自己的治安制度,而且每一个国家的治安制度无不伴随着社会的变化和历史的进步而不断发展与完善。在英国,治安制度的演变历程大致经历了古代社区自保、现代专业警察和当代警民联防依次递进的三个不同阶段。从某种意义上说,上述"三部曲"堪称是人类治安制度发展史的一个缩影。

(一)英国治安制度历史沿革"三部曲"

1. 古代社区自保治安制度

在 1829 年英国现代警察制度建立之前的一千多年中,英国一直实行以社区自保为基础的治安制度。具体言之,13 世纪以前是十户联保制度,13 世纪以后是警官与治安法官制度。从 13 世纪开始,直到 1750 年,警官一直是英国社会治安的主体力量,有的学者把这 500 年的英国治安史称为"警官时代"。

为规范各地区尤其各城市的治安制度,英国政府于 1285 年制定了《温彻斯特法令》,这是 19 世纪以前英国颁布的最重要、最正规的一部治安法律。14 世纪 60 年代治安法官出现后,英国的治安体制又进入了警官与治安法官合作的时代。

2. 现代专业警察治安制度

1829 年 9 月,极力倡导警察改革的内政大臣罗伯特·皮尔花费九牛二虎之力,终于说服心存疑虑的议会通过了《大都市警察法》,在大都市区(伦敦城除外)建立了世界上最早的警察机构和世界上第一支专业警察部队——大伦敦警察队。

3. 当代警民联防治安制度

职业警察的建立标志着英国治安制度进入了现代化阶段。社会大众退出了治安领域,国家政府成为治安工作的责任主体,这是现代社会分工日趋细化、政府专业化和效率化日益提高的必然结果,是历史进步的表现。

从 20 世纪 80 年代起,英国政府推出了犯罪预防战略,把控制犯罪工作的重点从侦查转向预防。采取的主要措施有:成立犯罪预防中心,加强犯罪规律和犯罪预防的科学研究,广泛开展犯罪预防知识的普及和宣传工作。强化情景预防,在银行、交易所、大型超市、停车场、火车站、飞机场等犯罪多发场所,增加安全防护设施,安装电子预警和闭路电视监视系统,减少犯罪分子作案的条件和机会。

作为犯罪预防战略的一项重要措施,英国警察开始把警务工作的重心转向基层,开展了社区警务运动(community policing)。社区警务运动被称之为欧美警察史上的第四次革命,首倡这一运动的理论之父是英国警察学家约翰·安德逊。他比喻说,如果说警务工作是棵大树,那么,树的根基必须扎根于土壤,这个土壤就是社区。社区警务运动以警民联防、标本兼治、综合治理为指导原则,它要求警察重返社区,鼓励地方组织和街区居民参与治安警戒体系。警察固定于某一警务区步行巡逻,综合执法,与我国的片警制有些类似。

以预防为主的社区联防警务运动很快取得明显成效。英国的犯罪发案率转而下降,1993 年比 1992 年下降了 1%,1994 年比 1993 年又下降了 5%,1995 年又比 1994 年下降了 3%,3 年累计下降 9 个百分点,犯罪案件减少约 50 万起。①

(二)英国公共安全危机管理组织机构

近十几年来,英国曾多次发生重大突发事件,如疯牛病、1988 年的北海油田大爆炸、2000 年的洪水、2001 年的口蹄疫等等。英国政府认识到,这些灾害"发生突然",而且"其影响总是超出一个单一部门的职权范围",因此,"内阁办公室应是最适合来召集和协调政府应对困难形势的部门"。于是,英政府于 2001 年 7 月在内阁办公室设立了非军事意外事件秘书处,以协调各个部门的紧急应变工作和活动。

该秘书处的宗旨是"通过协调政府内外各方,在危机的预见、预防、准备和解决方面提高英国应对突发挑战的能力"。其当前目标是:领导辨别和评估突发挑战的努力,协助制定整体反应;与各有关组织建立伙伴关系,开发和共享英国重要网络和基础设施的资源;确保预防和控制灾难的规划和机制实施发挥效应,并确保政府在处理危机期间能够继续发挥正常的社会职能。同时,秘书处还负责确定灾害处理过程中的轻重缓急,致力于改善各级政府、各公共和私营部门,以及志愿者的防灾御险能力。

秘书处下设三个职能部门,即评估部、行动部和政策部:负责

① 程汉大、李培峰:"社区自保——专业警察——警民联防英国治安制度演进三部曲",载《山东科技大学学报(社会科学版)》2006 年 6 月第 8 卷第 2 期。

全面评估潜在和已发生的灾害的程度、规模及影响范围,并发布信息;制定和审议部门应急计划,确保中央政府为有效应对意外事件做好准备,参与制定后果管理政策;并通过与政府各部磋商,起草应急计划和全国性标准。此外,该处建立了意外事件规划学院,从事应急理论、应急措施和应急行动协调等方面的研究。

英国政府还设立了一个非军事意外事件委员会,由内政大臣担任主席,与意外事件秘书处保持着密切的工作关系。英国的许多部门都有紧急应变机制,各自根据不同的部门特点制定其应急措施。一旦发生危机事件,各有关部门可立即启动自己的应急机制,同时由其他相关部门予以配合和支持。①

二、英国公共安全管理立法沿革

由于英国是普通法系的典型代表国家,判例法给英国留下了深刻的烙印。然而,随着近代两大法系的不断取长补短,不断融合,体现在突发事件立法方面也有了长足的进步。英国的民防组织与民防立法的诞生是世界最早的。早在第一次世界大战中,英国开始应对空袭而产生民防管理。1924 年成立了隶属于皇家防务委员会的空袭防范委员会(Air Raid Precautions,ARP)负责研究怎样在战时保护平民免遭轰炸的伤害。然而,英国专门的公共安全管理立法却在 21 世纪才得以正名。2004 年 11 月 18 日生效的《英国突发事件法》是英国公共安全管理的最新成文法律。

(一)英国公共安全管理立法历史沿革

1. 英国公共安全立法简述

英国的公共安全立法最早可以追溯到 1920 年的《应急权力

---

① 乐蓉蓉:"国外危机管理的举措",载《计算机世界报》2006 年 12 月 18 日。

法》,1926 年《北爱尔兰应急权力法》,1938 年《北爱尔兰空袭预防法》,1939 年《民防法》,1939 年《北爱尔兰民防法》,1948 年《民防法》,1950 年《北爱尔兰民防法》,1954 年《武装部队民防法》,1958 年《防御合同法》,1964 年《应急权利法》,1964 年《(北爱尔兰)私有土地裁判和补偿法》,1964 年《北爱尔兰应急权力法(修正案)》,1968 年《公共支出法》,1984 年《警察与犯罪证据法》,1986 年《和平时期民防法》,1992 年《地方政府财政法》,2002 年《民防法》等。

2.《民防法》

从英国公共安全管理立法的历史沿革可以得知,英国的公共安全管理法制经验与美国相比还是稍逊一筹的。直到2002 年《民防法》,还仍然将公共安全管理界定为"民防"这样早期的概念,可见英国公共安全管理体制的发展还是很缓慢的。因为,众所周知,西方公共安全管理的发展脉络是这样的:前公共安全管理时期;民防时期;公共安全管理时期。

3."民防"与"公共安全管理"的关系

民防作为公共安全管理的一种特殊类型,它针对的是危及公共安全的一种极端状态即战争状态。尽管它只是公共安全的一个组成部分,但是它的出现和发展,对公共安全管理体制的进步起过重要的作用:

(1)民防使政府公权力开始制度化地运用于人民群众的安全方面。

(2)民防体制为公共安全管理奠定了组织、干部和物质基础。

(3)民防唤醒了全社会的公共安全意识。民防首次把广大平民为了自己的生命安全组织、动员起来,不仅培训了其自救、自保、互救、互保的技能和技巧,而且同时培养了其公共安全意识。

民防体系与公共安全管理体系存在着重大的差别,如下:

(1)管理范畴不同。公共安全管理是对公共安全的全方位管理,是长期的,永久的。而民防只是或主要是对战争状态造成的危及公共安全的事件的管理,是短期的,与战争状态相联系的。

(2)管理目的不同。公共安全管理的实质是政府公权运用于对公共安全的保持、保护和恢复,目标是人民的福祉,所有危及人民安全的重点紧急事态和突发事件都是管理的对象。而民防原始的追求是保护国民的士气和国家的战争能力,以及由此作保障的政权的稳定和政府的统治。

(3)管理的深度不同。民防关注的是平民的生命安全,公共安全管理既关注人民的生命安全,也对其财产、生活和生产秩序给予相当的关注。不仅重视灾难的应对,而且重视减灾、恢复和人的精神健康的恢复。

(二)2004年英国《突发事件法》

英国2004年的《突发事件法》是英国现行的公共安全权威立法。该法分为三章:第一章,民防的地方安排;第二章,应急权力;第三章,一般原则。下面对该法做简要介绍:

1.“危机”的含义

“危机”是指严重威胁到以下各项之一的事件或情境:

(1)威胁到联合王国内某一地方的人民福利;其中,“威胁人民福利”是指导致或可能导致以下各项之一:人员死亡,人员患病或受伤,无家可归,财产损失,资金、食物、水、能源、燃料供给的中断,电信或其他通信系统的中断,交通设施的中断,医疗服务的中断等。

(2)威胁到联合王国内某一地方的环境;此处的“威胁环境”是指,有害的生物、化学和放射性物质,油类物质,洪涝灾害,植物和动物的破坏与毁灭。

（3）威胁到联合王国或联合王国某一地方的安全。其中，"威胁安全"是指，战争或武装冲突，恐怖主义等。

2. 突发事件计划

3. 民防

4. 一般原则

5. 应急权力

制定应急规章的权力。当第 20 条的条件满足时，女王陛下可以通过在议会的命令制定应急规章。当满足下列条件时，高级内阁大臣（财政部第一大臣即首相，女王陛下的主要国务大臣以及女王陛下财政部专员）应当制定规章：

（1）危机已经发生、正在发生或即将发生；

（2）为了防范、控制和减缓危机事件或其影响而做出规定是必要的；

（3）制定规章的需求是迫切的；

（4）制定规章的需求是必要的：现存法律不能被依靠，或适用现存法律会导致严重耽搁；现有法律不能被有效实施。①

三、英国公共安全管理具体措施

英国政府许多部门都有紧急应变机制，不同部门各有一套应急措施，如处理健康保护、反恐怖袭击、应付罢工和动乱、防灾治灾、重大交通事故处理、突发疫情、食品安全、化学污染、旅游事件以及电脑病毒感染等。一旦有严重的突发事件，各有关部门可以

---

① 万鹏飞：《美国、加拿大和英国突发事件应急管理法选编》，北京大学出版社 2006 年版。

马上启动自己的应急机制,相关部门予以配合和支持。在健康意外事件应急方面,英国医疗部门最近成立了健康保护局,作为政府的一个新机构,致力于国民健康保护事务和减少传染病、中毒、化学和放射性灾难的监控和预防,协调全国医疗专业技术资源并在全国和地方范围内提供多项具体健康领域的服务。①

（一）英国针对自然灾害的预警系统

进入 21 世纪以来,英国为应对全球气候变暖、各种疫情等灾害,逐渐建立起以气象、交通、环境和紧急救援部门为基础的灾害预警和防范系统,为全国提供全面防灾服务。

近年来,英国气象局将"全国恶劣天气预警服务"作为一项重点工作。如果英国境内出现暴雨、暴雪、大风雪和持续降雨、浓雾、大面积冰霜等天气情况,英国气象局都会启动预警机制。在预测到未来的恶劣天气后,该系统能够在短时间内分阶段地通过互联网、电台和电视台向英国 13 个区域提供极端天气信息,其中分为早期预警、提前预警、快速预警、天气观测和汽车预警 5 种类型。

早期预警在恶劣天气预期出现前 5 天发出。由于时间提前,预警准确性不好保证,一般在发布时都使用类似"概率"等说法。气象局处理的原则是,当英国境内出现恶劣天气的概率超过 60%时,就发布这种预警。提前预警与早期预警类似,主要为老百姓提供信息。快速预警则在灾害预期发生前 6 小时发出,向公众提供发生地点、发生时间段和强度等各个方面的细节。

如果恶劣天气出现的概率还不足以发布早期预警和提前预警,气象局就可能发布天气预测。如果天气状况可能阻碍交通,气

① 刘延棠:"国外成熟的应对危机对策",载《瞭望新闻周刊》2003 年第 24 期。

象局还会向交通管理部门、行人和车辆提供汽车预警。全国恶劣天气预警服务一般通过三种渠道传达:第一是通过媒体告知民众;第二是通知民用紧急服务系统;第三种是如果情况极其严重,需要军队参加救援活动,该系统还将通知国防部,以便做好应急准备。

英国高速公路局和铁路网还从气象部门得到"洪水热点地区图",以预测洪水发生地点,并提供及时维护。铁路网、高速公路局和伦敦地铁目前也设法减少在道路两旁种植树木,以防止恶劣天气到来时树木被刮倒,阻碍交通。灾害发生时,英国政府会调动所有应急机制,从陆地、河道和空中提供急救和支援。

为了应对灾难,地方政府也建立了相应机构。以伦敦为例,它建立起了"紧急规划长官"负责的紧急规划机构,平时负责地区危机预警、制定工作计划、举行应急训练。灾难发生后,"紧急规划长官"必须协调各方面力量,负责向相应的政府部门如卫生部、国防部寻求必要支援。伦敦消防和应急策划局在每个社区设立了消防站,其中有市政管理人员、消防安全专家以及社区建设人员,能够随时提供多方位的救援措施。各个消防站还与专业救火、救灾队员建立起了防灾教育体系。消防站几乎实现24小时值班,居民可以随时进入消防站,寻求帮助或者咨询。[①]

(二)英国公共卫生安全管理体系

1. 较为完备的公共卫生预防体系

英国有一套较为完整的防治体系,由英国卫生部、国家卫生服务体系和地方政府分担。它们共同承担英国卫生安全突发事件防御职责。

---

① "国外危机管理:英国有效防灾避免'措手不及'",新华网,2005 - 11 - 7,http://news. xinhuanet. com/world/2005 - 11/07/content_3745000. htm。

卫生部的职责主要是行政管理方面,设有首席医务长官一职,身份是政府医疗事业的最高顾问和全国医疗人员的专业领导。

地方政府的任务是公共卫生管理和疾病监控两大方面。

国家卫生服务体系负责诊断、治疗和护理病人,在必要时实施隔离。同时公共卫生实验室及其下设的传染病检测中心和其他一些科研和管理机构,从国家层面上提供重要支持。

2. 危机管理信息公开——公共卫生管理方面

英国政府十分重视对公众防治传染病的宣传,使公众对传染病有一个科学的认识。政府要求政府专家、独立医学专家和媒体进行合作,提供尽量准确、可靠、一致的信息,避免误导公众并帮助他们了解风险和应对措施。而且,在信息公开方面,英国政府在财政方面也尽量提供支持。

3. 英国公共卫生安全管理立法

早在 1988 年,英国政府就颁布实施了《传染病法案》,1999 年英国政府又通过了《公共卫生法案》。在这些法律的基础上,政府和社会各界对传染病形成了共识,并在检测和防治方面建立了一整套完整的体系。

(三)英国公共安全数字集群调度通信系统的最新装备

为了实现公共安全管理过程中高效的应对和协调,英国建设了世界上最为先进的公共安全数字集群调度通信系统——TETRA系统。在公共安全管理硬件方面走在了世界前列。

1996 年 3 月摩托罗拉公司在英国新泽西州安装了全球第一套 TETRA 系统,1997 年 6 月开通全世界第一套实际运营的多站的 TETRA 实际系统,供新泽西州紧急服务机构进行评估。自 1996 年开始实验以来,新泽西州已有多个服务部门如警察、消防、救护及海滩救援等接入了系统,该系统克服了该州复杂地形带来的巨大挑战,成功构建了一个覆盖全州绝大部分地区,跨越多个不同部门的先进通信网络,从而实现了高效率地完成高协调性工作,TETRA 在新泽西州的应用取得的巨大成功被公认为是 TETRA 历史的里程碑。

英国内政部建设的全英公共安全 TETRA 系统是世界上第一个全国警察 TETRA 集群调度系统。在模拟集群年代,英国警察和各国的情况一样,各个部门建设了许多小专用集群通信网。到 90 年代中期,一方面由于集群通信技术进步,可以支持多个用户部门共享专用网;另一方面公共安全紧急业务通信也要求各部门协同通信指挥。因此英国内政部组织公共安全用户和有关专家评估建设可以提供给前线警员、军装警员、CID、消防、救护等不同紧急服务部门共用的无缝、集成的语音数据通信数字集群系统,经过多方论证,最终选择了 TETRA 系统,并得到英国内阁批准。①

(四)英国危机管理典型案例——2001 年英国的"口蹄疫"危机管理

2001 年上半年在英国发生的"口蹄疫"危机对旅游业来讲,是一个极为特殊的案例,因为这个危机事件的发生是由于对牲畜的恐慌造成的,"口蹄疫"病对人类本身并没有直接影响。

最早证实的第一例"口蹄疫"出现在 2001 年 2 月,随后在英国许多农场都发现有病例。到 2001 年 3 月,英国"口蹄疫"病疫情的有关发展情况如下:确认病例 435 起、已宰杀牲畜 272824 头、等待宰杀的牲畜 130634 头、已焚烧的牲畜尸体 190284 头(Quarmby,2001)。随即英国农业当局下令在受感染地区进行检疫,并命

---

① 江力、陆锦华:"构筑全英公共安全数字集群调度通信系统——TETRA 系统在英国公共安全领域的应用",载《中国无线电管理》2001 年第 10 期。

令受感染地区及周边地区的农场主宰杀所有牲畜;对那些曾访问过疫区的人们的鞋及交通工具进行全面消毒处理。在"口蹄疫"病爆发期间,英国政府有关当局还通过广播、电视、报纸,特别是互联网颁发了一系列公告,限制游客进入疫区及周边地区,关闭了大量国家公园和自然保护区,取消了一系列大型活动,甚至推迟了大选。由于大量的公园、花园及乡村地区禁止人们进入,很快,这场"口蹄疫"病的危机转化成了一场旅游危机,并直接导致英国旅游业在 2001 年的大滑坡,使英国入境旅游遭受重大打击。同时,由于对部分乡村地区限制游客进入,也对英国旅游局的一系列乡村旅游推广活动(如"英国花园"等)造成负面影响。此外,由于愈来愈多的国家对访问英国的回程游客甚至其所携带的行李采取严格的检疫消毒措施,使游客不满,再加上英国当局本身采取的一系列限制措施,这些都阻挡了一些潜在的游客去英国旅游。①

英国旅游局在处理"口蹄疫"危机事件过程中采取了一系列有效的措施,特别是在既不忽视危机的严重性,又不夸大危机的负面影响的情况下,积极利用各种媒体手段传播正面信息,同时开展各种灵活多样的旅游促销活动。在整个"口蹄疫"危机期间,一方面制定应急措施以抵消负面影响,另一方面制定了危机过后的市场推广战略。在此过程中,英国旅游局与英国政府其他部门及旅游企业进行了紧密的有效合作。总体来讲,针对一个不可预见的危机事件,英国旅游局的经验给其他国家,特别是中国处理"非典"危机方面,提供了一个可资借鉴的范例。

---

① 丁培毅、范业正:"英国'口蹄疫'危机及其管理",载《2002—2004 年中国旅游发展:分析与预测》,社会科学文献出版社 2003 年版。

第二节　英国高校公共安全管理体系研究

一、英国高校校园暴力概况

（一）校园欺负

1. 英国学者对"校园欺负"的三种界定

（1）所谓欺负，是指"为了伤害、威胁、恐吓其他某个人，而有意图地、有意识地施展某种欲求。"（苏格兰教育研究协会，1992年）

（2）欺负是力量的有组织、有计划地滥用、恶用和误用。在任何社会集团中，都经常存在着起因于强弱、大小、能力、个性的强度和构成人数的差别或者起因于公认的阶层性的"力量"关系。这种力量可能会被滥用。如果有组织地即反复地、有目的地滥用这种力量，那么这种行为就可以被称为"欺负"。

（3）英国教育与技能部从帮助学生理解什么是欺负的目的出发，将欺负界定如下：当其他的学生向某个学生说不愉快的事情的时候，这个学生就是受到了威胁或欺负。某个学生遭到殴打、踢踹、胁迫或被禁闭在屋里，受到恶语相加，或者没有人和他说话，诸如此类的事情就是欺负。学生被用令人讨厌的方式反复嘲弄，也是欺负。

从本质上讲，欺负是一种暴力行为。不管是直接暴力还是间接暴力，都是非人性的，侵权性的。①

2. 校园欺负的种类

英国的学生欺负的典型行为种类有：起绰号和嘲笑；恐吓和敲诈；身体暴力；毁坏他人物品；故意不让某学生参加集体活动；散布

_____

① 张德伟："英国学生欺侮问题的现状及其原因探析"，载《外国教育研究》2005年第12期。

流言飞语;通过移动电话或电子邮件的文字信息施加欺侮。大致可分以下三类:

(1)对身体的欺侮,如:殴打或抢夺他人物品。

(2)语言的欺侮,如:辱骂或说种族歧视性的语言。

(3)间接性的欺侮,如:散布令人不愉快的谣言等。

在英国的英格兰、苏格兰、北爱尔兰地区都不同程度地存在着学生欺侮问题。

3. 学生欺侮的危害

欺侮是一种性质十分恶劣的暴力行为,它不仅包括加害者对受害者的身体施加暴力,还包括加害者对受害者施加精神性的虐待。无论哪种方式的欺侮,都会给被欺侮者造成身体上或精神上的巨大伤害。①

(二)英国"古惑仔"扰乱大学校园

曼彻斯特的一所大学里出没着一群四处游荡的小混混。看门人布达告诉记者:"这些孩子整夜地堵在楼门口,骑着自行车或者穿着旱冰鞋。他们经常和那些一队队想要进入楼里上课的学生发生争执。"他曾试图让他们离开,但是由于学校没有围墙,楼外就是公共场所,所以他毫无办法。在他看来,这些孩子尚处在青春期躁动中,无所事事。他们来学校压根儿就是因为无聊。"他们把这里看做运动场,来发挥更多的能量。我们一旦发现他们,就把他们赶跑。"布达的同事把这些孩子看做"机会主义小偷",一旦他们在校园里看到什么能拿的东西,就会毫不犹豫地拿走。

在2002年以前,英国政府一直试图希望通过温和手段去教育

---

① 张德伟:"英国学生欺侮问题的现状及其原因探析",载《外国教育研究》2005年第12期。

感化不良少年,这一定程度上纵容了英国校园里欺凌弱小的不良少年的行为,更未能遏制少年黑帮的肆虐。但是近年来接连出现的几个校园暴力大案震惊了英伦三岛:十多岁的孩子因不堪忍受同学的长期折磨而自杀身亡;一个女孩子自杀未遂;还有一个男孩因拒绝向勒索钱财的坏孩子低头而被杀。据调查,有40%的教师汇报称,他们每周都要处理一起暴力恐吓事件。一条帮助对付恐吓行为的热线去年共收到了2.6万个求援电话。

为了遏制日趋严重的校园暴力,从2003年年初起,英国教育部下定决心开展一场校园清洗运动,对那些游荡在学校里的小混混采取强硬手段,将学校里崇尚暴力的小流氓、小暴徒统统轰出去。他们将被送到特别机构接受再教育,直到他们反社会的行为得到纠正。根据新的校园规章,携带武器的学生将接受与暴力袭击、买卖毒品一样的惩罚——自动开除。学校领导将决定何种行为触犯了新规章,教育部发言人警告说:"我们可不希望害群之马从后门混进学校。"

英国校园内针对女性严重的性侵犯现象一直是英国校园不安因素的重要祸根。其实早在1997年,就已经有专家呼吁关注女学生遭受强奸的问题。列克星敦强奸问题研究中心发表的一份统计报告表明,在英国,每三个女人中便有一个女人受到过不同程度的性侵犯,而这些受害者中只有大约20%的人会承认自己被强奸了。该中心的研究员雷诺说:"通常,大家会认为一般的强奸犯都是陌生人。但实际上大多数的强奸都发生在和熟人交往或者约会中,所以尤其是那些学校里的女性,更容易受害。"①

---

① "国际先驱导报全球调查大学校园安全系数",载《国际先驱导报》2003年3月7日。

二、英国校园公共安全管理历史沿革及概况

英国是最早关注并致力于校园安全问题的国家之一,第一届国际校园安全大会就是在英国的南安普敦大学举行的。此次会议虽然只有三四天光景,历时不久,却对后来的英国校园安全策略在各个方面产生了影响。在那次会议以后,不少学校改进了对校园安全管理机构的职责功能,并通过多种手段有效宣传校园安全的概念。比如朴茨茅斯大学会定期发布校园安全新闻,同时提醒所有到该大学的人注意自己的行李,在离开办公室或者宿舍去吃午饭的时候要注意锁好自己的物品。该校还采取了积极发动群众的策略,告诉每一个来访者,如果在自己居住建筑物周围发现任何可疑人物都要毫不犹豫地给学校保安处挂电话。近日,沃里克大学也向贝尔集团定购了一批 ID 卡。校方打算把这些卡发给学生老师和访问者,这些卡将储存携带者的基本信息。除了便于简化管理流程,为学生老师申报项目、电子交易之外,校方更希望通过这种方法控制进入大学区域的人员成分,以保证校园安全。

另外,英国还成立了一些校园安全组织,向社会各界宣传校园安全的概念,以及呼吁社会关注校园安全问题。比如专门性的防身培训班和强奸研究中心就是实证。这些组织都在因特网上有自己的网站,定时发布相关的消息。应该说,对于让社会了解校园安全问题,他们功不可没。随着英国教育部门新的严厉政策的出台,校园黑帮已经被踢出校园。但是随之而来的问题是,这些少年犯该如何处置,仍旧是教育部的难题。①

---

① "国际先驱导报全球调查大学校园安全系数",载《国际先驱导报》2003年 3 月 7 日。

三、英国高校公共安全管理职权

(一)《教育和检查法》赋予学校校园暴力管理权

1. 英国学校对校园暴力行为的体罚权

2007年4月1日,一项新法律《教育和检查法》(2006年颁布)在英格兰和威尔士正式生效。这是英国历史上第一次在法律上给予老师"体罚"学生的权力。英国教育大臣艾伦·约翰逊说,这一权力对消除校园暴力和不守规矩的行为具有重要意义。

以往英国法律允许老师和父母管束孩子,不过4月1日生效的新法律明确规定,老师有权通过身体接触管束学生。当其他学生或老师有可能遭遇伤害时,老师可以用"合理的力量"制止争斗,或让不守秩序的学生离开教室。新法律还把老师这一权力的适用范围从学校内延伸至学校外,比如当学生乘坐公共交通或在购物中心时。此外,该法律也规定,老师有权没收学生的物品,如手机和 ipod 音乐播放器。人们普遍认为,这个权力有助于压制"网络校园暴力",例如,当老师怀疑学生用手机发短信"恐吓"其他人,或是拍摄其他学生遭袭击的画面时,有权没收手机。此外,学校通过与父母签订养育合同,可以要求父母对孩子的错误行为负责,罚金最高达1000英镑(约1.5万元人民币)。这方面的法律条文将从今年9月起生效。

英国全国教师联合会对这一新法律表示欢迎。英国教育大臣艾伦·约翰逊说,这一权力对消除校园暴力和不守规矩的行为具有重要意义,明确了学校约束学生的权限。

2. 英国学校对校园暴力行为的搜身权

据英国《泰晤士报》2007年5月30日报道,英国教育与技能部(即英国教育部)再宣布一项新措施,从2007年5月30日起生效,规定中小学校长将有权不经学生同意,下令搜查学生是否携带刀具等攻击性武器。同时,学校也有权在检查学生有无携带暴力工具时,使用安检设备以及金属探测器。

这项新政策规定,只要得到校长批准,中小学教师可以使用 X 光仪器和金属探测器,搜查学生是否携带刀具等攻击性武器。任何拒绝搜查的学生将被拒之学校门外。新政策将在征求教师协会意见后,予以实施。

新政策建议,最好由受过专业训练的保安人员实施搜查。不过教师也可以自己上阵,但最好先接受这方面训练。同时,教师和接受搜查的学生性别必须相同,搜查时必须有两名教师在场,搜查还必须在能够避开公众视线的场所展开。如果教师感到有任何安全危险,应该报警。新政策建议,可以"班级"为单位,开展随机搜查,从而向学生"传递更具威慑力的信息"。

当然,所谓的"搜身权"也是要受到约束的。有无搜身的必要由校长决定,然后再由学校保安实施。而且,学校保安都必须经过英国内政部属下的犯罪记录署严格审查。保安同样可以不必先征得学生同意就可以实施搜身——只要校长觉得有这个必要。

英国教育大臣艾伦·约翰逊 2007 年 5 月 30 日说:"每个孩子都有权利在一个安全、无忧的环境里学习,防止刀具流进学校的主要办法当然还是要通过教育,要让年轻人知道武器的危险性,以及携带武器是非法的。但是,由武器引起的暴力犯罪实在太多了。"

他还说:"学校现在有法律做后盾,就可以采取必要行动,防止武器流入学校大门。携带武器进入学校是一种犯罪行为,决不能姑息。"在约翰逊发表讲话后,英国一些家长和学校校长表示支持这项法律。英国家长—教师联盟协会的玛格丽特·莫里西表示:"我实在看不出还有其他的解决办法,因为我真的认为,有太多的人呼吁老师去搜身,把年轻人身上的刀子扔掉。"而英国大中小学校校长协会的秘书长约翰·邓福德则表示,这项立法发出了一个强烈的信号,那就是学校不会再容忍校园暴力。

3. 该项法案——《教育和检查法》的实施效果

英国教育部门一直对中小学存在的校园暴力事件感到头疼,带刀上学尤为严重,已经成了校园安全的最大威胁。近来出现不少与青少年有关的伤人致死案件,报界更是惊呼,英国年轻人携带刀具成风。内政部负责警察事务的高级官员托尼·麦克纳尔蒂说,新政策将避免学校沦为"战场"。

教育部门在其网站上一再强调:"我们之所以采取这样的政策,是因为政府希望阻止带刀行为在青少年中间蔓延,包括中小学校。去夸大学校带刀现象的程度是不正确的:意外事件毕竟是少数。"

英国教育部门一再诚恳地解释"搜身权",无疑是想获得家长和学生的谅解。然而,负责监督英国 18 岁以下青少年司法惩罚的青年司法会就不那么客气了,该协会通过调查后指出,大概有 3.3 万 11—16 岁的青少年承认自己带刀去学校。

而 2004 年公布的数据,11 岁到 16 岁的学生中,有 1/4 的孩子携带刀具,甚至包括女孩。同一时期,英国莫里民意调查公司进行的调查表明,在英国每两周就有一个孩子死于刀下。[1]

(二)英国学校风险评价体系

英国劳动安全卫生方面的法律法规规定,校方应对学校内存在的危害因素进行辨识、评价,并对评价出的风险采取有效的控制

---

[1] "英国准许对学生搜身防攻击性武器进校园",贝尔法斯特华人论坛,http://www.belfastchinese.com.

措施。评价范围包括学校的教师、员工、学生,以及其他外来人员。学校应指定专职人员负责安全卫生的管理工作,专职人员必须受过专门培训,能够进行危害辨识、风险评价工作,能够制定风险控制计划,以消除、减少或控制学校的安全卫生风险。学校里的风险评价主要从以下4个方面进行:火灾、有害物质、显示屏设备工作站、受伤后的救助。

英国校园安全管理机制要求,各学校要定期进行风险评价,并且制定紧急应急计划。

紧急应急计划应包括以下内容:①学校应指定一名有能力的防火负责人。②根据学校建筑物的规模和在校人员数量,应至少指定一名副校长负责安全工作。③教职员工和学生必须经过适当的培训,一旦出现火情,他们知道如何采取应对行动。④教职员工只能处理小火,一旦火势蔓延,应拉响报警器。⑤教职员工和学生必须知道如何拉响报警器。⑥学校来访者应能听出报警声音,一旦听到报警声,他们能从最近的逃生出口撤离。⑦报警声发出后,防火负责人必须电话通知消防部门或其他紧急援助部门。⑧教职员工、学生和其他人员必须经过培训,了解遇到火灾时的疏散程序。⑨应告知教职员工和学生的校外集合地点。⑩应有一名清点人数的负责人以保证所有人员到达集合地点。①

四、英国对高校公共安全的国家干预措施

英国的学校欺负干预运动始于20世纪90年代初。从1991年起,英国的谢菲尔德、伦敦和利物浦等地区的学校开始实施欺负

---

① 苏宏杰编译:"英国中小学校的风险评价",载《劳动保护》2003年第2期。

干预方案。1994 年,《不再默默承受》(Don't suffer in silence)一书出版,并由教育部分发到各个学校,学校是否存在欺负问题以及是否采取了应对措施被列为教育评估检查的重要内容之一。同时,英国法律规定,从 1999 年 9 月起,每所学校都要制定反欺负方案来解决欺负问题。

在英国开展的欺负干预研究中,规模最大的是 1991—1993 年谢菲尔德地区开展的欺负干预。谢菲尔德欺负干预方案受到了卑尔根干预方案的影响,但它是由彼得·史密斯(P. Smith)等人独立设计完成的,具有许多独特之处,如学校欺负干预方案的制订采取组合的形式,由参加干预的学校各自制定并实施全校反欺负政策;此外,学校可以选择通过课程设置、改善操场环境等来实施干预。对干预前后学校欺负与受欺负发生率的调查显示,小学、初中的受欺负发生率分别下降了 14%、7%,小学和初中的欺负发生率下降了 12%;学校投入欺负干预的时间和精力越多,干预的效果就越好。

同一时期,伦敦和利物浦地区也开展了欺负干预运动。结果表明,受欺负者的比率下降了 40%;欺负者的比率下降了大约 2%。

2000 年 4 月以来,英国针对青少年犯罪启动了一系列国家干预措施,并且收到了不错的效果。以下是对青少年犯罪的综合干预组织系统:首先是专门向政府提供咨询与建议的青少年审判委员会;其次是 154 个青少年犯罪研究机构和警察的代表,他们通力合作,共同寻找治理青少年犯罪现象的对策及干预措施,并取得了极为明显的效果。具体措施如下:

(一)建立青少年危机干预组织

为了治理青少年犯罪现象,英国首先成立了青少年危机干预组织。其成员主要包括青少年犯罪研究机构的工作人员及政府部门的代表,其中大多数成员具有良好的、全面的青少年身心发展及家庭教养艺术等方面的专业知识和技能。该组织的任务就是及时识别"危机青少年",发挥信息共享优势,开展志愿者挽救活动。实践表明,该组织自 2000 年成立以来,取得了极大的社会成效,使得英国一些地区的青少年犯罪率降低了 32%。

(二)开展警察驻校活动,加强校园警力

青少年审判委员会已经出资近百万英镑委派百余名警察入驻犯罪高发区的学校工作,并加强与学校相连的各公交运输线路的巡逻。该项措施极大地加强了学校及其周边大学城的安全防卫工作,降低了青少年的犯罪率及因同伴的引诱或出于模仿而实施犯罪行为的可能性。

(三)向青少年发出底线警告

底线警告即指有关人员专门向青少年发出的提醒其行为已经接近底线的警告。接到底线警告的青少年,其行为如果无明显改变,便要接受行为干预,并被要求强制报告自己的日常行为。底线警告改变了传统的由警官反复做出警告但却不见任何效果的做法,有助于遏制青少年行为的恶化。底线警告的前置程序是保障底线警告成功有效的关键,主要包括:

1. 在向青少年发出底线警告之前,由其父母先行提供保证。

2. 反省行为。即由实施侵害行为的青少年反省侵害行为所造成的后果,并约见受害人,向对方道歉,求得受害人的谅解和宽恕。

3. 实施干预措施。针对评估中所发现的犯罪诱发因素对青少年进行教育和矫治。有关部门目前正在进一步拓宽底线警告的适用范围,并就受害人的介入、干预措施及保证的使用提出了一些合理有效的可行性方案。据青少年犯罪研究中心的调查表明,在

2000年实施底线警告以来,接到底线警告的青少年中有96%的人分别受到行为干预,青少年的犯罪率降低了22%。

(四)实施移转令及社区参与方案

本次改革的一个显著特征就是充分发挥受害人和社区在青少年审判活动中的重要作用,让受害人和当地社区成员在青少年审判系统中担当起重要角色,该做法是史无前例的。在2002年4月起,所有的青少年初犯,只要认罪并且所犯之罪尚不足以处以监禁,都会接到"移转令"。即这类青少年初犯将不再接受正规的法庭审判程序,而由法院移转至由社区成员、家长、青少年犯罪研究机构的工作人员及受害人组成的青少年犯罪处置小组进行处置。由该组织成员共同决定抚慰受害人及惩罚和遏制青少年犯罪行为的最佳方式,并确保青少年能够从中吸取深刻的教训。

(五)加强保证期间内青少年的行为管理

目前,保证期间及案件审结时间已由原来的142天减至68天。为了解决保证期间内青少年行为的管理问题,青少年审判委员会出资建立了129个监督管理机构,专司保证期间内青少年的行为监督工作,具体工作内容包括依照新出台的"强化监督和管理方案"的各项规定,严格监控青少年的行为,仔细分析其犯罪的根源,减少保证期间内青少年的重新犯罪行为。此外,"强化监督和管理方案"也已作为拘留、监督和社区改造令及训管令(即对未满18岁的青少年所判刑期的一半在监狱内执行,另一半在社区内执行的规定)中的一个组成部分适用于青少年。

(六)强化监护人责任[①]

就青少年而言,监护人对其违法行为的明察秋毫及严厉的管

---

① 梁栋:"英国青少年犯罪的国家干预措施简介",载《青少年研究》2003年第3期。

教措施是遏制青少年犯罪行为的一个最重要的、带有威慑性的因素。新出台的《教养法》已成为帮助监护人学会处理青少年行为问题的有效参照依据。根据《教养法》规定,监护人应当参与并接受有关咨询,用专业化的教养知识抚育青少年健康成长。目前,已经有3000多名监护人接受了青少年教养方法培训,调查结果显示,在他们的监护下,青少年的犯罪率仅为上一年度英国青少年犯罪率的1/2。另外,对于青少年的反社会行为问题,地方主管部门及警察机构成立了专门组织,与监护人及青少年共同开展了"良好行为签约",作为干预青少年反社会行为的第一步。一旦青少年出现了反社会行为问题,可以根据"良好行为签约"的有关规定,在家长的配合下,对青少年进行相应的惩罚,并责令他们向受到骚扰的当地居民道歉,深刻反省行为后果。该项举措的社会效益极为可观,既节省了司法部门的时间和财力,又起到抑制青少年反社会行为的作用。①

第三节 英国高校公共安全管理法律机制实效性总结

从以上笔者对英国公共安全管理机制及英国高校安全法律机制的总结与分析,可以得出以下结论:

一、与美国相比,英国在体制的完备性方面相对欠缺

英国的公共安全管理机制也较为完善,然而与美国相比,在体

---

① 梁栋:"英国青少年犯罪的国家干预措施简介",载《青少年研究》2003年第3期。

制的完备性方面,还是比较欠缺的。英国受判例法的影响太过于深刻,因此,在公共安全管理方面的立法较美国而言,数量少了很多,立法进程也较为缓慢。但是,相比起我国来讲,英国在公共安全管理方面还是有很多立法及实践经验值得借鉴。从"口蹄疫"案例可以看出,英国虽然不如美国安全管理体制发达,但是,在应对重大危机事件时,它还是有较为完善的机制作支撑的,这样就使得英国的危机管理水平仍然属于世界较为先进的国家行列。

比如英国的《突发事件法》是代表英国公共安全管理水平的立法之作。该法规定,英国政府、各部门、各团体都要制定相应的危机管理计划,其中包括危机应急计划。而且规定了,危机来临时,如果现有法律不足以发挥作用的话,可以动用行政部门的行政立法权,来及时制定行政规章或规定,来满足应对危机管理的需要。在这些方面,英国都和美国有着相同的应对措施。

二、英国的高校公共安全管理法律机制也较为发达

在高校安全管理方面,英国立法完善程度仍然不如美国。然而,英国的法律传统使得它在高校安全管理方面很重视立法的支撑。例如,为了遏制校园暴力中管制刀具的青少年犯罪,专门制定了《教育和检查法》,授权学校教师有权搜查并没收学生手中的刀具及其他可疑工具。但是,人权意识传统又使得英国在立法赋予学校搜身权的同时,又很注重对学生基本人权的保护。例如,立法中规定,搜身必须是校长认为必要才可以采取行动。而且,教师和接受搜查的学生性别必须相同,搜查时必须有两名教师在场,搜查还必须在能够避开公众视线的场所展开。如果教师感到有任何安全危险,应该报警。

以上立法内容充分说明,英国在立法过程中,也非常注重对校

园安全与学生权利之间的利益平衡,这一点做法和美国是比较相似的。

英国的高校安全管理机制,在遏制青少年犯罪和制止校园欺负方面有独特的方面,值得我国借鉴。例如,对校园欺负的研究,对遏制青少年犯罪的保证时间制度的规定,以及制定了《教养法》,该法要求学生的监护人配合学校治理青少年的反社会行为等,都具有人性化、社会化、系统化的特点,针对青少年身心尚未发育成熟的特点,施以特别的干预措施,起到了事半功倍的良好效果。

第 五 章

日本高校公共安全法律机制研究

日本被誉为世界上最安全的国家之一。这是因为日本不仅犯罪率低,而且交通系统安全性高,卫生传染病少,学校和职场发生事故几率低的缘故。正是基于这些综合因素,日本才成为一个安全大国。但是,近几年在公认为最安全的地方——大学校园,接二连三地发生了多起恶性事件。2006 年 9 月 17 日下午 3 点 20 分左右,在位于横滨市绿区长津田大街的东京工业大学某校区内,综合研究楼 8 层的生物有机化学实验室发生了爆炸,一名研究生在加热聚烃硅氧时液体飞溅,致使该男生与一名大四男生面部、手部严重烧伤。① 2006 年 11 月 28 日上午 11 点左右,京都市左京区的京都大学理科部 1 号楼发生火灾,出动 17 台消防车终将大火扑灭,财产造成重大损失。事后查明由于取暖设备着火所致。2007 年 5、6 月间日本全国麻疹病流行,以东京都为中心的日本关东地区,都内感染麻疹的大学生已超过 200 名,私立早稻田大学由于 30 名学生感染麻疹,宣布停课,造成 5.5 万名学生受到影响。停课的大学还包括日本大学、上智大学、中央大学和驹泽大学等,总数已超过十所,上课受到影响的学生已达约 15 万名。随后麻疹疫情扩散

---

① 《每日新闻》2006 年 9 月 18 日版。

到日本全境,关西地区的大阪、神户各地的大学也纷纷停课,事态严重令人难以想象。2004 年 11 月 22 日,兵库县农田道路上一小型车内发现 3 名男性死者,一名是该县三田市大学三年级学生,21岁;一名是大阪府丰中市无职业者,23 岁;一名是大阪市东淀川区无职业者,41 岁。其中一名死者的家属说,三人是通过自杀网站认识的。① 2005 年 6 月,日本富山地方法院对一起通过网络联系后进行集体自杀的案件进行了判决,该案是三名男大学生通过自杀网站交流后约定到富山市集体自杀,结果一人死亡。富山法院判处 21 岁的大学生犯有协助自杀罪。② 据日本警察厅公布的数字,2001 年在日本校园内共发生 41606 件刑事案件,是历史上最多的一年,并且有逐年上升的趋势。

这些事件一次又一次地摧毁了日本"治安天国"的神话,也使得加强和重建学校危机管理与安全教育体系成为迫在眉睫的重大课题。下文将就日本高校公共安全管理的经验做系统的总结,以期从中获得值得我国高校安全管理加以借鉴和移植的方面。

第一节　日本公共安全管理体制概述

一、日本公共安全管理体系及运作模式
(一)公共安全管理体系

日本的公共安全管理是一个以法律、制度、功能为依托,以首相为最高指挥官,内阁官房(负责各省厅间的协调)负责整体协调和联络,通过安全保障会议、中央防灾会议、金融危机对策会议等

---

① 《国际先驱报》2004 年 12 月 14 日版。
② 资料来源:http://tech. sina. com. cn.

决策机构制定危机对策,由国土厅、气象厅、防卫厅和消防厅等部门根据具体情况进行配合实施的组织体系。这一体系还包括日本各都道府县专设的危机管理机构。日本政府为了提升国家整体的安全管理能力,设立了一系列与公共安全管理有关的审议会。①

1. 安全保障会议。根据《安全保障会议设置法》在内阁府设立的审议"有关国防重要事项及重大紧急事态"的机构。该会议由首相任议长,成员包括总务大臣、外务大臣、财政大臣、经济产业大臣、国上交通大臣、内阁官房长官、国家公交委员会委员长、防卫厅长官。安全保障会议下设"事态对策专门委员会",为决策提供相关建议。委员会由内阁官房长官任委员长,委员由内阁首相任命,从内阁官房及相关行政机构中选出,安全保障会议的日常事务由内阁危机管理室副内阁官房长官助理负责处理。

2. 中央防灾会议。日本内阁制定防灾基本计划和审议有关防灾等重要事项的会议。首相为会长,成员由防灾主管大臣及全体阁僚、指定公共机关的代表和学界专家组成。

3. 金融危机对策会议。主要任务是制定应对经济危机以及金融危机的方针、政策。会议由首相任议长,成员有官房长官、金融特命大臣、财政大臣、日本银行总裁等。

(二)公共安全管理运作模式

日本政府应对不同类型危机,启动的危机管理部门也不尽相同。但在危机发生的最初时期,均按照事先规定的程序进行运作,概括起来可分为三个阶段:

第一,确认情报。危机发生后,内阁官房的有关省厅迅速在第一时间将危机的情报向设在内阁情报调查室的内阁情报集约中心

---

① 王德讯:"日本危机管理研究",载《世界经济与政治》2004 年第 3 期。

报告;内阁官房根据情报内容,研究如何采取对策,并将更为详细的内容和对策方案以传真的方式,由内阁情报集约中心同时向官邸的负责人和内阁官房的干部通报。

第二,官邸确立对策体制。内阁危机管理总监接到关于危机的第一报告后,根据事态的程度判断是否设立官邸对策室或官邸联络室,如需要将在官邸分馆的危机管理中心内设置以内阁危机管理总监为室长的官邸对策室。官邸对策室的任务是:把握事态的状况、收集相关情报、综合协调相关省厅的初期措施、处理特别事项以及向首相报告等。

第三,国家确立对策体制。如果通过官邸对策室的协调和应对,危机事态趋于平缓,可以继续维持这一级别的运作体制,直到危机消除;若危机事态逐渐扩大,则必须建立日本政府的应对体制,具体措施为:(1)根据《灾害对策基本法》在内阁府设立"非常(紧急)灾害对策本部"。自然灾害发生时,"非常灾害对策本部"的本部长通常是根据不同事故灾害由国土厅以及各相关省厅的长官担任。而首相作为内阁府的最高行政首长,统一指挥和监督各大臣的工作。当首相担任"紧急灾害对策本部"本部长时,全体阁僚(大臣)均为对策本部的成员。(2)自然灾害以外的危机事件可根据内阁会议的决定,在内阁府设立"对策本部",也可以根据首相本人的判断,无须经内阁会议批准成立"对策本部",①对于恐怖事件等特殊事态,首相或内阁官房长官将担任对策本部的本部长,

---

① 在1999年修改,2001年开始实施的《内阁法》第4条中,补充了以下条款,即首相可以在内阁会议上就有关内阁重要政策的基本方针及其他案件提出议案。这一修正案大大加强了首相在内阁会议中的发言权,保证了在发生危机时首相可以迅速制定出自上而下的对策,指挥政府应对危机。

并在内阁府设立"政府对策本部"。①

二、日本公共健康危机管理体系

在日本,健康危机是指"由于医药品、食物中毒、感染症、饮用水或其他原因,使国民的生命和健康安全受到威胁的事态;管理是指政府(厚生劳动省)对上述事态所采取的预防、防止扩大和救治的措施"。② 日本对公共健康危机管理相当重视,形成了完备的管理过程。

(一)公共健康危机管理体系

1. 健康危机管理调整会议

1997 年 1 月,日本政府为了应对各种威胁国民生命和健康的危机事件,由厚生劳动省牵头设立了有相关部局参加的"健康危机管理调整会议",并制定《厚生劳动省健康危机管理基本方针》,1998 年专门设置"健康危机管理官"。"健康危机管理调整会议"每月召开两次,内容包括通报感染症、医药品、食物中毒、饮用水等健康事故的情况;制定相关对策;决定向事发地区派遣工作人员和专家;向国民提供健康危机信息等。

2. 健康危机管理体系

2000 年,日本又出台《地域健康危机管理基本方针》,进一步明确了地方健康危机管理的作用和功能。目前,日本各都道府县市都已制定了有关健康危机管理的实施要领和细则,形成了以厚生劳动省为核心,地区自治体为基干,自卫队、警察、消防、医疗、保健等部门相互配合的健康危机管理体系。

---

① 王德讯:"日本危机管理研究",载《世界经济与政治》2004 年第 3 期。
② 参见[日]《厚生劳动省健康危机管理基本方针》(2001 年)。

3. 健康危机管理过程

日本健康危机管理的过程主要包括预防、控制、治疗三个阶段：

（1）预防是指建立健康危机管理体系。包括法律、制度、措施的制定和修改；机构的设置；研究和确定危害健康的原因；信息的采集与沟通；预报预警与早期报告；医护人员培训、预案演习等。最近，日本根据反恐形势的需要，提出应对"NBC 危机计划"，即核辐射（Nuclear）、细菌病毒性疫病（Biolony）、化学武器（Chemical），各地区也开始成立相关组织。

（2）控制是指健康危机问题一旦发生，能有效地控制危机影响范围和危害程度，降低由此带来的损失，尽快恢复社会稳定的应急体系包括决策指挥、综合对策的实施、信息发布、舆论宣传等。

（3）治疗是指健康危机发生后，业务部门能迅速有效地进行危机救治的应急体系。包括指挥调度、紧急救治、预案执行等。

（二）日本政府对 2003 年"SARS"疫情的健康管理

2003 年 3 月 12 日，世界卫生组织向全球发出"严重急性呼吸综合征（简称 SARS）"警告后，日本政府立即成立了以首相为本部长、厚生劳动省大臣具体挂帅的"SARS 对策本部"。4 月 7 日，指定国立国际医疗中心为国家级特定传染病医疗机构，并由国立传染病信息中心制定了全国统一处理 SARS 的管理指针（根据疫情在海外的发展情况，进行了四次修订），为全国都道府县抗击SARS 提供明确而具体的指导。主要措施有：迅速在成田机场等安装体温测量仪。加强飞机内检查，并指定成田红十字医院为接受 SARS 患者治疗的机构。如果机内发现有疑似病人，将由医生和检疫官进入机内调查，在疑似病人被诊断为 SARS 之前，先在成田机场的隔离室进行检查。在疑似病人搬运过程中，采用配置生物过滤器的特殊车辆,这种车辆可以将病毒封杀在车内,不会泄漏到空气中去。在疑似病人离开之后,对全体乘客消毒处理,对距离疑似病人半径 2 米的乘客实施严格的体检,并对他们进行跟踪调查。为避免在实际操作中发生差错,成田国际机场检疫所会同成田红十字医院进行模拟演习。此外,日本医生协会还编制了有关防治 SARS 的问答,在全国的主要媒体和网上刊登,告诉国民如何防治 SARS 传播。可以说,在这次防治 SARS 的过程中,日本国民特有的危机意识和细致周密的健康危机管理体系显示了奇效,使日本没有出现一例 SARS 病人。

三、日本突发公共事件应急管理组织体系

日本是世界上灾害发生频繁的国家之一,特别是 20 世纪 90 年代以来,各种人为的突发性危机事件接踵而至。面对"天灾人祸",日本政府建立起一套从中央到地方的危机管理体系,有效地提高了国家安全、社会治安、自然灾害等不同方面危机的应变能力。

(一)突发公共事件应急管理立法

日本当今的突发公共事件应急管理组织体系是建立在较为完善的法律、法规基础之上的,而法律、法规的完善与历史上曾经发生的重大的突发公共事件密切相关。1959 年日本伊势湾地区遭受强台风袭击,造成 5000 人死亡,400 余人失踪,直接损失超过 7000 亿日元。日本政府痛定思痛,决心制定应对突发公共事件法律。随后,在各界的努力下,于 1961 年正式出台了《灾害对策基本法》。

《灾害对策基本法》明确了"依法防灾、科学应急"的基本思想。第一条明确说明:为保护国土及国民生命、身体、财产免于灾

害的威胁,应建立由国家、地方自治团体及其他公共事业共同组成的防灾体制,并明确各自的责任,制定防灾计划、灾害预防与灾害应变的对策、灾害复原及财政金融处置措施等基本规定,统筹规划推动防灾行政的发展,以利维持社会秩序,确保全社会的公共福祉。① 该法的具体内容包括以下方面:

1. 明确防灾责任。将灾害对策区分为灾害预防、灾害应急对策及灾害复原几个阶段,并明确前述机关在各阶段的责任。

2. 推进计划性防灾行政。预先拟订对应处理灾害的紧急预案,预防灾害以及灾害的扩大,以谋求各相关机关紧密的联络与调整,在灾害发生时进行有效的处置。

3. 推进综合性防灾行政。专门设置"防灾会议"作为综合协调机关,统一指挥和统筹各项防灾事宜。并以法制化的形式明确设置"灾害对策本部",统领紧急状态下的组织、指挥和协调的职能。

4. 重大灾害的财政援助。在重大灾害发生时,为减轻受灾地方自治团体等经费负担,该法规定以"责任者负担"为基本原则,采取特别财政援助等措施,为受灾方提供财政支持。

5. 应对灾害紧急事态的措施。该法明确规定,在发生显著异常灾害并将对国家经济及社会公共福祉产生重大影响时,各级政府应该采取的有效措施以及相应的行政体制。

(二)突发公共事件应急管理的行政主体及其分工

《灾害对策基本法》明确规定,灾害应对不仅只是国家的职责,地方上的公共团体、防灾重要设施的管理者以及居民皆有共同

---

① 姚国章:"日本突发公共事件应急管理体系解析",载《电子政务》2007 年第 7 期。

达成防灾任务与参加自主性防灾活动的义务。日本的突发公共事件应急行政的主体为国家、都道府县、市町村、指定公共机关、指定地方公共机关、指定全国性的公共事业以及指定地方公共事业。

国家与地方自治团体作为行政施政的主体，负有灾害应对的重大责任，有必要谋求灾害应对相关政策、计划决定及实施的联络与调整。国家及地方自治团体在施政时必须把灾害应对作为一项基本的职责。为了使整体的灾害应对行动既能具有明确的分工，又能进行多元化的合作，《灾害对策基本法》对灾害应对行动的各项业务以及相应的执行机关均做了较为明确的分工。"国家"所担负的具体应急事务包括：拟订及实施灾害应对基本计划、灾害应对业务计划及其他灾害应对关系计划；综合调整地方自治团体与公共机关灾害应对事务的推进；使灾害对策经费的负担合理化；监督地方自治团体进行地区防灾计划的拟订与实施。"都道府县"则担负拟订并实施该地区灾害应对计划的职责。而"市町村"则更兼有实施防灾活动、守护居民免于灾害的基本职能。

（三）突发公共事件应急组织体系①（见表24）

（四）突发公共事件应急教育

1. 学校应急教育

日本的应急教育首先从中小学教育抓起，从小培养公民的防灾意识。日本各都道府县教育委员会基本上都编写有《危机管理和应对手册》或者《应急教育指导资料》等教材，指导各类中小学开展灾害预防和应对教育。2005 年日本文部省发表的一份调查结果表明，在全日本5.4万所学校中，有76％的学校已对学生进

①　姚国章："日本突发公共事件应急管理体系解析"，载《电子政务》2007 年第 7 期。

表24　突发公共事件应急组织体系

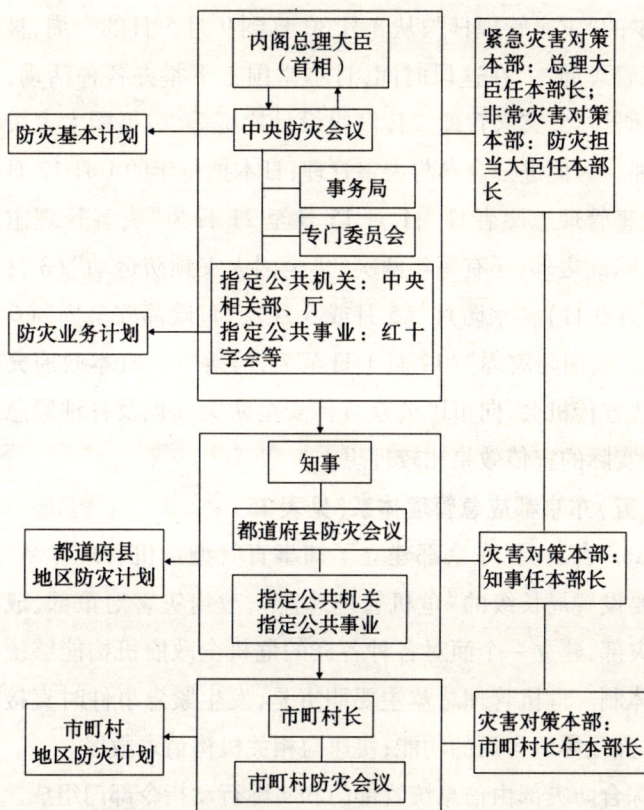

```
                    ┌──────────────┐          ┌──────────────┐
                    │   内阁总理大臣   │          │ 紧急灾害对策    │
                    │    （首相）     │          │ 本部：总理大    │
                    └──────────────┘          │ 臣任本部长；    │
                           │                   │ 非常灾害对策    │
   ┌────────────┐   ┌──────────────┐          │ 本部：防灾担    │
   │  防灾基本计划  │←─│  中央防灾会议   │          │ 当大臣任本部    │
   └────────────┘   └──────────────┘          │ 长            │
                     ┌──────────────┐          └──────────────┘
                     │   事务局      │
                     └──────────────┘
                     ┌──────────────┐
                     │  专门委员会    │
                     └──────────────┘
                    ┌──────────────┐
                    │ 指定公共机关：中央│
   ┌────────────┐   │ 相关部、厅     │
   │  防灾业务计划  │←─│ 指定公共事业：红十│
   └────────────┘   │ 字会等        │
                    └──────────────┘

                     ┌──────────────┐
                     │    知事      │
                     └──────────────┘
   ┌────────────┐   ┌──────────────┐          ┌──────────────┐
   │  都道府县    │←─│  都道府县防灾会议 │          │ 灾害对策本部：  │
   │  地区防灾计划  │   └──────────────┘          │ 知事任本部长    │
   └────────────┘   ┌──────────────┐          └──────────────┘
                    │ 指定公共机关    │
                    │ 指定公共事业    │
                    └──────────────┘

   ┌────────────┐   ┌──────────────┐          ┌──────────────┐
   │  市町村     │←─│   市町村长     │          │ 灾害对策本部：  │
   │  地区防灾计划  │   └──────────────┘          │ 市町村长任本部长 │
   └────────────┘   ┌──────────────┐          └──────────────┘
                    │  市町村防灾会议  │
                    └──────────────┘
```

行过如何应对天灾人祸等突发性危机的教育,有67%的学校每年组织学生进行过如何防范和应对突发性危机的训练。除了进行天然灾害应急教育外,日本的各类学校还进行应对和预防各类人为犯罪伤害、火灾等方面的教育。

2.社会应急教育

日本各级政府经常通过编印小册子,以及通过广播、电视、报刊、杂志、互联网等媒体为公众提供各种应急教育。防灾教育内容简单实用,非常富有针对性,很受各界的欢迎。每年的9月1日,是日本的"灾害管理日";从8月30日到9月5日的一周,被定为"灾害管理周"。在这段时间,日本举国上下举办各种活动,比如展览、研讨会、灾害管理宣传海报设计比赛等,以提醒大家关注灾害管理。为促进公众参与灾害管理,日本把每年的1月17日设立为"灾害管理志愿者日",1月15日至21日为"灾害管理志愿者周"。除此之外,还有每年两次的"全国火灾预防运动"(3月1日和11月9日)、"水防月"(5月或6月)、"危险品安全周"(6月第2周)、"雪崩防灾周"(12月1日至7日)等等。日本政府充分利用这些宣传机会,向市民公众宣传安全防灾知识及各种紧急处理办法,实际的宣传效果比较理想。

(五)东京都应急管理体系(见表25)①

2003年4月,东京都建立了知事直管型危机管理体制,该体制主要设置局长级的"危机管理总监",改组灾害对策部,成立综合防灾部,建立一个面对各种各样的危机全政府机构能够统一应对的体制。危机管理总监主要职责是,发生紧急事件时直接辅助知事,强化协调各局的功能;快速向相关机构请求救援。

综合防灾部由信息统管部门和实际行动指令部门组成。其主要功能是提高灾害应对能力和强化地区合作。这里特别强调的是,像恐怖、NBC事件等本来是自卫队和警察所管的事情,但是都政府在有效发挥这些机构的专业应对危机的功能的同时,调动自卫队、警察、消防干部到都政府集中办公,有利于加强合作和综合管理。同时灾害危机发生时,信息统管部门和实际行动指令部门

① 顾林生:"东京大城市防灾应急管理体系及启示",载《防灾技术高等学校学报》2005年第2期。

表25 东京都应急管理体系

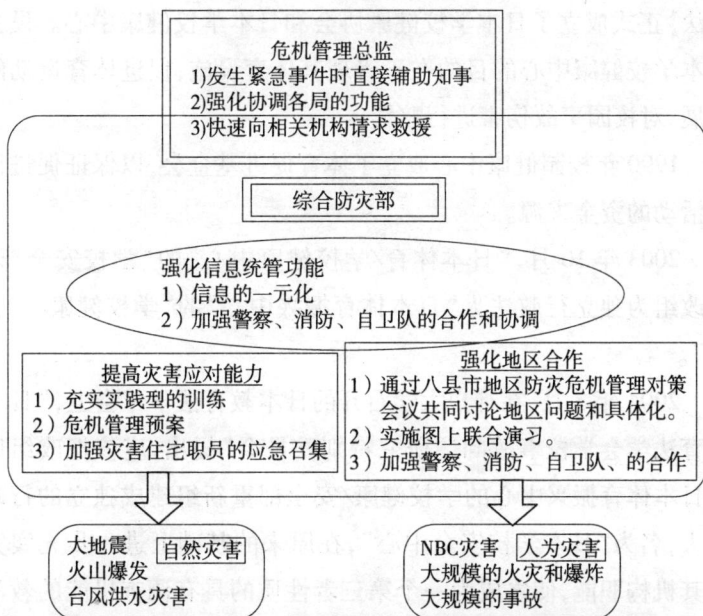

危机管理总监
1)发生紧急事件时直接辅助知事
2)强化协调各局的功能
3)快速向相关机构请求救援

综合防灾部

强化信息统管功能
1)信息的一元化
2)加强警察、消防、自卫队的合作和协调

提高灾害应对能力
1)充实实践型的训练
2)危机管理预案
3)加强灾害住宅职员的应急召集

强化地区合作
1)通过八县市地区防灾危机管理对策会议共同讨论地区问题和具体化。
2)实施图上联合演习。
3)加强警察、消防、自卫队、的合作

大地震 自然灾害
火山爆发
台风洪水灾害

NBC灾害 人为灾害
大规模的火灾和爆炸
大规模的事故

在危机管理总监的指挥下,与有关各局进行协调,进行全政府型的危机管理。

第二节 日本高校公共安全管理体系研究

一、日本高校公共安全管理组织机构

(一)设立公共安全管理机构

从1959年颁布了《日本学校安全协会法》之后,1960年成立了学校安全协会,来最终处理在校园活动中受到伤害的赔偿问题。

1982年由于行政机构改革,日本学校安全协会和日本学校午餐协会合并成立了日本学校健康协会,随后在1985年国家体育馆

也并入学校健康协会,并根据《国家体育场馆法》和《学校健康中心法》正式成立了日本学校健康协会和日本学校健康中心。设立日本学校健康中心的目的在于管理其体育设施,促进体育运动的发展,对校园事故伤害进行赔偿。

1990 年校园健康中心成立了体育促进基金会,以保证促进体育活动的资金来源。

2003 年 10 月,"日本体育/学校健康中心"的"学校安全部"被改组为独立行政法人"日本体育振兴中心"的"学校健康/安全部"。

2004 年 5 月,在神户大学召开的日本教育法学年会上,"日本教育法学会学校事故问题研究特别委员会"提出,应该把改组后的日本体育振兴中心的学校健康/安全部重新组建成独立的行政法人,名为"日本学校安全中心",在原来的基础上进一步充实完善其机构职能,使之成为一个第三者性质的具有调查机能的救济组织。

(二)成立公共安全管理委员会

为了对火灾、自然灾害、大规模事故、环境污染等问题进行管理和监督,日本各大学相继成立了安全管理委员会。安全管理委员会的职责是负责策划制定基本计划和校园安全政策,设定学校安全的各项基准,对学校进行安全管理。为防止事故事件再度发生开展调查研究并听取各方意见,提出建议,进行安全奖励等一系列持续的、有组织的工作。

以日本东京大学为例,2002 年(平成 14 年)1 月 22 日东京大学成立东京大学安全管理委员会。规定安全管理委员会在安全管理总长的管理下,对以下事件进行调查审议:

1. 安全管理体制实际情况的掌握及相关资料的配发。

2. 具体安全对策的审议及其实施策略的制定。

3. 对全校安全教育、预防对策进行立案，及确保立案的实施或向各部门发出实施要求。

4. 制定综合安全管理手册及配发紧急事件发生时的联络、公报、实施对策等。

5. 上述事项之外，与东京大学安全管理相关事项。①

此外还规定，安全管理委员会由委员长、副委员长、委员组成。委员任期为两年，可以连任。委员会下设防火、防灾对策部、环境安全部和防射线安全部。

在安全管理委员会的各项职责中，制定具体的安全对策，对学校安全教育、预防对策进行立案的职责是最重要的。例如，大阪大学安全管理委员会就在其职权范围内，制定了《大阪大学安全卫生管理规则》、《大阪大学安全卫生管理规则实施细则》、《大阪大学安全卫生管理委员会规程》、《大阪大学安全卫生管理部规程》、《大阪大学学生安全卫生管理规程》、《大阪大学防灾基本规程》等规定。② 可见，学校成立安全管理委员会可以有效地对学校安全工作进行管理，更好地履行学校的确保师生安全的义务。

二、日本高校公共安全管理制度的立法基础

(一)宪法依据

在介绍日本校园安全管理有关规则之前，应首先介绍一下其宪法依据。日本 1946 年新宪法规定了追求幸福的权利(第 13 条)，要求享有最低限度的健康和文化生活的权利(第 25 条)，以

---

① 参见《东京大学安全管理委员会章程》。

② 资料来源:http://www.osaka-u.ac.jp.

及接受平等教育的权利(第 26 条),这些规定说明学生和教职员有"安全、安心地生存的权利",以及学生有"安全地接受教育的权利"。

(二)校园安全法律体系

日本在教育立法中对学校事故明确做出广义和狭义两种界定:广义的学校事故是指在学校发生的学生、设施、设备事故以及盗窃、火灾等其他灾害的总称。狭义的则是指在与教育活动密切相关的活动中发生的学生受伤、疾病、伤害致残、死亡事故。同时,日本依法将学校事故归纳为 10 大类,即课堂中的事故、学校教育活动中的事故、校外活动中的事故、供应伙食、学校环境卫生中的事故、休息时间、自修时间中的事故、放学后部分活动中的事故、停课期间的事故、上学或放学途中的事故、设施设备欠缺引发的事故、家长或外来者在校内发生的事故。

纵观国际上有关校园安全管理立法,可以分为两种类型:校内保护型与校外保护型。日本就是典型的校内保护型立法。如今日本已经建立起以体育、保健和饮食供给为主要内容的校园安全体系。

1. 以体育为内容的高校安全法规。在日本,体育管理体制是政府与社团相结合的管理体制,体育活动主要集中在学校并由教育管理部门管理。近代日本体育教育产生于明治维新以后,文部省分别于 1872 年和 1926 年将体操和体育活动列入学校体育教育中。1947 年,日本根据宪法第 26 条的规定颁布了《基本教育法》,同时体育教育成为大中小学教育中的必修课。二战以后,政府体育管理的最高机构文部省体育厅于 1952 年依法成立,下设都道府县和市区町村教委体育保健科。体育局由体育教育处、体育竞赛处、全民运动处、学校健康教育处组成,实际上在日本体育局的权限涵盖体育管理的各个方面,包括负责体育教育、体育活动、学校卫生、学校安全和学校事故的多方赔偿。由于在学校组织的旅行和游泳课中发生了很多事故,1959年颁布了《日本学校安全协会法》。1961年日本颁布了《体育振兴法》,明确了关于体育振兴的基本准则,并且以有助于国民身心的健全发展和形成愉快丰富的国民生活为目的,规定"国家及地方公共团体为了防止学生登山事故、游泳事故及其他体育事故必须努力整备设施、培养指导员、关于防止事故的知识普及以及采取其他必要的措施"。

2. 以保健为内容的高校管理法规。1958年的《学校保健法》规定了学校的保健管理及安全管理的必要事项,指出在学校中必须拟定关于学生及职员的健康诊断、环境卫生检查、安全检查及其他有关的保健或安全事项计划(第二条);在学校里必须适当进行唤气、采光、照明及保温,努力维持保持清洁卫生(第三条第一款);并且必须适当地进行设施及设备的检查,采取必要的修缮等防止危害的措施,以谋求学校安全的环境(第三条第二款)。第二条和第三条分别对学校保健安全计划、学校环境卫生、学校环境安全进行了规定。

3. 以饮食为内容的高校管理法规。1954年日本颁布了《学校供给饮食法》,后相继修订为1956年的第41法,1957年的第20法,1974年第90法,1978年第87法。《学校供给饮食法》的目的是"鉴于学校供给饮食有助于学生身心的健全发展,并且有助于国民饮食生活的改善,通过规定学校供给饮食的必要事项,以谋求学校供给饮食的普及充实",并通过供给饮食使学生"培养对日常生活中的饮食正确的理解和良好的习惯","谋求饮食生活的合理化,改善营养及增进健康"。《学校供给饮食法施行细则》同时规定,在日本学校中由《营养师法》规定的营养师许可者、拥有对学校供给饮食的实施有必要的知识或者经验者提供包括完全供给饮食、补充供给饮食和供给牛奶等在内的学校供给饮食内容，以切实促进学生的营养供给和健康体魄的生成。

(三)《学校安全法》草案

2004 年 5 月,在神户大学召开的日本教育法学会大会上,以喜多明人为代表的"日本教育法学会学校事故问题研究特别委员会"提出了《学校安全法》草案。呼吁国家、地方政府和学校在改善学校安全环境上负有义务。2006 年 4 月,学校事故研讨会对草案进行了修改。此提案一经公布,便引起了教育界、学校事故事件受害者的家属及国家行政司法和议会有关人士的广泛关注,更促使全社会都来关注学校安全管理立法问题。

该纲要提案由 26 项组成,内容包括要求国家、地方政府对学校的最低限度安全标准作出规定,调查安全实施的状况;要求在校长之外另配备学校安全管理人员,让具有专业知识的学校安全管理人员确保学生上学的安全等等。此外,纲要提案认为,为吸取教训,一旦受害学生或保护者提出要求,国家和地方政府负有对事故迅速调查、及时报告的责任。为了让提案成为现实,有关人员准备在日本全国开展各种宣传活动。

《学校安全法》草案的基本理念和主要内容如下(见表 26):

《学校安全法》草案(第二稿)分四章共 26 条。草案提出五个基本理念:①(1)青少年从自身的最佳利益原则出发,拥有安全地接受教育的权利。为保障此权利,国家及地方公共团体必须努力履行保证学校安全的责任和义务。(2)在学校教育中,应当最优先保证学生和教职员的生命、身体和健康的安全。(3)在学校教

---

① 资料来源:http://www.msn.co.jp/home.armx.

表 26

第 1 章　总则	第 2 章　学校安全基本计划
1　目的 2　基本理念 3　定义、对象的范围 4　国家、地方公共团体制定学校安全标准的义务 5　学校设置者、学校的安全管理义务 6　配置学校安全职员、安全点检 7　安全教育、安全研修的机会 8　国家财政上的措施	9　国家策划制定学校安全基本计划的义务 10　学校安全基本计划的内容 11　学校安全基本计划审议会的设置 12　学校安全基本计划策划制定、公布的程序 13　地方公共团体的地方学校安全计划策划制定义务
第 3 章　学校安全标准	第 4 章　学校安全的管理体制
14　学校设施设备的安全标准 15　学校环境卫生的安全标准、安全管理 16　高危险度环境下的活动的安全规模标准 17　安全的上、放学条件的整备与妥当的配置 18　学校安全职员等的配置标准 19　国家、地方公共团体的学校安全管理	20　学校及学校设置者的学校安全管理 21　学校防灾、保全对策 22　学校防犯对策 23　教育活动中注意安全的义务 24　学校灾害发生时的救护体制、报警和报告义务 25　学校灾害的不满意见、商谈和调查 26　日本学校安全中心

育中，应该在不妨碍学校自主性教育活动的同时，努力维护和管理学校环境。(4)在整备学校环境时，不仅要遵守本法律规定的学校灾害防范的最低标准，而且还要通过创建一个舒适而有创造性的学校环境及改善教育条件，来保证学生及教职员的安全与健康。(5)学生及其监护人和教职员，根据以上 4 条所列内容，有权利向学校设置者要求整备安全舒适的学校环境。

　　第一章的《总则》部分里，提出建立"学校安全职员"制度，也就是说，在负责教学教育工作的教职员之外，还应配置如门卫这样专门负责保卫学校安全、进行安全管理和监察工作的安全专职人员，并用法律形式确定下来，同时国家必须承担学校安全研修制度和"学校安全职员"设置所需要的财政开支。"学校安全员"一方面要按照法律的规定，保障学校的财产和师生员工的财产安全；另一方面要安全防范，预防犯罪，维护校园安全秩序，为师生安全服务。另外在第一章里很引人注目的一点就是提出了，作为学校安全基准制定主体的国家和政府的义务，作为学校安全管理义务主体的学校设置者及学校本身的责任和义务。

第二章提出国家应设置一个"学校安全基本计划审议会"，负责策划制定基本计划和国家级的学校安全政策，设定学校安全的各项基准，对地方和学校进行安全管理。为防止事故事件再度发生开展调查研究并听取各方意见，提出建议，进行安全奖励等一系列持续的、有组织的工作。同时还颁布了学校安全基本计划策划制定、公布的程序。

第三章《学校安全标准》里，草案首次提出由国家制定学校安全最低标准。高校安全事故不断发生，其根本原因在于高校缺乏一个安全基准。国家有义务从学生的情况出发制定适合学生学习生活的学校独立的安全最低标准，在发生致死致残等重大事故之后，国家应该吸取教训，通过采取必要的人力和物力的措施，防止同样事故再次发生。而学校设置者和地方政府也必须严格遵守这个基准。

第四章提出设立"日本学校安全中心"。高校事故问题，仅依靠受害者家属和学校、教育委员会之间的当事人往往不能从根本上解决问题。因此，需要一个第三者来对事故原因进行追查，对纠纷进行判断和裁决，以防止事故的再度发生。这种制度与提出上诉等可能给被害者家属造成经济负担的方法不同，是一种公共性的调查救济机关,所做的工作是持续性的、有组织的。原先作为国家对学校灾害进行共济给付①并开展学校安全调查和普及事业的"日本体育/学校健康中心"的"学校安全部",2003 年 10 月被改组为独立行政法人"日本体育振兴中心"的"学校健康/安全部"。在文部科学省,安全工作也只处于是"健康教育科"下面的一个"担当"的位置而已。因此,草案提出,应该把改组后的日本体育振兴中心的学校健康/安全部重新组建成独立行政法人,名为"日本学校安全中心",在原来的基础上进一步充实完善其机构职能,使之成为一个第三者性质的具有调查机能的救济组织。②

三、日本高校公共安全管理体系

(一)日本高校公共安全管理体制

日本大学安全管理体制可以说是全方位比较健全的体制系统。首先让我们看看大阪大学和京都大学的安全管理规程的体系架构(见表 27):③④

---

① 共济给付是对学校管理下的学生事故进行补偿。"在学校管理下"主要包括:学生在学校设置的教育课程的学习过程中(正规授课、学校仪式等期间);学生根据学校的教学计划接受课外指导期间;学校休息时间(上课开始后);学生按通常的道路、方法上下学期间。给付范围有:(1)负伤;(2)疾病(食物中毒、日射病、溺水、其他由受伤引起的疾病);(3)死亡(在学校管理下发生的事故,不是由学生的故意、过失造成的)。另外,若校方或第三者在学校意外中存在过失,依据国家赔偿法和民法有损害赔偿责任的,不能给予赔付。

② 参见王岚:"守护学校:日本制订《校园安全法草案》",载《科研与决策》总第 260 期。

③ 资料来源:http://www.osaka-u.ac.jp。

④ 参见《京都大学安全管理手册》。

表27　管理规程比较

大阪大学安全卫生管理规程	京都大学安全卫生管理规程
第一章——总则	第一章——总则
第二章——安全卫生管理体制	第二章——安全卫生管理体制
第一节——安全卫生管理者	第三章——安全卫生管理
第二节——安全卫生管理委员会	第四章——健康管理
第三章——安全管理	第五章——杂则
第四章——卫生管理	
第五章——健康管理	
第六章——安全卫生教育等	
第七章——杂则	

图表中清楚地表明:日本大学安全管理体制包括三方面内容:安全管理体制、卫生管理体制、健康管理体制。并且详细规定了各个管理体制的内容及管理者、管理委员会的权利义务。

(二)日本高校公共安全管理系统

对伤害事故采取防范对策并对发生的危险性事故如何处理是非常重要的,在危险性事故发生之前,估计到危险和避免危险更为重要。因此,日本大学建立起了集学校事故的事先预防、事中及时处理和事后监督于一体的大学安全管理系统。

1. 事故预防系统。首先,制定年度计划,并将活动计划与目标下达到老师、学生付诸实践,同时将活动计划与目标传输到评估系统,供日后与实际绩效比较;其次,校长和老师对危险性信息须警惕并做好安全防范,并应注意收集整理与事故有关的各种信息,以避免类似事故的再次发生;再次,对校内校外紧急救护用的器具、药品以及其他必备品作安全检查,指导一些教员正确使用救护用品的方法;最后,明确教员在事故中的职责,对事故事态的发展做最坏的打算。

2. 事故处理系统。事故发生时,第一时间抢救受伤者是最重要的,不要在事故原因、责任者以及伤害者和肇事者之间的纠葛上耽误时间。第二,迅速启动学校危机紧急预案,全校分工合作处理发生的事故。第三,正确处理已经发生的事故,阻止事态的进一步扩大。这就包括二方面内容:一是阻止灾害本身进一步扩大,如火灾发生时应及时采取灭火措施,疏散学生等,将损失减少到最小。二是阻止灾害的影响进一步扩大。大学校园是社会的活跃因子,信息传播之快有时是始料不及的,一旦灾害发生势必会造成校园的危机与恐慌。如校园内爆发疫情,则学生、老师避之不及,此时人们心理的恐惧感往往比疫情本身更为恐怖。因此,学校应及时发布准确消息,稳定学生情绪,阻止事态扩大。当然这里应该注意的是发布准确消息,绝不能瞒报谎报,否则事态会更加严重。第四,及时收集有关事故的信息,并由老师、教务主任、生活主任一起协助校长整理信息,做出明确决定,并及时准确地向全体教员、家长以及教委等有关人员和机构转达校长做出的决定;第五,对事故的责任者事后再作处理,应由专门人员查清事故原因,通过教育手段,妥善地对有关责任主体进行指导,并对责任者进行相应的处罚。

关于学校的责任范围,学校对安全事故承担责任主要包括三种情况:(1)学生负伤,其原因的事故是发生在学校的管理之下;(2)起因于学校供给饮食的中毒及其他学生的疾病,其原因的行为是在学校的管理之下发生的;(3)造成学生死亡原因的行为是在学校的管理之下。在这三种情况之下,都在强调"在学校的管理之下",这其中包括以下四个方面的内容:第一,学生根据法律规定,正在根据学校制定的教育教学计划上课时;第二,学生根据学校的教育计划进行的课外指导时,这其中包括第二课堂、课外活动和社会实践等;第三,学生的整个休息时间都在学校时,或者根据校长的指示或者承认学生在学校时,这其中包括在寄宿制学校中的学生、学校拖堂或者学校差使学生做某些事情等情况;第四,学生按照通常的路线和方法上学时。

3. 事故监督、反馈系统。新闻媒体的监督是学校事故监督、反馈系统的重要组成部分。新闻媒体纷纷介入,为保证对学校事故报道的客观性和公正性,起到了监督、反馈的作用。日本学校规章中对于信息公开有如下规定:第一,向新闻记者公布已记录的可公开发表的信息,并注意保护学生和家长的隐私权;第二,对新闻记者就有关事故的一时无法解决的一些问题,要作详细认真的说明;第三,对学生之间因争吵、欺侮引发的伤害事故,应从保护双方隐私权的角度,详细说明学校的立场;第四,在回答提问时,校长及其他有关人员的意见应一致;第五,事故发生后,公开的内容要统一;第六,要引导新闻记者站在教育的立场上向学生家长报道事件。另外,事故监督、反馈的渠道还有:学生信息网、教师信息网、教学管理人员信息网、毕业生信息网等,建立多条信息反馈渠道,通过调查、座谈、问卷、网络等多种形式,做到广泛准确地收集信息、意见,及时解决存在的问题,保证校园的安全稳定。可见监督、反馈系统是一个多维度、立体开放的系统,同时也是闭合的系统。

四、日本高校对公共安全事故的救济途径及赔偿方式

日本不但对学校安全保护工作提出了严格的事前防范措施,同时也对一旦发生学校安全事故后,学校对安全事故的救济及赔偿方式等问题作了详尽的规定。

(一)高校公共安全事故的救济途径

在日本,学生人身伤害事故是属于广义教育纠纷范畴的。二战以后,由于日本建立了以宪法和教育基本法为核心的完整的教

育法律体系,使纠纷处理有了法律依据,同时由于该法律体系所遵循的基本原则就是保障作为国民的基本权利的受教育权,围绕着这个战后才赋予日本人民的受教育权问题,便产生了一系列的纠纷。而在接受教育过程中,由学生人身伤害事故而引发的学生及其家长与学校或教师之间的纠纷数量越来越多且逐渐占据整个日本教育纠纷的重要地位。日本学生人身伤害事故这类纠纷首先由主管教育行政部门来处理。如各级各类国立学校、公私立大学和高等专门学校等由文部省主管,故其有关纠纷首先由文部省来处理。对主管部门的处理如果不服,可上诉到所在地区的人事院或者人事委员会、公平委员会。如对上述机关的裁决仍不服,可上诉到司法机关。根据日本法律规定,若没有特殊情况,不经过人事院或人事委员会、公平委员会的裁决,不得向司法机关上诉。上诉到司法机关后,由于日本的司法机关由最高法院(日本国家最高司法机关,内设 1 个大法庭和 3 个小法庭。两者均是终审判决法庭,其判决具有同等效力,分别受理有关宪法问题案件和涉及变更判例案件、下级法院判决的上诉案件)和下级法院(除最高法院以外其他法院的总称)构成,下级法院又分为高等法院、地方法院、家庭法院、简易法院。因此,有关学生人身伤害事故的案件,可依案件的性质、诉讼标的物价值等的不同,分别向不同级别、不同类型的法院提起诉讼。

(二)高校公共安全事故的赔偿方式

由于学校事故使学生的人身权受到伤害并造成经济损失,因此各国法律一般都采取损害赔偿的方法进行补救。日本学生人身伤害事故的赔偿方式可分为以下两种情况:

首先,推行国家行政赔偿责任制。在日本处理学生人身伤害事故的主要法律是《国家赔偿法》、《日本体育及学校健康中心法》

等法律、法规。日本的教育法学认为，国立学校和公立学校行使的是公权，在其经营管理过程中侵犯了公民的合法权益造成损害的，应适用国家赔偿法，由国家负责赔偿。如因学校设施、设备等原因引起的学生伤害事故，在依法确认学校责任范围的前提下，根据日本《国家赔偿法》第二条的规定："因道路、河川及其他公共营造物损坏时发生的直接损害他人的事故，国家和公共团体有责任赔偿"，因此学校应承担相应的赔偿责任。

其次，建立和健全学校事故赔偿责任的社会化机制。伤害事故的损害赔偿一般只限于被害人对于加害人个人的关系。如加害人的经济能力不足，要实现赔偿是很困难的，即使加害人有经济赔偿能力，一时要支付大量赔偿，也会使加害人发生困难。为此，日本推行学校赔偿责任的社会化机制。例如前面所述引入社会保障机制，通过学生保险实现赔偿责任，转化个人风险，减少损失。

五、日本高校公共安全管理具体措施

（一）大力宣传安全知识

日本各大学非常重视对学生、教职员工的安全教育。各所学校单独开设网页宣传安全知识，并且定期进行安全讲座，发放安全知识问卷。各大学安全管理委员会都制定了《安全手册》，详细规定了电气、煤气、化学药品、试验废弃物、生物病毒、高空作业、机械工具等的正确使用方法、流程及危机处理办法。例如北海道大学在其《安全手册》中规定了药品中毒时的紧急处理措施，如表28：[①]

---

① 参见《北海道大学学生安全手册》，第69—70页。

表 28

原因	药品中毒
处置	找专业医生治疗。 强酸：喝入氧化镁、氢氧化铝、牛奶等水浊液体。 强碱：喝入1%—2%醋酸、柠檬汁等。 硝酸银：喝入食盐水。
原因	气体中毒
处置	呼吸新鲜空气，必要场合进行人工呼吸。 氨：吸氧 光气：吸氧。
原因	不慎入眼
处置	直接用水冲洗15分钟。
原因	烫伤
处置	用10℃—15℃冷水冷却30分钟以上。

（二）加强防灾科技研究

由于日本是个岛国，位于欧亚大陆板块与太平洋板块交界处，因地理位置、地质构造以及气候等因素的影响，经常受到地震、火山、台风、暴雨、大雪等自然灾害的袭击。因此，日本政府加大了防灾科研经费的投入，并且在高校设置了防灾研究所。防灾科研经费是日本防灾经费的重要组成部分，2002年，政府各省厅用于防灾科技研究方面的经费为438.35亿日元。目前，日本防灾专业研究机构有专业防灾研究所、灾害研究中心以及防灾学会达26家。代表性的研究所有防灾科学技术研究所、东京大学地震研究所、京都大学防灾研究所等。另外，日本还在高等院校设立危机管理专业，培养防灾方面的人才。新设危机管理学系，设置"防灾专业"、"环境专业"和"危机管理专业"为提高防灾科技研究能力，政府还出面组织防灾管理的攻关课题研究，主要课题包括：一般灾害共同事业的研究、地震灾害研究、关于暴风雨灾害研究、火山灾害对策研究、雪灾研究、火灾研究、危险物灾害研究和原子能灾害对策研究等八个方面。

（三）引入社会保险机制

学生在学习生活中往往会因为试验、实习等原因发生伤残或死亡的情况。为了使学生在受到危险冲击后能得到有效保障，日本各大学引进了社会保险机制。在日本的社会保险体系中与学校安全保险密切相关的是《学生教育研究灾害伤害保险》与《体育安全协会伤害保险》。

1. 学生教育研究灾害伤害保险，是由日本财团法人内外学生中心1976年开始实施的一种保险制度。目的是利用国库补助金对文部省所管辖的学生以及外国留学生给予必要的支持，从而促进教育事业的发展和国际交流。

该保险中明确规定了保险对象，即"被保险者在具有学籍的大学进行教育研究活动中，由于发生激烈且偶然的外来事故造成身体伤害而支付其保险金。疾病不属于该保险的对象"。所以，该保险的对象是在学的大学生（包括留学生）并且只有当大学生在进行教育研究活动中受到外来的突发事件的袭击，身体受到伤害时才可以成为该保险的对象。"在教育研究活动中"的含义有4点：第一，上课中；第二，参加学校组织的活动中，如开学典礼等活动；第三，在学校的设施中（在宿舍或在大学禁止的时间、场所中以及大学禁止的行为除外）；第四，经学校允许，在校外设施进行的课外活动，包括文化活动和体育活动中。上述活动中发生的灾害或伤害，被保险者都可以享受学生教育研究灾害伤害保险。

学生教育研究灾害伤害保险中又进一步根据情况分成两种保险。一种是普通保险，指被保险者在所具有学籍的大学进行教育研究活动中，由于发生激烈且偶然的外来事故造成身体伤害的保险;另一种是上下学途中等伤害风险担保特约保险,指由于被保险者在住地与学校设施之间的来往,以及在学校设施之间的移动中发生的事故给身体带来的伤害的保险。

两种保险支付不同数额的保险金。普通保险中伤害事故的保险金支付一般包括 3 个方面:第一,死亡保险金。在发生事故180d 以内死亡时,保险金为 2000 万日元;第二,后遗症保险金。在发生故事 180d 以内出现后遗症时,根据程度的不同支付 90万—3000 万日元;第三,医疗保险金。住院治疗支付的保险金数额见表 29、表 30:①

表 29　保险金内容

单位:日元

给付保险金 的情况	保险金 的种类	保险金额	住院加算金
上课中 学校活动中	死亡	2000 万元	每住院一天 4000 元
	后遗症 障碍	90 万—3000 万元 (根据程度不同)	
	医疗	6000—30 万元 (治疗四日以上)	
学校设施内休息中 学校设施内课外活动中 学校设施外课外活动中	死亡	1000 万元	
	后遗症 障碍	45 万—1500 万元 (根据程度不同)	
	医疗	1.5 万—30 万元 (治疗七日以上)	

注:①学校设施外的课外活动是指到大学报到之后的活动。
　　②在宿舍期间、在大学禁止的时间或场所活动或者大学禁止的行为不在保险范围
　　　之内。
　　③住院加算金与医疗保险金没有关系,住院的第一天给予支付。

---

① 参见《北海道大学学生安全手册》。

表30　保费和保险期间

单位:日元

保费区分 ＼ 保险期间	一年	二年	三年	四年	五年	六年
文科本科 文科硕士 文科博士	650 元 〃 〃	1200 元 〃 〃	1800 元 1800 元	2300 元	——	——
理科本科 理科硕士 理科博士	900 元 〃 〃	1600 元 〃 〃	2350 元 2350 元	3000 元	——	——
医科本科 医科博士	900 元 〃	1600 元 〃	2350 元 〃	3000 元 〃	3600 元	4150 元

注:保险期间为学习年限。①

上述规定表明:

①增加了校方的责任险,即因校方原因造成学生意外伤害的可获得保险公司赔偿。

②每年低额的保费在很大程度上解除了学生和校方的后顾之忧。

③学生事故险高达 1000 万日元或 2000 万日元。

④保险中纳入了住院加算金,更加考虑到了学生因误工(日本学生大部分都打零工)而带来的损失。

⑤从保险费和支付的保险金额等方面来看,这种保险很适合尚无经济收入而又经常参加体育活动的大学生,并对于在大学体育活动中的人身伤害事故具有较强的保险能力。

2. 体育安全协会伤害保险,是日本体育安全协会设立的一种

---

① 参见:《日本内外学生中心事业部共济课学生教育研究灾害伤害保险指南》(2001 年)。

专门的体育保险。该保险的特点是保险范围广,保险选种多,可以说是对体育的全方位保险。

该保险的对象范围包括两个方面。第一是活动中,即被保险人在所属"团体管理下"的活动中发生的事故。"团体管理下"的活动不包括"学校管理下"的活动,其含义是"团体根据活动计划,遵照指导者的指示进行的团体活动(不包含单独行为和练习)"。但大学生的体育俱乐部活动可以包含在内。第二是在往返途中,即所属团体指定的集合、解散场所与被保险人住所之间平常经过的往返途中的事故。因此,在运动会、运动训练和体育活动中的伤害事故都可以成为该保险的对象。

体育安全保险的内容比上述各类保险多,它不仅有伤害保险,还有赔偿责任保险和互助安慰金。伤害保险是为被保险者在团体活动中或往返中由于激烈的外来偶然事故造成的伤害、后遗症和死亡提供的保险。赔偿责任保险是当被保险者在团体活动中或路途往返中给他人造成伤害或损坏他人物品,并在法律上具有损害赔偿责任时提供的保险。互助安慰金是当被保险者在团体活动中或路途往返中突然死亡(急性心不全、脑溢血等)时提供的支付。

该保险首先把被保险者根据不同的情况分为 A、B、C、D 四类。A 类主要是少年儿童(中学生以下)体育活动和成年人的文化活动;B 类主要是 60 岁以上的老人构成的体育团体,如门球俱乐部、跑步俱乐部等;C 类主要是由高中以上的学生和社会人构成的体育团体,如青年乒乓球俱乐部、太极拳俱乐部、网球俱乐部等;D 类主要是进行高危险体育活动的团体,如爬山、美式足球、雪橇运动、搭乘悬挂滑翔机等。根据不同的区域收缴不同类别的保险金,提供不同的保险补助金。

该保险是日本体育保险中,保险项目最多、保险范围最广的一种体育保险。它既适用于群众体育活动又适用于高水平的竞技运动,并且包含突然死亡等险种。

第 六 章

港澳台地区高校公共
安全法律机制研究

第一节 香港特别行政区高校公共
安全法律机制研究

香港 100 多年的高等教育发展历史及其特殊的地理位置、文化环境和政治体制,使其高等教育主要继承了英国的传统,同时又具有浓厚的中西交融特色。

香港高校的公共安全管理具有法制化、服务性、现代化等特征。其中依法治校的特征特别明显,值得我国内地高校加以研究借鉴。香港由于历史原因,法律传统沿袭了英美法系特别是英国的很多特点,诸如高校公共安全管理中十分详尽的个案研究;针对学生欺凌事件,向受害学生颁发照顾保护令;校园暴力应急预案分析等一系列较为完备的法律机制。

香港已经回归祖国 10 周年,随着香港向内地招生的频密,香港高校与内地高校互访的加强,为我们研究香港高校公共安全法律制度提供了便捷。对于我国内地高校而言,以比较法的角度研究并适当移植可行的法律机制,必将促进我国内地高校公共安全管理的法制化水平。

香港八大高校——香港大学、香港科技大学、香港理工大学、香港浸会大学、香港教育学院、香港岭南大学、香港中文大学、香港城市大学都与香港政府有着密切联系,60%的经费来源于香港大学教资会。香港有五类高等教育院校,但为我们内地所熟知的基本限于第一类的八大院校,并且香港政府通过香港教资会拨款资助的八所院校对香港高等教育起着决定性作用。因而,本部分内容仅以第一类高校为例来介绍香港高校的安全管理体制及相关管理制度。

一、香港公共安全管理概况

香港的公共安全管理体系称为应急管理体系,其概况如下:

(一)香港应急管理体系基本情况

香港特区政府应急管理体系主要由应急行动方针、应急管理组织机构、应急运作机制构成。

1. 应急行动方针

香港特区政府将突发事件分为两种情况:一是紧急情况,指任何需要迅速应变以保障市民生命财产或公众安全的自然或人为事件;二是危急情况或灾难,指严重危害生命的事故,通常突如其来,可以或可能引致的伤亡情况超出政府救援部门的正常处理能力。一旦发生突发事件,香港特区政府遵循精简、高效、灵活、便捷的行动方针指导应对工作,即限制涉及的部门和机构数目;限制紧急应变系统的联系层次;授予紧急事故现场的有关人员必要的权力和责任。

2. 应急管理组织机构

领导机构为以行政长官为首的行政长官保安事务委员会。

如果发生非常严重的事故,且持续时间长、波及范围广、会严重影响或有可能严重影响香港安全,保安事务委员会将召开会议,指示有关部门执行政府保安政策。工作机构包括保安控制委员会、分区保安控制委员会、有关民众安全的政府救援工作委员会、警察总部指挥及控制中心、联合新闻中心等;参与应对突发事件的政府部门和机构包括渔农自然护理署、建筑署、医疗辅助队、民安队、食物环境卫生署、消防处、卫生署、民政事务处、香港天文台、警务处、医院管理局、政府新闻处、保安局、运输署等 32 个部门。

3. 应急运作机制

自 2003 年"非典"之后,香港特区政府进一步完善应急机制,设立了三级制应急系统。该系统在紧急应变的救援、善后和复原三个主要阶段以不同形式运作。

第一级应变措施:紧急应变。由各救援部门全权处理,在各自所属指挥单位的指示、监管及支援下采取行动。此阶段,由警务处、消防处牵头处置,同时分别启动警察总区指挥中心及消防通讯中心。

第二级应变措施:启动紧急事故支援组,通知保安局当值主任。当发生对市民生命财产以及公众安全构成威胁的事故,且事故有可能恶化,可能需要较复杂的紧急应变行动来处理时,启动该级措施。由警务处与消防处通知保安局当值主任,同时启动政府总部紧急事故支援组(简称"急援组"),密切监视事态发展。急援组成立于 1996 年,隶属保安局,负责协调保安局当值主任工作。

第三级应变措施:启动紧急监援中心。当发生重大事故,以致对市民生命财产及公众安全构成重大威胁,需要政府全面展开救援工作,启动该级措施。紧急监援中心接到保安局局长或指定的保安局高级人员指示后,采取相应行动。

（二）香港应急管理体系的主要特点

1. 注重应急预案演练，是成功处置突发事件的前提。香港特区政府应急管理工作机构十分注重应急预案演练，几乎每个预案一年至少演练一次。通过演练，建立健全应急联动机制，整合应急资源，提高预案的科学性、可行性和可操作性，以此提高应急处置水平。

2. 注重应急宣教培训工作，是成功处置突发事件的根本。香港特区政府十分重视依托美国、加拿大先进的应急管理培训系统，对应急管理人才进行培训，提高队伍素质；加大应急管理宣教力度，普及应急知识，提高公众自救互救能力。

3. 注重及时发布相关信息，是成功处置突发事件的基础。香港一旦发生突发事件，负责牵头处置的部门在采取相关措施的同时，立即知会相关单位，及时通过电视台、电台、报纸等发布相关信息，有效解决了政府部门与公众之间的信息不对称问题，为处置突发事件营造了公开的氛围。

4. 注重发挥专家作用，是成功处置突发事件的关键。香港特区政府在处置突发事件过程中，十分注重听取专家意见，发挥专家作用，充分利用专家，减轻政府处置突发事件的外围压力，为处置突发事件营造了公信的氛围。

5. 注重科技支撑，是成功处置突发事件的保障。香港特区政府高度重视应急指挥中心建设及应急装备的配置，通过采用世界先进的应急技术、装备等，提升突发事件处置水平。①

---

① "香港应急管理体系"，广东省应急网，http://www.gdemo.gov.cn.

二、香港高校公共安全事件类型

据香港校园危机支援计划中介绍,香港学校的校园公共安全事件种类如下:

(一)学校欺负

近年来,在香港日益严重的学校欺负现象,已令不少家长及从事教育或青年工作的人员担心不已。其中,2003 年的集体殴打同学一案尤为引起我们的关注。

人民网香港 2004 年 1 月 9 日电:香港粉岭法院昨天审理新界喇沙中学校园暴力事件,11 名涉嫌集体殴打同学的中五男生被控袭击伤人及普通殴打罪。新界喇沙中学的老师在去年 12 月 1 日得悉有学生受伤,流鼻血,但没有即时报警。其后校方通过一段学生拍摄的短片得悉,该名学生被多次殴打,认为事态严重,在翌日报警。事件后来被传媒揭发,有人将有关集体殴打的片段放于互联网公开发放。网上发放的录像片段显示,受害人遭逾 10 名同窗五次毒打。事发地点分别在教室及更衣室,逞凶者不但向他拳打脚踢,还用椅凳拍打。其中一幕最令人惊心动魄的画面,是受害人被人用脚踢倒在地上,一名同学竟拿起椅凳砸向对方身体,继而更用椅子压在受害人身上。当时,他额头受伤流血。警方接到投诉后,拘捕案中各被告。①

(二)学生自杀

每年到了 9 至 11 月,香港学生自杀的数字都会踏入高峰期,而学生自毁行为更是非常严重;在学生人口比例密集的校园里,更是危机处处。然而,学生自杀的原因可能是多方面的。根据研究,

---

① 《香港法院审理校园暴力事件》,人民网,2004－1－9。

10 个会自杀的人中有 8 个曾明确地表示了自杀的企图;可以说,自杀对"寻死"的人是一种求助的方式。他们是向人表达求助的讯息,期望身边有人能帮助他处理所面对的困难。如果能对他们多些了解,自杀这种悲剧是可以预防及减少的。①

(三)校园暴力

校园暴力,这个黑色的词语让社会忧虑而焦急。校园暴力涉及的不光是打架或欺凌的问题,语言暴力也值得关注。学生辱骂同学、老师等事件常有发生。在学习的过程中,事实告诉我们,一些学生并没有随着知识积累而使文明提高,无论小学、中学还是大学,都会发现暴力的影子。所以,修养,真的与身份无关。

香港校园暴力问题虽未至动辄用枪而响起危机警报,但校园欺凌事件却成为近年城中热门话题。以往,校园暴力的发生,往往涉及私人或帮派恩怨及势力之争;不论问题是从校园外带进校园内,还是校园内带进社区内,均属"群党效应"。当时只要不属任何群党,则可避免涉及校园暴力当中。及至近年,有学者则从欺凌行为作剖析问题之成因,认为校园暴力往往是由于学童受到欺凌行为所致,特别是含有攻击性的言语。有报章曾在街头走访约十名学生,发现校园欺凌事件遍及每一角落。不少学生表示曾受人推撞或是辱骂,尤其在转堂、小息、午膳及放学后,更是校园欺凌事件的高峰期。可想而知,现今校园暴力问题的广泛性,远较以往为大。②

校园暴力的发生绝非旦夕之故,必有所端倪。首先,教师平时应当重视处理校园里学生之间欺凌弱小的事件。倘若因怕麻烦而

---

① 《校园危机支援计划》,http://www.sscmss.org/。
② 《校园危机支援计划》,http://www.sscmss.org/。

刻意淡化事件,未能予以正视,在某种程度上或者会令作恶者变本加厉。因此,教育当局完全有必要强化老师对辅导技巧的认识,让他们掌握处理行为偏差学生的正确方法。欺凌弱小者大多在其家庭背景方面是有问题的,或父母离异,或本身家庭亦有暴力问题,遂致他们性格或心理出现变化,追根溯源,教师和校方应当及早辅助有问题学生,或转介绍社工跟进。

校园暴力和"公民意识"的问题密切相关。学校发生了暴力事件,一定要及早处理,否则后果严重。同学看见有人被打,应当立即向老师报告,倘若只是袖手旁观,是有违公民应有的责任的。挺身而出,把事情向老师告发,有助于及时制止暴力事件的发生。而校方更应积极处理,假如有学生因此而受伤,不应因怕校誉受损而隐瞒事件,有必要时应向警方报案,以保障受害者安全。而家长亦要留意子女平时行为有无变异,因为不少受害者受到暴力对待后因怕事而不敢吭声,只是哑忍。①

(四)校园性侵犯、性骚扰

近年来,报章接二连三地报道有关侵犯的新闻。如羽毛球教练性侵犯学生及训导主任拍学生裸照等,情况之严重,实在不能忽视。在一个对性及性侵犯问题较为保守的中国人社会里,当中还有多少个案未被揭发? 受害者仍然不敢扬声而哑忍的呢?

性骚扰以至性侵犯的侵犯者与受害人的关系,可以是陌生人或是认识的人,甚至是受害者信任的人;被侵犯的地点可以是在室内、室外;家中、草坪或任何一个地方。对于一个受到性侵犯或骚扰的学生,老师所提供的协助及所能发挥的功能,也是无可取代的。学生一年中的大部分时间是在学校度过,而许多父母由于知

① 彭智文:"正视校园暴力",载《香港文汇报》2003年12月27日。

识、观念、时间等因素，未能肩负这个责任，老师相对地与学生接触较多，如学生遇到性侵犯或骚扰个案，老师就应责无旁贷地承担起帮助的角色。

（五）校园滥药

香港青少年吸食药物的情况越趋严重，滥用药物更有年轻化和普及化之趋势，情况令人关注。青少年利用兴奋剂、镇静剂、麻醉剂和迷幻药等药物以求精神上得到释放，当中亦有为增强玩乐时飘然的感觉或好奇心驱使下而开始滥用药物。可是这些行为的背后都隐藏着危机。

2000 年就有 19 宗个案涉及滥用药物而死亡。即使未有生命的威胁，滥用药物对精神健康及身体机能上都出现不可弥补的创伤。

事实上，现时滥药文化只是问题的表面，更重要的是它反映了青少年面对困难的无助和逃避的心态。

因此，当他们仍然留在校园时，老师便扮演着一个极为重要的角色，尤其是由怀疑到确定学生滥药阶段，老师在激发其停止滥药的动机，以及鼓励其接受戒药辅导，都起着关键性的影响。愈早察觉学生的滥药问题，并提供适切的介入，就愈能及早防止他们继续滥药。

青少年滥用的物质中，普遍为精神科药物，如镇静剂、镇抑剂、兴奋剂等，以下为常被滥用的物质分类：

1. 麻醉镇痛剂：海洛因（俗称白粉、粉、灰、四仔）、可卡因

2. 镇静剂：安定、蓝精灵、五仔

3. 镇抑剂：忽得、糖仔

4. 兴奋剂：冰、咖啡因、摇头丸（又称"忘我 MDMA"）

5. 迷幻剂：大麻（俗称"草"、"泥"）、LSD（俗称"天使尘"）

6. 其他：如咳药、咳水、酒精、有机溶剂（如天拿水、打火机油）、烟草、氯胺酮（俗称"茄"、"K仔"）。

（六）精神健康管理

精神健康就是我们日常生活的思想、感受和行为。我们精神状态影响着我们如何看待自己、生命和其他人。所以精神健康对每个人都十分重要。青少年和成年人也是如此。根据香港政府1998年公布的数字，患上不同程度精神病的人数高达120万。可见精神病绝不是遥不可及。精神健康的问题，对年轻人造成的影响，不单是精神上的困扰，更会导致学业问题、家庭冲突、滥用药物、暴力甚至自杀自毁等行为，故青少年的精神健康的重要性不容忽视。事实上，老师除了处理学生的困难，亦要面对繁重工作、压力较大的生活。因此，对精神健康有进一步的认识，有助于为自己及学生做好预防工作。①

三、香港高校公共安全管理法律机制

（一）香港校园危机的预防计划

1. 政策方面

（1）行政管理。列明学校的行事程序、资源分配以及人手分工，以应付突发事故，例如：不同危机之应付程序及紧急联络电话之张贴等；制定、发布及执行校园管理，例如：教室使用规章及校园进出者登记等；提供有效沟通渠道，让校方与学生及家长表达意见。

提供场合，让不同专长及经验的老师可以交流分享，如：与学生相处、建立关系及处理问题的方法。

---

① 《校园危机支援计划》，http://www.sscmss.org。

制订措施,有效跟进学生缺课、迟到、早退及健康情况的记录。

(2)校规制订。制订与时并进、因应时代所需的校规。

(3)成立校园危机管理小组。除突发事件介入外,在预防工作上,可发掘及分辨潜在的危机,例如:潜在危机之来源、性质及可能受影响范围。并在评估后,订定应付每种危机的策略和方法。

2. 人群因素方面

(1)个人抗逆力。强化师生的身心健康,增强个人之适应力及提高面对生活压力及突发事故之承受力。

(2)师生关系。良好的师生关系,能敏感学生的需要,亦有助互通消息和互相关怀,形成重要的危机预防网络。

(3)团队关系。老师各有专长及性格特质,而良好的团队默契及合作精神,有助互相补足,照顾不同学生的需要。在处理冲突或危机事件上,可通过有效沟通和分工,及早将之识别及瓦解。

(4)校园文化。建立开放的校园气氛,透过多元教学,让师生多参与校园建设,提高工作及学习的士气;提倡生活教育,灌输尊重个人特性及珍惜生命的观念;针对学生普遍存在的行为问题,为他们安排合适的活动,及早改善校内的不良文化之渲染。

3. 环境方面

针对校园内外的人群聚集点或潜藏危机发生地点,加强巡查或增设有效的管理措施。

4. 辅助资源方面

可与地区不同团体保持良好网络,加强社区动态意见交流,甚至分工合作处理学生问题,以防危机之发生。即使危机发生,亦可互相支援。辅助资源包括:地区警署报案中心、警民关系组或反黑组、救护站、社会服务机构、分区教育心理学家及有效网络等。①

（二）香港校园暴力应急预案

1. 香港校园安全事件处理步骤

（1）针对校园安全事件中已知事实的处理：问题的初步探讨。

（2）针对校园安全事件中未知事实的处理：给得到的资料下定义；将得来的资料做摘要。

（3）综合各方观点及法律观点，找出问题及其他附带问题：①教职员的观点；②行政的观点；③法律的观点；④辅导的观点；⑤社工的观点；⑥训导的观点。

（4）综合各方观点找出问题后，针对问题提出解决方法。

（5）最后，提出针对该类校园安全事件预防危机的策略。

2. 校园危机处理的若干关键点

（1）预防：对校园内的人及环境保持警觉，危机事件发生后要防止事件恶化。

（2）程序：①危机小组运作之效果及机动性；②危机事件应变措施手册资料之适切性。

（3）演习：①事件演习：全校走火警、老师在危机事件中人手调配……②对外发布消息之演习：面对传媒、学生及家长……②

3. 校园危机支援计划——各类个案分析与建议

（1）校园安全法律应对之个案分析

个案一：保密——案例：

女学生怀孕，怕再次与家长舌战而一直未告知家长。但是向

---

① 《校园危机管理的概念》，《校园危机支援计划》，http://www.sscmss.org.
② 《校园危机管理的概念》，《校园危机支援计划》，http://www.sscmss.org.

学校一位她信任的男老师说出秘密并要求保密。男老师一直保密,并陪该女生产子。男老师的做法欠妥,应告知家长是否报警,并集体协作处理此事。

针对本案集体协作模式的考虑与处理:

①家长方面:家长与该女学生缺乏良好的沟通,处理女儿早恋问题太过激烈,打压式管教有待完善。因而,导致更加严重的后果。家教会可举办相关课程,让家长懂得如何管教子女并与孩子良好沟通。

②老师专业责任方面:老师在事件中不应答允替学生隐瞒,应与学校及家长分享其知道的事情。亦要考虑在性别上是否适合继续单独跟进事件。

③行政方面。学校老师对于保密原则方面,明显不知灵活变通与处理。校方可以对老师加以培训,重申处理学生问题步骤、原则及方法。培养老师处理学生问题的能力及判断力。

④学校方面。对学生性知识的缺乏,校方需检讨性教育工作是否做得足够并能迎合青少年所需。

个案二:意外跟进——案例:

班长和一名新移民学生,发生口角而互殴。期间班长受伤倒地。受伤班长在医疗室内经持有急救证书的老师鉴定为伤势不严重,而他亦并没有表示严重不适,在未能与家长联络上的情况下,让他休息后返回教室上课。事后家长责怪校方没有立即将儿子送医院接受治疗及将施暴者送交警方处理。

针对本案集体协作模式的处理与建议:

①行政方面:学生个人资料必须定期更新。以便随时可以联络上家长。保留致电记录。

②训辅组工作方面:班长与新移民学生之间的冲突不是偶发的,而是持续性的。社工和辅导老师方面,事前似乎对此潜在危机没有敏锐的触觉,而加以预防,而造成此次校园暴力事件。

建议:

其一预防方面:可通过培训,提高老师对校园危机的敏感度。另外可及早为校内弱势学生进行自强计划;并为常以武力解决问题的学生进行不同的解决问题训练。另外应在新移民学生的适应上作出协助,因他们普遍自信心及自我形象较低;亦应增强教育本地学生和新移民学生如何沟通,利用本地学生去帮助新移民学生适应新的环境。在校园内营造互相帮助及共荣的和谐校园文化。

其二善后工作方面:不单向肇事双方进行跟进,亦应向全班同学,甚至向全校学生讲解有关解决问题的可行办法。教育学生欺凌同学的不对及校方对校园暴力的"零度容忍"。

其三法律方面:持有急救证书的老师,在他的专业上不足够判断学生是否真正受伤,日后若学生真有内伤时,学校便会因此而构成疏忽。

其四家长方面:安抚工作,事后亦可与家长商讨教导孩子与同学和谐共处方法。借此事件向家长表达以武力解决问题的可能后果。并劝喻家长学习有耐性地教导子女。与家长商讨平息此次事件的方法。①

(三)香港针对校园暴力中的青少年犯罪的应对策略

从香港统计年刊提供的青少年犯罪数字来看,10—15岁的少

---

① 《校园法律》,《校园危机支援计划》,http://www.sscmss.org.

年犯罪率由 1976 年起上升,至 20 世纪 90 年代趋于平稳,但近年来又有轻微上升。而 16—20 岁的青年犯罪率于 1976 年起一直大幅上升,至 1994 及 1995 年为高峰,在近十年则有下降趋势。相比整体犯罪数字,青年犯罪人数占整体犯罪人数的比例持续下降,由 1976 年的 21.5%,下降至 2005 年的 11.7%;少年犯罪人数占整体犯罪人数的比例则先升后降,由 1976 年的 8.2% 升至 1985 年的 16.3%,到近年才降回至 11%—12% 左右。

1. 青少年校园暴力犯罪行为之成因

(1)越轨行为之起始

从完全没有参与越轨行为至间歇性参与越轨行为的成因,在很大程度上与社会联系之变弱及持久地接触不良友伴相关的。研究发现,如果青少年成长于一个家庭、学习及传统活动等联系均弱的背景下,接触不良友伴的机会便会增多,步向越轨行为的机会也大增。

(2)越轨行为之延续

研究发现不少青少年违规或出现越轨行为之后被负面标签是延续青少年"罪犯身份"的重要原因。再者,持续被负面标签的结果会导致自尊受损,便会向一些感同身受的朋友或同学寻找共鸣,于是进一步与问题青少年来往,甚或加入群党。在这种情况下,青少年渐渐受黑社会或犯罪文化之"熏陶",转过来对社会认可的价值进一步疏离。

(3)越轨行为之终止

然而,研究表明,有一些社会因素是对越轨行为之终止起着重要作用的。这些因素包括:①个人成熟感;②父母终极关怀;③社会人士(包括社工及老师)之真诚接纳;④剔除负面标签;⑤重建新身份;⑥与家人及重要人士关系的复合。

如果我们能一方面降低越轨行为之起始或延续因素的出现，而同时促进上述终止越轨行为因素的出现，我们是有把握协助青少年远离越轨或犯罪行为的。

2. 校园暴力应对系统——青少年校园暴力犯罪的预防与管控策略系统

第一，正向成长预防策略。

该策略是指社会福利机构可运用社会工作程序，如：个人及小组辅导、家庭工作、朋辈支持服务等，向有需要之青少年提供帮助。目前，香港有非常全面的青少年服务网络，它覆盖了所有青少年常出没的地方。其中包含不同类型的服务，如发展性、预防性和补救性的服务。服务的对象也很广泛，包括了一般的青少年、学生、违法青少年和家长。而有些服务则是针对一些特定青少年而设，如辍学学生、夜青、药物滥用者、离校的待业青年及来自内地的新移民。香港政府资助了不少非政府福利机构，一起提供全面的青少年服务。这些机构包括：

（1）综合青少年服务中心：该中心覆盖全港各区，服务对象为6—24岁的面对个人问题或逆境的青少年。

（2）学校社会工作服务：从2000年9月起，政府便推行"一校一社工"的政策。此外，教育及人力统筹局也为各小学提供学校发展津贴，以帮助他们聘请学校辅导员或邀请非政府福利机构，为有需要的同学提供辅导和支持服务。

（3）夜青服务：香港有十八队深宵外展社会工作队，每队由三位社会工作者所组成。它们附属于综合青少年服务中心，服务那些18岁以下，被外展社会工作者或警方发现深宵在街上或夜生活场所流连之青少年。社会工作者会即时作出危机介入，或为该夜青提供短期服务，包括：陪同他们回家，提供短暂庇护居所，或转介他们接受其他福利服务。

（4）地区青少年外展社会工作队：目前有十六支地区青少年外展社会工作队，每队由十位专业社会工作者所组成。主要为6—24岁的离校青少年或童党服务，其中大多数是13—17岁的青少年。该工作队主动接触那些流连于公共场所，如：公园、卡拉OK、商场和快餐店的青少年，向他们提供辅导，以加强他们处理问题的能力，并协助他们建立正面的人生观。

（5）社区支援服务计划：被警司警戒的青少年，可被转介到附属综合青少年服务中心的社区支持服务队。香港现在有五支社区支持服务队，由非政府福利机构负责推行。社会工作者会协助那些青少年处理生活上的问题，纠正不良行为，并加强其家庭和朋辈的支持。社工也会提供辅导，举办小组和一些特定的活动，以满足个人之需要，改善人际关系，及透过参与社区服务来建立社会责任感。

第二，全校总动员策略。

近年来，香港的学生欺凌事件令人印象深刻。目前已有不少证据指出，持续的、严重的欺凌行为会导致被害人出现一些即时心理问题，如忧郁、失眠、逃学或不能集中精神学习等，而长远的心理问题则包括永久性焦虑、缺乏自信、辍学或导致学习障碍等。另一方面，有的青少年学会了在恶霸的庇护下求生存，久而久之为了保护自己而加入成为恶霸的一员，从被欺凌背景中学会报复并发展为一种凌驾他人之上的优越感；也有的青少年在持续性欺凌之下，在忍无可忍下向欺负他的人作反击；更有部分常被欺凌的青少年感到极度无助，严重者更导致持续被欺凌的青少年结束自己的生命。

因而，基于学生欺凌带来的严重危害后果，我们建议采取"全校总动员"去预防及处理欺凌行为。该策略具体程序或内容如下：

（1）及早介入及持续监视青少年欺凌行为；

（2）在课堂上传授社交技巧及控制情绪方法；

（3）加强老师及教职员之训练，齐心遏阻校园暴力；

（4）家长的再教育工作。

经验指出全校总动员实务应当包括下列重要原则及行动：

（1）校方管理层必须以正面及认真的态度处理校园暴力问题。

（2）设立明确政策及机制，使得全校教职员在处理校园暴力时必须立场一致；

（3）应该定期举办全校性的活动，推广校园内和谐的气氛；

（4）老师、家长、社工、辅导人员、校内职员及学生应携手合作处理校园暴力。

校方尽可能以关爱的态度处理及监视学生违规行为，并及早介入。

（1）宜透过各种课程，如生命教育、情绪管理、冲突处理、自尊训练及社交技巧等课程，教育及帮助学生远离校园暴力；

（2）透过训练及工作坊，强化老师及家长对校园暴力问题的了解及处理技术，齐心遏止欺凌行为；

（3）对被害者而言，校方可以特别推行小组训练帮助他们建立坚强的性格；

（4）对侵害者而言，校方可以特别推行小组训练协助他们明白校园暴力行为对受害者可能造成的深远影响，帮助他们建立同情心；

（5）正确教育校园暴力的旁观者，不应漠视欺凌行为的出现，要主动报告欺凌的学生；

（6）在资源许可下，训练学生成为"和谐大使"或"朋辈调解员"，协助老师在校园以理性的方法解决纠纷；

（7）学校社工在其中也尤为重要，社工若能在校园内建立一个人际和谐及安全之环境，鼓励人与人彼此尊重，这才是预防青少年问题之上策；

（8）不单要将和谐文化及欺凌政策纳入学校管理之政策中，更应该在新生入学时或每年大型活动中积极推广"和平友好"的资讯，使学生明白自己的责任。

第三，刑事司法制度策略。

在香港，10—15岁之青少年一旦违法，可被送到少年法庭审理（谋杀除外）。除了审理少年违法者外，少年法庭同时也负责处理保护青少年的福利工作，例如向有需要被照顾之儿童颁发照顾保护令。因此，"刑事司法制度策略"属于罪犯治疗及防止再犯的措施，目前香港政府机构如社会福利署和惩教署分别负责向年龄介乎10至20岁的青少年罪犯提供自新计划。

为青少年罪犯所提供的现行自新计划包括：感化令、男、女童院、社会服务令、感化院、更新中心、劳教中心、教导所及青年监狱等。不同年龄及严重程度的犯罪者可被判参加由社会福利署和惩教署主管的罪犯更生服务。所谓罪犯更生服务即：协助青少年成为奉公守法的市民；或透过法定的监管、辅导、学术、职业和社交技能训练，让违法者装备自己去应付生活所需，并重返社会。

第四，处理青少年犯罪新方向：复合公义策略。

严厉的惩罚并不能制止违规及犯罪行为。青少年在面对权威时往往保持缄默，而且容易事后采取报复。在决定采用何种策略时，我们必须注意如果青少年在年幼时犯了轻微错误而被严惩及加以负面标签的话,他们的自尊感很容易被严重伤害。因此,我们必须深入了解他们犯错的背后动机,作出正确的介入至关重要。下面是影响青少年自强更生的诸多因素:

(1)提升自尊,重拾掌管人生前途的希望;

(2)重建人生目标,不受不良友伴影响;

(3)改善终身学习之能力与技巧;

(4)管理个人情绪及愤怒;

(5)与家人关系复合,重拾宝贵的亲情等。

该策略主张以下两项方案可以代替检控 10—17 岁青少年:

(1)设立"家庭小组会议";

(2)为 10—17 岁青少年而设的"充权计划",属自愿参与性质,以代替检控。①

(四)香港高校心理辅导状况与思考

较为完善的心理健康辅导体制,是香港高校公共安全管理的一大亮点,该体制充分体现出香港高校公共安全管理、学生事务管理过程中的服务性和人性化等特征,值得我们大陆高校学习和借鉴。

1. 香港高校的心理健康辅导体制

香港高校学生心理辅导从 20 世纪 70 年代初起步,至今已有 30 多年的发展历史。受其社会状况影响,它们主要承袭了欧美心理辅导工作的基本理念和方法,并经过不断的探索实现自身的突破。政府资助的 8 所高校全部设有心理辅导(服务)部门,师生比约为 1∶1000—2000,各校心理辅导部门开展了形式多样、丰富多

---

① 黄成荣:"香港青少年犯罪趋势及其管控策略",载《青年探索》2007 年第 5 期。

彩的辅导、咨询、治疗及教育活动,帮助、指导学生认识自己,提高自信,调节情绪,排除障碍。香港高校学生心理辅导工作对香港高等教育的发展和高层次人才的培养发挥着积极的作用。内地高校的心理辅导即大学生心理健康教育是从 20 世纪 80 年代中后期开始的。由于中央和教育主管部门的重视,近年来大学生心理健康教育发展迅速,对促进大学生健康成长发挥了重要作用。①

第一,香港高校学生心理健康教育大体经历的三个阶段。

在 20 世纪 70 年代的起步阶段,最早在香港大学成立了学生心理辅导机构,以个案为主,主要针对学生个体出现的问题而采取相应的对策。工作比较被动,只能应付已发生的问题而难以防患于未然。

在 20 世纪 70 年代末到 80 年代的迅速发展阶段,学生心理辅导的范围进一步扩大,包括设置相应课程,如:如何有效地生活,如何学会与人相处,基本的社交礼仪等;开展诸如人际关系的培训等。

到 20 世纪 90 年代的成熟完善阶段,香港所有高校都设立了心理辅导机构,由专职辅导员负责辅导服务。辅导员与学生比为 1∶2000。经过 20 多年的建设和发展,香港高校心理辅导逐步走向成熟,辅导体系趋于完善,辅导内容更加丰富。

为了使辅导更有针对性,更有成效,香港一些高校对青年学生的心理状态进行了调查与分析,以便根据学生的需要提供相应的服务。例如,为使大学生有效地应对身心受到的日趋严重的压力,各高校开展了多种形式的压力处理与情绪管理辅导活动,例如

---

① 樊富珉:"香港高校心理辅导及其对内地高校心理健康教育的启示",载《思想理论教育导刊》2005 年第 7 期。

"减压工作坊"、"压力处理营"、"与压力共处讲座"、"提高 EQ 小组辅导"等。

第二,香港高校心理辅导工作的特点。

(1)围绕全人发展,发挥辅导功能

香港城市大学把全人发展的思想概括为心灵、智能、体能、社交、美艺、事业及情绪七个方面。

(2)健全辅导机构,拓展辅导领域

在心理辅导方面,香港高校投入了大量的资金和人力,装备了现代化的设备,开展了心理辅导、发展辅导、事业辅导等多项内容的辅导。主要的辅导形式如下:

①个人辅导。在个人辅导方面,学生所求助的辅导可分为两大部分。一是成长和发展性的,包括智能、情绪、群体交往、身体、精神和事业的发展;二是矫正和补救性的,包括个人的苦恼、学业问题、自我认识、自我形象、人际关系、家庭问题、情绪处理、学业障碍等。

②小组辅导。小组辅导方面主要以发展性活动为主,通过辅导促进学生个人成长,包括自我认识、社会沟通技巧、自我管理、处理情绪、领袖训练等,从而发挥学生的内在潜质。较典型的如香港大学的 PAC 课程(家长、成人、小孩交互分析心理模式的讨论课)、舞蹈小组训练(从舞蹈体态分析自我);浸会大学的个人蜕变计划、朋辈辅导训练;香港中文大学的新生身心关注行动、"多元发展"计划;城市大学的择业先锋营、摘星计划等。

③心理测验。香港高校心理辅导机构常备一些心理测验作为辅导过程中的辅助手段,帮助学生了解个人的性情取向、能力、价值观、长处和短处等,以帮助学生对自己做出客观的评估。

(3)辅导队伍中的人员专业化程度高

　　心理辅导在香港是专业性工作,辅导员不仅要具备专业知识与技能,还要具备良好的道德修养和较高的个人素质。因此,香港高校对从事心理辅导的辅导员要求严格,心理辅导员必须经过专业培训,并获得以下专业中的一种硕士以上的学位:辅导学、辅导心理学、教育心理学、社会工作学、临床心理学等。香港各高校都配备3至5名专职心理辅导员,按专业化的要求为学生提供服务。学校也十分关心辅导员的成长,如城市大学学生发展处专门邀请心理分析专家作督导,定期协助辅导员处理个人生活与工作中的问题,使他们能保持良好的工作状态。香港专业辅导协会作为辅导人员的专业学术组织,经常通过多元化的方法为辅导人员提供不同形式的培训,如讲座、研讨、工作坊、小组游戏、情绪疏导等,使辅导人员自身的能力及素质能够得到提高与锻炼。

　　(4)多方协作配合,善用社会资源

　　香港高校强调学校的每一位教职员都应有育人意识,应根据自己工作的特点,参与培育学生成才。对教师,除了要求他们传授知识,更要求他们关心学生全面成长,为学生树立典范;对一般行政人员,要求他们创造各种机会,增加对学生活动的参与,使他们得以从活动中体会促进学生全人发展的重要意义。香港高校充分认识到心理辅导工作只靠学校是不够的,尤其在信息高度发达的社会环境中,不可能把学生束缚于校园这个狭小圈子里。香港高校注重与社会合作进行心理辅导,使辅导更具发展性、预防性,辅导效果进一步得到强化。香港大学学生辅导处及城市大学学生发展处已开始运用互联网技术,开展网上辅导。[①]

----

① 樊富珉:"香港高校心理辅导及其对内地高校心理健康教育的启示",载《思想理论教育导刊》2005年第7期。

2. 香港学生精神健康案例——学生心理危机应急计划

年轻人要面对成长的巨大压力。这些压力是必然的,也是必要的;压力也是动力,年轻人就是不断面对和应付这些压力而成长的。在成长的过程中,年轻人如果承受不了这些压力,便会出现精神健康的问题。研究发现,大约一至二成的年轻人有情绪或行为上的问题,当中大部分只需要简单的心理辅导,去克服心理、学业或社交上的困难,但一些年轻人会患上较严重的精神疾病,而需要接受精神科治疗。

很多校园暴力的制造者,在此之前心理上或多或少都有问题或疾病。校园暴力的频繁发生暴露了整个社会对青少年教育的疏漏。因而预防校园暴力最好的方法,是事前的心理预防,在文化知识的传授过程中,应当更加重视心理和道德的教育与帮助。①

香港的学校在服务学生,积极面对学生出现的心理问题并进行有针对性的帮助与关怀方面,做得比较人性化和专业化,因此,对校园暴力的预防起到了十分积极的阻滞作用,并通过心理辅导把危机消弭于无形。

以下个案是香港小童群益会和香港教育专业人员协会合办的校园危机支援计划,该计划为学校如何应对学生的心理危机提供了如下应急预案:

个案背景:

中二的亚青从前是一位活泼可爱的女孩,且课余常参加学校组织的活动。两个月前,她得知父母婚变,便性情大变,整天郁郁寡欢,课余常独自发呆。最近,上课时她经常哭泣。根据学校社工

---

① "校园暴力不是绝症立场",《华商网—华商晨报》2003 年 12 月 25 日。

的透露,医生证实亚青患有轻微的抑郁症。如果你是亚青的老师,会如何处理?

个案分析:

(1)总体分析

①患有抑郁症的亚青,现阶段最需要的是关心;

②上课时她哭泣,老师应如何处理;

③亚青患有抑郁症,老师或社工应有适当的跟进。

(2)针对患有抑郁症的亚青

①鼓励倾诉心事:相熟的老师主动与亚青建立信任的关系,积极聆听她的感受和需要。尽量做到三"T":Talk——即作为好的聆听者,给予机会倾吐;Tears——即感同身受,让她感觉到聆听者明白自己;Time——给予时间让她抒发、适应、面对及转变。最重要是在过程中,让她知道"有你在身边";

②将感受正常化:给予亚青认同。告诉她面对父母的离异而有不开心的情绪反应是正常的,表示"如果我在你的处境中,我也会觉得不开心";

③鼓励积极面对:让亚青知道不是自己的错,这是父母之间的问题,双方的分开未必是一件错事或坏事,且父母同样也会关心爱护亚青;

④协助重建自尊与自信:发掘亚青的兴趣,鼓励她参加义工或社团活动。告诉她这可以帮助她度过困境;

⑤协助建立支持系统:如征得亚青同意,让与亚青相熟的同学明白她的处境,教导他们接纳亚青的重要性和帮助亚青的方法(即朋辈帮助计划);

⑥服用药物:留意亚青抑郁症的情况,了解医生的诊断进展,

鼓励或减少服用药物。

（3）上课时哭泣的处理方法

老师的处理方法视乎情况的严重程度，有以下的建议：

①直接处理：

让班长带亚青到有老师值班的地方休息（如：辅导室）；

如适当的，可让全班同学休息一会儿，然后再单独安慰亚青，视乎需要建议到有教师值班的地方休息；

②间接处理：

不即时处理，眼神接触，下课后才处理；

分散注意力：走到她身旁轻声叫她的名字或叫她继续上课；

（4）持续跟进：

①由与亚青相熟的老师/班主任留意学生的情况；

②由学校社工作个案的跟进；

③与家长联络，了解家庭情况及亚青在家的表现。①

第二节 澳门特别行政区高校公共
安全法律机制研究

澳门的高等教育起步虽晚，但发展速度很快。而且澳门作为一个具有开放性文化的都市，由于历史、地理等因素，澳门高校公共安全管理机制受香港相关制度影响的痕迹很重。同时，澳门高校公共安全管理也有其个性和特殊性，由于澳门博彩业对整个澳门经济的影响而使得青年受到博彩业的负面影响很大，产生的校园安全管理问题尤其值得关注。此外，澳门发达的教会及相关社

---

① "中学生的精神健康"，《校园危机支援计划》，http://www.sscmss.org.

团团体组织对澳门青年的服务体系也很完备,值得借鉴。基于比较研究的完整性,我们对同为大陆法系的澳门高校公共安全管理制度的研究,必将有益于我国高校公共安全管理法律机制的借鉴与完善。

据澳门特区政府高等教育辅助办公室和教育暨青年局公布的统计资料显示,2004 年澳门共有高等教育机构 12 所,其中公立高等教育机构 4 所,私立高等教育机构 8 所。澳门高等教育 12 所学校包括:澳门大学——澳门第一所现代高等学府、澳门理工学院、旅游学院、联合国大学国际软件技术研究所、亚洲(澳门)国际公开大学、澳门保安部队高等学校、澳门科技大学、澳门镜湖护理学院、欧洲研究学会、高等校际学院、澳门管理学院、中西创新学院。其中有四所是公立大学,即澳门大学、澳门理工大学、旅游学院、澳门保安部队高等学校。这四所官办高校的大部分经费来源于澳门政府的总预算,因此学校的运作也与政府人才资源培养方针相一致。政府对高校有较大干预权,如回归前澳门大学校长一般由总督兼任,负责财务和教师聘用的行政执行官也为葡萄牙人。笔者仅针对澳门公立学校的教育行政管理体制及安全管理体制加以介绍,期望可以管窥澳门高校公共安全管理的概况。①

一、澳门校园公共安全危机的表现

和香港较为类似,澳门博彩业及相关产业的发展对澳门社会文化产生了很多影响,因而,澳门的青少年所表现出来的危机事件也类似于香港,诸如:学生吸毒等滥药问题、校园欺凌等校园暴力问题、学生染上赌博等偏差行为问题、学生的精神及心理健康问

---

① 钟海怡:"发展中的澳门高等教育",载《中国高等教育》1999 年第 23 期。

题等。

以下为关于澳门校园欺凌情况的新闻：

澳门校园暴力再现网上　毒打片段令人发指

2008年3月,澳门再有校园暴力事件短片在互联网上流传。一段用手提电话短片功能拍摄的暴力短片冠以"新x恶女"题目,被转贴到澳门一家电讯公司网站的讨论区。短片中一名女学生在课室内,被另一名女同学拳打脚踢,多名男同学却旁观呐喊。澳门司警表示已收到有关报案。

继去年澳门多宗校园虐打事件被人拍成短片上传至互联网后,2008年3月10日中午有人将"YouTube"网站一段名为"新x恶女"的暴力短片连接到澳门某电讯公司的"时事话题讨论区"。

该短片长达37秒,背景是一所学校的教室内,由于教室中的学生台被叠起,相信事发时间是放学后清洁教室之时,但由于短片并无拍摄日期等数据,未能确定事件发生的正确日期。

短片中施以暴力的女学生及被虐的女学生,均年约13至14岁,两人穿着同一学校校服,整段短片只见其中一名女学生被拳打脚踢,施暴女学生最少狂踢对方超过13次,包括多次踢向女事主下体,并以膝部撞向对方腰腹,或掌掴对方头颅,拳打背部等施以暴力。

片中女事主则一直哭泣闪避,并向对方讲出"对不住"等语句,惜反遭施暴者大骂"x街"。片中背景声音嘈杂,但清晰听到有男学生在旁助纣为虐,疑是拍摄者大叫:"哗,真是好激烈,哗、哗、哗、哗,真好看。"拍摄者如同作现场直播。

同场也可见另一名学生手持第二部手提电话拍摄。最后两名男女同学大叫:"对不住不是跟我讲,系同他(施暴者)讲。"

有网民就有关片段发表言论,形容澳门青少年暴力事件无日无之,令人担心,要求警方及有关学校加快跟进事件,并指该宗暴力案,主要是有人手持手提电话拍摄及呐喊助威,致令施暴者有一种"表演欲",要求警方查明事件,对暴力学生做出应有惩处。①

二、澳门高校公共安全管理体制概况
(一)澳门校园公共安全管理特点

由于澳门第一所高校——澳门大学是香港投资者投资设立的,加之港澳之间地理、历史等因素,使得澳门高校的公共安全管理体制在很大程度上借鉴香港的相关制度并因地制宜,便形成了澳门的高校公共安全管理制度体系。该类借鉴制度如:澳门教青局重视对校园欺凌事件的治理;设立少年感化院收容教育违法但不宜判刑的未成年人并帮助其重返社会;重视青少年滥药问题,进行相关危机的应急预案;设立校园危机事故支援小组减轻危机事故对学生造成的负面影响;制定校园危机应急预案——传染病预防措施及指引;制定学校健康促进计划使得学生达到身体、精神健康及达到能够适应社会的完美状态。

在澳门高校公共安全管理体制中,受澳门经济支柱产业——博彩业的影响,澳门政府及教育暨青年局很重视帮助青年抵制博彩业的不利影响,并将此项内容纳入澳门青年全人发展战略之中,可见政府对青年健康发展、全面发展的重视。

澳门的教会及相关社团很发达。因而,澳门社团对澳门青年的社会服务也是澳门高校公共安全管理的一大特点:如澳门圣公

---

① 组图:"澳门校园暴力再现网上 毒打片段令人发指",资料来源:新华网校园频道,http://news. xinhuanet. com.

会北区青年服务队的相关服务内容也体现了澳门高校公共安全管理中的独特个性。

（二）澳门特别行政区校园公共安全行政管理机构

1. 澳门教育暨青年局

根据澳门特别行政区第八一/九二/M 号法令《教育暨青年司组织法规》规定，澳门教育暨青年局的性质及职责为负责构思、领导、协调、管理和评核各项非高等的教育模式和辅助青年及其社团的组织单位。

具体到教青局关于校园安全方面的职责，可作如下总结：

（1）教青局牵头负责成立"校园危机事故支援小组"，小组成员由本局及 5 所辅导服务机构各选派已受相关专业训练的学生辅导员组成，主要工作为应对校园危机，协调各方资源、降低危机对学生及老师产生的负面影响。

（2）教青局与其他政府部门形成合作机制，共同应对校园危机事故。如教青局与治安警察局、司法警察局、卫生局等政府部门形成联动合作机制，为学生提供全方位的服务与支持。

（3）教青局牵头其他社会组织，借助澳门社团义工的广泛社会工作范围及细致的义工服务内容，充分做好对偏差行为青年的辅导服务工作，以预防、应对，并帮助他们重返社会。

2. 澳门高等教育辅助办公室

澳门高等教育辅助办公室于 1992 年成立，现为澳门特别行政区政府社会文化司司长辖下之局级部门，专责处理本澳高等教育事务。

尽管澳门高等教育辅助办公室是专司高等教育管理的局级部门，然而，从澳门高等教育管理的实践来看，教青局的管理是全方位的对于澳门青少年的服务、支持与管理。因而，对于高校或校园安全或校园危机进行应对的政府部门,更多是由教青局来担当该类职责。而且,教青局的校园安全管理经验的积累更为成熟和全面、全方位。高等教育辅助办公室更多的关注点在于对学生的升学辅导服务,统计高等教育资料,教学课程的审批及跟进运作等。①

（三）澳门校园公共安全管理机制

时代日益进步和资讯科技越来越发达,身心尚在发展的儿童和青少年面对着互联网上瞬息万变的资讯和社会急促的转变,需要家长和教师悉心的指导、支持和关怀,才能有全面的健康发展。

学校是学生学习的重要场所,更是家庭以外培育和塑造青少年品格的主要地方,学生除了学习知识,也同时学习与人沟通相处和解决困难等技巧。在教育普及和教育机会均等的澳门,青少年均会在校园度过最少 10 年的宝贵光阴,因此,安全的校园对青少年的身心发展特别重要,更是预防他们堕入危机的重要防线之一。

针对澳门青少年的偏差行为表现,澳门教青局于 2004 年 4 月汇编了安全校园资料手册,目的是期望进一步提升学校对校园安全的重视和对危机处理有更深入的认识,且同时协助教职员掌握预防、处理及跟进危机事件各个阶段的基本技巧及方法,在培养青少年的工作上提供更好的服务。②

1. 校园安全管理的基本理念

（1）安全校园的理念

所谓"安全校园"是指对学生、教职员工、学校设施和教学活

---

① 澳门高等教育辅助办公室网页,部门简介,http://www.gaes.gov.mo.
② 安全校园资料手册,来自澳门教青局及印务局资料,http://cn.io.gov.mo.

动等人与事安全的关注,并对在校园可能出现的意外事件,如自然灾害、师生之间的冲突、学生之间的冲突、校园暴力、滥用药物、自我伤害、学生违规或其他意外事件,作出防患未然的措施。

（2）危机事件处理团队的建立

成立"校园危机关联小组"是"校园危机"处理的重要工作,小组成员须熟悉有关的策略及技巧,且需持续地提升对危机意识、危机处理及危机辨识的敏感度和知识能力。

①校园危机管理小组的职责。处理校园内外危急或突发事件;制订不同危机处理的程序及指引;评估校园内外可能发生的危机,并及早作出预防;安排演习及装备教职员对危机事件的处理能力。

②校园危机管理小组的成员。当然成员：校长、副校长、训导主任、辅导主任、学校辅导员、课外活动主任。临时成员：肇事学生班主任、级/科主任、与肇事者相熟的教师、曾协助处理事件的教职员等。

③校园危机管理小组架构及分工建议。总负责人,负责召开会议,监察处理事件流程、协调及了解小组内不同工作的跟进程序和进度;助理总负责人,协助总负债人跟进工作,如总责任人不在岗位,须处理其职务;以及辅导工作主任,对内、对外联络工作主任,协调工作主任的各自职责。

2. 校园安全管理的相关实务

（1）校园危机的预防工作

①政策方面。制订政策时,应开放于师生及家长参与和提供意见,有助校内各成员能充分理解及体会各方的权与责。明确列出学校对危机事件的处理程序、资源分配及人力分工,以应付突发事故,例如:不同危机的应对程序及紧急联络电话等。

成立"校园危机管理小组",除了在突发事件发生时介入外，更可以进行预防工作，发掘及分辨潜在危机的来源、性质及可能影响范围，订定应付各类危机情况的处理策略和方法。制订措施，有效跟进学生缺课、迟到、早退及健康等情况；订定明确的奖罚制度，并由教师贯彻执行。

提供有效沟通渠道，让学校、学生及家长三方面能有效表达意见及沟通，同时提供机会让不同专长及经验的教师能定期在师生沟通、建立关系和处理问题等方面交流。

②人群因素方面。增强个人适应力及提高面对生活压力和突发事件的承受力。营造良好师生关系，培养对学生需要的敏锐触觉，为预防危机建立重要网络。营造良好的团队默契和合作精神，有助互相补足及照顾不同学生的需要；在处理冲突或危机事件上，透过有效的沟通和分工，帮助及早识别和处理冲突、危机。

建立开放的校园气氛，提高工作及学习气氛，针对学生普遍存在的各种状况，为学生安排有益于身心的活动，教导学生尊重个人特性及珍惜生命的观念，培养良好的校风和班风。

③环境方面。针对校园内外的人群聚集地点或潜在危机地点，加强巡查或增加有效的管理措施。

④辅助资源方面。与教育暨青年局、社会工作局、卫生局、治安警察局、社会服务机构及友校等政府及民间团体保持密切联系，善用学生辅导服务及社区资源，妥善预防危机事件发生，并在问题发生时给予协助。

(2)教师及学校辅导员的职责及须注意的事项

①预防阶段中教师的角色。主动及积极参与相关培训活动，增强个人处理学生问题的知识。增进个人协助学生处理困难或压力的技巧。经常与班上每位同学接触，与学生分享感受，留意学生

在周记、作文及信件上透露的心事及相关线索,对可能出现问题的学生保持高度关注,并给予适当的支持。提供支援网络及相关资讯,让学生清楚知道在遇到困难时该如何处理。建立通报机制及支援网络,留意每位学生的出席情况,与家长保持密切联系及安排家庭访问,经常与其他任课教师沟通,全面了解学生在家和在校的情形。

②危机处理阶段中教师的角色。对肇事学生及其他同学保持高度关注,给予支持和接纳。鼓励及转介有需要的学生向学校辅导员或相关机构求助,寻求更多的支持及专业协助。在班级内营造"温暖接纳"的气氛,让当事人感受到他是团体里的重要一员,得到同学的关心。动员肇事学生的家人紧密留意学生的言行举止。定时向学校相关人员汇报跟进情况(如校园危机管理小组成员)。向学生提供"支援网络"成员的联络电话。

③事后复原阶段中教师的角色。对班内情况保持敏锐的触觉,给予肇事学生及其他相关同学高度关注,确认哪些学生是受该事件影响最深的群体,即时转介于学校辅导员辅导及跟进,并与辅导员保持密切的联络和合作。带领班级或小团体进行讨论,适时地与学生讨论、沟通和分享。熟悉校园危机管理小组的运作情形,掌握校外相关社区辅导机构及医疗资源的最新资讯。向校长或其指派人员报告事件的经过及处理情况,了解详情及做出检讨,编写书面报告,以作为日后校内预防工作的参考。

(3)家长的角色及与校方的配合

家庭对青少年的影响非常深远,父母更是青少年成长过程中无可替代的重要人物,因此,在建立安全校园的工作中,家长的角色相当重要,父母除了能给予子女关怀和支持外,也能及早发现子女的情绪变化,与校方配合,尽早介入及处理,让问题状况尚属轻微时获得有效的解决。

关于家校合作相关内容,本章第二节"三、澳门高校公共安全管理其他配套机制"中有详细论述,此处不再详细介绍。

(4)高危学生的发现及处理

①"高危学生"概念。"高危学生"指在成长背景或生活环境中欠缺足够支援,因而在个人成长、家庭、学校及朋友等经验上遭遇较多挫败的学生,他们比其他同学较容易出现偏差行为、自我伤害或对前景失去信心等情况,故师长对这些学生需要多加协助和关注。

②高危行为的共通特点。一般高危行为具有下列共同特点:

相对性:高危行为的界定在不同的时空和文化背景下各有不同。

连锁性:各类危险行为之间的关系互相影响,先后因果难以作出整理,形成恶性循环及处理的困难。

多元性:各类危险行为可能来自各种适应与困难,一种适应困难也可能导致多项危险行为。

③高危学生的特征与行为表现。学生与成年人一样,同样需要面对及应付社会上各种人和事的转变以及生活压力,部分学生在适应上遇到困难时,可能会出现偏差的行为。因此,学校、家长和辅导人员有必要在危机发生前,成立支援及处理突发事件的团队,共同预防及处理这些事件。此外,教师及学校辅导员也需要具备识别及处理青少年偏差行为的能力,帮助他们更健康及全面地发展。

高危学生校园问题行为的分析及辅导策略:

其一,校园问题行为表现。

逃学、离家出走;师生之间发生冲突;暴力行为;恐吓、勒索;赌博;偷窃;吸烟;学习困扰;对学校产生恐惧;人际关系不良;家庭功能未能完全发挥等。

其二,赌博行为之行为表征及辅导策略。

该手册针对校园问题行为分别提出了行为表征及辅导策略,如:针对学生的赌博行为的行为表征及辅导策略如下:

行为表征:

对各类赌博游戏深感兴趣,注意各项赌博的消息。遇到学业、交友、家庭问题时,采取逃跑的方式处理。经常流连游戏机中心,喜欢玩赌博性游戏作为消遣活动。常有大量金钱使用,在校内外聚赌。逃学、离家出走。恐吓、勒索别人。

辅导策略:

个别面谈,了解学生对赌博有兴趣的原因及遭遇到的压力。让学生明了赌博之害,并认清以赌博来逃避现实是错误的适应模式。辅导学生以正确的方法来缓解学习上的压力,解决学习困难,并鼓励学生参与健康的休闲活动。与家长联系,让家长明白孩子所遭遇的问题,并讨论合适的解决方法。请家长协助教导孩子有计划使用零用钱,建立正确的金钱观。校方及家长共同合作,共同管制学生上下课时间,减低其进入赌博场所的机会。

其三,人际关系不良方面的问题行为之行为表征及辅导策略。

行为表征:

沉默寡言,很少与同学交谈,面对陌生人时表现退缩。说话紧张,无法表达自己的意思。喜好争辩,常与人针锋相对,不服师长管教并作出顶撞。常挑剔别人或被别人挑剔。言行偏激,态度傲慢,常独来独往,甚少朋友。

辅导策略:

协助学生改善社交及沟通技巧,扩展人际关系。设计小组活动,帮助学生开放自己,尝试接纳他人。辅导学生如何提出建设性意见及减少负面批评。提供学生自我表现机会,使学生从成功的经验中获得自我肯定。转介予驻校辅导员跟进,如情况严重,可转介到专业辅导机构或医疗机构作进一步的诊断。

④高危学生的辅导原则。在处理问题前,先考量情况的紧急性及在人手或物质上的需要和支援,事先做好准备。给予有关学生接纳、尊重与关怀,建立良好的辅导关系。了解导致问题的原因,尽力协助学生解决及妥善处理问题。搜集相关资料,包括法律方面的资讯,与学生分享和讨论。寻求家长、校方与社会资源的整体协助。提供空间予学生改善及从中学习获益。关注其他同学的心理状况,给予关怀和协助。

(5)校园危机事件的应对及处理

①校园危机管理小组的实际工作。针对学校和所在社区的特性,深入了解在校园和该社区可能发生的危机和容易产生问题的症结,以便制订防范措施,防患于未然。首先成立小组后应进行任务分配;其次应决定合适的发言人;最后应拟定危机应变计划。计划的内容必须包括以下几点:紧急事件处理纲要;相关资料的建档与资源管理。

②危机事件的处理步骤及原则。

预防阶段:事先预防重于事后辅导。因此,成立校园危机管理小组有助于协调及预防有关事件的发生。营造和谐校园文化,重视师生双向沟通。加强道德教育和情绪教育,培养学生处理冲突及跨越逆境的能力。培养学生正确的自我概念,多给予学生成功的经验,以增强他们的自信心。加强亲子教育及家校沟通。与警方、社团、医疗机构、辅导机构、家长会及校友会等合作,建立支援网络。

事件发生时的处理:评估问题的情况及严重程度,了解原因及发展状况。研究问题的性质及收集解决问题的资料。制定及执行解决问题的模式及策略。检讨执行结果并从中吸取经验。

事后辅导:掌握事件的发展状况并作详细记录。对外发表消息,澄清疑虑。给予当事人适当的辅导和帮助。就当事人及关键人物的情绪或其他需要给予说明或辅导。检讨处理手法以作为改善日后工作的参考。

③危机事件的处理原则:即时的处理。

紧急事件处理流程要点:

危机发生前:了解不同类型危机的征兆,对危机讯号经常保持一定的敏感度。设立校园危机管理小组,拟定危机管理计划,并订定小组成员、小组功能及职责,作为统筹负责危机管理的核心组织。赋予小组适当的职权,以便小组能针对危机事件的情境即时作出分析及跟进。提供危机预防及管理的训练,并对危机管理计划进行实际演练。平时多了解及搜集社区不同资源的类别、分配及所在地点等资料,善用有关资源并定时更新有关资料。制订迅速并且一致的传递信息方法,以便能作良好的协调沟通。

危机发生时:当任何人、事或物在校园范围出现危机情况,必须立即通知校园危机管理小组,即时评估需要采取的行动及决定处理的程序。现场决定紧急处理方案,并设置信息沟通中心,一方面便于沟通和协调收集信息,也可统一对外的发言。定时向直属上级汇报跟进情况,并编写和整理初步文件资料。通知家长会及相关部门,同时安定师生情绪,与有关人士商议善后的处理并共识处置的方法。善用平日收集的相关资料。与新闻媒体保持良好关系。

危机发生后的运作与协调:掌握事件的发展状况及作详细记录。建立评估系统,检讨处理事件的方案及步骤,作为日后改善工作的参考。开展个案追踪辅导,并加速推动治疗的工作。检讨处理方式,对工作手法持续地作出反思及改善。

④面对传媒的技巧及注意事项

其一,当事件发生时,校方须安排教师或学校辅导员陪同肇事学生往相关部门寻求协助(如医院、治安警察局等),谨记注意保护学生的隐私,避免学生被拍照或围观。

其二,教导学生及教职员在接受访问时要注意的事项,如诚实作答、不要讲道听途说的内容、尊重当事人的隐私以及对所发表的内容要负责任等。教职员接听电话时,不论对传媒机构任何职级员工,态度一定要友善和合作。若传媒得到尊重,报道取向对校方会有利。向查询或探访者索取名片,以便日后跟进。

其三,学校在面对传媒时须保持友善合作的态度,传媒对"危机"的关注点主要是以公众的角度及关注的内容作出发点,探访一般包括以下项目:事件经过(会邀请不同人士叙述);受影响范围,包括人数、严重程度及损失情况;事发原因;是否涉及制度、抑或人为责任及疏忽;了解善后及补救工作情况;受影响人士有哪些途径可讨回公道;校方会采取哪些措施避免事件再次发生;会否成立专责小组检讨事件。

其四,安全校园资料手册列举了学校如何回应传媒的具体内容指引:如发布信息的事前准备、发布信息的内容指引及发布信息的注意事项。其中,信息发布的注意事项列举较为详尽、专业,值得借鉴:

校方须认识媒体查询的权利,为教职员、家长会及相关人士准备应付媒体的指引。校方须通知所有教职员,媒体查询时该转给发言人;发言人亦须知悉事件详情及面对媒体的策略,同时准备接受电台及电视台的采访。

准备向媒体发表的书面声明,并由校内职员检查书面声明的敏感性、准确性及适切性。向媒体查询访问会否有录音机或摄录机记下,将媒体查询及向媒体发表的声明存档,包括记者的名字及所属机构。访问完毕后,不要进一步跟媒体作一般的讨论,应把校方跟媒体的所有对话视作会被发表的资料。

(6)危机后的青年心理治疗

①青年在创伤后的反应:身体健康方面:身体不适;情绪方面:恐惧、抑郁、对个人及家人朋友的安全过度关注;行为方面:滥用药物、酗酒、行事鲁莽、容易滋扰生事、出现倒退行为(如不能承担责任,表现幼稚);学习方面:记忆力出现问题、难以集中精神、思想紊乱、成绩倒退、易生意外;人际关系:离群孤立。

②治疗方法:留意他们行为及情绪的变化,主动了解背后的原因,给予支持及关爱,让他们了解究竟发生了什么事情,避免臆测或误解。分享感受,让他们明白,个人对同样的事情都会有不同的反应,鼓励他们叙述经历,并耐心聆听他们的感受和看法,以亲切及体谅的态度与他们沟通。鼓励他们要做适当运动,饮食均衡,睡眠充足,继续保持日常的闲暇活动和与同辈的联系,不要孤立自己。

让子女参与重建社区或帮助其他受影响人士的工作,例如,协助有需要的人,透过积极参与活动疏导内心不安的感受。

与学生一起商讨面对危机的方法,学习认识危险的讯号及有效的应变措施,以减低无助的感觉。如学生持续地出现多样的行为或性格变异,则须尽快与师长及学习辅导员联络,商讨协助他们的方法。①

---

① 《安全校园资料手册》,来自澳门教青局及印务局资料,http://cn.io.gov.mo.

三、澳门高校公共安全管理其他配套机制

(一)澳门教育暨青年局提供的学生辅导服务制度

1. 澳门学生辅导服务制度概况

澳门校园欺凌事件日益引起了高校管理机构——教育暨青年局的重视,日前,澳门教青局针对校园欺凌事件提出了一系列对策。具体内容如下:

近期澳门发生多宗涉及学生的欺凌事件,教青局表示局方一直很关注各类涉及学生的问题,当事件发生后,会透过校园危机支持小组让相关部门、校长及教务主任等讨论有关个案并跟进情况,同时探讨如何预防同类事件再发生,并给予相关学生适当的辅导服务。

(1)增辅导员协助学校机构

教育暨青年局教育心理辅导暨特殊教育中心主任周佩玲表示,该中心一直密切关注每个与学生有关的个案,并安排学校辅导员跟进。教青局多年来赞助五间民间机构提供学生辅导员(即澳门基督教青年会、圣公会澳门社会服务处、鲍思高青年服务网络、澳门街坊会联合总会、澳门明爱等),目前有 113 名辅导员向 78 所学校提供辅导服务,较上学期增加了 24 人及 7 所学校;今年一月起新增了十名非驻校学生辅导员,负责处理离校生个案,透过上门家访等工作,协助离校生尽快重返校园,以免虚耗时间而影响其受教育的机会。

周佩玲指出,教青局的服务理念是生命教育,在学生的成长过程中,提供各类预防及发展性的辅导服务,协助学生面对成长遇到的各类问题,即使有事发生,亦要令伤害减至最低,以及为学生构建健康的成长环境。在 2006—2007 学年,各校的学生辅导员在校

内举办了各类发展性辅导活动,包括成长适应、珍惜生命、情绪管理、预防药物滥用、问题行为、预防赌博、互联网络的正确使用等,共举办了 4866 次,273463 名学生参加。本学年至去年 12 月底,已举办了 2036 次活动,共 122085 名学生参加。

(2)辅导学生数量

除了举办活动,学生辅导员亦会为学生提供个别辅导,2007年上学年辅导了 3086 名学生,下学年至 12 月底,接受辅导的学生有 1951 名。最多学生遇到在校问题,包括学业表现不理想、缺乏学习动机、犯校规、在班上出现扰乱行为等,其次是家庭问题,包括教养问题、亲子关系不良、父母离异、父母关系不良等;朋辈关系、行为、成长适应、情绪问题等亦为数不少,且一名学生身上可能会出现多于一种的问题。

(3)家长须注意子女行为

周佩玲表示,要令青少年走向正途,教师和家长占重要位置。教青局一直有为教师提供面对学生行为情绪问题的辅导技巧培训工作坊,辨识学生的问题行为如沉迷上网、缺乏学习动机、欺凌行为、自伤行为;认识学生的异常行为、对学生的哀伤处理、学生冲突等,以及教导教师掌握处理技巧等。在家长方面,驻校社工会开展如:亲子活动、家校合作等活动,希望家长在活动中感受到家长在家庭中管教子女的角色,是无可代替,家长要注意子女在行为上一些不妥当之处,尤其是当子女的性情、行为有转变,或处理金钱的情况与以前不同时,都要多加留意,多与子女交流和沟通,对他们增加了解,如有需要,可与学校社工及教师合作和交流意见。

近年多宗欺凌事件曝光,都是因为有关片段于互联网上散播。周佩玲呼吁学生采取任何方法解决问题前都要考虑清楚,必须控制情绪,如有困难亦可借助专业辅导员协助。将欺凌片段置于互联网上,对受害者的遗害很大,即使欺凌者日后明白自己的行为错误,亦难以做出补救,因此青少年在行动前,一定要明白所有行为会造成的后果,以及自己要承担的责任。①

2. 澳门学生辅导服务制度具体内容

以驻校形式为本澳在学的儿童及青少年提供辅导服务,培养他们认识自我,发展潜能,建立良好的人生观和价值观,学习积极面对及处理困难,同时培养独立思考、价值判断及决策能力;强化学生与家人、老师及朋辈之间的和谐关系,并促进学生与家校的沟通和合作,以缔造一个有利儿童及青少年的成长环境;此外,学生辅导员也会为有需要的学生安排认知能力的评估及相关的性向测验,让学生能得到适切的教学安排,顺利及有效地学习。

在澳门教青局倡导下,澳门社团组织积极参与到澳门青年辅导服务网络中。这些社团包括:澳门基督教青年会、澳门明爱、圣公会(澳门)社会服务处、鲍思高青年服务网络、澳门街坊会联合总会等组织。

(1)学生辅导服务的理念

学校除了是一个知识传授的地方外,更是一个培育儿童和青少年认识自我、发展潜能、学习解决问题和提升人际沟通等能力的地方,要培育学生达到全人发展的理念,学生辅导服务,作为一项与校方配合的专业支持服务,透过派驻专业心理辅导员及社工到学校,以专业的知识和工作操守,与学校、家长及小区配合,协助学生适应、改善及解决在学校、家庭或成长方面的各种问题,让学生能发展潜能,尽显所长。

---

① "通过危机支持小组跟进,澳门教青局重视校园欺凌",《澳门日报》2008年3月12日,http://edu.ce.cn。

(2)学生辅导服务工作目标

①识别及协助在学习、家庭友爱关系及行为情绪等方面有困难的学生,透过辅导工作,提升其学习兴趣、改善社交技巧、学习处理及解决成长中遇到的困难,并能把握学习机会,得到全面的培育,为成年作好准备;

②协助学生认识自我、发展潜能、关心个人及社群的发展;并建立积极及正确的人生观和价值观,避免因受到不良的环境或朋辈影响而误入歧途;

③培训有志参与学生辅导工作的教学人员,提升其察觉学生问题的敏锐触觉及解决学生在行为和学业困难的能力,在学生的问题未深化以前,及时提供辅导或转介服务。

(3)学生辅导服务工作模式

①学生辅导服务的安排是按学校的学生人数及学校的需求程度,透过驻校方式进行;

②驻校服务是为本澳中学、小学及夜校,且为协议在教育暨青年局的服务条件下接受学生辅导服务的学校而设;

③学生辅导员(在校提供学生辅导服务的专业人员,其专业背景分别为社会工作、心理辅导、教育心理及心理学)每星期在指定的日期及时间驻校,并配合学校个别之特性和需要,向学生推广辅导服务,并提供个别辅导、小组辅导、咨询服务、转介服务及其他与辅导及个人成长相关之预防性、发展性及补救性活动等;

④服务对象包括学生、家长及老师;

⑤服务形式包括小组活动、讲座、工作坊、联校活动、交流探访、日营、宿营及生活体验等多元化活动,好让有不同需求的学生、家长及老师能得到适切之服务。

(4)学生辅导服务工作内容

以直接派驻及资助民间志愿机构派驻曾受专业培训的人员往学校,包括社会工作、心理辅导、教育心理及心理学等,透过预防性的活动及辅导服务,为学生提供与辅导相关的专业支持和协助,并为家长和老师提供预防性、发展性及补救性活动的教育工作。学生辅导员善用驻校的优势,并配合各校的特性,为学生提供个别心理辅导、评估、小组及团体辅导活动,其中包括学生生活适应、预防朋党、学习技巧、人际沟通、情绪处理和青少年身心成长等主题的讲座及工作坊。

①个案辅导。当学生辅导员接触到有需要的学生,或接到求助和转介时,便会约见当事人,或按情况的需要与其家人进行面谈或家庭访问,透过个别辅导,协助当事人处理其成长上所面对的困难。

②辅导活动。透过小组、工作坊及讲座等活动,协助学生认识自我、发挥潜能或解决困难。这些工作的类别很多元化,其中包括:人际关系、成长适应、情绪管理、领袖训练、义务工作、读书技巧及性教育等。

③咨询服务。为校方行政人员、老师及家长提供资料或专业意见,加以协调及协助,改善受辅导的学生情况。

④转介服务。因应学生的个别所需,转介学生往相关的机构(例如:经济援助部门、院舍等),以提供适切的服务,配合全人发展。

⑤数据提供服务。为学生提供有关教育、选科、升学、就业、小区资源或生活所需的资料,以协助及改善学生在学习、个人成长及家庭生活各方面的发展。

⑥新生适应及生涯辅导服务。协助新生适应新学校环境及学习模式、为面临选科的学生提供有关选科及职业类别的数据,并给

予专业意见和支持服务。

⑦评估服务。为学生提供在自我认识、学习能力及兴趣等方面的专业评估及诊断,以协助学生在学能、升学及就业各方面做出定位。

⑧小区教育活动。学校辅助员与校方或其他机构合作,为学生、家长及教师举办展览会、研讨会、课程、演讲及生活营等活动,并透过印制刊物及展板等,宣传和推广与辅导相关的教育活动。活动主题包括亲职教育讲座及工作坊、选科辅导讲座、提升学习技巧讲座及工作坊,预防性侵犯、预防朋党、性教育及防止虐待儿童讲座等。

(5)学生辅导服务工作重点

①学校生活适应方面。其中包括:提升学习技巧及记忆力、改善同学之间及师生的关系,并提供与前途抉择相关的数据和意见。

②个人情绪及行为问题。其中包括:提升自我认识的能力、处理心理情绪的困扰、改善品行及预防不良朋党。

③家庭/朋友方面。其中包括:提升社交技巧、学习沟通的艺术、处理人际沟通的障碍、学习在成长过程中与家人朋友和谐相处及学习与异性相处的正确态度。

④身心健康方面。其中包括:认识自我、认识成长过程中的身心转变、培养自尊感、发展潜能、提升自信心及关注身体、智力及精神状况。①

3. 学生辅导服务与校园危机事故支援小组

教青局于 2007 年 9 月正式成立"校园危机事故支援小组",

---

① "健康校园——学生辅导服务",澳门教育局网页,http://www.dsej.gov.mo.

小组成员由本局及 5 所辅导服务机构各选派已受相关专业训练的学生辅导员组成,主要工作是当发生校园危机事故时,小组会负责协调及运用校内及校外资源,减低危机事故对学校、学生及校内师生员工所造成的负面影响。①

4. 学生辅导服务与其他政府部门的合作机制

教青局于 2005 年 1 月与治安警察局、司法警察局及卫生局建立"与学生相关严重事件通报机制",就与学生有关的事件作出通报,并成立了负责有关工作的专责小组,为学生提供实时的心理支持服务;

教青局于 2006 年 5 月,与社工局建立"学生紧急入住院舍转介机制",当学生辅导员发现学生个案需要入住院舍时,可透过机构督导联络本局同事与相关部门协调提供服务,同时考虑到实际需要,亦为此机制相应设立由本局相关专业同事轮值接听的 24 小时支持热线。②

(二)澳门青年全人发展战略

澳门青年全人发展战略是指:青年事务委员会于 2005 年 5 月 10 日全体会议通过成立"青年全人发展策略"专责小组,目的是向"青年事务委员会"及特区政府提供青年全人发展策略的意见及建议。青年事务委员会及其专责小组在 2006 年起致力于制订有关策略的建议稿,并透过广泛的渠道,向全澳各政府部门、不同界别的民间组织、市民及青年进行公开咨询以收集各方意见,最后于 2007 年完成《澳门青年全人发展策略》文本。制订《澳门青年全人

---

① "资源库——有问有答——学生辅导服务",澳门教育局网页,http://www.dsej.gov.mo.

② "资源库——有问有答——学生辅导服务",澳门教育局网页,http://www.dsej.gov.mo.

发展策略》的主要目的是建构一个让本澳青年可以有良好发展机会的社会环境，以及透过政府和民间组织的共同合作，为促进青年全面健康成长的行动计划踏出重要的一步。

本策略主要参照联合国所订有关青年发展工作领域的建议，并配合本澳的社会环境及情况，订定了十五个工作领域及其措施方向。其中包括11项核心领域措施和4项扩展领域措施。"核心领域措施"包括：教育、就业、健康、环境、博彩、偏差行为等。

青年：依据青年指标订定的范围，青年指 13 至 29 岁的年轻人。

青年全人发展：概指特定年岁范围内的青年人在个人身心方面的全面和健康的发展。

笔者仅择取其中的博彩、偏差行为、两代关系、青年冲突预防和心理健康教育五方面内容加以介绍。

1. 澳门青年全人发展战略与博彩

（1）澳门政府保护青年远离博彩业的举措

据《澳门日报》报道，澳门行政长官何厚铧昨日参观澳门教青局德育中心临时办公室时表示，德育教育在社会未来发展过程中非常重要。然而，澳门现在才开始全面发展，相信需要 10 至 20 年才见成效，其中还包括教育培训等问题。因此，德育教育工作不会在短短两三年便可做好，将需要一代人的努力。

何厚铧表示，德育教育要在两方面做好，一是基本的道德价值观，社会在不同时间会有不同的需要；二是投资在青少年教育方面，基本道德价值观强，才能避免赌博的伤害。澳门发展博彩业是时代需要，故更要做好青少年的道德教育工作。

他还勉励德育中心的人员不要因为外间的批评言论而灰心，必须持之以恒，任何问题都当作吸取教训，千万不要因此泄气，继续将德育教育工作做好。

教青局局长苏朝晖表示,德育问题是社会各界关注的问题,尤其是青少年学生在德育方面的发展更受关注,政府在发展青少年整体价值观方面有完整的规划。德育中心在博彩方面的工作会以预防教育为主,主要举办宣传活动、培训课程及课外活动,宣扬正确的价值观,预防青少年学生沉迷赌博。

苏朝晖表示,教青局亦会加强教师培训,让教师在预防学生赌博方面交流意见及分享经验。教青局亦会制作德育教育教材,供教育界使用。有关教材会用于小学及中学,根据学生不同的思考模式,采取不同的内容和教育方法,培养学生的独立思考能力和自省能力。中学生会着重让他们了解赌博对人生的影响,小学则以直观式学习为主,从小协助他们建立正确的人生观。①

（2）澳门青年全人发展战略与博彩

澳门青年全人发展战略之领域五,是关于青年全人发展与博彩业关系处理的内容,该内容分四个部分分别阐述了政府及相关社工组织如何使得澳门青年远离博彩业的负面影响,获得全人发展。

①青年

a）改善社会环境,并采取教育及矫治措施,减低青年沉迷博彩的机会。

b）开拓社会的不同渠道,让青年人认识有关博彩对个人、家庭和社会的影响。

c）增放资源,让青年人以不同的形式参与预防博彩的服务或

---

① 何厚铧:"做好青少年德育　避免赌博伤害",资料来源:http://news. tom. com.

工作。

d)开放渠道,让青年人参与制定有关防治博彩的方案;并投放资源,加强协助受病态赌博问题困扰的青年重投社会,健康成长。

②组织

a)鼓励及协助相关组织,就预防、发展及治疗方面提供服务,让青年及家长有更多就博彩引发的问题寻求协助的机会。

b)协助高等院校透过伙伴关系,成立防治青年博彩研究及辅导单位,提供支持及协助。

c)鼓励不同团体结合力量,参与制订及推行有关防治青年博彩的方案和措施;并创设公平的环境及条件,鼓励及协助组织发展成为卓越单位,为有需要的青年提供相关服务。

③工作者

a)改善青年工作者于防治博彩的工作条件和环境。

b)培训满足社会所需的青年工作者,提供专业服务,解决青年博彩相关的问题。

c)结合青年工作者力量,参与制订及实行有关防治青年博彩的方案和措施;并透过培训和督导,协助有关的青年工作者步向专业化。

④服务

a)设置及改善有关的服务单位和工作,为青年提供所需的服务。

b)改善现存有关青年博彩的资料收集制度,并设立中央档案机制,记录青年博彩有关的资料。

c)开拓其他协助青年减低博彩的方法和服务;并推动防治博彩新服务模式的设计,以更有效针对青年博彩引发的问题。

d)加强道德教育、生命教育和生涯教育,协助青年抗衡社会不良的引诱;并扩充博彩辅导中心的规模与职能,加强相关服务。

e)优化不同政府部门在这领域中之服务协作模式。①

2. 澳门青年全人发展战略与青年偏差行为

滥药是澳门青年比较突出的偏差行为表现之一。澳门青年全人发展战略中,领域6是关于偏差行为的阐述,其中重点提到了对青年滥药行为的预防及应对。

以下内容分别为:澳门青年学生滥药的新闻、澳门社工组织——圣公会北区青年服务队关于青年滥药的调查报告,及澳门青年全人发展战略中关于青年偏差行为——滥药行为相关防治措施。

(1)澳门青年学生滥药的相关新闻②

据《澳门日报》报道,澳门学生贩毒问题令人担忧,有迹象显示贩毒学生开始将毒品带入校园推销,并利用同学作毒品拆家,专门以学生或朋友作为售卖对象。澳门治安警人员日前捣破一个怀疑"学生贩毒集团",拘捕3男2女年龄在15至17岁之间的青少年,包括集团女主脑。4人分别来自2家不同中学,当中2人未成年,警方在行动中搜获多包毒品"K仔"。

校内贩毒向同学兜售

怀疑涉及校园贩毒案被捕的5名青少年,包括1名17岁女学生,相信是"学生贩毒集团"的女主脑,负责在内地偷运毒品返澳门。另2名已成年的17岁男女其中1人无业,与其余2名未成年

---

① "澳门青年全人发展战略——领域5",资料来源:http://www.dsej.gov.mo.

② "澳门学生将毒品带进校园推销 5名青少年被捕",新华网,http://news.xinhuanet.com.

男女学生分别负责分拆毒品、寻找买家及送货。据消息称,澳门治安警23日晚在新口岸展开冬防行动,其间截查2名17岁青少年,在2人身上搜出多包以少量包装的毒品"K仔"。警方发现被捕2名青少年其中1人为某校中学生。其向警方供称,正计划将毒品送至指定地点,被捕者并供称曾在校内售卖毒品,部分买家是同校同学。

被捕5人承认贩吸毒

警方连夜展开调查,根据2人提供的资料,由23日夜至24日先后搜查澳门多处地点,包括2家分别位于澳门及凼仔的中学,至24日中午再拘捕同案的2女1男。被捕5人当中,有人向警方承认吸毒并从事贩毒,搜获的毒品怀疑由案中女主脑由内地偷运返澳门,通过2名17岁少男在校内外扩展"业务",包括在学校内寻找有兴趣购买毒品的同学,或通过未成年同学推介或贩毒,他们在接到买家电话后,随即通知女主脑,由2名"中层"或自己亲自送货。有人承认曾将毒品直接带入学校交给同学"买家"。

先免费引诱后图暴利

青少年北上吸毒可能是导致毒品流入校园的途径之一。有消息指被捕者中,有人经常活跃在内地的"K"场,他们在内地吸毒狂欢后,将剩余的毒品带回澳门,先免费提供给同学吸食,待对方有兴趣再吸食,始由内地偷运返澳门出售。在内地每小包100元购买的"K仔",同学价高达250元,利润可观。

(2)澳门北区青少年北上滥药调查报告书①

青少年滥药问题一直都受社会关注,外展社工了解到滥药青少年的当前危机,部分青少年经常往返内地消费及滥用药物,北区

---

① 澳门圣公会北区青年服务队网页,http://www.skhssco.org.mo.

滥药风气在组群间愈趋普遍及流行。故此,服务队透过进行针对北区街头青少年北上滥药的调查,旨在了解受访者北上滥药的模式及原因,曾经遇上及看见的危机事件,以及其滥药习惯的转变情况。

我们希望借着此次调查,抛砖引玉地让社会大众,尤其是青少年身边的家长、老师及社工等共同了解现时青少年北上滥用药物的现况,并及早作适当的指引、辅导及治疗,让青少年可以选择更合适自己及正面的生活目标。

(3)澳门青年全人发展战略中青年滥药问题应对措施

在澳门青年全人发展战略之领域六:偏差行为主要指青年的滥药等相关问题行为。关于青年的滥药问题,该战略分别从四方面提出了应对措施:

①青年

a)开放更多渠道,协助青年加深认识偏差行为的成因及影响,以减少青年偏差行为的产生;并增加受偏差行为影响的青年寻求协助的机会。

b)开放渠道,协助青年就偏差行为发表意见及参与制订解决有关问题的方案。

c)加强宣传和教育,协助青年认识偏差行为对个人、家庭和社会的影响;增放资源,让青年人以不同的形式参与预防滥药、预防反社会行为或偏差行为的服务或工作。

d)投放资源,加强协助越轨/犯事青年改变偏差行为,重投社会,健康成长。

②组织

a)鼓励及协助相关组织发展、增加和改善服务或活动,以减少青年偏差行为问题;并协助提供辅导服务的团体,增加其设施和资源。

b)针对滥药问题,鼓励及协助相关组织,就预防、发展及治疗方面提供服务予青年及其家庭。

c)协助高等院校透过伙伴关系,成立防治青年滥药研究及辅导单位,提供支持及协助。

d)结合不同团体,共同参与订定减少青年偏差行为的方案。

e)投放资源,鼓励各类组织发展,以提供更具效能的服务;并创设公平的环境及条件,鼓励及协助组织发展成为卓越单位,为有需要的青年提供相关服务。

③工作者

a)鼓励院校增设课程,提供更多机会让青年工作者掌握有关领域的知识和技能。

b)增加外展青年服务队伍,并发展专业外展社工制度,以加强及扩大服务素质和范围。

c)改善青年工作者于防治药物滥用的工作条件和环境;并提升他们的权力,以解决青年滥药引起的执法问题。

d)培训满足社会所需的青年工作者,提供专业服务,解决青年滥药问题。

e)结合青年工作者、家长及教师力量,共同参与订定减少偏差行为的方案。

f)鼓励及协助青年工作者采纳更具成效的服务模式,解决青年偏差行为的问题。

④服务

a)改善社会环境,并提倡"利他"、"仁慈"、"慎思"等美德,减少青年偏差行为的机会。

b)改善现存有关青年滥药的资料收集制度,并设立中央档案机制,记录有关青年滥药的资料。

c)综合社会力量,开拓综合工作模式,防治青年偏差行为。

d)检视及改善现行针对偏差行为青年服务的成效,并开展对他们成长背景的调查,以协助规划具前瞻性的防治方案。

e)加强道德教育、生命教育和生涯教育,协助青年抗衡社会不良的引诱,并结集跨界别力量,以订立更具方向的防治方案。

f)优化不同政府部门(如教育、卫生、司法、社工)在药物滥用方面的服务协作模式;并扩充戒毒中心的规模和职能,以加强相关服务。①

3. 澳门青年全人发展战略与青年冲突预防

青年冲突指在青年学习、成长、生活过程中,由于心理发育尚不成熟,比较容易产生冲动情绪,造成冲突事件。因而,全人发展战略目的在于通过家庭、学校、小区的系统运作,预防并减少青年产生冲突的机会。预防措施可分四部分:

①青年

a)加强针对家庭、学校、小区的工作,减少青年在生活上遇上不同冲突的机会。

b)设立机制,协助青年就家庭、学校、工作及小区的冲突表达意见。

c)提供青年教育与培训,协助发展个人智、仁、勇的素质,以及逆境解难能力,应付生活中各类冲突的挑战。

②组织

a)鼓励及协助各类组织发展青年冲突预防工作,开拓政府与

---

① "澳门青年全人发展战略——领域6",来自澳门教青局网页,http://www.dsej.gov.mo.

各类组织的协作,建立和谐社会。

b)鼓励组织踊跃发表意见,为青年冲突预防的计划提供建议方案。

③工作者

a)增拨资源及培训家长、教育工作者及青年工作者,改善他们的工作环境,协助掌握青年冲突预防的技巧,以提供更具成效的服务。

b)开办相关领域的工作坊,协助工作者学习处理青年冲突的技巧。

④服务

a)拓展各领域的工作,研究家庭、学校、小区对青年的不良影响,营造和谐社会,提供青年健康成长之机会。

b)研究不同服务机构在处理青年冲突事故时的协作机制和运作准则。

c)参照地区及国际章则,逐步筹订"青年及冲突预防"的措施和守则。①

4. 澳门青年全人发展战略与两代关系②

①青年

a)检视及研究相关法规,保障青年享有在健全的两代关系中成长的机会;并拓展社会空间,提供条件,鼓励及协助青年表达对家庭关系、两代关系、亲子关系的意见。

b)透过服务与活动,协助青年参与健康的家庭生活,协助他

---

① "澳门青年全人发展战略——领域15",来自澳门教青局网页,http://www.dsej.gov.mo/~webdsej/www/dsejnews/2006/12/new/tac15.html。

② "澳门青年全人发展战略——领域11",来自澳门教青局网页,http://www.dsej.gov.mo/~webdsej/www/dsejnews/2006/12/new/tac11.html。

们面对两代关系中所遇到的困难,全面发展和健康成长。

②组织

a)增加资源,协助家庭养育年轻一代;并鼓励及协助各类组织改善家庭和亲子服务,开拓以发展性为主的活动。

b)鼓励筹建亲子教育机构,首先针对年轻/新移民父母的培训,协助建立健康的亲子关系。

c)订定家庭服务指针及检视各类组织之服务成效。

③工作者

a)提供青年工作者专业培训机会,增强服务家庭与青年的知识及技能;并拓展各类组织,协助建设健康家园。

b)设立一队跨澳家庭青年服务队,由专业工作者提供所需服务,协助建设健康家园,以利青年成长。

c)制订方案,协助家庭青年工作者专业化。

④服务

a)于政府或民间团体提供解决家庭问题的机制,如家庭辅导中心,为有需要家庭提供协助。并拓展现有家庭教育的服务与活动,增强亲子关系、亲子教育服务,巩固两代关系,改善亲子关系。

b)收集与本澳家庭服务相关的资料,检视两代关系的情况和相关服务的成效,并制订家庭政策,保障成员的成长与发展。以及发展不同政府部门在家庭与青年服务范畴之协作模式。

5. 澳门青年全人发展战略与心理健康教育

(1)澳门高校青年心理健康教育相关新闻

澳门经济发展近年突飞猛进,随着社会发展步伐加快,承受着不同程度的压力,人们需不断提高心理健康水平。健康的心理素质是人类创造智慧、成就、财富和幸福的基础。然而,澳门心理健康的研究做得较少,关心也不够。

①调查五大专院校生

大专学生是一个比较特殊的群体,他们的发展与社会的发展有着密切的关系。社会应掌握大专学生群体的心理健康情况,时刻关注这一群体的发展。在社会文化司资助和澳门青年研究协会的帮助下,澳门学联开展了《澳门大专学生系列研究2006——澳门大专学生心理健康调查》,近日发布了研究报告。

是次调查研究的对象为就读于澳门大学、科技大学、理工学院、旅游学院、镜湖护理学院的学生。以"身心症状自陈量表"为工具,内容涉及感觉、思维、情绪、意识、行为、生活习惯、人际关系等。

问卷共发出760份,回收有效问卷686份,占总体问卷的93.7%,大专男生有231人、女生有455人。

②欠自信缺向上动力

调查发现,本澳大专生普遍存在较多不健康的心理症状。受访学生普遍存在很多没有必要、但又无法摆脱的无意义思想或行为,又因自卑感较强、神经过敏及人际交往能力不足,可能使其对很多活动的兴趣减退,产生游离不定的焦虑感。结果表明,在社会急剧改变的时候,大部分学生感到生活较难适应,导致出现症状。概括而言,澳门大专学生一般表现为缺乏自信、容易紧张、思维负面不够积极、担忧情绪较重、欠缺乐观向上的动力。

为此,学联建议根据本次研究调查资料,社会各界应重视大专生的心理健康问题,有必要加强大专生的心理健康教育,提高大专生的心理健康水平。建议各院校通过不同手段,如墙报版、互联网、讨论区等,营造一种积极向上、乐观进取的校园文化,在中、小学及家庭培养学生的自信、自强、乐观、积极的心态。

从调查看来,澳门大学生的心理健康问题主要表现在抑郁、强迫、焦虑、人际关系敏感等方面,原因多是没有及时调适和解决学生心理问题。学联认为,若他们不能很好地处理,将大大影响他们的心理健康,情况令人担忧。

③倡建危机干预机制

每年,刚入学的大学生往往出现各种各样的心理问题。导致新生心理失衡的原因很多,如:现实中的大学与他们心目中的大学不统一,由此产生心理落差;新生不适应新的环境、新的人际关系、新的教学模式,产生困惑造成心理失调。

在内地,国家教育部制订了大学生心理健康量表。新生入学后均要先接受心理测试,填写"大学生心理健康量表"。各高校根据测评结果,进一步评估可能存在心理健康问题的学生,根据情况给予心理咨询或建议到专门的医疗机构治疗。学联认为本澳高校应借鉴,做到早期发现与预防学生的心理问题。

借鉴危机干预理论,建立适合澳门特点的心理危机干预机制。心理危机干预是许多国外大学心理咨询中心的一项重要功能。突发的危机事件发生后,危机干预机制启动,心理辅导相关团体和个人,帮助他们从心理危机状态走出来,消除心理危机带来的后果、修复心理创伤。

有些学者认为,大学生可能出现心理危机有四个时期:(1)新生入学后的几个月,由于环境变化带来的心理适应问题;(2)重大考试来临或成绩公布,带来的压力或期望值落差;(3)临近毕业,由于对未来的不确定感引发心理危机;(4)重大的社会事件诱发的心理危机。

对这些心理危机的敏感时期,学校、家长、社会均应重视和关注,帮助学生顺利过渡。

④鼓励学生组织社团

应采取有效可行的方法,不断提高大学生的心理健康水平。建议在各院校设立心理辅导员的职位,让有困扰的学生可求助。中小学的学生需要社工和心理辅导员协助,没有理由大专生就不需要。

建立和加强心理健康教育师资队伍,设立和加强高等院校心理健康教育课程;建立心理咨询室,优化学校心理健康环境等,例如以解决"强迫因素"为例,学校应设计一些课程,帮助学生学会了解自己、正确评价自己、认识自己的优缺点、学习健康的减压方法、增加自信以减轻不确定感等。

澳门有不同的社团,校方应尽最大可能,鼓励学生组织有兴趣的社团,以强化校内的社团功能,多举办他们有兴趣的活动。年轻人精力无限、喜欢冒险,应有渠道让年轻人舒缓一下。

大专院校均强调如何改善学生的知识结构,试图通过改善学生的知识结构,让学生适应快速变化的社会。但是,今年的知识明年已不知能否派上用场,将来社会所需的知识要靠自身学习,所以应教导学生如何学习、鼓励他们分析自己的价值观,从而达到独立思考。①

(2)澳门青年全人发展战略与健康教育②

该战略主张,政府部门应当鼓励并协助学校和各类组织为校内外青年提供身心健康成长的课程和活动,并持续拓展相关服务。整合现有青年服务,针对性改善青年享有多元及全面服务的机会,并大力拓展性教育、生命教育及道德教育、心理健康教育等服务,

---

① "大专生心理健康存隐忧",《澳门日报》,http://www.360doc.com.
② "澳门青年全人发展战略——领域3",来自澳门教青局网页,http://www.dsej.gov.mo.

协助青年发挥个人潜能,并能尊敬生命,对社会有所承担。

(三)澳门学校健康计划指引

澳门教育暨青年局推出了《澳门学校健康促进计划》,这一计划为期 3 年。据澳门教育暨青年局有关负责人士介绍,《澳门学校健康促进计划》分为生理及心理两部分,生理健康包括校园安全卫生、学生体能的发展、健康饮食等;心理健康则包括德育教育及艺术教育等,其中德育教育是学生健康成长的重要组成部分,博彩业对青少年的影响、两性等相关内容的工作是德育教育的重点。以下是澳门学校健康促进计划实施指引具体内容。

1. 学校健康促进计划简介①

(1)"学校健康促进计划"实施概况

"学校健康促进"这一个概念是世界卫生组织率先提出的,简单来说,这是一个推广健康的策略,透过学校所有成员的通力合作,为学生和教职员工营造良好的教学环境,使学校成为一个有益于生活、学习与工作的健康场所。同时,亦透过建立完善的架构,务求达到推广、维护及保障学生和教职人员健康的目的,培养学生健康的生活习惯和掌握个人生活技巧等。内容包括下列 6 大范畴:学校健康政策,学校环境,校风/人际关系,社区关系,个人健康生活技能,健康服务。

由 2004/2005 学年开始,教青局与卫生局合作推行"学校健康促进计划",除了协助学校根据本身条件和优势,推动具校本特色的健康教育计划外,还于每年设定一个主题作为重点开展项目。

2006/2007 学年的主题是"校园安全与卫生"。为推行今年的

---

① "澳门学校健康促进计划实施指引",来自澳门教青局网站——健康校园,http://www.dsej.gov.mo.

《澳门学校健康促进计划》,澳门教青局今年将对澳门各学校发出指导文件,与卫生局合作视察学校卫生,并向学校拨款用于改善洗手间和照明系统,协助学校建立危机管理机制等。危机管理主要是预防和处理紧急事故带来的心理影响,教青局已经组织各校的辅导员建立危机支持小组,提供一系列的校园危机培训,包括心理急救、哀伤辅导等。

2007/2008 学年的主题是"健康饮食及学生辅导",在健康饮食方面,政府将积极倡议校内食物须符合健康饮食的原则,以及在校园内构建有助于学生健康成长的饮食环境和文化,重点关注学校小卖部的运作以及学校提供午膳服务的情况等。

(2)"学校健康促进计划"相关概念

①健康:健康不仅是没有疾病或不虚弱,而是身体、精神的健康和社会适应的完美状态。(世界卫生组织,1948)

②健康促进:是一个使人们能够增加其对自身健康的控制和促进的过程。(世界卫生组织,1986)

③学校健康促进:是指在学校里的所有成员都能通力合作,致力让学生享受愉快的经历,而学校的架构亦可协助推动及保障学生的健康。这些措施包括透过正式及非正式的健康教育课程、创建安全健康的学校环境、提供适当的健康服务、与家庭及社区的共同协作。

总之,"学校健康促进计划"是一个由学校、学生、教职员、学生家庭及社区成员共同努力构建起来的、以促进学生身体及人格健康发展为目的的、多方社会主体参与构建的系统工程。

(3)推行学校健康促进计划的意义

该计划的意义在于:关怀学生的行为发展以及协助他们树立正确的人生观,推行健康生活模式,关注学校的环境,配合学校制定有益学生身心健康的政策,并由此而建立完整的"学校健康促进"网络,将健康城市的理念在学校中推广和实施,当学校步入社区、参与社区的活动时,又将健康促进学校的理念在社区中传播,这种彼此的互动和促进正是健康城市进程中一个典型的实例和引证。

世界卫生组织从1995年起,积极推动"学校健康促进计划",是以场所的角度为基础,将学校视为一个学生成长过程中逗留时间较长的地方,因此将健康促进学校定义为"一所学校能持续地增强它的能力,成为一个有益于生活、学习与工作的健康场所"。并能做到下列事项:

①结合健康和教育的行政人员、教师、教师联盟、学生、父母、健康服务提供者以及社区领导者,共同努力使学校成为健康的场所。

②结合学校和社区的发展计划,向学生和教职员工提供健康的环境、健康教学和健康服务。

③同时促进学生、学校人员、家庭和社区人员的健康,并和社区的领导者共同努力,关注社区的工作对健康和教育带来的正面或负面的影响。

2. 学校健康促进的六大范畴①

(1)学校健康政策

该计划中关于"学校健康政策"具体内容指引如下:

①校园健康饮食政策

学校采取适当的行动,保证为学生提供健康、安全的食物;老

---

① "澳门学校健康促进计划实施指引",来自澳门教青局网站——健康校园,http://www.dsej.gov.mo.

师作为学生的榜样选择健康的食物;学校严格遵守食物安全标准;创设有利于建立健康饮食的支持性环境,以养成学生良好的饮食习惯。

②学校应全面禁止吸烟、酗酒及使用非法的精神科药物

学校应制定策略,配合已有的禁烟政策实施全面禁烟,并将有关措施适用于教职员、学生和访客。采取适当的行动计划,以减少酒精和非法的精神科药物在校园内被滥用。

③学校对急救有相应的政策和规划项目

应有适当的急救物品供校内人员使用,并定期检查补充;应有适当数目的教职员接受了急救课程培训;让学生有机会接受急救技能的培训;设立紧急程序,让师生跟进指引将有需要人士送往医院或卫生中心。

④学校应制定避免意外伤害的政策

学生不允许在没有保护下进行具有潜在危险的活动;教职员以身作则,活动时做好安全保护的措施;定期检查校园内的设施,使其达致安全水平。

⑤制定突发事件应急机制

如果学校发生传染病爆发,或经本地卫生部门检查,认为学校卫生环境对健康有威胁时,学校应有相应的处理机制;学校应有紧急疏散计划及路线图,应安排学生做防火演习;在其他的情况,如水灾、台风等,学校应有相应的措施。

(2)学校物理环境

学校物理环境指:校园内房舍建筑、操场、各项设备及器材等硬体设施的提供、保养与安全,以及建立健康的学习环境、饮食环境、无烟及无害的环境。学校借由控制和改善环境过程中可能对人体健康有害的因素,以促进教职员工的健康状况,并提供和改善

适合教师教学及学生学习的良好环境。

学校物理环境实施内容：

①提供安全环境。定期检查、保养、维护及修缮学校建筑物及设施；选购新设备或器材时考虑安全因素，安排操作示范，提供使用者相关的安全使用守则；在设备或器材上张贴使用及安全指引；规划保安措施，设置访客登记或接待处，妥善管理进出校园人员；规划学校周边的上下课交通路线，组织学生交通服务队并协助交通安全督导工作；定期举行学校安全演习训练，确认师生具备灾害或意外应变能力。

②卫生设施与安全用水。

③鼓励学生爱护学校的设施。

④提供完善的学习环境。如保留学生活动空间，以预防推挤、相撞等意外事件发生；定期检查教室采光，并定期修缮或更换灯管以符合教室照明度标准；为减少学校噪音，在建筑设计、结构建材等方面考虑隔音因素，采取相应的隔音措施，使教室内的噪音标准维持在 60 分贝以下。

⑤建立健康的饮食环境。成立学校供膳工作专职委员会，负责制订、推行校内健康饮食政策，统筹办理学校午餐工作，并监管食堂、厨房及小卖部的卫生及食品供应情况；加强对食品供应商的卫生管理，向合法、优良之厂商订购餐饭，并注意其食品安全、卫生与营养；配合卫生局稽查人员的巡查规范，按照相关指引，确实执行食堂及厨房的卫生管理，当出现食物中毒事件时，要即时上报有关机构，并采取必要措施，积极配合当局检查，保证学生和教职员工的健康。

（3）校风、人际关系

校风人际关系方面，世界卫生组织主要建议，建立关怀、友爱、互信的校园环境。具体实施内容如下：

①建立良好校风，支持学生及教职员的心理、健康及社会需求。老师采用鼓励和尊重的方式引导学生；鼓励学生参与学校的决策，帮助学生发挥自我判断的能力，并透过参与培养学生对学校的归属感；鼓励学生在学习过程中主动参与。

②建立友爱、互信和鼓励学生参与的氛围。透过适当的活动和训练，预防青少年犯罪及违规行为，帮助学生抗拒不良朋辈的影响；设立危机处理小组协助处理学生及教职员的情绪问题，另外对校园中可能发生的危机事件，如自杀、传染病爆发、暴力事件等作出预防。

③为有学习障碍或特别需要的学生提供适当的支持与辅导。青春期是需要特别辅导的时期，加强宣传成长的历程中可能面对的问题，训练其作出正确的抉择，如：性教育、交友、心理咨询等，让学生在产生迷惑时可以获得适当支援；鼓励学生说出心事，并学习成为良好的倾听者；学校应为有特别需要的学生提供协助，以解决或处理可能会影响学习的问题，如为有学习障碍或因病长期缺勤的学生提供特别辅导。

④营造一个彼此尊重的环境。学校应致力于促进男女之间、健康与伤残之间的平等机会，确保学生及教职员在公平公正的环境下学习和工作；让学生有机会认识不同文化、性别、宗教、种族的独特性，以培养其尊重及包容不同个体、族群的差异；让学生透过亲身服务社会来认识尊重友爱，探访老人院、弱智中心等，参与社区的义工服务、社区清洁、帮助弱势同学等。

（4）社区关系

社区关系是指，学校与家长、政府机构、地方健康服务机构或社区组织间的联系状况。社区意识逐渐觉醒，在教育机会人人均等,学校社区化、社区学校化及健康城市植根社区的政策领导下,学校健康促进与社区机构或人员建立伙伴关系,以共同营造健康校园。具体实施内容如下:

①学校与家庭的联系与合作。关于家校合作相关内容,本节第三部分(七)"家校合作与校园安全管理"有详细论述,此处不再详细介绍。

②学校与社区的联系与合作。办理健康专题活动,可与社区卫生中心合作,办理各项健康讲座、座谈会、教学观摩活动、教学成果展示,邀请社区人士及学生家长到校参观,促进他们对学校的了解与支持;保持与社区团体紧密联系,积极配合社区团体办理有助于学校教职员工健康促进的活动;委派专人或小组负责有关社区联系的工作,使之成为社区联系的窗口。

(5)个人健康生活技能

健康生活技能这个范畴,是希望学校能透过与健康相关的学科或活动,让学生获得适合他们文化、背景和年龄的健康知识及健康技能,从而培养健康的态度和习惯。具体实施内容包括:个人卫生;家庭生活;社区健康;健康消费;环境卫生;食物与营养;心理健康;意外预防及安全;疾病预防及控制;药物应用及滥用。

①指导与练习基本的健康技能。举办急救训练、教导急救箱的认识及使用、急救的常识及处理、实施防灾、防火等防护演习等;实施有效的安全教育应从学生的实际生活出发,加强他们对环境中潜在危机的敏感度和观察力,参与潜在高危活动时遵守安全守则,培养居安思危及自我保护的意识。

②强化禁烟及药物防治工作。与卫生局和社会工作局合作,举办相关的议题或活动,实施无烟校园计划,制作预防药物滥用的教材教具,加强宣传滥用药物之危害,学习拒绝的技巧,适当加入

预防药物滥用的课程。

③增强疾病预防知识。结合现代资讯和社会时事新闻,与民政总署、社区卫生中心或民间团体共同办理健康教育活动,让学生、家长、老师能与专业医疗人员面对面座谈,共同了解公共卫生或医疗保健的热门话题,例如登革热传播、SARS 预防、禽流感发展趋势等教育课题,培养健康的生活方式,认识到"预防胜于治疗"的道理。

④家庭生活与性教育。透过家长会或参与社区活动,举办亲子交流,共同完成预设的项目,让其感受家庭生活互动,体验安全、成就感和亲密感等需求;提供关怀和爱护的环境,让学生认识自我的定位及感受自己的责任;在课程中融入有关性别角色的认识,以及正确性观念的建立,辅导学生建立正确的性、爱、婚姻观及两性关系,避免学生受到色情书刊、漫画及影碟的不良影响。

⑤教导"生命存在意义"的认知。通过举办活动、讲解或现场参观,让学生明白生命、老化与死亡的规律,这种不同程度的生命教育,让学生们了解生命的可贵,建立正确的人生观价值观而能积极面对生活中的困难和挫折。

(6)健康服务

学校健康服务措施包括:健康检查、体格缺点矫治、罹患特殊疾病学生之管理、学校传染病管制、校园紧急伤病处理、学生体能之增进、教职员工的健康促进等。具体实施内容如下:

①施行学生健康检查。新生入学时需进行学生健康基本资料调查,将调查结果所发现之健康问题提供学校医护人员参考和备案;健康检查中发现异常状况,应通知家长,并依情形转介卫生中心或医院专科门诊跟进,配合其诊断结果之严重程度,实施特定疗程之治疗;为维护公共卫生或配合流行病学研究、传染病监测,在

有关当局要求及学校认为有必要时可进行特定项目的检查,尤其在传染病流行期间,更应配合有关方面的措施。

②设立医疗室。学校应设立医疗室、配备医护人员及急救设备,以发挥紧急伤病处理照顾功能,建立学生家长或监护人之紧急联络电话,时常校正更新,保持所提供之紧急联络方式和途径是正确有效的。

③学校传染病监测。配合并协助卫生中心办理学生预防的接种工作,在传染病流行期间协助施行相关的预防措施;对因病缺课学生详加调查,并记录在案,作妥善处理;若发现患有急性传染病,应报告卫生局疾病预防控制中心,让有关人员指导其隔离方法,需要时指派有关人员到场进行消毒,并提供相关的卫生教育;教职员工或学生患有疑似法定传染病,须依规定报告教育暨青年局和卫生局,若为法定传染病,则依规定通报。

④实施卫生教育。利用各种教学机会,教导预防及控制传染病的知识;传染病流行期间,利用各种沟通渠道(专题演讲、健康壁报或学校网站等)宣传正确资讯;对于罹患传染病的学生,应严格依照规定采取隔离措施;要求教室了解教育暨青年局及卫生局有关传染病防治的信息通报,使教师能了解各种传染病的早期症状、传染期、传染途径和控制方法,以便能达到早期有效控制病媒的目的。

⑤教职员健康促进。拟定教职员工健康促进活动的策略,关注所有教职员工的精神及情绪,提供必要的休闲活动,协助减少教学环境中的有害因素;学校须订阅有关卫生保健的书报杂志,提供师生阅览;结合社区资源,提供教职员工保健咨询服务;向卫生中心、医院或相关团体索取最新资讯,以充实教职员工的健康促进知识。

3. 澳门学校健康促进计划实施工作指引

澳门学校健康促进计划实施工作指引总共分为六个步骤:筹备,制定计划愿景,进行需求评估,研究行动计划,执行计划,评估及再计划。其中,筹备过程中取得领导的支持,成立健康促进小组;进行需求评估时,优先解决小的,容易成功的问题领域;研讨行动计划时,应结合学校健康促进的六大范畴;评估及再计划时,应保留过程记录,检查计划成效;执行计划时,应先利用学校及社区现有的资源。[1]

(四)澳门青年问题与服务发展蓝图

1. 青少年问题与社会环境[2]

(1)青少年发展的内在环境

所谓青少年发展的内在环境,即青少年与家庭、教育、经济、政治、文化等社会系统的关系。

没有家庭这个系统就没有青少年的次系统,青少年是家庭的一个组成部分,其本身并不能独存。青少年的角色与行为往往先取决于家庭是否容许和接纳。虽然青少年往往受制于家庭制度的约束,但本质上青少年仍不断与家庭中的其他次系统互依互动。

除此之外,家庭以外还有多个更宏观的社会系统,如教育、经济、政治、工作、余暇、文化等等,时刻都在影响家庭系统,从而影响每个青少年的内在环境。由此可见,青少年的内在环境质素并非

---

① "澳门学校健康促进计划实施指引",来自澳门教青局网站——健康校园,http://www. dsej. gov. mo/ ~ webdsej/www/dsejnews/health_school/school_plan. html。

② "澳门特别行政区——青年问题与服务发展蓝图研究报告书,第七章:澳门青少年服务发展蓝图",来自澳门社会工作局网页,http://www. ias. gov. mo/ web2/big5/rept/2005/YouthDevelopmentPlan/ch7. htm。

完全自决的。反之,它是一个适应的结果;是代表着青少年正处于青春期及寻找自我形象的学习与建立阶段,而努力适应外在系统的一个结果。结果若是正面的,表示社会认同他们的行为;若是负面的,表示社会希望约束此行为。

既然青少年面对的困难是宏观社会系统与青少年特性的互相影响之结果,那么,我们该谨记不要预设青少年问题为"个人问题"或是"青少年问题",这些字眼往往误导问题的"源头"是在青少年身上,而错误采用了一种"病态的处理手法"。反之从社会系统理论分析,没有什么问题能清楚确定为一个人的问题,人的问题只是人尝试适应社会环境后所余下的"未能解决部分"。

(2)澳门青少年问题的源头

综观有关澳门青少年的现况,发现他们所面对的困难之源头很多。

①经济低迷下产生的生活压力,令夫妻关系紧张,缺乏沟通和体谅,导致更多破碎家庭。父母为糊口奔波,也减少亲子间的沟通甚至见面的时间。现代信息发达,青少年每天可从传媒或互联网吸取许多信息;但不少父母未能赶及信息科技的急速发展,扩阔了亲子间的鸿沟。

②很多大陆来澳新移民家庭成员未能同时获得批准来澳定居,或父亲需要到海外工作,都导致"假单亲"问题的出现。单亲各自要面对管教子女及生活上的压力,家庭成员间沟通出现障碍或关系疏离。

③虽然赌博娱乐事业为经济发展提供了出路,但却对青少年带来了负面影响。它加强了青少年对赌博行为及博彩心态的认同,在潜移默化下,部分青少年更酿成了读书不成也可靠赌业生活的想法。

④青少年正处于成长风暴期,喜欢活动但却缺乏自制、独立思考和对后果承担的能力。面对着社会强调娱乐消费文化、很多青少年喜欢流连网吧、的士高、卡拉 OK 或酒吧等娱乐场所消费玩乐。当中便有机会接触黑社会、滥用药物及参与赌博等。

⑤从中学学生人数逐年减少,有部分适龄青少年没有就学的情况出现。部分学生对教育制度抗拒,导致成绩及操行欠佳、与校方抗衡、与同学关系欠佳或被标签成校内的坏分子等。学校方面的挫败感是导致青少年问题的另一个危机因素。

⑥职业培训对青少年的发展配合不足,很多青少年对出路和前途感到担忧,心理上构成压力,都增加他们对社会不满的情绪和失落感。

上述每种系统都极有关联,互相影响,也影响青少年的成长。可见青少年问题的成因与社会上各宏观社会系统之关系错综复杂。特别强调的是,青少年问题与家庭问题关联甚大,在协助青少年处理其困难时,也必须同时处理其家庭遇到的困难。

2. 澳门青少年辅导服务

(1)青少年辅导服务组织分工及配合①

①分工

a)青少年的康乐及消闲性活动由青少年中心及青年社团负责推广,辅以足够的公共康乐设施让青少年享用;

b)学校内的青少年辅导和发展工作仍由学校社工负责;

c)保护青少年的工作仍由青少年院舍主理;

d)在小区上发展、辅导及支持青少年及其家庭的工作由综合

---

① "澳门特别行政区——青年问题与服务发展蓝图研究报告书,第七章:澳门青少年服务发展蓝图",来自澳门社会工作局网页,http://www.ias.gov.mo.

家庭服务中心处理;

　　e)辅导及支持危机青少年及其家庭的工作则由小区青少年工作队处理;

　　f)处理违法青少年的补救性工作则透过法务局辖下的服务单位负责,由小区青少年工作队支持。

　　②各组织的服务协调

　　由于研究数据显示澳门的青少年服务缺乏协调,研究队认为为了更有效地统筹地区上政府或民间机构推行的青少年活动,有关当局应在小区层面上定期举行"地区服务协调会议",邀请同一小区内的青少年服务单位参与。地区服务协调会议的工作可包括:

　　评估地区上青少年及其家庭的需要和面对的问题。分享各单位的年度活动计划和服务重点。订定协调策略以避免服务重叠和找出被忽略的社群。如有需要,发展共同合作的基础和机制。协助区内单位建立紧密的联络网络,方便日常之沟通及交流。将地区上推行服务时遇到的困难向有关当局反映。

　　如果上述的工作能顺利展开,这样会将宝贵的社会资源更有效地运用,服务会达到更佳的成本效益。

　　(2)青少年辅导服务模式

　　基于问卷调查结果、青少年服务论坛、焦点小组及多次访问所得的资料,研究队提出了三种主要的服务模式:综合家庭服务中心;小区青少年工作队;将青少年从刑事司法系统"分流"的措施。

　　①在预防青少年问题上,综合家庭服务中心将扮演一个重要的角色。它将肩负起以家庭为中心,联系小区资源及不同之社会系统之责任,让小区确认其支持青少年成长之角色,肯定不同系统之参与。然后透过专业接触与问题评估,服务一般青少年及其家

庭,建立一个保护网,为服务对象打预防针,增加他们的抗逆力,为小区推行整体教育,定位青少年发展模式与方向。

②小区青少年工作队其实是专门为边缘青少年工作的专业队伍,但为了避免对他们的负面标签,研究队尝试放弃使用边青工作队、危机青少年工作队、违法青少年工作队及特别需要青少年工作队等词汇,而选用了一个较中性的名称。

③至于"分流"措施,在澳门是崭新的服务,但在外国却已相当普遍,值得澳门当局尝试运用或进行试验性的计划。

由于青少年犯罪与一些青少年不能抗御的社会因素有着密切的关系,因此若过早以处罚的方式去处理他们的犯事并不适当。过早将青少年带上青年法庭会对他们带来烙印。现在外国均强调以"分流"方式处理青少年罪行,即将青少年从刑事司法系统(包括法庭)"分流"出来,并在小区上向他们提供支持。在此,研究队建议澳门特区政府考虑下列三种"分流"措施:警方警戒;小区支持服务;家庭小组会议。

研究队建议为违法青少年设立的三种"分流"措施,将会大大减低违法人数上升对少年法庭、社会重返厅及少年感化院带来的压力;间接使有关之司法、复康及惩教人员更能集中有限的资源,专注帮助那些已进入了少年司法系统的青少年,从而达到更佳的服务效果。①

(五)澳门校园突发卫生事件预防与应对

1. 澳门政府针对流感的应对措施实例②

---

① "澳门特别行政区——青年问题与服务发展蓝图研究报告书,第七章:澳门青少年服务发展蓝图",来自澳门社会工作局网页,http://www.ias.gov.mo.

② 《澳门日报》头条:"澳门防止爆发流感二级戒备",http://big5.gdemo.gov.cn.

2008 年 3 月邻近地区流感肆虐,香港在 3 名小童相继出现流感症状死亡后,港府宣布全港所有小学、幼稚园、特殊学校停课两周。由于澳门同样处于流感高峰期,3 月 9 至 12 日,山顶医院流感样疾病比例成人为 258‰,儿童为 680‰,虽未有明显高于近年的水平,亦未有出现重症个案,但因邻近地区的流感疫情,流感大流行预防应变统筹小组召开紧急会议,评估当前的流行病学情况,检查各关键环节已采取的预防措施,指示各部门严密监察疫情进展和随时因应疫情变化作积极应对,防患于未然。

(1)镜湖科大医院予以配合

社会文化司司长办公室方面已与镜湖医院和科技大学医院领导进行了商讨,要求两院与卫生局紧密联系合作,做好流感通报和感染控制工作。目前山顶医院及各卫生中心运作正常,正严格执行流感大流行二级戒备措施,所有人员已加强对重症个案的警惕和感染控制措施。镜湖医院亦已严格执行流感戒备措施,并监测门诊和住院流感个案情况。目前本澳的抗流感药物和其他有关物质储备充足,可随时满足病人增加或诊治重症个案的需要。卫生局亦与香港卫生防护中心进行视像会议,取得疫情最新资料,并将按照粤港澳防治传染病沟通合作机制,于下周派专家组到香港与粤港专家交流。

(2)严密监察疫情作应对

目前流感大流行预防应变统筹小组主席、社会文化司司长崔世安已作出指示,当局会通过粤港澳防治传染病沟通合作机制,进一步加强三地的联防联控措施。山顶医院须妥善安排相关人员轮休事宜,以防备疫情变化。卫生局与镜湖医院、科技大学医院保持紧密联系,做好个案监测和感染控制工作。在预防工作中,要特别着重防疫接种、药物储备,并要加强对居民的疫情报告和健康教育工作。鉴于学校和院舍是两条重要防线,故相关各部门要协调一致,密切配合,严密监察疫情变化,对疫情的变化要作出迅速和有效的应对。重申特区政府会以保护居民的健康和安全为首位,呼吁全体居民、学校、社会设施、其他机构务必按照卫生指引,配合做好预防工作。

(3)高峰期做足校园卫生

为使学校进一步做好预防措施,教青局与卫生局疾病预防控制中心联合举办"学校应如何应对流感高峰期"会议,与澳门学校的负责人及学校医护人员共同跟进做好各项预防工作。另外,教育暨青年局会积极协助学校做好"校园危机管理小组"的工作,以应付可能出现的紧急情况,并在流感高峰期间更有效地执行校园卫生工作。社工局会与各社会设施保持紧密联系,为使院舍监测能有效执行,已发出预防指引及举行讲解会,并将加强对社会设施的巡查,督促做好防疫物质储备和感染控制工作。

(4)疫苗接种达预期九成

流感大流行预防应变统筹小组主席、社会文化司司长崔世安召集卫生局、教青局、社工局进行会议,对各部门已执行的预防措施和部署进行了检查。卫生局各项疾病和症状监测工作正有效执行,预防流感疫苗接种已达至预期目标的九成。抗流感药物和其他有关物质储备充足,包括特敏福122万粒、金刚胺98万粒、乐感清10万药盘,可随时满足病人增加或诊治重症个案的需要。卫生局已安排为全澳执业医务人员举行讲解会,以便能有效识别和处理重症个案。口岸测温措施继续执行。在学校监测方面,教育暨青年局与卫生局一直保持紧密的沟通和合作,透过"学校传染病定点监测"计划,主动监测学校的传染病症状。在已参加计划的36所学校中,与本年一月至今因发烧和上呼吸道不适病症缺勤的学生,与去年情况类同。教青局亦透过网页(网址:www. dsej. gov. mo)载有"预防传染病措施及指引",供学校及公众随时查阅。

2. 澳门教青局防止非典型肺炎在校园爆发的指引①

于邻近地区出现非典型肺炎情况,已引起各界的关注。为防患于未然及方便非高等教育机构制订预防及应变措施,包括建立学校紧急应变小组、在校内实施预防措施、广泛宣传有关讯息、建立通报及联络机制、执行个别或全部学校停课等措施的程序,教育暨青年局拟备这份指引,希澳门各校能积极配合并贯彻执行。

(1)建立校内紧急应变小组

学校应委派人员成立校内紧急应变小组,制定及处理以下工作:

①决定校内紧急应变小组主要联络人及其他工作负责人;

②策划校内预防及宣传工作;

③订定学校与教职员工、学生、家长、教育暨青年局与卫生局的通报及记录机制;制定全校之清洁工作步骤安排;

④制定紧急停课时之其他各项措施;

⑤紧急应变小组可在适当时间对各项工作进行演习。

(2)个别学校停课安排、全澳学校停课安排

(3)支持/查询

(4)非典型肺炎预防指引

①预防及宣传

a)依据教育暨青年局在 2003 年 3 月 18 日发给学校的公函,以及卫生局之附件"预防呼吸道传染性疾病卫生指引",制订学校的预防及应变措施,并须通知学校教职员工、学生及家长。

---

① 来自澳门教青局网页,http://www.dsej.gov.mo.

b)校方应向教职员工、学生及家长清楚说明非典型肺炎的病征,指出如有发病情况,不应上课,必须实时求诊就医。

c)老师每天须特别留意观察哪些学生有发热、感冒、咳嗽、头痛等病症,当发现时应知会家长,让学生求诊就医。如只是一般轻微疾病,经医生证明可以回校上课上班者,建议佩戴口罩以防感染别人。

d)学校须严格遵守卫生局发出的"预防呼吸道传染性疾病卫生指引",并将指引张贴在校内通告栏。

e)学校须透过不同方式,如教职员工/学生及家长指引、讲座、通讯、周会或班主任课等,将非典型肺炎的病症及注意事项传达给教职员工、学生及家长。

f)学校内的一些共用品,如茶杯、麦克风、吹管乐器等需要经过严格清洁消毒处理后才能使用。另外为避免增加传播途径,建议校方暂停使用饮水机,而负责学校厨房事务的炊事员在工作时应佩戴口罩、手套及帽子及围裙。

g)建议把近期学校拟举办的出外访问及培训活动延至稍后时间再举行,并尽量避免邀请外地访者到学校进行活动。

h)如有学生对非典型肺炎感到精神或心理压力的担忧,校方须加以辅导。如有需要,可联络驻校辅导员或教育暨青年局辖下教育心理辅导暨特殊教育中心提供协助。

②通报及记录机制

a)学校应与教职员工、学生及家长有良好的沟通,并与教育暨青年局和卫生局有紧密联系。

b)学校教职员工、学生及家长经医护人员证实或怀疑染上非典型肺炎,必须立即隔离就医,并通知学校,再由学校实时通知教育暨青年局或卫生局。

c)学校应派专员每天记录全校员工及学生缺席情况,并填写由教育暨青年局提供的"学生及教职员工缺席记录表",本记录表可在教育暨青年局网页内下载。遇有不寻常的情况,例如缺席人数增加,应积极联络有关员工或缺席学生的家长或监护人查询缺席原因,若发现有连续三天缺席者,学校应作进一步的联系及了解,如情况令人怀疑可能有学生、教职员工患非典型肺炎,应实时通知教育暨青年局并传真该记录表。

(六)澳门社团与青年服务

澳门社团组织对于澳门青年的辅导服务发挥着较为重要而持久的作用,笔者仅择取圣公会北区青年服务队为例,来说明澳门社团组织在澳门教青局的倡导下进行的青年辅导服务。

1. 澳门圣公会北区青年服务队的历史

圣公会北区青年服务队(最初称圣公会黑沙环青年发展中心),于1999年获社会工作局拨款成立,是全澳门首支由政府津助的专业青年工作队,利用展外及小区工作的手法,协助北区的街头青少年。

服务队于2003年扩展,于筷子基设新中心及易名为〔圣公会北区青年发展中心(筷子基)〕,旧中心亦改称为〔圣公会北区青年发展中心(黑沙环)〕。随着澳门整体青少年服务发展,该项服务亦于2006年再扩展成为"圣公会北区青年服务队",编制的专业社工数目一再增加,但仍坚守以外展手法,服务有需要的街头青少年。[①]

2. 澳门圣公会北区青年服务队服务内容

服务队以外展社会工作方法,透过系统化的助人历程,由专业

---

① 来自澳门圣公会北区服务队官网,http://www.skhssco.org.mo.

社工走进小区,去到青少年聚集和流连的地方,向有需要的青少年提供专业服务。

(1)服务目的

①为有需要的青少年在教育、职业、家庭、社群或个人问题上提供指导、辅导、危机介入及转介服务;

②协助青少年发挥潜能,给予身心全面发展的机会;

③预防青少年受不良影响。

(2)服务理念——"拾星路上,全赖有您"——"拾星老人"的故事①

海星被冲上岸后,便会干涸而死,它们必须在水中才能生存。有一位老人,每天在海边把冲上岸的海星抛回海里。一日,有一位过路人问这位老人:"这么多海星冲上岸,你救得几多?"老人只是说:"不救它们,它们就必定会死。我尽力而为吧,救得多少便救多少。"外展服务亦如是,北区复杂的环境并非有利青少年成长,一些迷失方向的青少年渐渐被人忽略,他们的需要被人淡忘,外展服务是主动走进小区,帮助他们重拾信心及希望,重过健康的生活。

外展社工如拾星老人,会尽力而为,协助青少年度过风暴的青春期。同时我们相信,除了社工的努力,社会人士的了解、支持和接纳亦十分重要。故此,"全赖有您"就是期望社会人士的支持,一起协助处于社会、学校、家庭边缘的青少年,共同建立关怀的小区。

(3)服务方式②

---

① 来自澳门圣公会北区服务队官网,http://www.skhssco.org.mo。
② 来自澳门圣公会北区服务队官网,http://www.skhssco.org.mo。

①个案辅导。透过面谈及家访等,协助青少年解决其生活上遇到的问题和危机。有需要时,联络和转介有关的专业人士。如有需要亦会联系家长,与子女一同解决问题。

②小组工作。工作员主动接触和介入自然结集的小组和群党,透过结构性及非结构性的小组活动,使青少年正面成长。

③小区工作。透过调查研究、机构探访等,让有关人士关注青少年之需要和问题,例如鼓励雇主提供青少年职位,以协助服务的推展;及为青少年健康成长创造更理想的环境。

④教育活动。透过向青少年提供教育性活动,以预防其受到影响而作出不良行为。服务包括法律常识及防范黑社会讲座、性教育讲座、软性毒品的祸害展览及各类预防性教育活动等。

(4)重点服务及计划

①危机家庭儿青支持服务。针对青少年个人发展及协助家庭去影响青少年转变,就个案的危机问题与其家长商讨,协助家庭疏导因危机事件带来的负面情绪。为个案家长提供情绪支持及举行家长活动小组,让家长学习与子女的相处及管教模式。

②青少年生涯发展计划。透过工作体验及训练为主题的就业辅导服务,旨在协助14岁或以上,失学待业青少年确立路向、肯定成长目标。此类工作体验辅导服务,包括活动及小组技能训练;工作实习及确立路向的个案跟进;发展关怀商户网络等。

③预防青少年滥药提供的支持服务。a)加强服务对象的药物知识,让青少年了解药物的祸害;b)增强服务对象的自我正面形象;c)为青少年订定目标及确立路向;服务包括历奇训练、自我形象小组(美容训练及跳舞小组等)、为有需要的青少年作身体检查及定期进行有关药物滥用的相关调查。

④学习辅导计划。为就学但动机低、成绩不理想、濒临辍学之

服务对象而设。协助青少年提升学习动机及兴趣、疏导学习压力；加强学习及人际关系技巧，提高学生的自信。

（5）服务对象

外展服务为 8 至 24 岁的男、女青少年提供服务。他们通常在适应社会的正常体系方面有困难，甚至处于危机，在行为、情绪、家庭关系、两性关系、职业、学业及法规几方面遇上问题。对象主要包括：

①家庭关系欠佳及可能离家出走的青少年；

②不能适应学校生活而辍学或有可能辍学的青少年；或因种种原因，适龄而未能就业及就学的青少年；

③在街头流连及聚集的群或青少年成员，他们是很容易接受不良的影响，滥药、两性关系、认同黑社会文化等方面需要社工跟进；

④曾参与或有危机参与违法、对其他人或自己造成伤害的青少年；

⑤小区人士，透过研究发布及机构拜访等手法向大众宣扬关注青少年需要。①

（七）家校合作②

1. 家校合作的理念

使家庭教育和学校教育在培养儿童的目标上达成一致，并且可以互相配合，家庭能积极支持学校的教育工作，与教师建立合作关系，学校亦能有系统地支持家长教育子女的工作，彼此在教育儿童的过程中，有双向的、积极的和全面的合作关系，从而有助儿童

---

① 来自澳门圣公会北区青年服务队网页，http://www.skhssco.org.mo.

② 来自澳门教育暨青年局网页——家校合作，http://www.dsej.gov.mo.

建构良好的学习和成长环境。

2. 家校合作对学校的正面效果

加强学校与家长的正向沟通;让家长了解他们也应承担教育子女的责任;能得到家长的支持,才能有助推行学校教学计划;家长可为学校提供珍贵的社会资源,协助办学教育;从家庭层面可深入了解学生的特性,更能因材施教;提升教师的教学效能。

3. 家校合作对家长的正面效果

加深家长与老师间的了解、信任和合作;家长们可互相交流教导孩子的经验;增加与孩子亲近互动的机会,促进亲子关系;有机会在学校观察及了解子女的情况,并可认识子女的同学;可从学校里获得教育子女的方法,提升家长辅助孩子的自信心;家长可提出建设性的意见,使子女能得到更优质的教育服务。

4. 家校合作对学生的正面效果

(1)增加学生对学校的归属感和安全感。

(2)可学习父母服务他人的精神,培养孩子的责任感。

(3)能塑造孩子正面而积极的学习态度与行为。

(4)增强学生的学习动机和自尊心。

(5)促进学生良好的自我概念发展。

(6)增进亲子彼此感情。

5. 学校对家校合作的支持

(1)让全校教职员、家长及学生等能意识到推行家校合作的重要性。

(2)主动联系家长,共同努力帮助学生成长。

(3)提供家长教育活动,鼓励其学习新知和技能。

(4)发掘家长的专长和潜能,并使其成为学校的资源。

(5)鼓励并推动成立家长会组织。

（6）让教师与家长有沟通、互动的时间。

（7）为教职员提供家校合作培训课程。

6. 家长对家校合作的配合

尊重和信任老师的教学方法并予以配合。经常与老师保持联系，以了解孩子的状况。以行动支持家长会的成立和运作。踊跃参与学校活动并积极反映意见。提供义务服务、协助学校筹办活动。每日可用多点时间与子女沟通。树立身教的良好榜样。

7. 学生对家校合作的承担

作为教师和家长间沟通的桥梁。分担家务和尽力协助教师工作。谅解父母和师长的困难。尊重父母和师长，互相信任。愿意与家人和师长沟通，共同解决困难。用开放的态度接纳家长融入学校生活。明白努力学习是每个学生应有的本分。

8. 家长参与学校教育活动方面的权利

（1）家长有参与子女教育的权利。

（2）获悉子女在学校的学习情况及校园生活。

（3）获悉学校的政策、发展及活动。

（4）家长会的代表列席学校的教学会议。

（5）协助学校组织各类型活动。

（6）对于学校的课程、教学方法、内容、学校事务、教育政策，家长可以提出意见或建议。

9. 家长会的功能

透过学校与家长之间的交流，加强彼此的沟通和合作。家长会可就教育问题向学校提出建议。推动家庭与学校密切合作，共同努力培育孩子，使之健康成长。让家长可互相分享教育子女的心得。家长会可提供资源，以协助学校开展教学活动和落实教学计划。协助推广家长教育和举办亲子活动。发挥家长的专长和潜能,使其成为学校教育的一个重要资源。

10. 家长会的会务及运作

作为学校与家长沟通的桥梁,统整家长意见,并定期就学校的教学及行政事务与家长开会商讨。增加家长参与学校行政、教学及其他事务的机会。透过定期举办活动,加强与家长的沟通,如制作家长通讯、举办教育及文化和康体活动。组织各类型的活动,以促进家长与学校的交流。定期召开常务会议。

11. 教师与家长沟通的窍门

经常与家长保持双向式的沟通。了解家长的需求,并予以关心、支持和响应。肯定孩子的优点,并以此打开和家长沟通之门。欣赏家长的意见和批评,并使之作为进步的动力。主动并善用学生手册,以达致真诚交流的目的。耐心聆听家长分享对学生的看法。认同家长面对的困难、限制及感受。

12. 家长与教师沟通的窍门

与教师沟通时采取开放的态度。尊重和信任教师的教学方法并予以配合。欣赏并支持教师所作的努力。积极聆听教师所言,避免打岔。与教师谈话时保持礼貌和尊重。积极响应学校的通告及手册的内容。积极参与学校活动。①

(八)澳门少年感化院

澳门少年感化院,从形式上看相当于我们内地的少年管教所,从教育内容看类似于内地的工读学校,专门收容一些触犯法律的青少年。具体讲,其收容对象是已满 12 周岁、未满 16 周岁的未成年人。对这些有违法行为应受法律处罚的未成年人而言,由于其不满 16 周岁,因此不能被关押在监狱,一律由法院裁决将其送入

---

① 来自澳门教育暨青年局网页——家校合作,http://www.dsej.gov.mo.

少年感化院收容教育。进入少年感化院的未成年人统称为院童，院童又分男童和女童，收容期最长可至院童年满 21 岁。

感化院内在男童区和女童区内设有全日轮值的辅导员，此外还配有社会工作者、心理辅导员、职业培训导师及教师等。院童在感化院期间要接受正规的中学、小学课程的学习，进行电脑职业培训，参与社区举办的各类职业培训课程。感化院根据院童的成长需要举办工作坊及短期课程，主题包括法律、性教育、个人成长、健康生活及防止吸毒等。

社会工作者和心理辅导员会探讨院童的成长经历，了解其个人经历和家庭条件，分析个案的动机等，以确定辅导方向。通过辅导，使院童在学业、就业上能够跟进，并解决其学业、就业等方面的困难。少年感化院还与社会上普通中学、小学建立协作关系，使少年感化院的院童在院内学完全部文化课程，成绩及格、毕业后能拿到与社会上普通中小学的学生一样的毕业证书，消除了有问题的未成年人曾在少年感化院受教育的痕迹。

澳门少年感化院的工作虽有其一定的独立性和特殊性，但其与整个社会相应的制度、社会的协调等方方面面有着密切的联系，始终融于整个社会之中。少年感化院的工作者，不但在学习、技能方面给予院童们以辅导和帮助，更多的是从社会道德观念、情绪控制、理想思考、是非观念及个案的具体问题上对其予以帮教，并注重从心理方面进行辅导，引导这些有问题的未成年人正确认识社会，提供他们思辨是非的能力。为了培养他们的社会责任感，院内还成立了数支义工队，组织他们从事各类义务服务，如为独居老人、精神病康复者进行家居清洁、生活用品的维修；教弱智者手工制作，安排文艺活动及文艺表演等，使他们通过关心社会、关心他人的一系列行为以达到净化心灵的目的。

　　为了使这些有问题的未成年人通过帮教、辅导后,能够顺利地重返家园,辅导工作亦延伸至每个家庭,如协助未成年人重建与家庭的关系,强化亲子沟通,发展家庭的支持网络,提升家长管教功能等。此外,还协助其中一些家庭寻求社会的其他援助,如家庭经济的救济,住房、医疗的安排落实,以及协助其家庭成员就学、就业等。通过开展这些服务,为这些家庭营造更多、更好的有利于未成年人重返社会的条件。①

四、澳门社会文化范畴 2008 年规划中关于青少年服务的相关内容②

(一)持续改善校园设施,为青少年创设健康成长环境

　　积极改善校园环境,协助学校改善各项设备。同时,进行有关学校空间和教学环境的调查研究,以取得最新资料,拟定改善学校教育环境的推行方案。

　　进一步推行"学校健康促进计划",鼓励学校按照世界卫生组织有关学校健康促进的指引进行工作。持续推动家校合作,支持家长组织和学校开展各种促进家庭教育的活动。组成"校园危机支持小组",帮助学校完善防范校园暴力和校园欺凌的机制,加强校园危机意识,提高学校应对意外事件的能力。

(二)在青年服务方面,将以促进青年的"全人发展"为目标

　　1. 推动青年全人发展,培养积极正面观念。经广泛听取意见,制订了《澳门青年全人发展策略》,并提出执行建议。初步完

---

　　① 李敬:"心灵重塑与法制教育的完美结合——参观澳门少年感化院有感",载《法庭内外》2007 年 3 月。

　　② 澳门社会文化范畴 2008 年规划分析,http://www.gaes.gov.mo.

成澳门青年指标的搜集工作,探讨德育工作的定位、方向并制订相关政策,以达到青年全人发展的目的。

为养成青年爱祖国、爱澳门的情操,继续开展了"认识祖国,爱我中华"学习之旅等认识国家、参与社会的活动,组织学生和青年社团到内地进行交流和考察,加强对祖国各方面的认识。出版《尊重生命》和《划清界限,认识赌博》教材套书,举办了各种品德教育活动,以培育青年正面的价值观,提升青年对不良影响的辨识和抵抗能力。推行"生涯规划"和职前辅导系列活动,并通过专门夏令营,培养青年的自信和团队精神。

2. 通过进一步贯彻"社会支持为基,青年需要为本"的指导思想,有序落实《澳门青年全人发展策略》的有关建议,持续优化青年工作系统,一如既往地加大资源投放,有效完善青年服务设施和条件,并调整及优化支持青年发展的资助方式,与青年社团建立更密切的伙伴关系,积极提升相关活动和服务的质量,营造有利于青年健康成长的环境和气氛,协助民间组织开展青年工作,以达致"与年轻人共同创建持续成长所需要的环境"的愿景。

继续配合"社会支持为基,青年需要为本"的基本理念,进一步加强青年事务委员会的平台作用,在完成有关青年指标的检视工作的情况下,进一步按规划开展相关指针的资料搜集,以便持续为青年工作的决策提供信息,最终逐步达致"与年轻人共同创建持续成长所需要的环境"的目标。

3. 持续完善青年服务理念,切实推动青年的全人发展。通过青年事务委员会设立的相关工作小组,继续有序落实《澳门青年全人发展策略》的有关建议,深入探讨有关措施和方向,并继续提出相应的实施计划和建议。通过政府和民间组织的合作和共同努力,建构一个让澳门青年可以有良好发展机会的社会环境和服务网络,运用"机会共拓展"、"参与互成长"的工作取向,发挥青年人各方面的潜能。

(三)加强合作伙伴关系,培养青年服务人员

通过"关怀青少年成长资助计划",与青年社团紧密沟通和联系,鼓励和推动社会服务机构或团体开展更多有助提升青少年品德教育方面的活动计划。推出了"青年社团在线"入口网,为青年社团免费提供有关社团信息、发布消息、资助查询、讨论区等功能服务。

持续优化对青年社团的支持,提升其运作成效。增加了"青年义务导师计划",并举办培训课程,以提高青年社团负责人的领导才能。继续通过场地、设施、培训、设立网站以及提供公用办公室等服务,支持青年社团的运作和发展。

(四)多元化的宣传手法,普及预防赌博信息,防止青少年滥药

1. 推出"智醒少年"和"智醒大使"计划,促进青少年和成年人提高防赌意识。筹办"博彩从业员小区服务计划",协助青少年和博彩从业员加深认识问题赌博的影响,提升自制能力,并鼓励他们多参与社会活动和服务,培养正面的价值观。

开展了以边缘青少年为服务对象的问题赌博预防实践方案。

通过评估掌握他们在赌博活动方面的参与情况,并以试验计划的模式,为其制订相应的预防教育和辅导服务,为逐步发展出更有效的工作模式奠下实践的基础。

2. 预防青年滥药,持续与相关的政府部门和民间机构合作,加强预防滥药的外展和辅导工作。

同时,扩大预防宣传教育的层面,与 18 个青年服务机构和团体合作,借着参与本年度的"青年禁毒活动奖励计划",开展形式多样的小区禁毒宣传活动,并在活动过程中提供所需的专业支持,协助完善各项活动的方案和流程,促使达致活动的既定目标,从而进一步提高人们的健康生活意识,强化青年人的禁毒意识,以及扩大校园内的预防滥药教育工作。今年,预防工作更落实拓展到一些服务业的领域中。

(五)全面关顾学生需求,促进青年学生全面发展

坚持以人为本,持续促进教育平等。从多方面为家庭经济有困难的学生提供有效支持,包括优化学费援助、学习用品津贴等申请条件并增加资助金额,确保其享有平等的受教育机会,让所有有意愿升学的学生不因经济困难而辍学。同时,将设立特别贷学金制度,鼓励更多青年学生升读高等教育,并着手订定有关心理辅导、升学及就业辅导的专有法规,扩展辅导服务网络,持续优化现有服务机制,对学习有困难、行为偏差以及留级和离校的学生,提供多方面的支持,以促进其学习成功。

(六)制定适合本澳实际并具前瞻性的德育政策

充分发挥学校、家庭、社会在品德教育中的作用,要求和支持学校成立德育工作小组,推动本澳学校与内地农村及山区学校建立协作关系。研究将性教育融入学校课程的可行性及具体方式,与相关机构合作编写和出版《品德与公民》教材,为德育工作提供有力支持。组织国防教育活动,以培养青年的团队精神和集体意识。继续举办各类比赛和户外教育活动,培养青年正确的生命观、价值观及爱国爱澳的情怀,增强其责任感,提升其对赌博、毒品、色情及暴力等不良影响的辨识和抵抗能力。举办针对不同对象的教育营活动,协助青年认识自我、锻炼意志,以及提高其创意思维能力。

鼓励和协助学校为学生提供有利身心健康成长的活动,并协助相关人员掌握推动青年闲暇活动的知识和技巧。通过工作坊、分享会及相关的推广活动,继续推动学校开展眼保健操、伸展体操及毽球等康体活动,协助学生养成健康的余暇生活习惯。加强升学与职前辅导工作,让青年掌握充足的信息以进行生涯规划。

(七)持续拓展各项具发展性、预防性和治疗性的服务来协助青年或家庭提升自尊自信,强化解决问题的能力

通过设立综合性的家庭服务中心,为有需要的个人或家庭提供家庭生活教育、健康生活教育、问题赌博的防治以及家庭暴力的辅导等多元化服务。推动以家庭为本、生命教育为主题的小区教育及活动计划,增进居民的自我认识及加强开发内在的潜能,了解人生各阶段的角色,并肯定自我的价值,提升面对生活逆境的能力。并强化和完善临床心理治疗服务,通过心理评估及治疗,协助成人、青少年及儿童处理情绪、认知或行为上的困扰,以建立健康快乐的人生。

(八)将紧密跟进为预防违法青少年重新犯罪而开展的"小区支持服务计划"

与警方及小区青年工作队保持密切沟通和合作,以促进计划的实施成效,并持续检视服务的发展和在需要时作出适度调整,加强协助这些青少年重回正轨,融入社会。与此同时,将投入更多资源,大力支持小区青年工作队所开展的街头外展辅导、预防药物滥用、生涯发展规划及危机家庭支持等服务。此外,因应青少年问题的发展情势,将持续检视青少年小区服务的发展需要,加强规划针对边缘青少年的辅导与支持服务;同时并开展青少年深宵流连街头现象的专题研究,评估夜青的服务需要以及探讨其他可行的服务模式。①

---

① 澳门社会文化范畴 2008 年规划分析,http://www.gaes.gov.mo.

五、澳门高校公共安全管理法律机制综述

综上所述,可以得出澳门高校公共安全管理法律机制凸显以下特点:

系统化;人性化;重点突出对青年赌博、滥药等偏差行为的矫治服务;重视在教青局领导下的社会组织的强有力支持与服务;高校公共安全管理的彻底性——强调德育教育,重视培养学生健康的人生观、价值观及社会责任感;青年服务的人性化,重视对问题青年重返社会的支持,力图消除曾经的偏差行为带给青年的任何烙印与痕迹,让他们在改正偏差行为后可以获得与普通青年同等的教育及工作、生活机会。使得青年服务的效果持久而坚固。

澳门高校公共安全管理机制从香港借鉴了很多实效性较强的制度,如对有偏差行为的青少年的教育管理重视系统教育与服务,社会工作者、心理辅导员以及帮助有偏差行为的青少年重返社会的职业培训导师及教师等。总之,澳门的高校公共安全管理机制或校园危机管理较为重视实效性及人性化管理,特别对有偏差行为的青少年的尊严、人格的尊重及爱护,积极帮助他们重返社会。澳门还很重视有针对性地帮教问题青少年,针对他们的个案情况分别因材施教,辅导工作较为细致、全面。还有对危机事故中的青年加以系统服务,帮助他们重返家园,通过家校合作,实现对青少年的综合帮助与辅导。特别是心理服务,使得校园安全管理的实效性很强且效果持久,从精神健康教育或德育的根源上治理校园危机,使得问题青少年的人生观、价值观、社会责任感得到正确的培养,增强其思辨能力,通过组织他们担任义工、服务社会,让他们体会到社会责任感,使得他们彻底消除曾经的"问题"带给他们的深刻烙印,使得他们的这段历史不会带到以后的人生中去。总之,

上述各方面针对高校青年全方位的系统服务理念与制度,值得我国内地高校公共安全管理加以研究和借鉴。

第三节 台湾地区高校公共安全法律机制研究

自 20 世纪 90 年代以来,为了适应经济转型时期人才培养新的要求,台湾地区大幅调整了教育政策。我国台湾地区的高等教育急速扩张。1990 年,台湾只有 121 所大专院校,其中大学 21 所,独立学院 25 所,专科学校 75 所,在校生为 581031 人。而到了 2006 年,增加为 163 所大专院校,大学 97 所,独立学院 50 所,专科学校 16 所,教职员工 69796 人,在校学生更是增加了一倍,达到 1313993 人。经过了近 20 年的高速发展,适龄青年大学入学率从 1988—1989 年度的 15.95%,迅速增加到 1999—2000 年度的 38.90%。台湾的高等教育完成了由精英型向普及型阶段转变。

校园是公民受教育最重要的地方,台湾一直致力于校园安宁,卓有绩效。但是,当前帮派组织,毒品交易悄悄入侵校园,抢劫案件、人身伤害事件时有发生。校园事件层出不穷,学生安全受到威胁,是什么原因让校园失去往日的宁静?如何遏制校园伤害事件?研究台湾校园公共安全的法律机制,不仅有助于我们对台湾校园公共安全的理解,更对于大陆高校具有重要的借鉴意义。

一、台湾地区高校公共安全现状

台湾本来就是一个灾害频发的地区,虽然十分重视校园安全问题,但是危害校园行为仍然层出不穷。根据统计,过去 3 年中台湾地区校园共发生 3200 多件伤亡事件,造成学生 1200 多人死亡,2400 余人受伤。同时,伴随着台湾高等教育的快速膨胀,高校中公共安全问题也日趋严峻。根据台湾地区教育行政主管部门的校园安全暨灾害防救通报处理中心的统计,2005 年,大学及专科院校共发生各类意外事件 2711 件,其中大学 1941 件,专科为771 件。

表 31

主类别	次 项 别
校园意外事件	校内车祸事件、校外教学活动车祸事件、校外活动车祸事件、溺水事件、食物中毒、气体中毒、野外活动中毒、运动、游戏伤害、坠楼事件(非自杀)、山难事件、实验、实习伤害、自伤、自杀事件、工地整建伤人事件、建筑物坍塌伤人事件、其他校园意外伤害事件
校园安全维护事件	赁居纠纷事件、宿舍遭到破坏、校外人士抗议事件、办公室遭到破坏、教室器材或设备遭到破坏、校园设施遭到破坏、外人侵入骚扰师生事件、办公室遭窃、教室器材或设备遭窃、校园设施遭窃、其他财务遭窃、遭诈骗损失财物、其他校园安全维护事件
校园暴力事件与偏差行为	械斗凶杀事件、帮派斗殴事件、一般斗殴事件、杀人事件、强盗抢夺事件、恐吓勒索事件、掳人绑架事件、妨害自由、偷窃案件、侵占案件、赌博电玩及其他赌博案件、强暴强奸猥亵、强奸杀人、性骚扰事件、涉及枪炮弹药刀械管制事件、涉及违反毒品危害防治条例、妨害秩序、公务、妨害家庭、纵火、破坏事件、参与飙车事件、飙车伤人事件、其他校园暴力及偏差行为、其他违法事件、离家出走、学生骚扰学校典礼事件、学生骚扰教学事件
管教冲突事件	校园内发生非学生间冲突事件、师长与学生间冲突事件、师长与家长间冲突事件、不当体罚、凌虐事件、学生抗争事件、个人事务申诉事件、校务管理申诉事件、对师长行为不满申诉事件、其他有关管教冲突事件
其他校园事务	教职员之间的问题、人事的问题、行政的问题、其他的问题

台湾地区教育行政管理部门将涉及校园公共安全的事件分为8 大类。分别为:校园意外事件;校园安全维护事件;校园暴力事件与偏差行为;管教冲突事件;儿童及少年保护事件;天然灾害;其

他校园事务；疾病事件。其中，儿童及少年保护事件主要适用于中学以下学校，天然灾害和疾病事件属于自然原因所导致的危害。现将属于研究范围的其余五类事件，按主次类别分列如下（见表31）①。

（一）校园意外事件（表32）

校园意外事件主要指学生中所发生的意外与突发（非暴力）事件。此类事件历来都是高校安全中的首要问题，发生率高居各种安全事件的首位。2005 年度台湾各类大专院校共计发生 2711 件，占所有安全事件的 80.8%。

表32

事件类型／学制	食物中毒	校内交通意外事件	坠楼事件（非自杀）	校外教学交通事件	校外交通意外事件	其他毒化物中毒	工地整建伤人事件	溺水事件	实验室毒化物中毒	工读场所伤害	运动、游戏伤害	实验、实习伤害	山难事件	自伤、自杀事件	建筑物坍塌伤人事件	其他校园意外伤害事件	总计
专科	0	7	1	3	663	3	1	2	0	8	21	1	2	31	0	27	770
大学	6	158	9	1	1434	3	0	9	1	3	118	9	11	87	2	90	1941

在这一类别中，各种交通事故占据了绝对多数，共2266件，占总数的83.6%。紧随其后的分别是运动、游戏伤害139件，占5.1%；自伤、自杀事件118件，占4.4%；其他校园意外事件117件，占4.3%。校内外交通事故多发主要因为台湾地区大学生普

---

① 表1 及本章以下统计资料皆来自"台湾'教育部'校园安全暨灾害防救通报处理中心"。

遍都离家在外地读书，为了生活方便而选择价格便宜的机车作为代步工具，所以造成交通事故持续居高不下。运动、游戏伤害和其他校园意外主要在于，学生离开家庭独自生活，对自身安全缺乏注意，导致意外发生。而自伤、自杀则主要因为，大学学业压力大，且初次离开家庭，生活在集体环境中，缺乏沟通，不容易排解烦闷。

（二）校园安全维护事件（表33）

校园安全维护事件主要在于财务、建筑物之受损或人员受外人骚扰。2005 年共发生 363 件，占总数的 10.8%。此类事件中，占据前三位的为：财物遭窃 98 件，占 27%；其他校园安全维护事件 53 件，占 14.6%；诈骗事件 46 件，占 12.7%，此外涉及性侵犯事件也为数不少。以上说明，与中小学不同，大学校园更具开放性，社会人员出入较为容易，学生社会经验不足，因此侵财案件相对高发。

表33

事件类型／学制	外人侵入骚扰师生事件	交易纠纷	其他校园安全维护事件	其他财物遭窃	其他遭暴力伤害	校内火警	校内设施遭破坏	校外火警	校属人员遭电脑网路诈骗事件	校属财产、器材遭窃	赁居纠纷	网路纠纷	遭外人入侵、破坏学校资讯系统	遭性侵害或猥亵（18岁以上）	遭性骚扰（18岁以上）	遭恐吓勒索	遭强盗抢夺	遭杀害	遭诈骗事件	遭掳人勒赎	爆裂物危害	总计
专科	3	0	11	22	7	5	0	1	0	7	0	0	0	6	9	4	3	0	17	2	0	97
大学	13	1	42	76	14	19	2	3	1	5	9	2	0	7	20	10	11	1	29	1	0	266

(三)校园暴力及偏差行为(表34)

校园暴力及偏差行为是指学生及教职员工的违法或不当的行为。此类行为总计153件,占全部事件的4.6%。其中最常发的案件分别为:一般斗殴事件38件,占24.8%;涉及性侵犯的事件31件,占20.3%;离家出走未就学26件,占17%。

此类事件多是触犯刑律和法令的行为,虽然与前两类相较数量不多,但是性质更加严重。与同时期的接受中等教育的学生对比,大学阶段的暴力及偏差行为显著下降,说明大学生相对来说更加成熟,法制观念更强。但是,也存在一些问题,如也存在相当数量的斗殴行为。为数不少的涉及性违法行为,显示学生在如何处理异性关系方面仍有问题。

表34

事件类型 / 学制	一般斗殴事件	有从事性交易或从事之虞者	其他校园暴力或偏差行为	其他违法事件	械斗凶杀事件	电脑网路诈骗犯罪案件	疑涉及违反毒品危害防治条例	疑涉及枪炮弹药刀械管制事件	疑涉妨害秩序、公务	疑涉性侵害或猥亵	疑涉性骚扰事件	疑涉恐吓勒索	疑涉偷窃案件	疑涉强盗抢夺	疑涉杀人事件	疑涉赌博事件	疑涉掳人绑架	疑涉纵火、破坏事件	学生骚扰学校典礼事件	帮派介入校园	帮派斗殴事件	离家出走未就学	飙车事件	总计
专科	23	0	7	2	1	0	1	1	1	5	7	1	3	1	2	0	0	0	0	0	0	20	1	77
大学	15	0	12	4	1	1	2	0	1	2	17	0	9	2	3	0	1	1	0	0	0	6	0	76

(四)管教冲突事件(表35)

管教冲突主要指学校,包括行政人员和教师,在日常管理过程中所引发的冲突。此类事件不多,共计13件,仅占总数的0.4%。主要是师长与学生间冲突和学生抗争事件,各有6件。此数据反映出教师的教育方式和沟通渠道还有改进的余地。从另外一个角度也可以说明大学生有强烈的权利意识，因为此类学生抗争事件主要集中在大专院校，接受中等教育的学生中仅有 2 起。

表 35

事件类型 / 学制	行政人员与家长间冲突	行政人员与学生间冲突	其他有关管教冲突事件	师长与家长间冲突事件	师长与学生间冲突事件	学生抗争事件	体罚凌虐事件	总计
专科	0	0	0	0	1	1	0	2
大学	0	1	0	0	5	5	0	11

（五）其他事件（表 36）

此类事件是指校园内发生之行政、人事问题，足以影响学生权益或正常教学等事件。2005 年共计发生 114 件，占总数的 3.4%。

表 36

事件类型 / 学制	人事的问题	行政的问题	其他的问题	教务问题	教职员之间的问题	总务的问题	总计
专科	0	1	14	2	0	0	17
大学	6	2	83	0	0	6	97

二、台湾地区高校公共安全宏观管理机制[①]

高校的公共安全是一个社会问题，不是任何一个学校自己就

[①]　本部分资料来自"台湾'教育部'校园安全暨灾害防救通报处理中心"有关资料。

能解决的,需要全社会各个部门的通力配合。为了应对日益严重的校园安全问题,台湾地区的教育部门,建立了一整套从中央到地方的灾害应变机制,以图最大限度地降低校园灾害发生,保障校园安宁。台湾"教育部"结合《灾害防救法》制定"教育部构建校园灾害管理机制实施要点"(简称实施要点)作为建立台湾地区校园灾害防救体系的基本依据。

(一)灾害的范围与类别

灾害,在台湾并不仅局限于由自然原因所引起的危险,其涵盖的范围更宽。通常被认为泛指危险发生后带有生命财产的一切损失。因此,在"实施要点"中,灾害分为两类:(1)天然灾害:风灾、水灾、震灾、土石流等。(2)人为灾害:火灾、毒性化学物灾害、传染病、重大交通事故及其他人为所造成之伤(损)害等行为。

台湾学界通常将灾害形态分为三大类别:第一类是由物质界造成的,指的是大自然与科技方面的灾害。天然的例如:地震、台风、暴雨、土石流、洪水等;科技的例如:核能厂辐射外泄、化工厂有毒气体外泄等。第二类是人类社会趋势演进所造成的,包括人们的对立与恶意。前者指的是因理念或利益冲突所引起,如政治集会游行与农民、劳工的抗议等。后者指的是因个人的贪念、怨恨、变态,而发生下毒、泼酸、枪击、绑票等事件。第三类是管理阶层疏失造成的,因为管理阶层的价值判断和处理程序发生错误,以及因为这些人有不道德的、非法的,甚至是犯罪行为所造成的危险事件均属这一类的。

(二)灾害应对的基本原则

虽然灾害具有突发性、紧急性和多样性等特点,使得很难完全杜绝灾害的发生。但通过预防措施和管理手段仍可以降低灾害发生的几率,减轻所带来的损失。所以必须用管理的方法来应对灾害。

1. 灾害管理概述

灾害管理(Disaster Management)就是对危险情况一种持续性、动态性的规划管理过程。目的是减少校园的危险与不确定性,使学校能有效地处理危机。美国联邦灾害管理局针对灾害的特点,将灾害管理分为四个不同的阶段。台湾教育行政管理部门采纳了这一理论,将其表达为四阶段:(1)减灾(Mitigation):采取实质的行动与努力,以减少或减轻人为或天然灾害所造成的危险。(2)整备(Preparedness):建构有效响应紧急事件操作能力,借由预警系统、指挥中心、紧急沟通、紧急公关讯息、资源管理计划,以及训练与演练,从任何危害中恢复。(3)应变(Response):紧急状况时执行所有防救处理计划与系统,以解救生命,保护财产设施。(4)复原(Recovery):重建一切损害,使之恢复旧观,并借着检讨过程,找出改进的因素,不仅更能避免灾害的重复发生,而且更要提升尔后运作的效能。

2. 灾害管理规划

管理的核心在于规划,良好的规划能顺利实现防治的目的。台湾地区教育部门认为,灾害管理规划通常被认为应当包括以下几个部分:

(1)规划必须建立在事实及有效的假定上。

(2)规划必须基于研究与知识的基础上。

(3)规划可减少不确定状况与不确定的因素。

(4)规划要区分灾害中各个因素的轻重缓急与处理的先后顺序。

(5)规划要唤起及时的行动,也就是要落实在执行上。

（三）灾害管理组织机构

本着层级分明、职责清楚、通联密切、能量统合的原则,台湾建立了"中央"("教育部")、地方和学校"校园安全通报处理中心"三级网络化的灾害管理机构。各级校安中心是灾害管理的专门机构。根据"实施要点"的要求,"各教育行政单位及学校为落实校园灾害管理工作,应整合单位及学校行政资源,构建校园灾害管理机制,执行减灾、整备、应变及复原等灾害管理工作。各教育行政单位及学校为执行前项工作,应设立校园安全暨灾害防救通报处理中心(以下简称校安中心),作为校园灾害管理机制之运作平台。""中央"一级由"中央灾害应变中心"和"'教育部'校园安全暨灾害防救通报处理中心"组成。地方由19个"都考分区"组成。第三层则包括155个大专院校的校安中心。三级校安中心并不是仅仅自成体系,同时也与其他国家机构、地方政府防救单位联网,使整个校园灾害管理体系,纳入"行政院"中央灾害应变中心的一环。

其核心就是2001年7月台湾地区"教育部"依《灾害防救法》成立的"校园安全暨灾害防救通报处理中心"。中心统筹各级学校校园事件的通报与处理。设"指挥督导组",由"部长"、"政务次长"、"常务次长(2人)"和"主任秘书"组成。在其下分设"作业管制组",包括"军训处处长"以下全体成员;"支援协调组",由"高教司司长"、"技职司司长"等各司处首长组成。

（四）灾害管理程序

根据"实施要点"的要求,"各级校安中心应有固定作业场所,设置传真、电话、网络及相关必要设备,并指定二十四小时联系待命人员。国民中小学及幼儿园联系待命方式,依地方政府之规定;高级中等以上学校,依本部之规定。""各教育行政单位及学校应订定校园灾害管理实施计划,明定减灾、整备、应变及复原等阶段具体作为及作业流程。"台教育部门着重强调了"校安中心"的平台功能,其特点有二:第一,落实值勤制度,使校园内不分日夜、上课、放假,每一分钟都有人负责预警及处理校安状况。第二,通报作业资讯化,建构完成校安通报资讯系统,提升联通效率,使各个校安中心具有 C3I(Command,Control,Communication,Information)功能。为达到这一目的专门设计"校安即时叩"和"校安即时通",分别适用于即时性讯息传达或大范围广播和校安事件或灾情通报两种情况。

依台"教育部""校园安全及灾害事件通报作业要点"的要求,根据各类校园事件轻重程度,将其分为甲乙丙三级。并制定出不同的通报方案。

1. 甲级事件:人员死亡或有死亡之虞;财产损失在新台币一百万元以上;亟须本部或其他单位协助及其他可能引发媒体关注、社会关切之事件。对于甲级事件,"应于获知事件十五分钟内,以电话通报本部('台湾教育部'下同)及上一级督考单位,并于两小时内透过校园事件实时通报网(以下简称实时通)实施首报。遇有网络中断时,改以纸本方式传真至本部及上一级督考单位,俟网络恢复后再补行通报作业"。同时,在 15 分钟内联系地方警务等有关部门,一小时内传协请志愿表。

2. 乙级事件:人员重伤;财产损失在新台币十万元以上,未达一百万元;其他未达甲级事件程度,且无法实时处理之事件。对于乙级事件,"应于获知事件十二小时内,透过实时通完成通报作业。其余作业方式同甲级事件"。

3. 丙级事件:人员轻伤或疾病送医;财产损失未达新台币十万元。对于丙级事件,"应于获知事件二周内,透过实时通完成通报作业"。

（五）灾害管理内容

校安中心认为，虽然灾害具有不可预见性和突发性，但是消极地等待灾害的到来，被动地应对不是最有效的方法。应该积极地行动起来，采用预先的管理措施，使之能事先有所准备，并将危害控制在最低限度。

根据"实施要点"的要求：

1. 减灾阶段目的在于减少灾害发生或防止灾害扩大，主要实施事项包括：潜在灾害分析与评估；防灾预算编列、执行、检讨；防灾教育、训练及观念倡导；老旧建筑物、重要公共建筑物及灾害防救设施、设备之检查与补强；建立防灾信息网络；建立防救灾支持网络；其他灾害防救相关事项。

2. 整备阶段目的在于有效执行紧急应变措施，主要措施包括：防救灾组织之整备；研拟应变计划；订定紧急应变流程；实施应变计划模拟演练；灾害防救物资、器材之储备；灾情搜集、通报及校安中心所需通讯设施之建置、维护及强化；避难所设施之整备与维护；其他紧急应变准备事宜。

3. 应变阶段主要是对潜在危险或曾发生过的危险，设计出一系列的处理、组织与报告的作业体系。措施如下：成立紧急应变小组；召开决策小组会议；灾情搜集与损失查报；受灾学生之应急照顾；救援物资取得与运用；配合相关单位开设临时收容所；复原工作之筹备；灾害应变过程之完整记录；其他灾害应变及防止扩大之措施；

4. 复原阶段的工作如下：灾情勘察与鉴定；复原经费之筹措；捐赠物资、款项之分配与管理及救助金之发放；硬件设施复原重建；受灾学生之安置；受灾人员心理咨商辅导；学生就学援助、复学、复课辅导;召开检讨会议;其他有关灾后复原重建事项。

三、高校公共安全应对机制——以台湾大学为例

(一)台湾大学校园安全现状

表37

	一月	二月	三月	四月	五月	六月	七月	八月	九月	十月	总计
机动车管理	32	14	28	20	12	12	9	17	18	35	197
受理失窃案	20	10	11	11	11	20	4	13	18	13	131
受理急难救助案	9	3	11	5	8	1	7	5	3	2	54
受理交通事故	2		2	3	6	1		2			16
受理性骚扰案件			2	1			1		1		5
受理毁损案	2	6	5	2	2	5	7		4		33
受理妨害安宁事件		1	2	11	6	2	2	2		2	28
受理校园寻人案件				1			2				3
受理吸食强力胶事件			1	1	2	1					5
一般案件			1	2	1	3				7	14
受理自杀案	1										1
受理偷窥案	1										1
受理火警案		2			2			1		2	7
违反公共安全事件		1									1
自然原因致害事件			3		6		3	11	6	6	35
工安防患					1		1			1	3
处理疑似爆裂物					1	1					2
受理诈财、诈骗案									1		1
总计	67	37	66	57	58	46	36	51	51	68	537

台湾大学是台湾地区第一所最完整,历史最悠久,且最具代表

之综合性高等教育学府。台大师生员工众多,总计近3.5万人,兼之地处台北闹市区,人员出入复杂。因而校园安全总体上压力较大,安全保卫工作异常繁重。针对这种情况,台大总结出一套行之有效的制度,有效保证了校园的安全。

根据台湾大学总务处驻卫警察队的统计,2007年1—10月共计发生各类校安事件537件(见表37)。这其中机动车管理居首位,共发生197件,占36.7%。如果再加上16件校内交通事故,可以发现,车辆管理实际上已经成为校园安全管理的头等大事。失窃案数量也居高不下,有131件,占27.4%。校园的开放环境和高度集中的人口密度,使得盗窃案频发,其中脚踏车失窃占绝大多数。紧随其后的是急难救助、自然原因致害事件、毁损案件,分别占10.1%、6.5%、6.1%。这些易发案件都反映出大学校园管理的症结所在,即校园的高度开放性和人员流动性大。

(二)台湾大学公共安全保卫机构组成及职权

与台湾地区其他大学一样,台湾大学设有驻卫警察队作为专门的校园安全保卫组织。台大的驻卫警察队隶属于总务处,目前共有44人。设有队长1人,小队长4人,队员29人,另有雇用警卫10人。

该警察队主要负责台大校园内部日常安全保卫工作,主要职责包括:校园安全、巡逻;学校门禁管理;校园突发事件处理;车辆通行管理及通行证核(换)发、检查;校园内火灾、车祸、捕蛇、拆除蜂窝等各项紧急事件处理;校园内各项活动、人员及车辆的管理;校内交通秩序维护、取缔违规停放之汽车及机车,以及其他妨碍校园安全事务的处置。

此外根据台湾"教育部"出台的"加强维护学生及校区安宁实施要点",台湾大学设有"校园安全维护会报"作为研讨处理校园安全维护事务和重大突发事件的专门机构。分设两个处理小组："灾害防救紧急应变处理小组"负责重大天然或人为灾害防救处理。"学生安全危机处理小组"负责有关学生安全之重大突发意外事件处理。

该机构组成人员包括：校长、教务长、总务长、学务长、各院院长、夜间部主任、秘书室主任秘书、军训室主任、人事室主任、体育组主任、卫生保健组主任、生活辅导组主任、事务组主任、驻警队队长、学生会会长、研究生协会主席、学代会议长。校长为召集人，教务长为副召集人，总务长、学务长为业务执行督导。

"校园安全维护会报"每学期召开 2 次，重大突发事件发生时依需要临时召开。并得视需要邀请地区警政及有关机关派员出席。重大突发事件依事件性质由主管单位适时提请召开，定期会报由总务处、学务处轮流召开，上学期由学务处负责召开，下学期由总务处负责召开。

（三）台湾大学公共安全保卫工作制度①

台湾大学注重安保工作，建立起了一套规范的安全防范工作制度。2003 年更是加入 ISO9001：2000 品质管理系统，使管理系统更加规范化，标准化，为校园安全保卫注入了新的活力。

1. 警卫管理制度

警卫工作是维护校园安全的根本，涵盖的范围很广泛，包括日常的巡查、门禁、校园安宁维护等。台湾大学面积广阔，出入人员众多，驻卫警察队值勤区分为校总区、法学院、医学院、水源校区四个责任区，为校园警卫任务提出了较高的要求。

具体措施如下：

---

① 以下具体制度来源台湾大学总务处 ISO9001 品质管理系统文件。

（1）交正："交"即在大门室外汽车出口处执行交通整理服勤，任务为管制门禁、防止汽车逃票、维持交通秩序与安全；"正"即在大门室内守望服勤，任务为受理拾得物及受理报案、反映事故、接听电话、答询服务、协助交通助理员维护室内外环境整洁、维持大门广场交通秩序、引导游览车暂停、支持室外警察管制门禁、维持交通秩序与安全，排除危害。

（2）辛外内："辛外"，即在辛亥门室外汽车出口处执行交通整理服勤，任务为管制门禁、防止汽车逃票、维持交通秩序与安全；"辛内"即在辛亥门室内守望服勤，任务为受理拾得物及受理报案、反映事故、接听电话、答询服务、协助交通助理员维护室内外环境整洁、维持汽车入出口处交通秩序、支持辛外警察管制门禁、维持交通秩序与安全，排除危害。

（3）查察：即在校园各处巡察服勤，任务为取缔交通违规、处理临时事故（如急难救助等）、奉示执行特别勤务（如重要会议、典礼、贵宾莅校等）、防窃巡逻等，以维持交通秩序及安全，排除危害。

（4）值班：即在队部值班台服勤，任务为掌握监视系统动态、受理拾得物及受理报案、受理公务电话、反映事故、接听电话、答询服务、执行上级交办事项、维护室内外环境整洁、维持门口区域交通秩序与安全，注意可疑人事物。

（5）行大：即在行政大楼值日室服勤，任务为管制下班后、法定及周休假日之人员出入、受理公务电话、反映事故、接听电话、答询服务、执行上级交办事项、维护值日室内外环境整洁、注意可疑人事物、排除危害等。

（6）巡逻：即以公务汽车或公务机车、脚踏车、徒步巡逻校园服勤，并以感应器实施感应记录，任务为加强维护校园安全，发现可疑人事物并加以防范、预警,排除危害。

(7)值日:即小队长轮值服勤,任务为督导警察落实执行各勤务项目工作及协勤、指挥调度警察处理突发事故、执行上级交办事项等。

2. 机动车管理制度

机动车管理在全台湾所有高校中都是重点问题。台大由机动车所引发的问题,占驻卫警察队工作量的 39.7%,此外还可能衍生出一系列的其他问题。

根据"'国立'台湾大学校园交通管理要点"的规定,台大对车辆实行许可证管理制度,严格限制外来车辆入内。"进入本校校园内之车辆以汽车为限,除肢体障碍者及经核准之公务机器脚踏车外,一律禁止进入校园。进入校园之车辆,应遵守校内交通标志、标线之指示与规定行驶、停放,并遵守驻卫警察之指挥。"

纳入学校交通管理范围的车辆包括汽车、机车和脚踏车。汽车需要付费申请汽车停车证方可入内。其他车辆临时进入校园需抽取票卡或使用悠游卡,计时收费。机车由师生员工直接在校网页上登记资料,然后领取机车识别证。无识别证机车不得进入校停车场停放。脚踏车也应申请年度识别证,并应停放至指定停车位。对于违反校园交通管理规定的,由驻校警卫队予以查处。对违规车辆可以加锁,并计时收取清洁维护费。

3. 校园紧急事件处理制度

校园紧急事件,指突发于校园内,对于师生员工的生命财产及校产,有紧迫的危害与影响,足以造成伤亡与重大损失的事件。其范围涵盖很广泛,包括火灾、传染病及其他紧急突发的犯罪行为。

具体措施如下:

(1)驻卫警察队警察受理校园紧急事件报案时,应向值日干部报告、请示,由值日干部立即派员迅速抵达现场了解,并回报实况。

警察于现场回报,经其分析人、事、时、地、物等情况单纯明确,并无任何安全顾虑由其独力处理完毕,返队作成记录并循队部指挥系统逐级陈核后存查。经分析人、事、时、地、物等情况不明、无法独力处理、有安全顾虑时,须请求支持处理;值日干部接获现场警察回报后,应立即循队部指挥系统(小队长→副队长→队长)续逐级陈报、请示,俾迅速指挥处理。

(2)应视该紧急事件之性质、危害程度,必要时立即通报校方各相关单位:事故现场管理单位、环安卫中心、营缮组、事务组、保健中心、性别平等教育委员会、人事室、学务处生活辅导组(非上班时间通报总值日教官室)、台大医院急诊室、总务长、校长、校外单位(台北市政府消防局勤务中心119、台北市政府警察局勤务中心110、辖区派出所罗斯福路派出所或思源街派出所支持处理),并依校方长官指示办理。

职业灾害或一般火警事件,必要时应立即通报校方各相关单位、校外单位支持处理;受理警察应填写受理报案记录簿(主动发现时应填写警察工作记录簿)、处理职业灾害或一般火警事件通报清单逐级陈核。

学生遭受性骚扰或性侵害事件,应立即通报性别平等教育委员会处理;教职员工部分应立即通知人事室处理,均予以全力配合;受理警察应填写受理报案记录簿(主动发现时应填写警察工作记录簿)、处理校园性骚扰或性侵害事件通报清单逐级陈核。

其他校园紧急事件之处理,例如死亡案、急难救助案、逮捕通缉犯案、爆裂物案、设施损坏有立即明显之危害案等,必要时应立即通报校方各相关单位、校外单位支持处理,受理警察应填写受理报案记录簿(主动发现时应填写警察工作记录簿)、营缮工程申请单逐级陈核。

(3)校园紧急事件处理毕,其相关记录应存查;如涉人员伤亡或校产重大损失时,应另签陈报校方。

制度建构篇

第 七 章

高校公共安全法律机制之理论依据

"实践促发理论,理论指导实践"已经成为人所共知的常识,然而人们经常容易忽略的也往往是常识,"理论"这一名词经常被人们挂在嘴边,但也是最容易被抛在脑后的东西。正如黑格尔所说,人们经常挂在嘴边的名词往往是人们最无知的东西。用中国的俗话说,就是"熟知非真知"。理论以其固有的概念、范畴、原理构建起理论体系大厦,进而对具体实践起到解释性、规范性、批判性与引导性的功能。① 当我们研究高校公共安全及其相应的法律机制时,不可避免地要追问实践背后的理论支撑,反思是否也存在着高校公共安全的法律机制这样的一种理论体系,通过其特有的范畴、原理、体系指导我们的具体实践。本篇正以此作为突破的方向,试图描绘出高校公共安全的法律机制的理想图景。因此,本篇研究更多侧重于制度的应然分析与价值的内涵审视,以中国高校作为分析的样本,试图构建出我国高校公共安全法治建设的体系框架。

---

① 参见孙正聿:《哲学通论》,辽宁人民出版社 1998 年版,第 83—86 页。

第一节　高校公共安全法律机制
核心范畴的界定与解析

理论研究的前提预设往往是首先明确所要研究的对象,做到有的放矢,并通过路径的选择达致预期的目标。高校公共安全法律机制研究必先明确界定出以下几个范畴的本原意旨,通过范畴的内涵解读,预设理论的基点。

范畴(category)及其体系是人类在一定历史阶段理论思维发展水平的指示器,标志着理论研究体系的形成,也是拷问理论研究能否自洽的标准。范畴相对于概念来说,范畴是内容更为抽象、概括性也更大的概念。一种理论能够确立并得到相应的证成,离不开奠基理论大厦所必需的基本范畴,基本范畴在于指出研究对象的基本属性,侧重于阐释研究对象的内涵与外延。构建高校公共安全法律机制的理论体系也必须借助于基本范畴的阐释才能够奠定理论研究的基础,也只有借助基本范畴才能证成高校公共安全法律机制的理论自洽性。基于范畴本身的特性和基本范畴在理论中的重要作用,研究高校公共安全的法律机制必须对于下列范畴加以审视,即高校、公共安全与法律机制。"高校"是研究指向的对象,对象的属性决定着理论研究的基点,从而也能凸显出理论研究的实践价值;"公共安全"是研究的基本范属,界定研究所涉及的基本领域;而法律机制是研究的主攻方向,强调研究的主要特色。三个范畴之间的关系可以表述为对象——范属——指向的关系,只有明确这三个范畴的本质属性,才能以此进一步构建起高校公共安全法律机制的理论大厦。

一、"高校"对象的基本特点

"高校"顾名思义指高等学校,是适应高等教育阶段的教育组织形式,包括了大学、专门学院和高等专科学校。作为最高级别的教育机构,高校集中代表一个国家的教育水平和国民基本素质。高校已经作为现代社会的一种重要组织,成为现代社会的"轴心机构"、"动力站"和"瞭望塔"。高等教育对于社会与国家的作用,教育学通识性的观点认为主要有三项职能:即培养人才、创新科技与服务社会。高校作为高等教育发挥其功能的主要领域,必须服务于高等教育的目的,但是以一种组织的形态来看待高校,就会发现作为人、财、物聚合体的高校组织,无论从其规模与数量来看,都可自我独立为一个小型的社会,内部存在自我生产的系统。在内生制度层面,从人员培养、知识创新角度来看,高校完全可以自给自足,建立封闭型的象牙堡垒,因此高校享有"有组织无政府状态"的形象概括,这句话一方面表明高校组织系统的严密化,教学、科研、人事、财物在高校内部都因循一定规律,有条不紊。另一方面,高校内部也存在着权力要素,也有科层体系,具有行政管理的氛围,虽不是政府机构,但类似于政府机构一样层级隶属。随着现代社会对高等教育赋予不断升高的期望,高校除了满足上述三项基本职能之外,更多地被赋予了精神的象征,即大学成为一个国家或民族的灵魂。此外,高校在任何时候都未被外部社会抛弃,经济、政治、文化等不同场域都不同程度地对高校施加各种各样的影响,不同的政治意识形态都在塑造着自己心目中的高校形象。而同时高校作为自治的系统,也是不断对于外部社会施加各种各样的影响,即"高校小社会"与外部社会之间处于共生互动的关系,这也是西方社会学家乔治·米德的互动论思想的具体表现,互动论则强调了社会与个体之间的交互性影响。社会如何作用于个体,而个体反过来如何影响社会。社会如何塑造个体,反之,个体又如何建构社会,社会环境的变化影响个体的发展,而个体的改变同时也导致社会的变化。① 因此,当我们把高校作为研究对象时,我们的研究不是独立地、静止地就事论事,把目光仅停留于高校本身,而往往从诸多社会层面分析问题,因而借助的研究方法也并非完全来源于法学领域,而从多个视角、多个理论维度分析问题。因此,高校公共安全也必须放入到国家与社会公共安全这个更宏观的层面展开研究,高校的公共安全即是社会的公共安全,能否保持高校的和谐与稳定,关系到国家与社会的和谐与稳定。恰如有的学者所言的那样,"学校是在一定理念指导下,将人类所积累的各种知识代代相传的稳定型组织。全世界的学校基本上都是保守性的组织。当我们处于稳定社会,我们的经验也适于解决未来的挑战之时,学校可以保持其稳定的、保守的组织形态。然而,世界已不再稳定。"②

研究高校的公共安全,必须对高校的基本特点有一个基本的认识,了解作为一个组织体的高校的特征,进而才能够分析这样一个巨型组织的公共安全问题。从社会组织角度,以中国高校为例,高校具有以下基本特点:

(一)规模巨大、人员众多,公共安全的群体性强

以中国高校作为分析的样本,作为小型社会的高校在整个社会中,具有其规模与人数上的特点。截至2007年,根据教育部对

---

① 参见张敦福主编:《现代社会学教程》,高等教育出版社2001年版,第55—58页。

② [挪]波·达林:《理论与战略:国际视野中的学校发展》,范国睿主译,教育科学出版社2002年版,序言第1页。

外发布的统计数据,中国现有普通高校 1731 所,其中本科院校 684 所,专科院校(含高等职业学校)1047 所。高校内部人员可以分为两大类,即教职工群体与学生群体。据统计数据显示,教职工群体人数已达到 182 万人,教职工群体主要包括下列成员:其中校本部教职工 164 万人,而其中包括有专任教师 97 万人、行政人员 28 万人、教辅人员 19 万人、工勤人员 19 万人。其他的科研机构人员、校办企业职工与其他附设机构人员大约有 18 万人。从学生群体来看,在校学生人数总计达到 1400 多万人,其中研究生约 82 万人,本专科生约 1333 多万人。① 可以想象,一个拥有 1500 多万成员的组织,且不论其教育与科研活动的人员繁杂、事项繁多,就是日常的衣、食、住、行等基本生活问题就需要整个社会提供一种有效的保障,因此高校问题必然也是一个社会性问题。并且,随着高等教育大众化改革的进一步推进,高等教育毛入学率的逐步上升,高校机构与人员的规模将进一步膨胀,这都加剧了高校公共安全的风险系数。

(二)高校组织与外部社会的交互性增加,风险几率随之增加

高校一直以来,从未自我封闭过,多数情况下是作为社会发展的风向标,也只有这样,才能更好地发挥其服务于社会的职能。高校曾习惯地被称为"有围墙的社会",但是随着高等教育的全球化与市场化浪潮的冲击,许多高校已经拆除了围墙,名副其实地成为了社会大学,高校与社会之间的樊篱正逐渐清除,有些情况下,已经很难辨别大学与公司间的界限了。也正是在这种情况下,高校承受着更多来自社会的风险,政治、经济与文化等领域的风吹草动

---

① 来源于教育部 2007 年 4 月 18 日对外公布的数据,http://www.moe.edu. cn.

都能在高校中预演,高校俨然已经成为社会冲突的小型舞台。此外,国家对高等教育也赋予了更多的期望,从政策导向、法律治理到经济扶持等各方面都施加着政府的影响。因此,高校与外部社会和国家的联系进一步加强,也导致社会危机与政府危机可能转而引发高校内部的危机,如 2003 年,当全社会处于 SARS 危机之中,高校作为人群集中的组织,也受到相当大的冲击,教学和科研活动受到严重影响,高校如何面临危机事件也成为高校安全管理的首要课题。此外,随着市场大潮的冲击,拜金主义、享乐主义思潮沉渣泛起,不良的社会风气通过网络、媒体等各种渠道或多或少地侵入校园之中,使得"偌大的校园已经摆不下平静的课桌"。从交互性角度来看,高校内部的违法犯罪或多或少会导致社会对于高校评价的降低,使得社会对于高等教育的培养方式,大学生的素质,高校的认同都会降低。比如清华大学刘海洋用硫酸泼熊事件、云南大学马加爵杀人案,这些个案往往基于高校这个特殊对象而更容易聚焦公众的目光。因而,个体性的事件往往被夸大或放大,不自觉地被认同为群体性事件,进而导致公共舆论对于整个高等教育的评价都产生负面的影响。

(三)高校内部人员群体的多样性和复杂性,致使公共安全防范难度加大

作为人类知识薪火相传的机构,高校承担着知识传承的重任,每年都会有一批批学子迈入这个殿堂,同样也会有一批批学子从这里走向社会。学生群体具有极强的流动性,不同的时代往往易在这群敏感性非常强的群体身上打上自己的烙印,树立不同年代大学生特有的世界观与人生观,因而高校安全管理也需要不断地革新,不断地调适,适应处于变革中的社会发展的步伐。此外,学生群体一方面具有青年人的进取、向上、充满活力的优点,也具有短视、浮躁、追求享乐的一面。并且,青年学生正面临着人生发展的四大主题:学业、择业、恋爱与人际关系,困惑与迷惘也正产生于此。在人生十字路口上,许多青年学生表现出价值观裂变与行为失范的不良倾向,如果缺乏正确的引导,就极可能陷于违法犯罪的深渊。除了学生群体之外,高校内部教职工队伍的组成人员也是良莠不齐,从其分类来看,分为专任教师、行政人员、教辅人员、工勤人员等各类,并非所有人员都从事科研与教学的一线工作,对其的管理往往适用不同的管理制度,而高校现有的内部制度规范亟待完善,制度性漏洞往往容易滋生出各种腐败现象。相对学生来说,教师群体是相对比较稳定的,但是在涉及工资待遇、职称评聘、职务晋升等涉及教师基本权益的事项时,尤其遭受到不公平、不合理的处理决定时,有些教师也并未表现出高风亮节的气度,很可能会采取某些过激的行为,严重的也会导致高校正常教学秩序的瘫痪。此外,许多高校雇佣大量的临时工,这些人员鱼龙混杂,常常成为校园安全的隐患。据相关报道,很多高校内部的盗窃案件就是一些临时雇佣的外来人员实施的,利用教学楼与寝室楼管理的疏漏,实施偷盗,得逞之后就逃之夭夭,因为他们已经摸清了高校对外来施工人员监管不力的规律。所以,针对不同的群体,面临不同的问题,高校安全防范必须采取针对性的对策,只有这样才能量体裁衣、对症下药。

(四)高校处于教育发展的转型阶段,制度机制尚不完善,安全管理亟待提高

改革开放以来,随着经济体制、政治体制改革的顺利推进,教育体制改革也在有条不紊地行进,高等教育改革基本上沿着两个维度逐步展开:其一,从政府与高校的关系上逐步确认高校自主办学的主体性,推进高等教育的宏观管理体制改革。协调好高校与社会、政府间的关系,充分赋予高校自主性的权力,实行高校自治。其二,从对高校内部特征和办学规律认识的不断深入上,推进高校自身改革,理顺行政权力与学术权力间的关系,从以人为本观出发来保障教师与学生基本权益的实现。① 高校改革是从制度改革加以启动的,以内部制度与外部制度两套体系逐步实现高等教育改革的目标。但就目前的现状来看,两套制度都正处于建章立制阶段,尚不具有完善的制度体系结构,并且内部制度间在其衔接上尚存在诸多问题,集中反映在"政府放权"究竟要放哪些权,要抓哪些权?"高校要自主",究竟享有哪些权? 如果这些非常实际的问题解决得不好,并且没有配套制度的保障,就会出现权力的真空或者权力的重叠,高校的管理就会出现一团混乱。"组织要生存和运作,就必须有制度化的安排"②,制度的稳定性、连续性与控制性是维护组织价值与目标的基本保障。正如夸美纽斯所言:制度是学校一切工作的"灵魂","哪里制度稳定,哪里便一切稳定;哪里制度动摇,哪里便一切动摇;哪里制度松垮,哪里便一切松垮和混乱"③。就目前的高校制度建设情况来看,随着 2003 年以后教育部出台《关于加强依法治校工作的若干意见》规定以来,高校管理进入建章立制的新阶段,高校管理逐步走向法治化。但存在的问题仍不容忽视,除了一些教育部认定的依法治校的示范校外,许多高校仍然处于无章可循的状态,内部许多陈旧落后的制度规范仍

---

① 参见张俊宗:《现代大学制度:高等教育改革与发展的时代回应》,中国社会科学出版社 2004 年版,第 242—245 页。

② [美]W. 理查德·斯格特:《组织理论》,华夏出版社 2002 年版,第 128 页。

③ 转引自张俊宗:《现代大学制度:高等教育改革与发展的时代回应》,中国社会科学出版社 2004 年版,第 46 页。

然在沿用,积习性的弊端仍然存在。但是外部规章制度仍然处于渐进调适阶段,许多领域亟待立法填补空白,许多教育法规尚需进一步完善。其中,涉及高校公共安全管理的制度规范付之阙如,有些高校实行的是"土办法",有的高校则是"没办法",实行"无为而治",公共安全制度以及配套性规定的推广实践仍然处于一个不断摸索的阶段,这就导致制度管理上存在着许多安全隐患,加之教职员工与大学生群体的安全意识淡漠,这就给违法犯罪与校园危机事件的发生提供了可乘之机。

二、公共安全与高校公共安全释义

高校基于其人、财、物的高度集中,群体关系形态的复杂多样,校—院—系科层结构等特性,具有小型社会的特质,因此其安全也具有社会公共性。就公共安全本身而言,它是一个内涵与外延都比较丰富的范畴。

(一)公共安全

1. 公共安全含义

"公共"是不特定的、多数人、共同的。"安全"在希腊文中的意思是"完整",而在梵语中的意思是"没有伤害"或"完整",在拉丁语中有"卫生"之意。从汉字字面上来说,"安"字指不受威胁,没有危险、太平、安全、安适、稳定等,可谓无危则安,"全"字指完满、完整或者指没有伤害、无残缺等。"安全"的意思是"有保障、无危险",即没有受到损害或者失败的现实可能。安全联结在一起,则包括下列的含义:(1)安全指没有危险,不受威胁,不出事故,即消除能导致人员伤亡,发生疾病或死亡,造成设备或财产破坏、损失以及危害环境的条件。(2)安全是指在外界条件下处于健康状况,或者人的身心处于健康、舒适和高效率活动状态的客观保证条件。(3)安全是一种心理状态。即认为,指某一子系统或者系统保持完整的一种状态。(4)安全是一种理念,即人与物将不会受到伤害或者是一种满足一定安全技术指标的物态。因此,公共安全是指不特定的、多数人的健康、生命安全、公私财产的安全。① 中国刑法专门规定了危害公共安全罪的一类罪,刑法学理论上的公共安全定义与前述含义大体吻合,"公共安全,是指不特定多数人的生命健康、财产安全、重大公共财产安全和其他公共利益的安全。"②从危害公共安全的犯罪形态来看,主要包括了以下几大类:以危险方法危害公共安全的犯罪(如放火、爆炸、投毒等犯罪);破坏公用设施的犯罪;具有恐怖性质的犯罪;违反枪支、弹药、爆炸物、核材料管理的犯罪;重大责任事故的犯罪。刑法界定的犯罪是以具有严重的社会危害性作为考察犯罪行为的标准,排除一些程度较轻的危害公共安全的行为,也同样排除人的行为以外的事件,这些事件是不以人的意识为转移的,包括自然事件和社会事件。

2. 公共安全的特征

结合上述对于公共安全内涵的界定,公共安全具有以下的特征:

其一,群体性。公共安全作用对象必须为不特定的多数人,因此公共安全问题不是个别问题,而是社会性问题,解决不当往往影响群体的正常生活秩序。

---

① 上述对于"公共"、"安全"、"公共安全"术语的阐释,主要参见于周静茹:"以科学发展观解析公共安全的内涵与外延",载《长春大学学报》2006年第2期,第13页。

② 高铭暄、马克昌主编:《刑法学》(下编),中国法制出版社1999年版,第609页。

其二,秩序性。公共安全表征一种良好的秩序状态,这种秩序状态构成群体生活的外部环境,因此公共安全状态的好坏多是通过分析影响公共安全的变异因素作为考量标准,所以分析公共安全问题,必须联系到风险、危机、灾难等相关变异量。

其三,广泛性。公共安全内容广泛,既包含国防、社会治安、公共卫生、生产安全、交通消防等诸多方面,又可以表现为内在心理的稳定、对安全的期待和外在良好的秩序、良性的管理模式与制度机制。危害公共安全的事件或行为往往波及范围广泛,对人们的影响具有很强的关联性。

其四,复杂性。正因为公共安全涵盖内容广泛,政治、经济、文化等领域任何超出常态的变动,都会引发社会性危机的出现,都会对公共安全产生相应的影响,因此可以说危害公共安全的诱因是比较复杂的,多数具有隐蔽性,但一旦爆发就不可收拾。

其五,持久性。公共安全问题负面影响的多样性使公共安全的危害不仅仅表现为有形伤害,如生命、财产等损害,还表现为无形伤害,如公众心理受挫与精神伤害,例如安全感的降低与价值认同的减损等。并且,公共安全问题的负面影响是长期的,短时间之内很难消除,无形之中增加人们心理负担,即公众容易背负"一朝被蛇咬,十年怕井绳"的心理。

(二)高校公共安全

高校公共安全是公共安全理论与实践在高等教育领域的转化和表现,就高等教育与高校组织的特性而言,高校公共安全又具有独特的内涵。高校公共安全表征为一种良好的秩序状态,它以高等教育目的为宗旨,要求高校教学、科研与管理的顺利实施,学生与教职工的基本权益免受各种侵害;高校井然有序、稳定和谐、机制完备,能够抵制来自于组织内部与外部社会的各种危机与风险。

高校公共安全范畴具有丰富的内涵,仅从范畴的界定来理解,难免会囿于思维的框框之中,需要对其内涵从以下几方面做进一步的阐释:

1. 高校公共安全表征良性的秩序形态,因而公共安全能够通过制度设置加以建构和调整

公共安全就是秩序的一种良性状态,而秩序"意指在自然进程和社会进程中都存在着某种程序的一致性、连续性和确定性。"①与秩序相对的是无序,当无序状态出现时,关系的稳定性消灭了、结构的有序性混淆不清了、行为的规则性和进程的连续性被打破了,偶然的和不可预见的因素就会不断地干扰人们的正常的社会生活,从而产生不安全感。② 而秩序是通过制度加以设定和维持的,高校公共安全基于秩序的特性,因而可以从公共安全管理与制度设置的层面加以保障和实现。

2. 高校公共安全应以高等教育目的为宗旨,服务于高等教育事业

参照我国的教育方针和《中华人民共和国高等教育法》的精神,我国高等教育的目的表述为,"培养德、智、体等方面全面发展的具有创新精神和实践能力的社会主义高级专门人才。"③可见,人才培养是高等教育的目的,高校一切工作的重点应坚持"以人为本"观,以学生为本,因此高校公共安全也要服从服务于这一目的,安全管理与安全制度都应考虑到主体的基本需要,坚持权利本位思想,实行人性管理、民主管理与制度管理,管、控、压等极端手

---

① [美]E. 博登海默:《法理学:法律哲学与法律方法》,邓正来译,中国政法大学出版社 1999 年版,第 219 页。
② 张文显主编:《法理学》(第 2 版),高等教育出版社 2003 年版,第 393 页。
③ 郝新生、靳国庆编:《高等教育学》,吉林人民出版社 2003 年版,第 84 页。

段下的残暴的,貌似稳定的秩序不是公共安全的秩序,也不会产生安全感,而只是暂时沉寂的、内部不断积聚能量,但随时都可能会爆发的火山。

3. 高校公共安全涵摄范围广泛

高校公共安全是一个具有多重含义的范畴,可以表征为一种秩序状态,即教学、科研与管理等活动的良好秩序;可以表征为一种文化心理,即反映了安定有序、公平正义、稳定和谐的安全氛围,主体具有安全感;可以表征良性的管理模式与制度机制,有效地协调高校各项活动;还可以表征为主体期望的结果,即实现学生与教职工的人身、财产等基本权益免受侵害,正常的教学活动不受外力干扰。因此,高校公共安全问题涉及教学、科研与管理的方方面面,小到校园内部的寝室管理、卫生安全,大到校内治安及违法犯罪,都属于公共安全的领域。此外,校园周边环境,社会舆论对于大学生及高校的评价也都可以纳入这个领域之中。基于高校公共安全问题的复杂多样,对此的研究必须加以类型化,并确立研究的侧重点,本课题则侧重于以高校治安问题作为研究的突破口。

4. 高校公共安全的评价和设定往往是以相应的异变量作为参照

实践中,我们客观地评价高校公共安全状况,更多通过经验性地分析存在哪些危害高校公共安全的事件或行为,以及分析危害的强度、频度与范围来考察公共安全状况。这些危害事件或行为就成为研究高校公共安全的异变量,通过对于相应异变量的研究来加强高校公共安全管理,完善高校公共安全的制度与机制。此外,通过对各种影响高校公共安全的危害异变量的分析,建立健全高校公共安全的常态管理模式与应急管理模式。

(三)高校公共安全危害情态的类型化

影响高校公共安全的异变量各种各样,面临的问题纷繁复杂,相应的情况也是瞬息万变,因此有必要对影响高校公共安全的危害情状加以类分。只有通过类型化处理,才能在管理手段和相应对策上做到对症下药,有的放矢,制度配置上也才能做到具有针对性和可操作性。

1. 危机行为与危机事件

依据是否以人的意志为转移,可以划分为危害高校公共安全的行为和事件两类。危害行为是通过不特定人的作为或不作为形态实施的,对公共安全造成的影响具有群体性、传播性与广泛性,例如大学生的犯罪行为。危机事件是指不以人的意志为转移的自然事件或社会事件。如传染病的流行或战争暴乱等。

2. 内生型危机、外生型危机与内外双生型危机①

依据异变量产生的诱因不同,可分为上述三类危机。影响高校公共安全的内生型危机主要产生于教学、科研、行政等各项管理活动之中,由于组织内部管理不善而产生。外生型危机主要强调高校外部环境变化给高校带来的危机,如社会动荡、政局不稳对于高校的影响。有些危机可能兼具内外因素,称之为双生型危机,比如高校管理漏洞给外部犯罪分子提供可乘之机。

3. 自然性危机、政治性危机、社会性危机与经济性危机

依据危害高校公共安全的变异量发生领域不同,可划分为以上几类。自然性危机多以灾害性形态出现,包括地质灾害、气象灾害等等;政治性危机往往是意识形态领域的冲突在高校的预演,如

---

① 肖鹏军主编:《公共危机管理导论》,中国人民大学出版社 2006 年版,第 5 页。

政治性集会或罢课等；社会性危机源自社会性冲突或恐慌，如公共卫生事件引发的危机，违法犯罪行为造成的恐慌等；经济性危机多发生于财务管理不善引发的危机，如高校的经济腐败问题。

4. 财产损失危机、生命健康损害危机、精神利益损害危机

依据危机所造成的后果的不同，分为以上三类，也可划分为有形损害与无形损害两类。财产与人身损害的危机能够明确评估，损失可以通过相应方式加以弥补；而精神利益的损害与上述损害相比则无法评估，造成的损害具有持续性，很长时间无法消除，比如高校的社会声誉受损很难在短期内恢复，各项工作都要受到影响。

5. 学生群体引发的危机、教职工群体引发的危机、其他群体引发的危机

依据危机引发的主体作为划分的依据，有些危机发生于大学生群体之中，有些发生于教职工群体之中，也有的由校外人员或其他群体引发危机。根据不同群体的生理特点和生活状况，高校公共安全措施可以采取针对性的策略，尽快消除危机造成的负面影响。如有的高校设置心理健康诊所，排解师生心理健康，在一定程度上能够避免群体的消极行为。

6. 常态型危机与应急性危机

依据危机发生的不同方式，有些危机基于其风险和隐患的特点，高校公共安全管理部门可以把握其发生的概率，能够通过日常的防范机制及时化解，这类能够预防的危机，因其产生具有规律性，在常态下可以防范，称之为常态型危机，如寝室安全防火、卫生疫病检查等。而有些危机具有突发性，完全无法预料，发生危机时，只能及时应对，妥善处理善后事宜，避免损失扩大，称之为应急性危机，如突发的灾害性事故或严重犯罪行为的发生。

当然,以上分类做不到,也不可能详尽把危害高校公共安全的变异情况都能分门别类地加以概括,类型化仅是出于便利具体对策的实施。实践中的高校公共安全面临的情况与问题是相当复杂的,相对来说,公众更多地把注意力集中于高校治安问题,本课题研究也以此作为研究的侧重点。同样,高校治安问题也涉及很多具体的事项,如果依法律关系形态加以界分的话,也可分为民事违法领域、行政违法领域与刑事犯罪领域几方面。

三、高校公共安全法律机制的解读

法律机制是法的内在功能的外部实现,以其具有规范性、强制性、公正性、程序性等特征对人的行为及社会关系和社会生活产生相应的影响。法律机制对于社会生活的作用可以大致概括为以下几方面:其一,惩恶扬善,弘扬正义理念;其二,定分止争,平衡利益冲突;其三,制约权力,保障权利实现;其四,规范治理,构建和谐秩序。

公共安全是人类社会生活正常进行的最起码的条件,如果安全无法满足,则社会关系的稳定性将被打破,社会将陷入一片混乱,一切秩序也就不存在了。高校公共安全的价值取向在于追求一种良性的秩序形态,而秩序价值的实现必须借助于法律发挥其规范与整合的作用。西方有的学者指出:"与法律永远相随的基本价值,便是社会秩序。必须先有社会秩序,才谈得上社会公平,秩序与法律密不可分。"①秩序与法律二者之间具有内在的关联性,二者之间关系形态主要表现在秩序的形成与维持需要法律机

---

① [英]彼得·斯坦、约翰·香德:《西方社会的法律价值》,王献平译,中国人民公安大学出版社1990年版,第38页。

制的作用;而法律机制的顺利运行也需要良好的外部秩序。公共安全是良好秩序的一种形态,秩序表征着关系的稳定性、结构的有序性、行为的规则性和进程的连续性,公共安全则是对秩序价值实现的最低限度的要求和满足,也是法律机制能够充分发挥社会调控作用的基本环境条件。同样,公共安全状态也离不开法律的保障。

(一)法律对于公共安全的保障作用

1. "安全筏"机制

"安全筏"形容法律机制对于常态下公共安全的减压作用,在常态秩序条件下,法律更多侧重于维持稳定的秩序,对冲突与危机以预防为主,更多强调如何缓解冲突,避免纠纷,维持安定有序的状态。法律更多的是对既有的关系、组织结构、稳定进程加以巩固。并且,通过法律机制特有的权威性、公正性,提供矛盾纠纷解决的理性方式,避免冲突的扩大化。通过法律机制的强制性、惩戒性,防范侵害的发生,保障公共安全。常态模式下,法律对于公共安全的调控策略更多侧重于如何防微杜渐、未雨绸缪、居安思危、亡羊补牢。

2. "灭火器"机制

"灭火器"形容法律机制在应急状态下应能够迅速地处理危机,消除隐患,减少损失,回复公共安全状态。在应急状态下,因危害公共安全的行为或事件具有突发性、后果的不可预测性、快速蔓延性等特点,这就要求法律机制能够及时、快捷地做出相应的反应,采取果断措施,抑制危机的蔓延,积极消解危机的强度,快速消除危机的影响,及时处理善后工作,恢复公共安全。在应急状态下,法律对于公共安全的调控策略则是决策果断、处变不惊、随机应变、措施得当。

（二）高校公共安全法律机制的内涵与特征

高校公共安全的法律机制同样也具常态下的"安全筏"机制与应急状态下的"灭火器"机制。但是，基于高校教育组织的特点与高校公共安全的特性，高校公共安全的法律机制有其独有的内涵与特征：

1. 高校公共安全法律机制的内涵

高校公共安全的法律机制是指，法律的规范机理、运行模式与具体实效在高校教学、科研和管理中的具体表现，通过法律的具体运作和功能实现，化解危机、防范侵害、保障权益，维护和保障高校的公共安全。

2. 高校公共安全法律机制的特征

综合以上对于高校对象性质的分析、公共安全内涵的解读与法律机制的评析，高校公共安全法律机制具有以下典型的特征：

首先，高校领域是法律机制作用的基本立足点。这一立足点决定高校公共安全的法律机制不能脱离高等教育这一宏大背景，因此，法律的具体运作不能背离高等教育的目的。法律机制的实现要充分考虑高等教育的规律和特点，要考虑高校中的学生、教师等群体的特点，要考虑法律实施的对象差异性和灵活变通性。

其次，公共安全是法律机制作用的首要目标。公共安全状态的实现是法律机制积极诉求，也是法律机制能否发挥作用的实效评价标准，因此，高校公共安全法律制度的设置、运作和检验必须以公共安全的规律性为前提，并且对各种危害高校公共安全的现象与问题予以充分地掌控，以预设的法律制度来应对各种挑战。

再次，法律运作是法律机制实现的基本形态。法律只有实现，才能起到建立和维护社会秩序的作用。法的意义既在于它的象征性，更在于它的实践性。不能实现的法律等于一纸空文，几乎没有意义。正如我国清末法学家沈家本所说:"法立而不行,与无法等,世未有无法之国而长治久安也。"①因此,高校公共安全的法律机制的实现不仅要完善现有各项关于公共安全的法律制度,而且要展开以下的法制实践活动:第一,加强高校公共安全执法,配置相应的执法机构和人员;第二,实施公共安全教育,培育师生的守法意识和防范心理;第三,改善监督防控手段,建立长效性法律调控机制;第四,畅通法律救济渠道,实施责任追究机制。

第二节 高校公共安全法律机制的理论依据

理论研究应有其自身的范畴与维度,缺乏基本范畴的理论将成为无本之木,无源之水,进而成为虚幻的理论泡沫;而缺乏研究维度的理论将导致坐标偏移,方向迷失,从而误入难以自拔的泥淖。在对于上述"高校"、"公共安全"、"法律机制"三个基本范畴的内涵阐释中,可以看出,基于本项研究所涉范畴的多学科、多重理论维度的特性,决定了本项研究必然要涵摄多学科的理论资源,也必须借助于多重理论维度进行法学视角的研究。因此,本项研究在侧重于法学理论维度的前提下,必然要涉猎教育学、管理学、社会学等多个学科的资源,实现各种理论资源的整合。

一、风险社会理论与高校公共安全
(一)风险与风险社会理论阐述

"风险社会"是 20 世纪 80 年代德国社会学家乌尔里希·贝克在《风险社会》一书中提出的概念。从认识论角度来看,风险社

---

① 沈家本:《历代刑法考·刑制总考》,中华书局 1985 年版,第 34 页。

会是消解工业社会的一种反思性现代化,不是现代性的终结,而是现代性的开端——是一种超越古典工业设计的现代性。"风险的概念直接与反思性现代化的概念相关。风险可以被界定为系统地处理现代化自身引致的危险和不安全感的方式。风险,与早期的危险相对,是与现代化的威胁力量以及现代化引致的怀疑的全球化相关的一些后果。"①对于风险与风险社会的社会学概念的含义,贝克把它归纳为八项理论要素:(1)风险与毁灭不同,并不指已发生的损害。风险概念表述是介于安全与毁灭之间一个特定中间阶段的特性。(2)风险概念使过去、现在和未来关系发生逆转,过去已无力决定现在。可怕的未来对今天投下的危机阴影越多,由今天揭示出的风险引发的打击也就越大。(3)作为一种数学计算的程序,风险直接或间接地与文化定义以及可容忍的或不能容忍的生活标准有关。(4)现代化的风险不仅具有全球性,而且具有不确定性和风险诊断上的不确定性,许多限制和控制风险的努力转化成了更大的不确定性和危险。(5)与风险社会和人为的不确定性相联系的风险概念,指的是一种独特的"知识与不知的合成",即风险来自于或存在于无知,而更多的知识也成为新风险的来源。(6)全球风险社会下,控制逻辑从根本上受到质疑,危险成为日常消费习惯中不可缺少的东西。(7)是社会感知和结构使风险成为"现实",它们的实在性是通过植根于前进中的工业和科学生产与研究程序的"冲突"而喷发出来的。风险知识是与一个社会的文化和社会知识结构紧密相连的。(8)风险社会是一个人为

---

① [德]乌尔里希·贝克:《风险社会》,何博闻译,译林出版社2004年版,第19页。

的混合世界,失去了自然与文化之间的二元性。①

(二)风险社会理论对高校公共安全的启示

"风险"概念远远突破人们固有认知模式下的危机和灾害的范属,也动摇了既有的公共安全的认识论体系。在这里,我们仅侧重于评述风险社会理论对于高校公共安全的启示:

1. 危害高校公共安全的风险不仅限于各种外部的、可知的事件或行为,还包括一些来源于制度本身或知识结构自生的风险,即存在着人为制度衍生的风险。比如,有些高校出台的一些忽略学生基本人权的管理制度,如限制学生自由外出,窥探学生隐私活动,实施高压管控,导致校内危机日益积聚,得不到释放就会衍生出学生集体对抗学校的危机。

2. 工业社会的自反性思考,提醒人们不能过于沉迷于"技术理性"的力量。高校公共安全管理需要科技支持,但不能过于依赖高精尖的科技手段。科技本身就是利弊兼具的双刃剑,用之不当,反而损害更大。在特殊情况下,如面临地区性停电,高校所有监控设备不能正常工作,而人力支援不足,导致违法犯罪分子就会有机可乘,实施趁火打劫。"苏丹红事件"也使人们认识到已有的卫生安全标准的不可信,科技评估手段也值得质疑。

3. 危害高校公共安全的风险无处不在、具有很强的不确定性和难以预测性,但面对危险,我们不能就此不加防范,更应提高风险意识。风险意识的培养应成为生活习惯的一部分,公共安全教育应成为学校教育的基本内容。只有具有一定心理承受力的高校群体在面对各种危机时,才能够做到处变不惊、临危不乱。

---

① [德]乌尔里希·贝克:《风险社会再思考》,郗卫东译,《马克思主义与现实》2002 年第 4 期,第 46—49 页。

4. 风险社会下,风险代表一种不确定性或可能性趋向,风险并不等同于危机、危害或灾难。危害高校公共安全的风险因素也具有不确定性,可能来源于内部体制结构中,也可能来自于外部的政治、经济、文化等环境的变化。因此,高校公共安全不能仅仅依赖于制度解决一切问题,需要从政治、经济、教育、伦理、文化等多方面分析风险的可能性。比如,社会贫富悬殊问题对于教育公平的影响,进而对于高校公共安全的影响,相互之间具有交涉性的影响。

二、冲突理论与高校公共安全

(一)冲突理论阐述

冲突理论发端于马克斯·韦伯和齐美尔的著作中,在20世纪60年代逐渐成为一门成熟的理论,社会冲突理论以科塞、达伦多夫等学者为代表。冲突理论的核心观点认为,社会冲突作为社会主体之间由于需要、利益、价值观念的差别和对立所引起的相互反对的社会互动行为,是社会运行中的普遍现象。[①] 以刘易斯·A.科塞在其《社会冲突的功能》观点为代表,"冲突"这一概念并不泛指一切社会冲突,而具有独特内涵:(1)不涉及双方关系的基础、不冲击核心价值的对抗。(2)社会系统内不同部分(如社会集团、社区、政党)之间的对抗,而不是社会系统本身的基本矛盾,不是革命的变革。(3)制度化了的对抗,也即社会系统可容忍、可加以利用的对抗。据此,冲突可分现实性冲突与非现实性冲突两类,前者是指那些为达到特定目标而指向冲突对象的对抗行动。因而,

---

① 黄顺康:《公共危机管理与危机法制研究》,中国检察出版社 2006 年版,第 65 页。

达到这个特定目标就可能消除冲突的潜在原因。后者则是指至少冲突中的一方为"释放紧张状态的需要"而发起的冲突。非现实性冲突常常是因为现实性对立不被允许表达时发生的转移。非现实性冲突转移真正的冲突对象,往往表现为找"替罪羊"。因此,冲突理论可以表现为下列理论立场:(1)群体冲突越是因现实问题而发生(即为了达到某种具体目的),则越有可能达成解决问题的折中方案,因此,冲突的强度就越小。(2)群体冲突如果因非现实问题而发,则冲突介入的情感越强,冲突的强度也就越大。非现实问题包括终极价值、信仰、意识形态以及阶级利益等。例如,民族分裂问题、宗教问题等都是非现实的问题,一旦发生冲突,将是激烈的、持久的。(3)在一个社会系统里,各部门之间的关系在功能上相互依赖性越小,则缓解冲突与紧张的制度化手段的有效性越低,因此冲突就更加激烈。相反,各部门间的功能相互依赖程度越高,即相互交换与协作的现实性越强,其冲突的强度就越小。(4)使冲突常规化、制度化,有助于各群体及人们之间的妥协、调和和团结。允许冲突存在并使之制度化,给社会带来震荡最小,从而起到积极的作用。此外,科塞从引发冲突直接导火线的微小因素入手,提出了"社会安全阀"制度,即指社会系统为人们提供排泄敌对情绪和进攻性情绪的制度,当相互对立的利益或相互敌对的情绪受到压制的时候,解决的办法之一就是把敌对情绪从真正的根源中转移出来,从其他渠道发泄。社会结构越僵化,潜伏性危机越大,"安全阀"就越重要。安全阀可以是制度、替代品或其他方式。①

---

① [美]刘易斯·A.科塞:《社会冲突的功能》,孙立平译,华夏出版社1989年版,第30—58页。

（二）冲突理论对高校公共安全的启示

冲突理论对于高校公共安全具有很强的启迪作用，毕竟高校这个小型社会也处于冲突蛰伏的状态。

1. 应积极正视高校存在的各种冲突因素和现象，冲突是高校小社会中的普遍现象。高校应不断改善系统结构的灵活性，摒除陈旧落后的管理理念，消除僵化的制度模式，才能避免冲突因素的长久积蓄，爆发危机。

2. 高校冲突形态也存在现实性冲突与非现实性冲突形态。如学生针对高校管理而产生的对抗，就属于前者。学生因失恋、就业受挫而恶意损坏高校设施就是属于后者。因此，应区别对待不同的冲突，采取疏导和规制并举的手段，积极找出冲突产生的来源和动机。

3. 高校应建立重大信息的公开机制与矛盾化解的沟通机制，加强群体间的协作和对话。高校应畅通信息渠道，提供学生接触外部信息的平台，让学生掌握更多危机的信息，才能避免不必要的恐慌心理的蔓延。此外，高校应实施灵活多变的纠纷解决机制，缓和紧张的冲突气氛，减少不安定因素。

4. 应注视安全阀的制度机理，避免高校冲突发展成像"无法排放过量蒸汽的锅炉一样发生爆炸"。高校应积极发挥学生社团、辅导员、心理健康中心等类似组织的作用，并应注重人性化制度的设计，发挥各种"安全阀"的减轻压力、释放情绪、排除困惑的作用。比如哈佛大学允许学生校园裸跑，以释放压力。①

----

① （华盛顿讯）在当地时间5月16日午夜，美国著名哈佛大学校园内，全裸的200多名男女学生在草坪上奔跑。他们给该活动起名为"原始的尖叫"。据报道，这是一直埋头准备期末考试的哈佛大学学生们为消除考试期间的心理压力而举行的活动。www.city-coral.com/viewthread.php? tid=21165,2007-5-21。

三、组织理论与高校公共安全

（一）组织理论阐述

社会组织早已存在,有关组织的概念和组织管理思想可以追溯到几千年以前,但是,人们对社会组织进行全面研究并提出系统的理论,则是近代的事情。从19世纪下半叶开始,由于生产社会化的加强,组织机构越来越复杂,组织程序越来越高,各种社会组织理论迅速发展起来。就历史产生形态来看,组织理论经历了以工作任务为中心的古典理论、以人际关系为中心的新古典理论和以权变和开放系统为旨向的现代组织理论三个阶段。20世纪70年代是组织理论发展的黄金期,出现四种全新的理论,即交易成本理论、制度理论、组织生态理论与资源依赖理论。① 随着组织理论的不断发展,以大学组织作为分析对象的理论也不断涌现,许多研究都从组织视角分析高校的目标、结构、行为、制度环境和协调机制等问题。② 针对高校组织的教育属性,组织理论给予高校研究提供以下独到的分析视角:(1)高校组织内部具有严格的权力结构形态,存在严密的角色分工,权限与责任的划分明确,具有严格的纪律约束。(2)高校组织良性运作应以人为本,组织体系的核心在于人,和谐的人际关系是保障组织稳定和建立组织认同的基础。(3)高校是一个组织起来的整体系统,具有系统的如下特性:

---

① 参见林杰:"组织理论与中国大学组织研究的实证之维",载《北京大学教育评论》2006年第4期。

② 西方很多学者都借助组织理论分析大学问题,如美国学者伯顿·克拉克的《高等教育新论:多学科的研究》、《特色学院》;罗伯特·伯恩鲍姆的《大学运行模式》;理查德·斯科特的《组织理论》;挪威学者波·达林的《理论与战略:国际视野中的学校发展》,中国学者也对此予以关注,如阎凤桥的《大学组织与治理》、钱民辉的《教育社会学:现代性的思考与建构》。

系统内部各部分是相互依赖的,如果部分发生变化,将直接或间接影响高校整体系统其他部分的运作。各子系统应以整体系统为基本立场,服务于整体系统。系统内部各要素具有协同作用,整体结果大于个体的简单相加。(4)高校系统具有开放性,对周围环境具有相互反应性,高校组织与环境的关系是灵活的动态而不是静态,即所谓的"权变理论"。(5)高校组织管理应实施"超 Y 理论"模式,即强调高校组织的管理者应根据实际情况,灵活机动地采用不同的方法,凡事做到具体问题具体分析,因人、因事、因时、因不同情况而做到相应的安排或处理。①

(二)组织理论对高校公共安全的启示

结合高等教育的特点,高校组织理论的视角能够扩展我们对于高校公共安全的认识。

1. 高校公共安全管理体系的构建也是一种组织形态的配置,具备组织的特征:特定的公共安全目标体系,公共安全的组织成员角色化,严格的规章制度,权力分层体系,一定的物质条件等。

2. 高校公共安全的目标在于维护一种稳定和谐的秩序,而秩序价值在于保障主体权利与义务的实现,因此高校公共安全必须以人为本,实现人性化管理。

3. 高校公共安全的实现需要高校多元主体、各个机构、多项制度、多种文化等各要素的统一协作,实现多重功能的有机整合,保障整体系统的有序运作,共同营造良好的秩序氛围。

4. 高校象牙塔不是尘封的堡垒,随着市场化、全球化等外部社会因素的渗透,高校管理不断呈现新的问题,也对公共安全提出

---

① [挪]波·达林:《理论与战略:国际视野中的学校发展》,范国睿译,教育科学出版社 2002 年版,第 30—80 页。

新挑战。在保持高校系统的开放性前提下,高校公共安全管理应当因地制宜,保持机动灵活。

四、结构功能理论与高校公共安全

(一)结构功能理论阐述

结构功能主理论植根于 19 世纪初期的有机论,从孔德之后,功能主义经过斯宾塞、涂尔干,至 20 世纪 40 到 60 年代由帕森斯、默顿等人发展成为一个宏伟的"巨型理论"。但随着新功能主义的修正,冲突论的出现,最终在解构主义冲击下逐渐式微。① 但是,帕森斯与默顿理论对于研究高等教育与高校组织仍然具有一定的理论价值,结构功能主义的核心观点仍然具有很多值得借鉴的地方。(1)帕森斯认为所谓社会结构是具有不同基本功能的、多层面的次系统所形成的一种总体社会系统,包括适应(Adaptation)、目标达成(Goal attainment)、整合(Integration)和维持模式(Latence)四项功能性条件,这就是著名的"AGIL"交换模型。四个子系统既相互区别又相互联系,共同构成总体的、均衡的、自我调解和相互支持的社会系统。"AGIL"模型尤其强调了制度整合和价值维持对于系统结构平衡的重要性。(2)帕森斯认为,"秩序问题,是社会通过互动协调稳定的本质,秩序在这里所指的,是行动者在某种规范准则下的动机整合问题"。帕森斯明确地将秩序作为结构的本质,并认为结构由"行动者在一情景中彼此的互动而组成",结构又是一种互动关系模式。(3)帕森斯着眼于社会互动的稳定模式,认为特定的社会角色体现不同的社会功能,角色行

---

① 参见周怡:"社会结构:由'形构'到'解构'——结构功能主义、结构主义和后结构主义之理论走向",载《社会学研究》2000 年第 3 期。

为的规范化与制度化可保障社会秩序的稳定。（4）默顿反对帕氏的宏观努力，提出"中程理论"，认为普适的模型注定会失败，提倡中等规模的多元理论，对经验加以检验。进而提出社会结构的反功能理论，区分显功能与潜功能，正功能与负功能，并以越轨现象作为中程功能理论的范例。①

（二）结构功能理论对高校公共安全的启示

结构功能主义对于教育系统论研究具有重要影响，高等教育社会学多以此作为研究分析的一个视角，对高校公共安全研究也具有一定的影响。

1. "AGIL"模型对于高校公共安全的实现具有参照性作用，高校公共安全也存在着与系统内部与外部要素间的交流与协调的适应模式；公共安全的预期目标的设置与相应控制措施的拟定；公共安全的制度整合和群体团结性的作用发挥；公共安全的秩序价值和文化渗透对于系统的维持作用。

2. 高校公共安全所侧重的秩序状态是高校各系统互动协调的本质，而高校系统也是高校安全秩序实现的前提，秩序与系统具有互动性，秩序利于系统功能发挥，而系统功能的充分发挥又是秩序形成的前提，具有循环论的形态。

3. 高校存在着角色定位、权力分化、组织分工的特点，合理的制度配置能够保证高校系统的和谐与稳定，高校公共安全也应保障群体、组织的身份认同与各司其职。

4. 系统结构性混乱与制度设计的弊病都会产生冲击系统稳定的反功能，高校公共安全也必须研究一些具有负功能的越轨失

---

① 参见［美］乔纳森·H. 特纳：《社会学理论的结构》，吴曲辉等译，浙江人民出版社 1987 年版，第 67—104 页。

范行为,分析社会结构性问题引发的价值失衡、行为失范,进而对于高校公共安全具有负面影响。比如,社会贫富差距的基尼系数增大对于高等教育产生的影响。

五、公共危机管理理论与高校公共安全
(一)公共危机管理理论阐述

自从人类社会形成以后,危机状态就一直伴随着人们,但是专门的危机管理理论研究则是相当晚的事情,早期西方学术界对危机的研究主要集中在对自然灾害的研究上,危机研究还没有成为一个独立的学科。至 20 世纪 60—80 年代,西方危机理论在政治学和国际关系领域有了突破,形成了一个研究高潮,涌现出的代表人物有格尔、赫尔曼、科泽尔等学者。对于中国来说,受 SARS 危机的警示和公共管理学科的成熟,公共危机管理理论成为学术关注的热点。① 公共危机管理是公共管理的一种特殊形式,是公共管理中应对危机状态的一种形式。归纳现有理论研究现状,公共危机管理理论主要侧重于以下几方面的研究。(1)公共危机管理的主体是政府及其他公共机构。政府和其他机构除了常规管理之外,还需要居安思危,积极应对可能出现的各种公共危机。(2)公共危机管理的重点在预防。危机有有利之处,但是以损害为主,所以对于人为危机应力争将其控制在萌芽之中,即以预防为主,这是最主动、积极的危机管理态度。对于已经发生的危机,要抓住机会和条件,尽快、科学地处理、扭转危机事件发展态势,力争使危机事

---

① 危机管理作为公共管理学的子学科,近年来涌现大量的教材与著作,比较典型的有,薛澜、张强、钟开斌的《危机管理——转型期中国面临的挑战》、冯惠玲的《公共危机启示录——对 SARS 的多维审视》、黄顺康的《公共危机管理与危机法制研究》、肖鹏军的《公共危机管理导论》等。

件持续时间最短、损害最小。(3)公共危机管理的功能是防范、化解危机,它不仅要管理已经发生的公共危机,实施化解措施,减少由于危机所造成的损失,同时还要在日常工作中未雨绸缪,做好防范工作,把可能发生的公共危机消灭在萌芽状态。(4)阶段划分的 PCP 模型把危机管理分为预防阶段、应急阶段和恢复阶段的三段,秩序、安全、稳定是公共危机管理的目标。①

(二)公共危机管理理论对高校公共安全的启示

高校公共安全问题属于公共危机管理研究的内容,高校安全管理的组织结构、制度体系、措施手段大都借鉴了公共管理的理论与方法。因此,高校公共安全法律机制构建也必然借助于公共危机管理理论的研究视角。

1. 重视"冰山理论"与"火炉原理"对于高校公共安全的启示,②"冰山理论"强调高校安全管理一定要透过现象看本质,认清隐患产生的根源。安全管理要抓住重点、抓住本质而不能流于形式,标本兼治才能防患于未然。"火炉原理"则强调公共安全管理要树立危机意识,居安思危、防微杜渐,严肃认真地对待日常的防范工作。

2. 掌握公共危机的发展周期对于高校公共安全管理具有针对性的指导作用。侵害高校公共安全的危机从其生成到被消除,

---

① 参见肖鹏军主编:《公共危机管理导论》,中国人民大学出版社 2003 年版,第 25—26 页。

② "冰山理论"形容海中的冰山,如只削掉露在水面上的部分,水底的部分还会浮上水面,同样没有消除前进的障碍,甚至将危险隐藏。"冰山理论"比喻人们做事情没有追根溯源,没找到问题的根本所在。而"火炉原理"描述的是一只青蛙如果你直接把它放到热水里,它会跳出来跑掉,但是如果把它放入一锅冷水中,然后慢慢加热,那么那只青蛙会被慢慢地煮熟而不知道逃走。这就是常说的"生于忧患,而死于安乐"的意思表述。

有一个生命周期,一般经历五个发展阶段,即潜伏期、爆发期、持续期、解决期、善后期,因此高校公共安全管理建立以下应急机制:公共危机的识别与评估机制、公共危机的预警机制、危机管理的预防机制、危机管理的控制处理机制、公共危机的善后处理机制。

3. 借鉴公共管理的组织理论,建构起高校公共安全体系。高校应在组织管理层面设置公共安全的领导决策机构、具体执行部门、评估监督部门,并且建立健全公共安全管理的参与机制、沟通机制、信息管理机制与保障机制。

4. 仿照公共安全的治理体系,建立全方位的高校公共安全防控体系。高校应从规范制度体系入手,建立起公共安全的目标、模式与运行机制,完善人防、物防与技防的各项措施,灵活区分内部防范与外部防范的策略,实现常态防控与应急控制手段的有效结合,形成高校公共安全的综合治理格局。

第 八 章

高校公共安全法律机制之建构

高校公共安全的法律机制表征着法律的功能机理,即侧重于强调如何充分发挥法律制度在高校公共安全领域的功能,如何在高校公共安全中彰显出法律价值。基于上述考虑,高校公共安全的法律机制研究必须解决两个理论问题:其一,法律的理论维度问题,即区别于公共管理学、社会学、教育学等领域对于高校公共安全的阐释,法律对于高校公共安全所独具的理论视域。其二,法律机制的建构问题,即以一种制度与价值相统合的体系模式构建高校公共安全的法律机制。

第一节 高校公共安全之法律维度

法律发挥其功能往往离不开制度规范的载体形式,而每一项规范背后都承载着一定的法律价值,二者之间的关系往往比喻成"肉体"与"灵魂"的关系。而法律制度与法律价值的实现又都要借助法律运行机制,而法律的运行归根到底则表现为对权利和权力进行的规范、调控与整合。法律维度下的高校公共安全一般可以从权利、权力、制度与价值四个方面加以阐释。

一、权利维度

法是以权利和义务为机制调整人的行为和社会关系的。权利和义务贯穿于法律现象逻辑联系的各个环节、法的一切部门和法律运行的全部过程。权利和义务的关系可以概述为:结构上的相关关系,数量上的等值关系,功能上的互补关系。① 当代法学逐渐确立了以权利为本位的思考,权利构成了法哲学的基石性范畴,因此权利属性一旦明确,对应性的义务也必然会被指涉。从法律功能和社会价值的角度,可以把权利解释为"规定或隐含在法律规范中、实现于法律关系中的、主体以相对自由的作为或不作为的方式获得利益的一种手段。"②

基于上述权利的内涵与特征,高校公共安全的法律机制也可以从公共安全权利的角度作为研究的切入点,以公共安全权利作为建构法律机制的基本要素。公共安全权利是形成高校公共安全法律行为、法律关系、法律责任及相应法律救济的逻辑联系的基本环节,基于此,建构法律机制的首要前提就应当明确高校公共安全权利的内涵、特征与分类。

(一)高校公共安全权利的内涵

追求安全是人的一种天赋本能。远在古希腊,就有哲学家将"自由"和"安全"并列作为人权的要义,认为正义本身并不是某种存在,它总是人们避免彼此伤害或受害的契约,因而要求国家政权保证人们的安全。③ 但是就"安全"本身而言,安全权利更多成为

---

① 张文显:《法哲学范畴研究》(修订版),中国政法大学出版社 2001 年版,第 338 页。
② 张文显主编:《法理学》(第 2 版),高等教育出版社 2003 年版,第 109 页。
③ 吕世伦:《法理念探索》,法律出版社 2002 年版,第 335 页。

其他权利的实现前提和维护手段,安全成为法律的目的。这恰如博登海默所言,"人们之所以在正义理论中只给予安全以一张幕后交椅的原因,必须从这样一个事实中去探寻,这个事实就是安全在法律秩序中的作用之一是具有从属性和派生性:安全有助于使人们享有诸如生命、财产、自由和平等等其他价值的状况稳定化并尽可能地持续下去。法律力图保护人的生命和肢体,预防家庭关系遭到来自外部的摧毁性破坏并对侵犯财产权规定了救济手段。上述种种法律上的安全目的,集中体现在霍布斯的格言之中,'人民的安全乃是至高无上的法律。'"①因此,公共安全权利的内涵应统合公共、安全、权利等范畴的内涵,意指由法律设定的和保障的,公共主体享有的财产、人身等权益免受侵害的权利。高校公共安全权利则意指法律保障和维护的高校群体的基本权利免受侵害的权利。在这里,公共安全权的享有主体是教师群体和学生群体,权利客体则是高校公共安全所保障或维护的教师和学生的人身、财产等合法权益。

(二)高校公共安全权利的特征

高校公共安全权是高校教师与学生群体在高校领域内享有的人身与财产免受侵害的权利,是高校内部群体基本权利得以充分实现的前提性权利。结合高校和高等教育的特性,高校群体的安全权利具有以下几点特征:

首先,权利的适用主体特殊,只适用高校教师与学生。高校教师与学生的主体特性更多基于高等教育主体这一特定的身份特征,高等教育权利范属下的高校教师与学生的基本权利构成高校

---

① [美]E.博登海默:《法理学:法律哲学与法律方法》,邓正来译,中国政法大学出版社1999年版,第293页。

公共安全侧重保障的权利客体内容,现行的《教育法》、《高等教育法》、《教师法》等法律中对于教师与学生基本权利的规定就构成高校公共安全权强调的重点。

其次,权利的适用地域特殊,只适用于"在校"的群体。"在校"强调高校公共安全的适用范围仅仅限于高校校园之内,因此公共安全的权利主张也限于校园之内,离开校园这一限定的地域,如学生放暑假在家的安全就不属于高校公共安全范围。

再次,安全权利具有公共特性,即权利侵害能够造成公共性影响。高校公共安全侧重于公共性,权利形态也具有公共特性,这种公共特性强调权利侵害的公共影响。对于公共安全侵害是适用不特定的多数人,对于公共安全权的侵害造成的影响也同样是适用不特定的多数人。

最后,安全权利是一种派生权利,群体的基本权利是原权利。高校公共安全权强调一种基本权利免受侵害的特性,因此基本的人身权、财产权是公共安全的保障的客体权利,安全权利是基本权利的引申。[①]

(三)高校公共安全权利的分类

高校公共安全权利可以依照不同的分类标准,划分为不同的权利形态,而安全权利的分类有助于我们能够具体问题具体分析,进而提供有针对性的保障。

1. 按照权利适用主体不同,分为教师安全权与学生安全权。教师安全权主要适用于教师在教学活动享有的各项安全权益,高校应提供各项便利条件保障教学、科研活动免受非法的侵害。学

---

① 关于原生权利与派生权利的概念,参见李步云主编:《人权法学》,高等教育出版社 2005 年版,第 61 页。

生的安全权是高校公共安全强调的重点,针对在校青年学生的特点,高校公共安全管理应做到有的放矢。

2. 按照权利的客体内容不同,分为人身安全权、财产安全权。对于高校来说,常见的人身安全权又可细分为生命安全权、健康安全权、人格安全权、隐私安全权,等等。财产安全权又可细分为私有财产安全权、公共财产安全权、寝室安全权,等等。可见,安全权实质上强调一种基本权利不受侵害的权益,以基本权利为原权利前提,都可衍生出对应的安全权。

3. 按照权利的产生机制不同,分为常态管理下的安全权利与应急管理下的安全权利。根据公共危机管理理论,公共安全管理分为常态与非常态两种情形,不同情形下,主体权利内涵与实现方式会有不同,高校安全管理手段也会强弱分明。因此,高校公共安全管理中应依据不同安全状态采取不同策略,灵活应变,张弛有度,才能最大限度地保障师生群体的安全权利。

二、权力维度

从权力的内涵来看,"权力指个人、集团或国家,按照其所希望的方式,贯彻自己的意志和政策,控制、操纵或影响他人行为(而不管他们同意与否)的能力。"[1]权力具有以下特征:其一,权力运作不能脱离一定社会关系;其二,权力主体依赖某种权力资源使权力对象服从权力主体意志;其三,权力表征为积极行动权和控制权。[2] 现代法哲学研究认识到,"权力在社会关系中代表着能动

---

① 张文显:《法哲学范畴研究》(修订版),中国政法大学出版社 2001 年版,第 396 页。
② 参见王莉君:《权力与权利的思辨》,中国法制出版社 2005 年版,第 23—26 页。

而易变的原则。在权力未受到控制时,可以把它比作自由流动、高涨的能量,而其结果往往具有破坏性。权力的行使,常常以无情的和不可忍受的压制为标志;在权力统治不受制约的地方,它极易造成紧张、摩擦和突变。"①法律与权力的关系更多强调法律规范权力、分配权力、界分权力与制约权力。权力只有受法律调整,才能实现对于主体权利的保障,权利诉求是目标,权力运作是手段。

基于上述权力的法哲学原理的概括,高校公共安全管理实质上也是一种权力性活动,即高校公共安全管理权,这种权力也要遵循于法学视阈下的权力运作的规律。结合高校公共安全与法学维度下的权力理论,高校公共安全权力可以从以下几个方面加以阐释。

(一)高校公共安全权力的本质属性

高校公共安全管理的权力从本质上来说,属于行政权力范畴,权力的正当性来源于法律授权。根据《教育法》和《高等教育法》规定,高校享有高校管理权,有权维持高校正常的教学秩序。高校管理权力属于法律授权给高校享有的自治性权力,高校具有授权组织的行政属性,因此高校公共安全权力的依据、内容、范围必须法定化,受法律规范的调控。此外,高校作为自治型的教育组织,存在着行政权力与学术权力的二元界分,高校公共安全管理也必须以不能损害科研教学、学术自由为根本。

(二)高校公共安全权力的基本要求

结合高校教育组织特点与法律对于行政权力的规制,高校公共安全管理权的实施应符合以下原则性要求:

1. 注重公共服务性要求。高等教育本身就是一种公共产品,

---

① 〔美〕E. 博登海默:《法理学:法律哲学与法律方法》,邓正来译,中国政法大学出版社 1999 年版,第 360 页。

为大众提供教育资源。高校内部这种具有行政权力属性的公共安全管理权力必须服务于教育活动,其目的在于保障主体能够在安全秩序环境下获得公共产品。因此,公共安全管理不能单纯强调管理与治理,否则就会异化为专制与强权。

2. 注重权力的法律从属性。作为一种行政权力,高校公共安全管理权从属于法律、法规,法定化是其根本要求,这是依法行政的基本要求。高校公共安全管理虽然表征为一种高校自治权力,但这种自治权力也是法律授权下的权力,是一种受到限制的权力,不可恣意妄为。

3. 注重管理权实施的合理性。在保证管理权法定的前提下,高校应注重安全管理权力行使的客观、适度、合乎理性。尤其涉及学生基本权益时,高校一定要慎重考量安全措施的应用与学生权益之间的妥适性、必要性与合理性,不应僵化适法而过于牺牲主体权益。实践中就存在着很多高校管理方式不当侵害学生基本权利的事例。

（三）高校公共安全权力的法治原则

"一切有权力的人都容易滥用权力,这是万古不易的一条经验。有权力的人们使用权力一直到遇有界线的地方才休止。"①高校公共安全权力同样需要法律的规制,因而这种权力的正当化就在于其权力的源头、范围、内容都需要法定化。

1. 高校公共安全的主体法定。主体法定是指高校公共安全管理的执法主体必须具有行政授权主体或行政委托主体资格,具备公共安全管理的资质和条件。高校公共安全管理必须按照法

---

① ［法］孟德斯鸠:《论法的精神》,张雁深译,商务印书馆 1987 年版,第 154页。

律、法规的规定,配备合法的机构组织、高素质的人员队伍、一定的经费保障、健全的规章制度。实践中,有些高校公共安全执法往往委托社会性保安公司,设立于高校内部的这类保安组织也要符合上述的法定资质和条件。

2. 高校公共安全管理权限法定。高校公共管理权力必须属于法定的职权范围之内,符合一定的权限规则。这里的公共安全的管理权限又可以细化为管辖的事项、地域、时间、手段等诸多方面,都需要法定的限制,否则会损害当事人的合法权益。比如,学生隐私权因高校管理而受到侵害,最终导致双方对簿公堂,提起侵权讼案。

3. 高校公共安全管理的程序法定。高校公共管理权力必须依照法定的方式、方法和步骤实施,倡导公开、公平、公正的程序,保障当事人的知情权、参与权的实现。只有程序合法才不会使管理目标偏移。同样,也只有符合正当程序的安全管理,师生群体才能自觉、自愿地配合高校安全执法,并以接受安全管理作为自己分内的义务。

三、制度分析

任何组织都与其相应的制度密不可分,组织的生存和运作,就必须有制度作为支撑。基于以共同目标而集合起来的共同体,制度是组织赖以存在和发展的基础。组织制度的"控制性"与"稳定性"维持着组织的生存与延续,组织制度的"利益性"与"主体性"则维护着某一组织在与其他社会组织交往中的自身价值体系。①

---

① 张俊宗:《现代大学制度:高等教育改革与发展的时代回应》,中国社会科学出版社 2004 年版,第 46 页。

高校作为一个特殊的社会组织,自然也遵循着组织的这些基本原则。政治、经济、文化等各项制度共同构建起高校组织的制度体系,而法律制度则是高校制度文化体系中的一部分。法律制度通过其特有的机制,规范着高校教学与科研活动,保障高校公共安全。基于高校组织的特点,制度分析必须要研究高校公共安全的法律制度的功能:

(一)公共安全法律制度的规范功能

法律制度以其功能作用于人的行为及社会,并产生相应的影响。这种功能性作用主要源自制度具备的规范性机制。根据法学的基本理论,规范功能主要表征为告示、指引、评价、预测、教育和强制等作用。高校公共安全的法律制度也应具有相应的规范机理,只有充分发挥上述的规范机制,才能保证制度设置的预期能够成为现实。而制度的规范功能能否实现则有赖于相应的建构模式的设计和制度原则的适用。

(二)公共安全法律制度的建构模式

制度模式即制度体系是高校公共安全管理的规范前提,是高校公共安全管理活动的法律依据。高校公共安全管理必须制度先行,才能保证公共安全管理的正当性。高校公共安全法律制度模式可以分为两类,外部调控模式与内部自治模式。这两类模式统合运作,适用不同的安全管理领域,共同维护高校公共安全。

1. 外部调控模式强调国家对于高校的法治管理。高校作为事业单位法人,遵守国家各项法律规定,教育行政管理部门实施宏观治理。高校公共安全管理纳入社会公共安全管理体系之中,适用于国家的各项安全管理法规。高校公共安全的外部调控模式是坚持高校社会组织特性而实施的一种宏观性治理。

2. 内部自治模式是高校自治管理权的体现。高校对于校园内部秩序可以依据法律、法规的授权,在不违反上位法的前提下,可以制定相应的内部规章制度,实施微观治理。高校公共安全的自治模式是坚持高校具体情况而实施的一种高校内部自治,侧重于高校内部的法治建设。

(三)公共安全法律制度的适用原则

高校公共安全的制度设计具有正当性的预期价值,法律制度不是僵化的教条,而是实现高校公共安全的理性途径,因此,法律制度的配置应注重以下原则性要求:

1. 加大高校自治制度的设置权限,给予高校更大的自主权。高校公共安全面临的问题具有很强的不可预知性,安全管理面临着各种各样的难题,安全管理措施不可能千篇一律,高校各自的情况也多有不同。因此,在坚持安全管理法治化的前提下,应给高校安全管理留有一定自由裁量的空间,以便高校能够应对各种不可测的危机。

2. 制约权力、保障权利。高校公共安全管理的出发点在于如何保障主体安全权利的实现,安全管理权力要服从服务于主体的权利,这就要求安全制度的设置与实施应当坚持"权利本位"原则,即树立权力来源于权利、权力服务于权利、权力应以权利为界限,权力必须由权利制约的理念。[①] 高校安全管理制度应以规范权力、保障权利为适用准则。

3. 整合制度,增强制度的操作性。高校公共安全隶属于社会公共安全领域,高校安全法制也必然要纳入社会安全法制之中。如何实现高校内部安全制度与外部安全制度的协调一致、不相抵

---

① 张文显:《法哲学范畴研究》(修订版),中国政法大学出版社 2001 年版,第 396 页。

触,就需要整合现有的高校安全管理制度,并且统合社会学、教育学的各种理论,增强制度的可操作性。

四、价值审视

从哲学意义上讲,价值既是一个表征关系的范畴,也是一个表征意义的范畴,综合而言,价值实际上就是对主客体相互关系的一种主体性描述,它代表着客体主体化过程的性质和程序。[①] 由此,法律价值是指法律的存在、作用及其发展变化对一定主体需要及其发展的适合、接近或一致。它具有具体的主体性、客观社会性、伦理性和主观性的属性。[②] 制度与价值构成法治体系的一体两面,而价值是法治体系的灵魂,价值缺失,制度将退化成僵化的躯壳。公共安全权的背后更多反映出主体对于秩序价值的诉求,而秩序本身其实也正是法律价值的属性之一。作为基本法律价值的秩序以其内在的规定性描述了安全状态的基本特征。正如英国社会学家科恩总结的那样,秩序有以下五种规定性:①"秩序"与社会生活中存在一定限制、禁止、控制有关;②它表明在社会生活中存在着一种相互性:每个人的行为不是偶然的和杂乱的,而是相互回答或补充他人的行为的;③它在社会生活中捕捉预言的因素和重复的因素:人们只有在他们知道彼此期待的情况下,才能在社会上进行活动;④它能够表示社会生活各组成部分的某种一致性和不矛盾性;⑤它表示社会生活中的某种稳定性,即在某种程度长期保持它的形式。[③] 秩序是人类社会活动的基本目标,而法律也在

[①] 李德顺:《价值论》,中国人民大学出版社 1987 年版,第 107—108 页。

[②] 谢鹏程:《基本法律价值》,山东人民出版社 2000 年版,第 9 页。

[③] P. S. Cohen, *The Modern Social Theory*, London, 1968, pp. 18 – 19.

建立和维护秩序的过程中成为秩序的象征。高校公共安全也正是因具有很强的秩序价值属性而与法律机制相契合,高校公共安全可以从下列法律价值维度加以分析。

(一)高校公共安全的秩序价值内涵

秩序价值的内涵表示在社会中存在着某种程度的关系的稳定性、进程的连续性、行为的规则性以及财产和心理的安全性。高校公共安全的秩序价值实现是通过法律机制构建的,法律机制一方面在于确立一种安全秩序,另一方面通过安全秩序巩固法律的调整机制,抑制和防范侵害事件或行为,避免无序状态的出现。具体而言,高校公共安全的秩序价值内涵在于通过法律机制的调整,实现主体关系的稳定、教育进程的连续、管理活动规范化、主体权益有保障、主体具有安全感等良性状态。

(二)高校公共安全的秩序价值目标

法律价值是一个既表征关系的范畴,也表征意义的范畴。关系形态或意义旨向是法律价值诉求的目标。高校公共安全的秩序价值同样也具有目标性追求,这是通过法律机制的调控所实现的价值理想图景。"稳定"与"和谐"构成高校安全秩序价值的目标。

1. 防范化解危机,巩固稳定的校园环境。"稳定"的内涵在于实现社会状态的协调有序、持久稳固,实现主体内部与外部的平稳、安定、无冲突、无对抗的环境状况。高校稳定是高校安全秩序的初级目标,具体表现为通过法律规范的调适、整合、制裁等功能,维持管理的有序性、教育活动的规范化、安全局面的可控性,防范化解危机,保障高校公共安全。只有稳定的校园环境,才能防范各种危机,抵御各种风险,维护主体权益。

2. 平衡协调利益,营造和谐的人文氛围。"和谐"的内涵在于保障主体多元、利益平衡的关系形态,实现人与人、人与自然、人与社会的和衷共济、内外和顺、协调发展的关系模式。① 高校和谐是高校安全秩序价值的高级目标,具体表现为通过法律机制协调群体的利益关系,实现高校主体间的协调有序、和睦团结的关系模式。只有身处于和谐氛围之中,才能形成师生群体的安全心理与安全意识,高校公共安全管理才会得到师生群体的认同和信任。

(三)高校公共安全的秩序价值功效

1. 为安全管理制度的建构提供价值内审,为其设定价值取向和终极目标。制度与价值是密不可分的,无价值内摄,制度只会变成僵化的教条,不会得到公众的支持。同样,没有法律价值的指引,高校安全管理制度就会脱离以人为本的核心理念,成为高压管制的帮凶。

2. 秩序价值的确立有利于保障主体权利,平衡权力与权利的二元紧张关系。高校和谐与稳定的秩序价值在于维护师生群体的安全权益,安全至上的首要目的在于保障权利,而不是以高校是否有能力控制全局作为首要的考虑。高校公共安全秩序是教育权利实现的外部屏障,不能以权力替代权利、侵害权利,要始终坚持秩序的价值理想目标。

3. 秩序价值的彰显为高校治理提供美好图景,引导主体形成价值认同。价值认同是形成主体对于法律信仰的前提,而"法律必须被信仰,否则将形同虚设"。② 只有主体的高度自觉认同,高校安全管理制度才会得以顺利实施,安全秩序目标才容易达成。

---

① 参见王蜀苏:"构建高校和谐校园刍议",载《西南民族大学学报》(人文社会科版)2005 年第 10 期。

② [美]哈罗德·J. 伯尔曼:《法律与宗教》,梁治平译,中国政法大学出版社 2002 年版,第 54 页。

第二节 高校公共安全法律机制的建构

"体制"与"机制"分别构成制度静态与动态的两面,制度只有运作起来,才能发挥功能效用。高校公共安全的法律机制意指法律的规范机理、运行模式与具体实效在高校教学、科研和管理中的具体表现,通过法律的具体运作和功能实现,化解危机、防范侵害、保障权益,维护和保障高校的公共安全。建构高校公共安全的法律机制则应侧重强调法律制度动态的一面,这一切有赖于法律的运行,即坚持立法、执法、监督与救济各个法治运行环节的统合,才能真正发挥法律机制的功效。

一、高校公共安全法律机制的立法建构

立法是法律机制启动的前提,只有法律规范的合理设置,管理活动才于法有据、依法而行。鉴于高校公共安全立法体系尚未建立,安全管理亟待规范的现状,高校公共安全的立法建构需要在认清现实的基础之上,建构符合高校安全管理的立法体系。

(一)高校安全立法的现状与问题

1. 高校公共安全问题与立法现状

根据中国高教学会保卫学专业委员会(简称高教保卫学会)对全国 13 个省区市的 76 所高校的调查,1999 至 2000 年两年间,校园内共发生了各类案件 9278 起(自行车被盗未统计在内),非正常死亡 164 人。① 据北京等 30 个省、自治区、直辖市公安机关

---

① 李海清:《校园安全呼吁〈校园安全法〉》,《光明日报》http://www.edu.cn/20021101/3071378.shtml。

统计,2003 年专项整治行动期间,全国共出动警力 48 万余人次,检查学校 11 万余所,整改校内安全隐患 5 万余处,取缔校园周边娱乐场所和网吧 1.7 万余家,拆除违章建筑 1.3 万余个,取缔无证摊点 5.6 万余个,收缴非法出版物 33 万余册,破获侵害师生人身财产安全的违法犯罪团伙 1358 个,查破刑事、治安案件 18433 起,抓获违法犯罪嫌疑人 13669 名。① 这些事件严重地影响了学校和社会的稳定。

据相关人士介绍,1999 年"两会"期间,354 位人大代表提交议案 11 份,呼吁尽快制定《校园安全法》。② 此后的九届人大三次会议、四次会议都有代表提出《校园安全法》的议案。如何有效地保障校园安全,已经成为代表关注的热点问题。这些议案提出,校园安全是一个特殊环境中的特殊问题。高校校园内正常的科研、教学秩序的维护需要有法律保障。建议尽快立法,以保障校园的安全。江建中代表认为,目前中国现行的法律都不能代替《校园安全法》。《刑法》主要规定罪与非罪和刑罚等,《治安管理处罚法》主要界定了违反治安的行为及治安处罚等。两者都只能解决校园内的犯罪与违反治安的界定和处理问题。校园是育人的场所,对刑事、治安问题的解决,有着更为严格的要求。但事实上存在这样一种情况——学校虽有保卫人员但无权管,有关机关有权却无力管,保卫工作常常处于欲管不能、欲罢不能的尴尬境地,不能有效地实施校园安全管理。

目前,我国校园安全存在着诸多问题,应予以高度重视。在对

---

① 何春中:《全国校园安全专项行动已抓获犯罪嫌疑人 1.3 万》,《中国青年报》2003 年 9 月 2 日。

② 唐景莉、翟博:"150 多名代表呼吁尽快制定《校园安全法》",载《中国青年报》http://www.jyb.com.cn:8080/websrch.htm.

校园安全的法律保障方面,现行刑法、治安管理处罚法、预防未成年人犯罪法等都涉及对学校师生员工人身和财产安全,教学、科研、工作和生活秩序的保护;国家安全、消防等行政职能部门对发生在校园内的相关案件和灾害事故同样依法享有管辖权。近年来,有关部门又制定了10多件行政法规和部门规章,内容涉及校园安全的各个方面。目前,公安部正在研究、制订国家机关、社会团体、企事业单位内部治安保卫工作的行政法规,学校治安保卫工作就是其中的重要内容。同时,教育部也将着手研究和起草有关校园安全和学生伤害事故方面的部门规章,力争对学校治安与安全工作所涉及的一些关键问题做出规范。与此同时,政府及有关职能部门也在不断加强对校园治安的管理。

在2000年人大会期间,国务院内务司法委员会和教科文卫委员会听取了公安部、教育部和国务院法制办的意见,认为校园内发生违法和轻微违法行为,应由校规校纪干预处理;校方难以处理的严惩扰乱治安管理的行为,可以要求公安机关干预;需要追究法律责任的,依照有关法律规定处理。校园周边的治安环境,则应当在地方党委和政府领导下,根据综合治理责任制的规定各负其责。需要强调的是,查处治安案件、侦查刑事案件是人民警察的责任,对学校内部安全保卫机构不宜赋予其这些权力。[1] 在此期间,高教保卫学会也展开了一系列研究工作,组成校园安全立法课题组,拟定《校园安全法建议草案》。

放眼国外,校园安全在世界范围内越来越受到人们的重视,许多国家和地区的学校都有了校园警察,专门管理校园安全。一些

---

[1] 《21件议案关注同一个问题,代表呼唤校园安全立法》,《人民日报》http://www.jcrb.com/zyw/gygd/index.htm。

专家建议,建立中国校园警察制度,将学校保卫人员纳入人民警察序列,实行由学校和公安机构的双重领导体制,同时在公安机关的监督指导下进行其执法活动,保障校园的安全。制定《校园安全法》在中国还是件新鲜事,而在美国,相关法律早已颁布实施。据悉,美国60年代初由各州立法建立了校园警察,后来有了联邦制定的《校园安全法》,使得校园安全管理有了执法的依据,并配置了高素质的执法队伍。

我国尚未制订《校园安全法》,而《教育法》与《高等教育法》也都没有规定高校安全管理的内容,高校安全管理制度主要散见于教育行政部门出台的一些规定之中。简单列举一下,主要包括:当时的国家教委制定的《高等学校校园秩序管理若干规定》(1990年)、《学校体育工作条例》(1990年)、《学校卫生工作条例》(1990年)、《关于做好学校治安综合治理工作的几点意见》(1992年)、国家教委办公厅制定的《关于重大伤亡等事故请示报告工作的通知》(1994年)、国家教委制定的《关于加强学校体育活动中安全教育和安全管理工作的通知》(1995年)、国家教委制定的《普通高等学校学生管理规定(废止)》(1995年)、中共社会治安综合治理委员会、国家教委、公安部联合出台的《关于进一步加强学校治安管理工作的意见》(1996年)、国家教委制定的《高等学校内部保卫工作规定(试行)》(1997年)、中共中央办公厅、国务院办公厅共同发布的《关于青少年活动场所建设和管理工作的通知》(2000年)、中共社会治安综合治理委员会、国家教委、公安部共同发布的《关于深化学校治安综合治理工作的意见》(2000年)、教育部制定的《学生伤害事故处理办法》(2002年)、《普通高等学校学生管理规定》(2005年)。

2. 高校公共安全立法存在的问题

　　结合上述高校公共安全问题与立法的现状,高校公共安全立法目前存在的问题主要可以归纳为以下几方面:

　　首先,校园公共安全法律缺位,部委规章难担重任。高校公共安全管理面对的往往是以侵害教师、学生的人身安全、财产安全的治安、民事与刑事违法事件或突发的危机或事故,安全管理机关必须由法律授权的组织实施行政管理,因为安全管理必然会限制作为公民的师生群体的基本人身权益与财产权益,各种管理中适用的强制性措施也必须由法律加以授权,这是我国《立法法》中的法律绝对保留原则的适用和行政法治原则的必然要求。鉴于我国校园安全法的缺位,高校行政管理权的主体、职权、内容与程序都必然欠缺合法要件。在法律缺位情况下,教育行政部门的规定显然也于法无据,无论从立法层级、立法权限、适用范围等方面都难堪此任。

　　其次,部委法规间体系性与配套性不强。高校公共安全管理的事项千头万绪,面临的问题也是多种多样,比如,校园内群体的衣、食、住、行,校园内部秩序与周边秩序、消防卫生、治安违法,突发事件等等,都可纳入高校公共安全管理的范围。而部委的政策法规多是一事一立,针对具体问题而制定,相互之间的协调性、统一性较差,没有发挥出整体的效用。此外,部委规定都只是零星地散见一些高校公共安全管理的内容,没有明确界定出高校公共安全管理的职权主体、权限范围与相应责任等事项。

　　再次,高校内部安全管理规范混乱,规范重心偏失。许多高校把公共安全管理纳入高校自治权范围之内,内部出台相应的安全防范的规定。但是在基本法律缺位的情况下,缺少上位法的授权,高校内部安全规定存在着许多弊端。有人概括为实体性与程序性两方面的问题。实体性问题主要体现为越俎代庖、罚款成风;滥施惩罚、名目繁多;义务本位、法律虚置;管理落后、不合时宜几方面。程序性问题表现为民主性、公示性与救济性缺失等几方面。①

（二）高校公共安全的立法建构

1.《校园安全法》的立法设计

校园安全问题一直以来就是社会热点问题,无论从培育良好教学秩序的微观角度,或者从实现社会和谐与稳定的宏观角度,一部完善的《校园安全法》都应提升至全国人民代表大会的立法层面。全国人大应会同教育部门、公安司法部门在充分调研基础之上,尽快启动立法程序。以《校园安全法》为龙头,针对大中小学校各自不同情况,形成校园安全的下位法规,进而建构高校安全立法体系。

（1）《校园安全法》的宗旨与原则

《校园安全法》的立法宗旨是为了实现校园安全秩序,维护教学、科研与管理活动的正常秩序,保障师生员工的人身权益与财产权益免受不法侵害和意外侵害,根据宪法,制定本法。

《校园安全法》的立法原则主要应从以下几方面设定:其一,安全管理原则,即管理目的在于维护安全秩序,公共安全放在第一位。高校安全管理应始终坚持"以人为本",以师生员工的合法利益为安全管理的首要考虑。其二,及时应变原则,即面对危机或违法行为,管理及时到位。结合具体的实际情况,在法定的裁量权范围内,采取灵活多变的应对措施。其三,管理法定原则,即实施安全管理的主体法定、职权法定、管理事项法定、管理程序法定。只有法定的或法律授权的行政执法主体依照法定的权限和法定的管理事项,遵循法定的执法程序,安全管理才能做到依法管理,避免

---

① 张学亮:"高校校规的合法性思考",载《高教探索》2004 年第 1 期。

侵害当事人的合法权益。其四,科学管理原则,即高校公共安全管理应适应时代与社会的发展,不断提高管理方式,及时改进落后的技术,增强管理的操作性,才能够应对各种新挑战。其五,综合治理原则,加强校园安全管理机构与公安、卫生、交通等行政部门的分工与配合,实施综合治理、群防群治。

(2)《校园安全法》的体系建构

《校园安全法》大体框架应包括以下几部分内容:其一,总则性规定,规定立法的宗旨、立法原则、概念术语。其二,管理机构的设置与职权,明确管理主体、职权范围、管理措施与管理程序。其三,校园常态管理制度,规定校园内部秩序与外部环境维护的日常规定,形成预警和防范机制。其四,校园应急管理制度,规定非常态下高校应对突发事件或危机的应急制度。其五,责任监督制度,规定各级行政管理部门或高校违反法定管理职权或失职不当所要承担的行政责任或法律责任,并明确相应的监督制度。其六,权利救济制度,规定公共安全管理中违法或不当导致当事人权益受到侵害的救济渠道与方式。此外,要规定因安全执法的需要而牺牲的合法权益应给予合理的补偿。

2. 完善高校公共安全的法规体系

高校只是《校园安全法》的适用对象之一,针对高校特殊的情况,建议完善现有高校公共安全的法规体系,这项工作可以从以下两方面展开:

(1)理顺涉及高校公共安全的现行法律法规

高校公共安全面对的问题多样,涉及的领域广泛,既要合理配置权力,又要有效保障权利,因此管理活动必然涉及许多法律问题,需要理顺现行的各种法律法规,指导高校公共安全管理活动。按照法规基本属性,可以划分为教育法规与非教育法规两类。教育法规主要以现行教育法、高等教育法、部委规章、教育行政部门规定为主,这是高校公共安全管理的直接依据。当然,直接设定高校公共安全管理制度的规范尚未出台,各规定之间关系仍需进一步理顺。非教育法规是指除教育法规之外的宪法、民事、刑事、治安管理等法规对于高校公共安全管理的调控作用。理顺工作侧重于两方面:其一,实现高校管理与现行法律法规的契合,实现依法管理、依法治校。其二,及时清理、补充、完善现有的教育法规,实现规范的统一。

(2)健全与完善高校内部规范制度

世界上找不出一模一样的叶子,也找不到一模一样的高校。高校因地域、经济、文化、规模等因素的差异性,高校公共安全管理面临的现实问题也不一样,管理内容也会反差很大。基于高校不同的情况,高校公共安全管理不宜采取一刀切的模式,在依法治校的前提下,高校应当具有相对的自治管理权,高校公共安全管理也是如此。《教育法》与《高等教育法》都授权高校可以根据自身情况拟定学校章程,出台内部规定。依据高校法治的精神,高校也可在不违背法律、法规的条件下,出台相应的规定。高校在制定内部安全规定时,应符合下列要求:其一,依法设立,不得与现行法律、法规、学校章程相违背。其二,规定应精简适当,不可过于繁冗拖沓,应给管理机构留有自由裁量的空间。其三,规定应具有可行性与可操作性,便于实践部门操作实行。其四,教育行政部门设立备案审查制度,及时查处不合法、不合理的规定。

二、高校公共安全的执法体系

法律机制的生命力在于它在社会生活中的具体实施,执法是法律机制由静态的立法向现实的动态转化,也是检验立法成效的试金石。高校公共安全必须依法进行管理,从执法主体、权限、原则等各方面从法律上加以设定,这也是依法治校的基本要求。

（一）执法的组织与职权

依据现行法律规定,高校公共安全管理机构具有行政层级性和隶属性,包括国家机关、高等学校和内部安全执法部门几个层次。各执法主体的分工协作与密切配合体现了高校公共安全的综合治理的特点。

1. 国家机关执法以行政决策和综合调控为主

国家机关包括教育行政机关、公安机关、国家安全机关等,在凡是涉及高校公共安全事项时,实施综合管理。各机关之间对高校公共安全管理发挥决策指导、责任监督、提供协作等功能。

2. 各类高等学校是校园公共安全的责任主体

根据《高等教育法》的规定,高校享有一定的自治权,公共安全管理权也是高校自治权的基本内容。高校是法定的职权主体,依法承担公共安全管理责任,这种责任表征为权义复合性,既是一种权利也是一种义务,不能放纵也不能放弃。鉴于高校公共安全法规的匮乏,实践尚未展开的现状,建议成立以高校党委为领导的校长负责制,以校长为组长或决策人,建立高校公共安全的领导小组或指挥决策机构,实施高校公共安全的全局管理和重大决策。并且,确立以校长为高校法人代表的责任主体地位,处理高校公共安全管理中涉及的各种法律问题。

3. 高校内部安全管理部门具体实施安全管理

在以校长为领导的决策机构之下,成立高校公共安全部门,向校党委和校长负责,依法统筹处理校园内部的安全管理事项。高校公共安全部门按照管理事项的不同,具体又可划分以下职能部门:第一,信息教育中心,即时发布校园安全信息,听取师生的意见,协调部门间的信息交流,展开安全教育培训。第二,事故防范处理中心,建立危机预警机制(水、电、火等灾害预警),加强防范体系建设(人防、物防、技防),成立应急处理小组。第三,治安保卫部门,负责维护校园周边秩序,防范违法犯罪。第四,安全监督检查部门,监督安全管理执法,查处违规管理问题,追究相应责任。第五,安全物资保障部门,提供公共安全管理所需的各项物资和装备,提供财力、物力的后勤配给。

高校公共安全管理是一项群防群治的综合治理性工作,需要高校其他部门和院系的配合,高校各级党政机构、教学单位、院系机构都应在积极配合高校公共安全部门管理的同时,内部成立相应的安全责任机制,把安全责任下放至各机构的负责人和机构成员。同时,高校公共安全部门及其下属部门一方面要加强与高校内部其他行政部门、院系展开协作,另一方面也要积极地同公安机关、治安管理等国家机关密切配合,综合防治,共同维护高校的公共安全。

(二)执法的原则性要求

融合冲突理论、公共危机管理理论与法学理论的内容,高校公共安全执法不仅要考虑公共安全的特性、还要考虑法律机制的作用。

1. 遵守"生命第一"的原则,树立"以人为本"的理念

人的生命是人与生俱来的权利,对人的生命权的尊重,是人类社会的公理,也是"以人为本"的基本理念。高校安全执法也应以师生的生命安全为根本,最大限度地保护、挽救最大多数人的生命安全,哪怕付出巨大的代价也在所不惜。

2. 遵守"第一时间"的原则,树立"效率优先"的理念

高校人数众多、危害频发,已经成了影响社会稳定的重要因

子。高校内部有些危机也往往具有突发性、震撼性的特征，来势凶猛，甚至史无前例，这就要求高校必须即时应对，时间因素就显得有尤为重要，应对危机，高校安全部门应在第一时间内控制事态恶化，应及时、准确地采取相应的措施。

3. 遵守"合法、守法"的原则，树立"安全、适度"理念

高校安全管理是依法管理，主体、职权、程序必须由法律加以明确规定。常态管理要有法可依，应急状态也要遵循应急法的规定，不能超越法律的规定而滥用职权或怠于职权。高校安全管理的裁量权也是法律预设的自由空间，不能越权。在安全管理中应针对不同情况，灵活应变，以安全、适度的措施保障师生的生命和财产安全。①

（三）执法的问题与建议

1. 执法问题现状

现阶段，高校公共安全执法暴露的问题主要表现为以下几方面：第一，《校园安全法》缺位，现有部委规定层级较低，高校执法权的设定与《立法法》难以契合，进而导致高校安全管理无法可依。第二，高校安全管理机构配置混乱，外部公安安全机关无力管理，②内部保卫部门无权管理，出现安全管理的真空地带，导致高校公共安全管理前景令人堪忧。第三，高校公共安全的管理方式落后，人员素质不高，技术陈旧，资金投入不足。我国高校公共安

---

① 关于执法的原则性要求的观点，主要参见于肖鹏军主编：《公共危机管理导论》，中国人民大学出版社2006年版，第36—42页。

② 公安机关在高校的破案率普遍远远低于高校保卫组织的破案率，根据对某一城市8所最大高校的统计，2000年公安机关的破案率只有2.5%，"不破不立，难破不立。破不了案不要紧，不捅娄子就行。"转引自李海文："校园安全立法与公共安全服务的社会化"，载《行政与法》2003年第7期。

全管理尚处于起步阶段,许多方面存在着不尽如人意的地方。对比美国高校安全管理,就能看出我们高校安全管理上存在的差距。① 第四,安全管理的理念落后,执法主体对于安全管理的性质定位不清,忽视师生安全权益的维护,导致安全管理异化为高压管控。如有些学校内设的监控摄像成为窥探学生隐私的工具,造成学生对于学校管理的心理恐慌。

2. 完善安全执法的建议

针对我国高校公共安全的实际情况,建议高校安全管理应在立足于国情基础之上,积极参照国际经验,循序渐进地不断完善高校的公共安全管理。第一,转变管理观念,树立"以人为本、安全至上"的服务理念。这首先解决了高校安全管理的定位问题,不是强制管理,而是秩序服务;不是限制人权,而是维护人权;不是约束自由,而是保障自由。第二,加大支持力度,充分调动各项人力、

---

① 仅在硬件配备上作一比较,"美国约有39%的城市学校配备金属探测装置,由于这类设备可以检查出一些金属器件,包括枪支和匕首等,因而备受校方的青睐。一些较大的学校还会安装一种名为SchoolLobby的高科技系统。该系统能够储存学校员工、学生的全部资料和相片,还可以为学生、员工以及来访者制作有一定权限的ID卡,每张卡上面都有一个磁条,以便学校对学生的行踪进行追踪。一些较小的学校则使用一种名为TIMEbadge的系统,这种系统仅为来访者制作相应的出入证件,这类证件有一定的时间限制,一旦来访者在学校停留的时间过长,该系统就会自动报警。随着高科技的发展,美国学校在安全硬件设施的配备上也日趋现代化。例如:2006年,美国的一些公立学校安装了价格约为15000美元的虹膜识别仪安全系统,无论是教师、学生、家长或是访客,如果在校园的安全网络里存有虹膜记录,那么学校的大门就会自动开启,倘若没有记录,就只能和学校的保安部门联系。虹膜识别仪可以精确地识别来访者的身份,使校园更加安全。目前美国学校正努力凭借高科技手段建立和完善多功能的防火、防盗、交通安全、报警等监控严密的安全防范体系,使校园安全防范系统成为一个纵横交错、点面结合的严密网络。"引自尹晓敏:"美国如何加强校园管理",载《中小学管理》2007年第4期。

物力、智力资源。高校公共安全管理需要人防、物防、技防的支援，"没有投入，就不会有产出"。高校应为公共安全管理划拨专项资金，设定专门组织，不断更新科技手段。第三，实施综合防治，建立校园安全管理网络。高校安全无小事，高校安全管理应纳入社会公共安全体系之中，高校安全管理部门应与国家公安部门、卫生防疫等部门展开密切合作、分工协作，才能建立有效的防控网络体系。第四，实行群防群治，定期组织安全教育和培训。高校公共安全管理应积极调动和依靠师生群体的力量，培育师生公共安全防范意识，注重师生员工安全训练。同时，加强教育与培训，建设一支政治坚强、技术精良、作风过硬的执法队伍。第五，完善执法程序，贯彻公开、公平、公正的原则。高校安全执法是公权力的运作，稍有不当，必会侵害师生的合法权益，因此保证执法程序的公开化、透明化、公正化才能使权力受到公众的监督，避免滥权、误权、怠权等情况的出现。

三、高校公共安全的监督与救济机制

"监督"的基本词义为视察和督导，以预防和纠正偏差或失误。法律监督则强调监督主体对于立法、执法、守法等法治运行环节中的合法性进行的监察、控制和督导。"救济"的基本词义为纠正、矫正或改正正在发生或业已造成伤害、危害、损失或损害的不当行为。[1] 法律救济是指依据法律规定，当事人诉求法定机关解决纠纷，实施权利保障的行为。可以形象地说，"监督是负责灭火的消防车，而救济则是抢救病人的救护车"。没有监督，法治会变质；没有救济，法治会失效。高校公共安全法律机制同样离不开监

---

① 《牛津法律大辞典》：光明日报出版社 1988 年版，第 764 页。

督与救济机制,否则高校公共安全管理就会走样,师生安全权益就会遭到侵害。

(一)高校公共安全的监督机制

权力不受监督和控制,就会被滥用,行政执法的动态特性使得执法的内容、手段、强度等因素过于依赖于主体能动性,而主体行为的主观性与随意性又容易滋生腐败、导致专横而偏离管理的初衷,监督机制犹如一道铁闸,全方位、多角度、多层次地设定预警机制,保障行政执法的事前、事中与事后能够处于一种良性的轨道。高校公共安全管理作为行政执法的一种形态,同样需要监督机制的启动。

1. 监督机制的内涵与界分

法律监督有广义、狭义两种解释,广义监督指一切国家机关、政治或社会组织和公民对法的全部运作过程的合法性所进行的监察、制控和督导。狭义监督则限于国家有权机关对立法、执法和司法的监督。从构建法律机制角度出发,此处的高校公共安全的监督仅限定为国家有权机关对于高校公共安全管理实施的监察、控制和督导。

基于这一内涵的限定,监督的主体限于可以对高校公共安全管理实施监督的各级教育行政机关,具体又可划分为外部监督与内部监督。外部监督主体指主管高校公共安全的各级教育行政机关,内部监督主体指高校内部成立纪检监察部门。监督对象则限定为实施高校安全管理职权的机关及其执法人员,被监督的执法机关主要以校园安全部门及下属机构为主体。监督的内容主要限于对执法行为、方式、过程和结果的合法性与合理性的监督,合理性监督是以行为在合法性基础之上是否公正适当为标准。监督的法律依据则依据现行法律,尤其是教育行政法规为主要参照。高校法律监督的方式主要包括检查、审查、调查、评估等手段。此外，根据公共安全管理的相关理论，高校公共安全执法监督可以按阶段划分为事前监督、事中监督与事后监督，在不同阶段体现法律监督的预防、控制、矫治功能。

2. 法律监督的原则要求

高校公共安全执法是基于高等教育这一特定领域内的执法，因而其执法具有相对的特殊性，必须考虑高等学校的运作规律，考虑学术研究的特点，公权力的行使必然要实施更加严格的监督。

第一，合法与合理相区分原则。高校公共安全执法是法律授权性的公权力行为，在公共安全法律尚未出台，法规调整不足的现状下，公共安全执法很难协调好合法执法与合理执法的关系，法律监督也面临着同样的困惑。对合法性的监督应侧重于羁束性执法，严格依法限定的主体、职权、方式和程序。对合理性则应侧重于裁量性执法，坚持执法应具有客观、适度、合乎理性。法律监督应成为依法执法的校正仪，而不能成为禁锢执法的牢笼。第二，监督的间接性原则。监督行为本身应是制控性行为，即以防范、控制、纠偏、矫正执法权力为监督的主要方式，限于对执法的效果进行评估，而不能以监督代替执法。第三，坚持实体监督与程序监督相统合的原则。监督不仅审查执法的实体合法性，还应审查执法是否依照正当程序进行，坚持实质正义与形式正义相统一。第四，监督与责任机制挂钩原则。监督机制不能流于空泛的形式，必须形成一种稳定的、长久的责任机制，成为制约违法行政的坚固铁闸。

3. 完善法律监督的建议

高校公共安全的法律机制目前仍处于不断摸索阶段，有些高校在试图突破传统,实施相应的改革。高校公共安全的立法与执法工作尚处于起步阶段,对比而言,监督机制仍然停留于观念层面。但这不影响我们从理论上对高校公共安全的法律监督进行规划和设计,希望以下的建议能对实践具有一些指导意义。

第一,独立于高校公共安全部门之外,成立以高校党委领导下的监督部门。这一部门可以归属于高校纪检监督部门之中,也可以独立办公,只对校长和党委书记负责。第二,定期监督与随机监督相结合,形成长效机制,及时查处安全管理中存在的问题。第三,汇报和备案相结合,向上级行政监督机关定期汇报高校安全管理现状,建立备案审查机制。第四,拓展监督渠道,积极听取师生意见,开辟群众监督、新闻监督等多种渠道。

（二）高校公共安全的救济机制

有权利必有救济,无救济则无权利。缺乏有效救济的权利是虚伪的、无意义的权利。高校公共安全的法律机制具有权利与权力的两个维度,权利救济与权力制约也应成为高校公共安全法律机制的应有之义。高校公共安全的法律救济机制同监督机制一样,都会对立法与执法的效果产生一种回馈作用,而法律救济则更多注重对高校师生群体的安全权利的维护。

1. 救济机制的内涵与界分

高校公共安全管理是公权力执法行为,安全管理中以强制行为居多,不可避免地要对师生的人身或财产加以限制。如果出现违法或不当的管理行为,师生的权利首当其冲地遭到侵害。高校公共安全的救济机制意指当师生主体合法权益遭到公共安全管理行为侵害时,有权诉求法定机关寻求保障和补偿的权利。对于违法的行政行为,法律救济方式主要包括行政救济与司法救济两类。从实践来看,高校师生权益的救济方式主要包括向教育行政部门进行申诉或者向校外司法机关提起诉讼两种方式。① 申诉制度的适用须具备法定的条件:第一,以高校管理行为侵犯师生群体的人身权与财产权为适用前提。第二,主体限定为在校的师生群体。第三,向有管辖权的机关或机构提出,即高校上级主管部门或高校内部的申诉处理机构。第四,申诉具有形式方面限制,如书面形式与时限要求。司法救济的方式包括三种:第一,行政诉讼,针对于高校安全管理中出现的违法管理行为,如一些强制性措施、不当处理决定等具体行政行为,主要由法院审查行为的合法性。第二,刑事诉讼,违法管理行为情节严重,触犯刑法构成犯罪的,追究当事人的刑事责任。第三,民事诉讼,针对师生民事权益遭到侵害而提起的诉讼机制,以权益赔偿或补偿为主。

2. 完善救济机制的重要意义

针对权益侵害的不同性质,法律会采用不同的救济原则,但对于主体权利尊重与维护是共同的宗旨,这就需要明确救济机制对于高校公共安全的意义。

第一,只有救济权的合理配置,公共安全管理才会从保障主体的安全权益出发,才会坚持以人为本的理念和执法的服务性。高校公共安全管理虽然体现为秩序行政的特征,但安全执法的宗旨在于最大限度保障主体的权益不受侵害,而不能异化为侵害主体权益的凶器,秩序的目标在于保障主体的安全和利益。

第二,只有救济权的及时启动,才会保障师生群体的安全权益的真正实现,师生群体才会真正积极地认同安全管理,才会形成和谐与稳定的校园安全氛围。救济权不仅补救了主体受损的权益,

---

① 参见崔卓兰主编:《高校法治建设研究》,吉林人民出版社 2005 年版,第236—243 页。

也会弥补主体受伤害的心灵,只有这样,才能够为高校安全管理形成稳固的群众基础。

第三,只有救济权的有效补充,才会形成体系完备的高校公共安全法律机制,安全立法、执法与监督才不至于偏离合法轨道。救济机制不仅是权利弥补,也是对违法性的确认,责任机制也必然会附随于其后。

第四,只有救济权的真正实现,高校公共安全状态才能从理想层面转化为具体的实践,才能实现权利维护与权力制衡的目标。有效的救济往往能够有效地定分止争、化解危机,防范侵害后果的扩大,形成公共安全管理的良性互动。

3. 法律救济存在的问题与建议

高校法律救济问题作为受教育权研究的内容,一直以来都受到教育学和行政法学研究的关注,并随着近年来高校诉案的频发而成为社会热点问题。在 2003 年教育部的倡导下,各高校开展依法治校的实践,拉开了建章立制、规范管理的高校法治建设的序幕①。高校师生的权利保障与权利救济也相应提到日程上来,而高校师生权利侵害往往是由于高校管理方式违法或不当所致。高校公共安全管理因其具有行政行为典型的公定力、确定力、拘束力与执行力等效力,必然会关涉到、限制到或损害到师生群体的基本权利,在无法保证依法执法的前提下,师生权益就会遭受到严重侵害。因此,对于师生基本权利的有效救济就应成为高校安全管理中不应忽视的问题。就目前而言,保障高校师生权益的法律救济机制存在以下问题:

第一,法律救济制度滞后,操作性差,权利诉求无门。如《教

---

① 《教育部关于加强依法治校工作的若干意见》,教政法(2003)3 号。

育法》《高等教育法》规定的申诉机制存在制度缺陷,申诉管辖、时限、受理机构等方面存在立法模糊,导致实践中的申诉制度很难实施。又如师生权益受到校方侵害时,存在侵权责任主体不明,法律关系性质不清,司法机关出现管辖真空的局面。[①]

第二,高校师生的受教育权的法律规范界定不明,救济权流于形式。只有首先明确主体的权利,才能做到相应的救济,否则只会无的放矢。现行的《教育法》《高等教育法》《教师法》中关于教师与学生权利的规定过于笼统和宽泛,导致高校师生的基本公民权与专业权利之间存在着冲突,高校管理中常常出现违反师生基本公民权利的事件。如学生隐私权、寝室安全权、名誉权等经常与高校管理权发生冲突,而缺乏相应的法律救济。

第三,救济渠道不畅通,有效的救济手段匮乏。有权利必有救济,但如果权利救济机关缺位,权利保障也只能流于口号。虽然依法治校实践以来,许多高校成立了专门受理师生申诉的机构,但是许多机构在设置上仍然存在着问题,比如存在着职权不明确、救济力度有限、立场角度偏移等问题。[②]

针对高校公共安全管理执法的特点,目前高校师生的法律救济应从以下几方面加以完善。

第一,从立法上试图加以突破,比照《教师法》的体例模式,出台专门保障学生权益的《学生法》,并以此为龙头,由教育行政部门出台相应的师生权益保障下位法规和规定,使师生的法定权利内容进一步明确与细化,进而有利于救济权保障的针对性。

---

① 关于司法审查问题,参见程雁雷:"高校学生管理纠纷与司法介入之范围",载《法学》2004 年第 12 期。

② 参见谢志东:"我国教育行政救济制度问题研究",载劳凯声主编:《中国教育法制评论》(第 1 辑),教育科学出版社 2002 年版,第 216—229 页。

第二,拓展法律救济渠道,进一步理顺法律救济机制。在现有规定的基础之上,进一步完善校内申诉制度,明确司法审查的事项,同时拓展其他方式的权利救济模式,如教育仲裁、调解制度、教育行政部门复议制度等。

第三,改革高校管理方式,切实保障师生救济权的实施。高校公共安全管理是一种秩序行政,也是一种服务行政,为保障权力不偏离法治轨道,应给予相对方监督权力运作的机会,才能利于相当对方权利救济的实现。高校安全管理也应积极进行民主化改革,提供给广大师生更多的参与权、听证权、知情权,只有在公开、公平与公正氛围下的安全管理,师生的基本权利才有根本的保障,相应的救济权才能不流于形式而得到切实的维护。

第 九 章

高校公共安全服务管理社会化研究

　　当前,我国高等院校①正处于社会体制变革和全球化的大背景下,高等教育体制改革卓有成效的同时,高校公共安全却面临着严峻的挑战,治安状况每况愈下,各类案件层出不穷,周边环境混乱复杂,严重干扰和破坏了和谐稳定的校园秩序,使得高校公共安全问题备受社会瞩目,校园安全立法议案在全国人大会议上连续被提出。

　　在高校师生对公共安全服务需求不断增加的同时,国家却撤销了企事业公安机构,一切警察执法权由公安机关行使。高校维护公共安全的力量被削弱,而地方公安机关警力不足,致使校园安全问题长期得不到改善。公共安全服务是否可以社会化、市场化成为当前一个必须关注和讨论的焦点问题。

---

　　①　私立高等学校是伴随着近几年高等教育体制改革而出现的新生事物,而且公立高等学校与私立高等学校在性质和法律地位有很大不同,本章所研究的对象限定为公立高等学校(以下简称高校)。

第一节　高校公共安全服务社会化概述

公共安全服务社会化是指将原来由政府公安机关承担的公共安全服务转变为公安机关利用社会力量,包括社会非赢利组织、第三部门、独立机构、私人及私营企业等社会组织及个人来生产或提供,扩大广大公众和社会组织的参与,以提高公共安全服务的质量。高校公共安全服务社会化就是由高校来承担原本由公安机关承担的公共安全服务部分职能。

一、高校公共安全服务社会化之必要性

作为政府公共管理的一个重要方面,警察给社会提供基本的社会秩序和人身安全,即公共安全产品(当其以服务形式而存在时,称为公共安全服务)。以往我们认为,这种公共安全服务只能由政府来提供,但是,随着社会的不断发展,公众对公共安全服务需求数量不断增加、质量不断提高,当人们将希望寄托于政府身上时,却面临着一种困境:一方面,感到政府规模太大,无处不在,负担过重,需要精简机构;另一方面,又感到政府太小,不见踪影,大量的公共安全服务没有人去做,或者没能做好。同样,高校公共安全服务需求与政府供给之间的矛盾决定了公共安全服务社会化的必要。

(一)高校公共安全服务需求的特殊性与政府提供公共安全服务单一性的矛盾

社会公共安全服务是社会最基本的需求,但这种需求也不是整齐划一的,不同地区、阶层、群体对公共安全服务的需求程度有很大差异。高等院校作为社会一个特殊社区和群体,对公共安全

服务的需求有自身的特殊性。高校内专家学者、知名人士众多,高科技成果集中,国际交流频繁,民主法治思想浓厚,网络科技运用广泛,这些都决定了高校对公共安全服务的需求必定具有一定的特殊性,呈现出群体性、快速性、辐射性、复杂性、针对性等特征。

与高校公共安全服务需求特殊性相对的是,政府提供服务的单一性。由于国家取消了高校原有的警察执法权,统一由地方公安机关提供。这样,在高校所在的地方区域内,公安机关受财力限制,提供的公共安全服务必定具有统一性,只能按社会的平均需求确定公共安全服务的供给,不可能针对需求者的特殊需要而有所差别。

这种矛盾的存在决定了高校承担部分公共安全服务职能的必要性。高校更了解自身的需求,在享有政府提供最基本的公共安全服务之外,可以针对自身的特殊性进行自我供给;另外,这种高校自我供给还带有使命感和责任感,必定更好地满足师生员工的需要。

(二)高校公共安全服务客观需求的提高与政府供给不足的矛盾

社会变革和高等教育体制改革使高校受到内外诸多因素的冲击。

1. 社会大环境对高校公共安全影响深刻

中国向市场经济转型期间,物质欲望迅速增长,收入差距增大,失业人员增多,流动人口得不到有效的管理导致刑事案件居高不下;社会不正之风盛行,以言代法、权大于法、情大于法、有法不依现象的大量存在,严重削弱了法制的权威地位,影响了包括大学生在内的广大群众对法律的信心;科技发展日新月异,在带来社会进步的同时,也为违法犯罪活动提供了先进的技术和手段。面对这一切高校不可能置身事外,高校内部各类刑事、治安案件不断增多,大学生违法犯罪率节节升高。

2. 高等教育新旧体制交替引发的矛盾冲突冲击着高校公共安全

改革开放使我国的高等教育进入了一个全新的时期,高校的校园已由过去的"两耳不闻窗外事,一心只读圣贤书"的封闭型转变为与市场经济相适应的开放型,新旧体制交替过程中必然引发各种矛盾,高校公共安全体制由原来的基本适应到现在不适应也是情理之中的事。高校办学结构调整,使高校外部交流来往更加频繁自由,政治、经济与文化等领域的风吹草动都能迅速体现在高校中,公共安全风险更随之增加;办学规模扩大,基建项目增多,后勤社会化程度加剧,导致内部人员流动性、多样性和复杂性,公共安全防范难度加大。伴随着这种转变,高校的公共安全受到强烈的冲击,校园内安全隐患骤增,各类矛盾和不稳定因素越来越多。

3. 高校自身固有特点加剧了高校公共安全的敏感性

高校内高级知识分子集中,他们思想活跃,思维敏捷,权利意识、自主意识较强,更关心社会时事,以他们为主体的高校园地成为社会上最敏感的区域之一;高校具有较强的群体性,师生间的感染力强,辐射面广,教师的一些不良情绪很容易影响到学生;在校大学生普遍缺乏社会经验,易感情用事,遇事敏感冲动,加之互联网的普及,学生与社会接触的增多,不可避免地会受到很多不良的影响,某一事件的发生也极易在高校中形成较普遍的反响,从而极易引发大规模的事件和突发事件。

这些客观因素都对高校公共安全服务的数量和质量提出了较

高的要求,但是,由政府包揽所有公共安全服务的提供却带来供给不足,效率低下的后果:政府掌握的资源有限,加上科层制的管理模式专业分工过细、机构层层对应、职能交叉重叠,造成成本高、效益差,供给质量低且供不应求,品种单一,无法满足公众对公共安全的多样化要求等问题。于是,实践中很多地方公安机关仍将很多案件的处理权交给高校保卫组织,导致无执法权的高校保卫组织违法实施警察权力的混乱局面。

这种矛盾客观上也需要高校承担部分公共安全服务,一方面高校通过授权得到执法权力可以缓解地方公安机关的压力,减轻政府的财政负担;另一方面,较低层次的公共安全防范事务可以引进市场化机制,通过市场手段达到生产要素的优化配置,由市场主体来承担治安防范工作,以提高服务的质量和效率。

二、高校公共安全服务社会化之理论依据

公共服务社会化起源于 1979 年撒切尔政府推行的新公共管理运动,随后这一运动波及许多国家,其理论依据也具有多样性。但是,公共安全作为典型的公共产品和公共服务,其社会化完全可以以公共物品理论为基础进行分析。

(一)根据传统公共物品理论界定公共安全服务

从经济学的角度,物品可分为公共物品和私人物品。根据美国经济学家保罗·萨缪尔森的理论,公共物品一般指同时具有消费上的非排他性,即无法将这种商品据为己有,而将其他人排除在消费之外;非竞争性,即一个人对公共物品的消费不会导致其他人消费公共物品数量和质量的减少与降低。

通常认为,市场经济条件下,市场是私人物品的提供主体,政府的公共性使它拥有强制的公共权力,这种权力在本质上并不与

私人物品直接相关,虽然它们或多或少有联系。① 而公共物品的本质特征决定了政府提供的必要性。简单地说,公共物品的非排他性决定了人们在消费这类产品时,往往都会有不付费的动机,而倾向于成为"免费搭车者",这种情形不会影响他人消费这种产品,也不会受到他人的反对(由公共物品的非竞争性特点所决定)。这样,私人企业如果提供公共物品,就无法收回成本。同时,由于公共物品的个人消费"量"是不确定的,价格机制不能有效发挥作用,竞争市场上一般无法提供这类产品,故需要公共经济部门介入——用税收手段来集资,提供这些产品。因此,公共物品提供方式,传统上是政府直接负责公共物品的提供和生产。

根据传统公共物品理论,公共安全服务涉及全体社会成员的利益,其生产成本需要受益者共同分担,个人消费"量"无法确定,具有公共物品非排他性和非竞争性特点,因此,公共安全服务传统上一直被视为国家向社会公众提供的一种必要的公共物品,由国家垄断经营。但是,这种垄断经营却导致了公共安全服务有效供给不足和供给上的低效率,虽然警察体制的规模与经济增长保持同步膨胀的态势,但是犯罪控制、破案率、社会治安、消防安全、交通安全等产品与服务供给的数量与质量始终滞后于日益增长的社会需要;服务不及时、效率低下也时常成为公众投诉与关注的焦点。② 这也是公共物品国营化之弊端所在。

---

① 参见陈喜荣:"通往政府之外:政府职能转变路径选择的理性分析",载《福建政法管理干部学院学报》2004 年第 1 期。
② 参见钟雯彬:"公共安全产品与服务供给的新秩序模式",载《中国人民公安大学学报》2004 年第 1 期。

（二）根据准公共物品理论界定公共安全服务

随着公共物品理论研究的逐渐深入，20世纪六七十年代以来，以戈尔丁、科斯等为代表的经济学家却提出了相反的看法。他们认为公共物品在某些情况下也可能由私人提供。

1. 准公共物品是介于纯公共物品和私人物品之间的公共物品。詹姆斯·布坎南认为，萨缪尔森所描述的纯公共物品只符合极端个别的例子，而现实存在大量准公共物品，即具备上述两个特点中的一个，另一个不具备或不完全具备，或者虽然两个特点都不具备但却具有较大的外部收益（对公共利益有较大影响）的产品或服务。对于准公共物品，因其具备一定的可竞争性、可排他性，①如果其他条件比较充分，比如民间资本充足、政策鼓励、法律允许等有利条件已经具备或正在逐渐形成，那么，此时的公共物品不仅可以、而且有利于推行民营化。

2. 私人不能提供纯公共物品并不意味着私人不能涉足这个领域。② 这里我们要把某些纯公共物品的提供和生产区分开来。"供给活动是指通过公共选择机制对以下问题作出决策：由指定

---

① 布鲁贝克尔和史密兹所认为，准公共物品的规模和范围一般较小，涉及的消费者数量有限，这容易使消费者根据一致性同意原则，订立契约，自主地通过市场方式来提供。由于消费者数量有限，因此达成契约的交易成本较小，从而有利于公共物品的供给。戈尔丁提出，由于存在着"选择性进入"方式即排他性技术，可以有效地将"免费搭车者"排除在外，因此可以大幅度地降低私人提供产品的交易成本，从而激励私人提供某些公共物品。

② 台湾地区学者许宗力却认为，国家保留仅禁止实质民营化的情形，如果于功能民营化下，因国家仍负执行之责，只是在执行过程中借助私人的力量，所以不在禁止的范围。除此之外，从整体来看，固然军事、警察、司法等涉及国家安全和公共安全的领域属于国家保留事项，但如进一步划分且细致观察的话可以划分出非以物理强制力（国家强制力）行事的部分时，亦得以实质民营化方式交由私人处理。

的一组人提供各类物品和服务;被提供物品和服务的数量与质量;与这些物品和服务有关的私人活动被管制的程度;如何安排这些物品和服务的生产;如何对这些物品和服务的供给进行融资以及如何对生产这些物品和服务的人进行管理。而生产则是将知识投入变成产出的更加技术化的过程,它指制造一个产品,或者给予一项服务。"①这一区分的意义在于,作为提供某项公共物品的政府组织,不一定直接生产该项服务。它可以建立自己的生产单位,比如建立一个政府机构或公有企业进行生产,也可以从其他的生产者那里购买该项服务并提供给消费者,此时直接为公众服务的公共事业其职能自然仍归政府负责,即政府有可能借助私人部门力量来完成纯公共物品的生产。

根据准公共物品理论,公共安全服务具有不同层次的纯公共物品、准公共物品和私人物品的性质,这种公共安全层次划分对转型期的中国同样适用。①纯公共安全服务包括国防安全,国家对罪犯的教育和改造,关系国家安全和国计民生的单位和重点要害部位的治安防范等等,这些公共产品涉及许多法律法规,必须由警察权力来提供;②准公共安全服务包括收费停车场,住宅小区和工业园区的治安防范,社区治安综合治理等等,就是属于具有部分排他性或部分竞争性的混合产品,可以引入市场机制进行运作;③私人公共安全服务包括团体或家庭根据自身安全需要和偏好,为达到既定防范目标而进行的活动,例如私人保镖。

(三)高校公共安全服务具有准公共物品的性质

高等院校可以被看做是一个大规模的社区,其成员(即消费

---

① 引自汪菁:"浅谈中国公用事业民营化改革中的政府责任",载《行政管理学——中共浙江省委党校学报》2004 年第 6 期。

者)对公共安全服务的消费局限在高校校园这个特定的区域中。在高校范围之内,单个成员对公共安全服务的消费不会影响或减少其他会员对同一服务的消费。但随着消费人数的增加会出现拥挤现象,生产成本增加,就需要收费。因为高校可以被看做是一个小规模的合作联盟,那么,他们就有可能在分摊公共安全服务的成本问题上达成一致的协议,共同承担费用,共同享受利益。因此,高校公共安全服务具有准公共物品的性质。

正常情况下,公共物品纯度越高,社会化程度越低;公共物品纯度越低,即越接近私人物品,社会化程度越高。那么在社会化方式上也存在差别:在更接近私人物品的准公共物品领域,完全可以采用多样灵活的方式实行社会化:如政府撤资、淡出、参股,完全或部分让位于私人组织;而愈接近于纯公共物品领域,可以采用委托授权,包括合同承包和特许经营等方式交由私人组织或第三部门生产,而由政府来提供。准公共物品理论的认识,使得公共安全服务的非政府提供有了理论基础,社会力量也可以成功地经过市场方式或自愿方式来提供某些公共服务,高等院校作为公益事业单位①当然有了承担公共安全服务的资格。

---

① 关于高等学校法律地位一直存有争议,有公务法人说、第三类组织说、法律法规授权组织说等,无论哪种学说,都认为高等学校享有一部分公共行政权力。事业单位是指受国家行政机关领导,没有生产收入,由国库经费开支,不实行经济核算,提供非物质生产和劳动服务的社会组织,主要包括科学、教育、文化、卫生和体育等部门。目前我国大约有事业单位131万家。至于事业单位是否属于第三部门存在较大争议的原因,主要是因为我国事业单位的很多管理模式都参照公务员执行,一些事业单位的工作人员几乎与公务员享受同样的待遇。而在日本和我国的香港等地,公立大学等单位的员工更是属于公务员系列,因此大家对事业单位的归属存在许多争议。

第二节　高校公共安全服务社会化之实现模式

公共服务社会化就是鼓励各种民间组织参与社会服务,根据不同公共服务项目的性质和特点,实现公共服务供给主体的多元化和供给方式的多样化。公共服务供给主体可以是政府机构,也可以是非营利组织和专业化的社会公共机构,甚至私人部门的企业,主体的多元化使高等院校提供公共安全服务成为可能;供给方式的多样化即高校公共安全服务社会化实现模式是我们下一步需要讨论的问题。

确定高校公共安全服务社会化实现模式的前提必须明确高校公共安全服务的内容。高校公共安全服务主要包括两方面:

其一,公共安全执法。依照法律规定,维护校园治安秩序、处理刑事和治安案件、打击和制裁犯罪行为、违法犯罪的预防和控制,保护校区人身、财产安全。这部分内容主要为警察刑事司法职权和警察行政权。

其二,公共安全防范。公共安全防范内容包括防火防盗、交通维护、校园日常巡逻、宿舍门卫值班、报告违法犯罪活动、治安防范教育培训等工作,这部分内容既涉及企事业单位内部保卫工作,也与警察公共安全行政管理职能有重合。

根据公共物品理论,高校公共安全服务具有准公共物品的性质,其中公共安全执法的内容涉及警察执法权,更接近于纯公共物品领域,可以采取授权的方式交由高校来提供;公共安全防范的内容更接近私人物品领域,可以采取市场化的方式交由私人组织来提供。因此,高校公共安全服务社会化的实现模式可以考虑校园警察制度以及校园保安服务相结合的方式。

一、校园警察制度

（一）当前高校公安机构体制亟待理顺

当前高校公共安全的形势必然要求强有力的高校公共安全服务管理队伍，与此相对，目前高校公安机构体制却未能理顺，严重影响了高校公共安全服务管理工作的进行。

1. 性质不清，职责不明

高校公安机构历史上曾经是公安机关的基层组织、公安机关的派出机构、学校的职能部门，或者是一个机构两种职能。虽然1994年《国务院批转公安部关于企业事业单位公安机构体制改革意见的通知》正式取消了高校公安机构，对重点大学已设立的公安派出机构，暂予保留，实际上也是虽有名但实无权了，而后一系列的规定明确了构成违反治安管理行为或犯罪行为由公安机关处理，但仍没有一部法律规范对高校保卫工作作出明确具体的规定。

实践中的矛盾和问题就出在校园内的保卫组织不再具有警察执法权，而校外地方公安机关承担着繁重的社会治安管理和执法任务，没有多余的力量来管校园内的事，于是将一切案件的处理权仍交给高校保卫组织，这就是高校目前的状态。所以，尽管有些高校仍挂出"派出所"的牌子，人员也身着警服，实则"名不正，言不顺"，没有警衔，不是真正的警察，但却是高校的"假警察"在违法实施真警察的警察权力。这样，国家对于高校公安机构的改革实际上并没有落到实处，反而弄巧成拙，使国家在高校公共安全管理这一块出现了真空地带，实际上并没有真正的警察权力介入。长此以往，不仅影响对高校公共安全的有效维护，而且破坏了警察权力的统一和法制的威信。

2. 体制改革久拖不决，实践中机构混乱

国家对于高校公安机构的裁撤引发了一系列的问题,并得到了以上海为首的部分地区高校保卫组织的强烈抵制,要求恢复高校公安机构,并授予警衔及警察权力。这样实践中在公安部与高校的力量消长之间产生了不同的机构设置:一是高校保卫处和公安机构分设,各管各的;二是高校保卫处与公安机构分设,但二者合署办公;三是保卫处的治安科和公安机构一套班子,两块牌子;四是保卫处和公安机构一套班子,两块牌子。高校公安机构体制改革已经十个年头了,到底应该怎样设置,公安部与高校各说各的理,各行各的道,至今仍没有一个定论,导致实践中高校公安机构五花八门,未能统一。

如前所述,当前高校公共安全形势如此严峻的原因是多方面的,但是,现在高校公安机构体制迟迟未能理顺却是其中一个重要的原因。高校公安机构以前作为高校公共安全服务管理的主力军,对高校公共安全的维护作出了巨大贡献是不争的事实,但随着我国政治体制改革的深入,高校公安机构也失去了其存在的合法性,机构不存在了,警察权力不享有了,可高校公共安全服务管理却不能而中断,反而应当加强,因此对其进行合理的改革是当前维护高校公共安全乃至社会稳定的迫切需要。

(二)校园警察制度的建立

校园警察制度是法律授权高校成立校园警察机构,行使警察执法权,人员授予警衔,但编制仍留在高校,接受学校的领导。

1. 基本内容

(1)校园警察法律地位。警察权从本质上来说是行政权,根据行政法治原则,行政职权必须基于法律的授予才能存在,行政授权、行政委托必须有法律依据,符合法律要旨。因此,高校要想设立校园警察机构、取得警察执法权必须有法律依据。

行政主体是享有国家行政权,能以自己的名义行使行政权,并能独立地承担由此而产生的相应法律责任的组织。[1] 目前,我国已有《教育法》、《高等教育法》等教育方面的法律授权高等学校作为行政主体的先例,也可以考虑立法将警察权授权学校行使。

(2)校园警察机构组成。校园警察对校长负责,在人事关系上受学校的领导和管理,办公条件、经费、装备和人员的工资福利待遇由学校承担。校园警察局与高校原保卫机构合二为一,挂"校园警察局"和"校园公共安全部"两块牌子。校园警察与地方公安机关在工作上相互配合,信息资源共享,接受市级公安机关对业务工作的监督和指导。

(3)校园警察职权范围。校园警察和地方警察一样,必须通过正式的公务员考试选拔,属于正式警察序列,授予警衔,穿着警察服装,佩戴警徽标记,并能持枪及佩带各种执法用的警械,在校园内行使执法权,他们享有同地方警察机构相同的权力,拥有法律所赋予的侦查、传讯、逮捕、搜查、处罚乃至于必要的人身强制权等,此外还拥有监督指导公共安全防范工作的职责。

设立校园警察提供高校公共安全服务的优势在于:第一,高校的警察机构作为高校职能部门,对学校情况熟悉,与师生员工联系更紧密,关系更融洽,有利于更好地为高校师生提供服务;第二,高校设立警察机构、人员授予警衔可以让其拥有警察权力,名正言顺地执法,有力地打击违法犯罪活动;第三,高校警察机构列入地方公安序列,授予警衔,但编制仍留在高校,办公条件、经费、装备和人员的工资福利待遇等由高校承担,可以减轻国家公安机关的财政负担。

---

① 参见崔卓兰:《行政法学》,吉林大学出版社 1998 年版,第 49 页。

2. 校园警察监督机制

高校以法律授权依法享有警察权,能以自己的名义对外活动,能够独立承担其行为的法律后果,具备行政主体资格,适用行政法制监督机制。

(1)行政监察。行政监察是监察机关对国家公务员遵纪守法情况实施监督,通过主动调查和接受行政相对人的申诉、控告、检举,发现违法违纪行为,并通过直接处分或建议相应主管行政机关处分违法、违纪的公务员。根据我国《行政监察法实施条例》,高校作为法律、法规授权的具有管理公共事务职能的组织适用《行政监察法》和本条例。

(2)行政复议。校园警察在业务上需要接受上级公安机关的监督,相对人认为校园警察的具体行政行为侵犯其合法权益,可以向上级公共机关提起行政复议,也可以直接提起行政诉讼。

(3)行政诉讼。如果相对人认为校园警察的执法行为侵犯了自己的合法权益,可以向法院提起行政诉讼,由人民法院依法定程序审查行政主体行政行为的合法性。

(4)行政赔偿。如果校园警察违法行使职权侵犯公民、法人或其他组织的合法权益并造成损害,由高校承担赔偿责任。

二、校园保安服务体制

(一)校园公共安全服务由保安公司提供是市场经济的内在需求

市场经济条件下,经济的发展和市场主体的多元化使公共安全的需求呈现多样化、层次化,从而为安全防范社会化、市场化开拓了广阔的消费市场。计划经济条件下,维护治安的工作只能由政府和事业单位自身来承担远远不能满足要求,市场经济是一种有效的资源配置手段,以市场为资源配置手段可以根据社会的需求由不同的市场主体来承担维护治安的工作。这是市场经济的必然定律和内在需求,不以人们的主观意志为转移。

同时,民间资本及民间组织的增长使得投资呈多元化结构,介入的公共领域日渐增大。近几年,民间投资增长快速,在社会总投资中的比重不断提高,投资领域不断扩大,方式日新月异。市场已积蓄了充足的经济力量去参与新领域的开发。事实上,民间资本及社会组织已开始以各种方式参与公共安全产品与服务的供给,并取得了较好的效果。我国的保安服务公司经过 19 年的历程,已发展至约一千四百多家,从业人员超过三十多万,在社会影响、社会认同与承认程度、市场占领、产值利润、经营范围等方面取得长足进步,并逐渐形成一种社会产业,成为预防犯罪、维护社会治安秩序的一支重要力量。[①]

而且,校园安全引入市场化机制已有国内外先例存在。在日本,采用请保安公司等形式,以经济合同的形式交给市场,以利益驱动来对校园安全的防范做出贡献,已经成了一种较为成功的校园安全管理范式。在国内,南方很多大学已经开始聘请保安公司或物业公司向学校提供安全服务,由这些专业人员保障校园安全,并取得了明显的效果。

(二)校园保安服务体制的建立

公共安全服务市场化机制指高校通过市场竞争机制,择优聘用保安公司承担公共安全防范任务。

1. 基本内容

---

① 参见钟雯彬:"公共安全产品与服务供给的新秩序模式",载《中国人民公安大学学报》2004 年第 1 期。

（1）法律关系。高校与保安公司通过协商、招标等方式达成协议，由保安公司为高校提供专业的安全防范服务。此时，高校与保安公司是民事平等主体，双方相应的活动都要有相关法律法规以及合同约定来明确，并据此运作。

（2）选聘来源。高校必须选聘属地公安机关保安公司专职保安人员，保证公司合法登记、人员素质较高。保安人员都必须持有公安机关下发的《保安员职业资格证》，着统一的保安服装，并佩戴统一的保安标志，并进行体能、搏击、安全规章、防范犯罪等多方面培训。

（3）管理要求。保安公司负责提供进驻保安人员值勤所需的装备、器材、通讯设备、常用办公耗材等；保安应聘、录用、离职等管理档案规范，手续齐全，相应资料必须报校园警察机构备案，禁止离职保安进入校园。

（4）服务内容。保安公司向高校提供的服务项目有：负责校园及周边的正常秩序和安全，对出入校园的外来人员进行登记；24小时不间断巡视校园内外环境，防止师生受到不法人员侵害，预防学校内部暴力事件发生；检查记录校园内公共部位的消防设施，确保完好，绘制消防设施分布图，协助校方做好室外设施的日常维护；校园内停车场管理，维护校园内交通秩序；提供安全技术防范设备的设计、安装、咨询和维护服务；向师生提供各类安全服务等。需注意的是，保安公司不具有执法权力，不得侵犯公民合法的人身权、财产权，对违法犯罪活动仅有举报权、制止权、正当防卫权、检举权和扭送权。

保安公司提供高校公共安全服务优势在于：第一，选聘保安公司代替原有的校卫队，通过市场竞争确定委托对象，在规定好双方权利和义务的前提下，保安公司以高校群体的特殊需求为目标，可以发挥自身优势,提供灵活性、多样性和针对性的安全服务;第二,保安服务人员必须经过专业培训,取得从业资格证后方能聘用上岗,实现了服务人员的专业化,为作好安全防范服务提供了良好的主体条件;第三,以校园警察为主、专业保安公司为辅的公共安全服务实现点面结合,形成完善的公共安全防控网络。

2. 公共安全服务市场化机制之风险规制

在任何一个社会形态中提高效率的努力必然伴随着相应的负面效应,公共安全服务市场化机制亦是如此。公共服务市场化不可避免会带来潜在的公共风险。

(1)警察权力缺位或越位。

首先,校园警察经法律授权代表国家行使警察权力,包括提供公共安全执法和公共安全防范服务。高校通过契约方式将公共安全防范交由保安公司承担,并不意味着校园警察公共安全防范责任的让渡与退出。实行市场化后,校园警察虽然减轻了压力,但仍应继续承担安全防范任务,不得因服务合同的存而疏忽甚至拒绝履行安全防范职责,否则必然会导致校园公共安全防范职能的削弱。

其次,基于保安服务合同的存在,校园警察应当有权对保安公司的行为进行必要的监督,但不得过分干预,在合同约定的范围内尊重合同相对人法律、法规所允许的自由权利。

因此,在公共安全服务市场化机制范围内,高校警察机构应当同时做好对保安公司在合同范围内活动的监督和当然地对不属于承包范围内的治安活动积极主动的行使职权,而不得以任何借口和理由拒绝行使其职权。否则,校园警察机构需承担基于权力越位而承担的违约责任或基于权力缺位而承担的行政不作为责任。

(2)保安公司及人员活动失范。公共安全与公众的基本自由、生命、财产等法定权利息息相关,通过市场化的方式将一部分公共安全服务交由私人组织来经营,企业"利润至上"的本能冲动,可能导致市场化后的公共服务在"最高效率、最低成本"的价值观念指导下,忽略了社会责任和公共利益。特别是目前我国保安服务行业发展还不成熟,参与人员良莠不齐,出现很多失范甚至违法犯罪行为。因此,对高校选聘的保安公司进行监督和规范实属必要。

第一,合同约束。高校与保安公司应当以合同的形式明确双方的权利和义务,高校有权根据合同对保安公司的履约行为进行监督。对全面履行合同约定的,要兑现合同报酬;对不履行合同义务或者履行合同义务不符合约定的,追究其违约责任。一般情况下,高校通过校园警察对保安公司进行具体监督。

第二,行政机关约束。地方公安机关依据法律法规负责保安服务活动的监督管理,具体方式包括:①事前监督,对申请设立保安服务企业的审查和许可制度,建立保安服务监督管理信息系统记载保安从业单位和从业人员的基本情况,接受保安从业单位对保安服务活动和保安员情况的定期报备等;②事中监督,对保安服务活动监督检查,了解保安从业单位保安员数量、管理培训、制度建设、保安服务合同履行、事故投诉等情况;③事后监督,受理对保安服务企业和保安员的投诉,纠正和查处保安从业单位和保安员的违法行为。此外,工商行政、教育、劳动和社会保障等部门按照各自职权,负责有关的管理工作。针对当前我国保安服务行业存在的问题,国务院已经着手制定《保安服务管理条例》,并公开征求意见,行政机关对保安服务行为的监督即将有专门的法律依据。

第三,地方公安机关与校园警察对保安服务活动监督的区别。首先,监督依据不同。校园警察是依据合同约定的内容对保安公司进行监督,而地方公安机关根据保安公司的登记和备案程序,依据法律法规对保安服务活动进行监督。其次,处罚权力不同。校园警察代表学校利益,只能追究保安公司的违约责任,而地方公安机关依据法律法规可以对保安公司及保安员进行行政处罚其至追究其刑事责任。虽然有区别,但是地方公安机关和校园警察双方都有权接受对保安公司及保安员的投诉,在处理上需要双方分清职权、协同合作,不得互相推诿或越权干预。

国家将高校警察执法权取消并收归地方公安机关行使后,高校公共安全服务面临着日益增长的需求与政府有效供给不足的问题,客观需要决定了我们必须探索出一条高校公共安全服务社会化之路,从政府直接供给的单一方式向多种类、多中心的社会组织共同供给的多种方式转变。校园警察制度与校园保安服务将公共安全服务社会效益和经济效益有机结合,打破旧有公共安全服务之政府垄断经营局面,是值得我们探索的有益途径。

第 十 章

高校突发事件应急管理法律机制研究

当前,随着社会转型过程中高校社会化影响程度的加深,高校与社会联系程度更加密切,学校突发事件发生的频率相对频繁,对我国高校的管理理念、管理制度、组织形式和管理能力提出了十分严峻的挑战。高校危机事件的出现,是高校"有序"管理过程中的一个断点,不可避免地会对高校秩序形成威胁和破坏。为此,如何改善高校治理结构,提升危机治理能力,积极防范高校突发事件的发生,缓解、消除高校突发事件所带来的损害,就成为目前高校管理中一个十分紧迫而重要的课题。

第一节 高校突发事件应急管理概述

"高校突发事件",往往是指由于矛盾、冲突的积累而导致高校组织处于受严重威胁、具有不确定性和压力状态下,为使其摆脱或减少这样的危机情境带来损害,必须要对其作出关键决策的事件。高校突发事件应急管理的目的是要对突发事件迅速做出正确的反应,所以应急管理是以事件的性质、应急处理性质、所需的资源、紧急的程度等进行分类的,是一种事前的分类,目的是既要通过对事件机理分析,迅速地制定或在预案中选择相应的预案,也要达到评估有关机构应急处理能力的目的。

一、高校突发事件的特征

高校作为一种社会组织,由于主观、客观等多种原因影响,常常要应对许多突发事件。高校突发事件是危机的属概念,具有危机具有的普遍特性。但因高校危机的主体有一定的特殊性,高校突发事件也有一定的特殊性:

1. 危机的突发性。危机事件虽然存在发生征兆和预警的可能,但由于真实发生的时间、地点具有一定的不可预见性,而且也超过了正常的高校运行秩序和教职工、学生习惯性的心理承受能力,从而显示出突发性的特征。

2. 危机的威胁性。威胁性的强弱视可能受到的损失价值的大小而定,受其精神上所承受的损失而定。

3. 危机的不确定性。由于环境的不确定性、人的有限理性以及信息的不对称性,危机往往产生不确定性。表现为状态的不确定性、影响的不确定性和危机回应的不确定性。

4. 危机的紧迫性。当危机突然发生时,决策者必须立即对情景做出适当的反应。在危机情景下,决策者都会受到危机处理时间有限性、信息有限性、资源有限性的多重压力,对应策略往往更多地基于经验判断而不是科学推理,本质上属于一种非程序化决策。

5. 危机的双重性。"危机",从字义上来看,"危"代表"危险","机"可理解为"机会"。凡事都有其两面性,如果高校决策者能够把握住时机,正确决策和处理,就有可能带来整个事件的转机,可以借此带来组织的革新、体制的创新等。

6. 危机的社会敏感性。校园发生的危机常常来自外力的干扰,而高校作为科研、理论重阵和高层次人才培养基地,加之高校师生作为高知识、高素质群体,始终备受政府、公众和媒体的重视与关注。这种"焦点性"使得高校危机更易引起社会反响,更易与某些外在因素产生互动,产生危机的"放大"或"辐射"效应。

7. 危机的扩散性。作为高校主体的大学生具有活跃性、敢为性、群体性等特性。一方面,信息技术的高速发展为大学生的信息快速、多样、隐蔽地传递提供了支持,如网络的利用会使学生聚集变得非常容易,而且不易被学校察觉,学生容易"一呼百应",使个人事件转化为群体事件,从而难以控制;另一方面,危机心理也是可以传染的,在危机状态下大学生心理行为容易引发"涟漪效应",且很难被察觉。

8. 危机的频发性。高校学生危机性事件的主体往往是众多有共同利益诉求或共同心理倾向的一定区域内的大学生群体,主体结构比较单纯。大学生正处于生理和心理的发育和成长期,人生观、价值观的形成期,他们关注社会,但又缺乏足够的理性思考能力;智力发展达到高峰,但又存在好走极端与偏激的感性冲动;情感丰富而强烈,但又具有较大的波动性;独立意识在不断增强,但却又具有很强的依赖心理;有强烈的自尊心,但逆反心理同样较强。相对于社会上的成年人而言,大学生群体最缺乏防范意识和抵抗能力,也最容易受到伤害,属于易受攻击者。同时,大学生还面临着诸多如学业、经济不独立、就业等压力,面临着重新构建同学、朋友的人际关系,与异性如何正确交往,恋爱失恋等问题,许多问题累计导致大学生易感性强,容易形成高校危机事件。

9. 危机的长期性。高校的声誉或组织形象是衡量高校绩效的主要指标,对个人、群体、事业单位,甚至整个国家高教系统来说,声誉是高校特殊的交换硬币。而一所高校的声誉是靠几代人换来的。一旦危机爆发,很可能会将学校陷入难以自拔的困境,要想恢复需要花很长时间,对于学生的身心及前途的影响也是长期的,所以危机对高校的影响是深远的。[①] 而且,由于高校内外部公众人数层次多、工作头绪杂、人财物管理混合;加之高校改革不断推进;后勤社会化逐步深入;扩招广泛进行;使高校本就脆弱的基础管理体系捉襟见肘,突发事件重重。

二、高校危机管理的特征

高校危机事件的特殊性增加了高校危机管理的复杂性和紧迫性,高校危机管理的主要特点有:

1. 高校危机管理的独立性。《教育法》规定了高校在符合高等教育的内在要求下,具有一定自主管理的特殊权利。高校管理模式以"自主管理为主,行政管理为辅"[②]。因此,在应对校园突发事件过程中,学校不能把责任推卸给政府和社会,更不能消极等待救助,应该承担起责任和义务构建一套危机预控机制,有效减少危机带来的各种损害,以保障高校师生的生命和财产安全。

2. 高校危机管理的依赖性。高校是社会的有机组成部分,高校的危机管理自然不能脱离社会之外。高校危机管理,是公共危机管理的有机组成部分,也是公共危机管理的有效延伸。高校危机管理离不开党和政府的统一部署,离不开社会各界的鼎力支持,更离不开高校自身组织和成员间的相互支持和配合。

3. 高校危机管理的规范性。目前,我国还没有专门的高校危

---

① 杨佳:《我国高校危机管理机制建设研究》,电子科技大学硕士毕业论文2004年。

② 简敏:《校园危机管理策略创新:当代高校稳定的现实选择》,中国检察出版社2007年版,第30页。

机管理方面的立法。从与危机有关的法律理解上看，《民用通则》、《刑法》、《高等教育法》、《教师法》、《普通高等学校学生管理规定》、《中华人民共和国突发事件应对法》等法律、法规条文中有部分内容涉及了，各省市、各高校也针对不同类型的突发事件相继出台了一些规范性条例，如北京市教委出台了《关于普通高等学校学生违纪处分程序若干规定（试行）》，在维护学生权利的同时，规范了学校和学生双方的行为，从而减少了双方发生激烈冲突、造成严重后果的几率。① 在"依法治校，依法治教"方面，有的学校成立"法制办公室"，聘请专业律师为学校文件以及校纪、校规等进行审查和把关，进而有效地维护大学生的根本利益。

4. 高校危机管理的科学性。突发事件尽管是突发性的，但总是有着深刻的必然性在起作用。从偶然性中把握必然性、规律性，再积极总结经验教训，结合具体境况进行具体分析，进而科学地预防、应对危机。如高校管理者要本着"可散不可聚、可解不可结、可疏不可激"的原则和方法多做化解工作；在校内发生突然聚集的事件，各基层部门要在党委的统一领导下，深入进去解决问题，分离出来做好工作；当学生情绪比较激动时，不要与学生争论，不要刺激学生，应以达到让其离开现场为目的，然后，再晓之以理、动之以情教育学生；针对不同人群的心理应激反应，学校应运用科学的心理学知识及干预技术，制定符合校园及不同人群心理特点的心理指导和心理干预策略，减少学生因焦虑、恐慌等不良情绪引致的不安定因素等。

---

① 简敏：《校园危机管理策略创新：当代高校稳定的现实选择》，中国检察出版社 2007 年版，第 32 页。

第二节　高校突发事件应急管理法律机制研究

"机制"这个术语原来主要用于机械学,是指"机器的构造和动作原理",现在已被广泛应用于社会科学领域,指的是组织诸多因素之间的内在联系及其运行方式。机制是一套结构化的规则,可以是人为的也可以是自然的。机制对外,有输入有输出;对内,有信息有反馈。无规矩不成方圆,它的作用在于约束和限制,以保证宿主系统始终在损毁和崩溃的临界范围内运转。机制的优劣可以用它对宿主系统发展的贡献来衡量,看其是否能鼓励和促成正面影响并避免和消化负面影响。① 简言之,机制是事务处理相关方的内在关联机理和制度之间的关系。②

突发事件应急管理本身并不仅仅指突发事件发生过程的时间序列,还要考虑到每个阶段的相应行为选择。一般来说,突发事件应急管理包括四个方面的行为过程;一是对突发事件前的预防;二是对突发事件前的准备;三是对突发事件作出反应;四是突发事件之后的修复和重建。其关键之所在是如何把这种政策性应对之举转变成为一个具有长期性的有效机制,从而避免其短期效应特征。③ 高校突发事件应急管理是危机管理的属概念,建立一个高效的包含预警、处置和辅助机制在内的高校突发事件应急管理机

---

① Ma Longqiang:"什么叫机制",企业商务智能工程研所,http://www.ebie.org/open_news.aspx? news_id=1437。

② 郭济:《中央和大城市政府应急机制建设》,中国人民大学出版社 2005 年版,第 119 页。

③ 王郅强、麻宝斌:"突发公共事件的应急管理探讨",载《长白学刊》2004年总第 106 期。

制,已经成为或正在成为高校应对突发事件的必由之路。

一、高校突发事件的预警机制

最高明的应急危机管理不在于事件的形成和爆发后的处理,而在于排除导致事件发生的各种可能性。"预警"一词,源于军事,是指通过提前发现、分析和判断敌人的进攻信号,并把这种信号的威胁程度报告给指挥部门。[①] 高校预警机制,是对高校运行状况发出信号,显示高校已经或即将发生无序现象的临界状态,以期引起高校管理者和社会公众的注意,及时采取对策,使高校运行状况不再继续恶化的一套制度和方法。

高校预警系统主要分为两类,即电子预警系统和指标预警系统。电子预警系统,是一种通过电子装置和技术进行信息采集、分析、决策及报警活动的自动预警系统。现今绝大多数高校在学生生活区的周边安装了红外线报警装置、摄像头、探头,在宿舍楼内安装了消防自动报警装置;在科研保密区、行政办公区等重要区域,除安装有红外线报警装置外,有的还安装有监视系统,这些措施可以起到监测防范的作用。指标预警系统,是指先设定高校危机的一系列预警指标,然后根据这些指标去分析所获得的信息,以此判断危机是否发生。其中,预警指标是针对预警对象的情况建立起来的具有监测功能的预警指标体系,通过分析预警指标,确定预警对象与危机发生之间的因果关系,从而进行危机预测和预报。

危机前的预警是高校危机管理的首要阶段,也是高校危机管理的第一道防线。通过预警机制的建立,可以帮助高校对可能发

---

① 肖军鹏:《公共危机管理导论》,中国人民大学出版社 2006 年版,第 64 页。

生的各种形式的突发事件进行事先的估计,提前做好准备。预警机制,包括危机检测子系统、危机评判子系统和危机预报子系统。① 每个系统都必须达到一定的目的:一是要遵循及时、准确、全面、连续、完整的原则,挖掘隐藏的信息,收集分散的信息。一般来说,高校危机事件的预警对象主要是师生,但是,有时候也包括高校所在的社区和周边邻近单位,甚至是更广的范围,要视具体情况确定预警范围大小,既不能遗漏也不能扩大。二是预警要准确。发现某些敏感性指标的异常变化,并用数量分析等科学方法预先指出其发展征兆,既不能发送错误的信号,也不能忽视任何危险的征兆。三是预警信号要及时、明确。要将有关信息和结果向学校相关部门、全校师生或社会发出警示或警告,即按照危机事态的不同等级发出不同的预警信号。我国高校目前还缺乏对危机警报的级别设定,一些西方国家如美国,其危机警戒类别分别用绿、蓝、黄、橙、红五色旗代表从低到高的五种级别,并制定了学校应该采取相应行动的指南。

二、高校突发事件的处置机制

由于此时高校突发事件的冲击力最大,因此也是人们关注最多的阶段。用"燃烧理论"的观点来分析,我们发现高校内部冲突与矛盾是"燃烧质的内容",而突发事件则是"点火因素",媒体与敌对势力则有可能充当"助燃剂或是抑燃剂",因此对"点火因素""助燃剂或是抑燃剂"的控制是危机管理中非常关键的环节。高校突发事件的处置机制主要包括高校危机的识别和判断、高校危

---

① 张小明:《公共部门危机管理》,中国人民大学出版社 2006 年版,第 150 页。

机的隔离和控制、高校危机的处理与解决这样三个阶段。

首先,危机情境下信息的不完全、不对称、不准确,给危机管理带来了很大的阻碍,因此,信息是影响危机管理的关键因素,准确地识别危机,最为重要的是要在极端紧迫的情况下及时为决策者提供真实、准确、全面的信息,决策者再依靠这些信息迅速找到应对事件的根本和要害,及时采取措施。

其次,从危机萌芽到危机的全面爆发中间有一个过程。高校管理者要注意隔离事件,避免其发展态势进一步升级,避免危机事态到达一定的"点火温度"。隔离事件的一种有效途径就是通过迅速有效的反应机制,防止事件扩张,即在事件发生时,要有指挥机构,统一负责应急管理,部署并监督各部、各机构的协调合作,合理调配资源,将有限的资源运用到最需要的地方去;要有监测中心,及时跟踪掌握事态发展新情况,不断纠正偏差,即在指出问题的同时也要解决问题;要有动员体系,把潜在应对能力迅速变为现实能力;要积极联络外援,在一些大规模危机中,仅凭高校自身力量往往无法完全化解危机,要积极向政府或者社会公众求援,利用一切可能的力量来应对危机。

另外,还需注意的是,在高校突发事件的处置机制的建立和使用过程中,一定要注意经济合理。各种处置活动产生的收益都必须与其成本相比较,要尽可能使物质资源少受危机的影响,储备和保护好用于危机处理的物资,在危机情境中合理安排好各种资源,以帮助解决危机。

三、高校突发事件的辅助机制

突发事件之后高校要尽快从危机状态中复原到正常状态。正常状态要用正常的管理,非常状态需要非常手段的管理;在正常状态下必须考虑建立非常状态下的应急机制和能力,在非常状态下必须维持必需的正常的高校秩序。但无论是正常状态,还是非正常状态,都离不开应急管理的辅助机制。辅助机制包括沟通、媒体管理、应急管理的组织机构、物质准备和调度、技术储备、国际合作等。这些管理行为不是应急管理某个阶段特有的管理行为,而是贯穿应急管理各个阶段,属于应急管理基础性工作。

在辅助机制众要素中,沟通子系统最为关键。危机事件爆发后,高校危机管理者急需加强对事件利益相关者以及媒体的及时沟通,主动争取理解和支持,了解他们的需求,并有效地传达准确真实的信息,这是顺利化解突发事件的关键。2003 年 2 月 25 日,北京大学和清华大学两所大学的餐厅发生了人为爆炸事件。对这起突发性事件两所学校处理得非常圆满,很值得我们借鉴。事件发生后一个半小时之内北京大学校园网就播发了来自校方的公告,宣布两所学校共有 9 人在爆炸中受伤,在 BBS 上也张贴了相关信息。① 其他主流媒体同样迅速做出了反应,新华网在第一时间发布了当时恰巧在现场的记者采写的消息,人民网及新浪、搜狐等商业网站也相继有了如实的报道。这些短时间内官方的和非官方的如实报道,大大缓解了紧张恐怖的气氛,高度透明的信息让流言和谣言的传播缺少了空间和动力,在最大限度上解除了人们可能发生的恐慌心理。

清晰的信息沟通路线对成功地管理危机事件非常重要。在制定危机管理计划的过程中,在地区、高校及社区之间建立一套有效的沟通机制十分必要。根据信息沟通的原理和危机情境下信息沟

---

① 吴建勋:"论高校突发事件的沟通管理",载《技术经济与管理研究》2005年第 2 期。

通的特殊要求,高校危机管理的沟通机制在构建时首先应明确以下几点:第一,沟通对象。一般来讲,对高校危机管理而言,危机沟通的对象主要有校内沟通、校际沟通、学校与政府、媒体等高校系统外的组织的沟通。而校内沟通又包括学校危机管理各部门的沟通、学校与学生、学校上下级之间的沟通。第二,沟通的目的。主要是为了避免危机,或是当危机发生时获得各方面的支持和理解,以提高危机管理的水平。第三,沟通的手段。目前信息沟通方式非常多,有手机、对讲机、电话、网络、传真、书信、新闻媒体等。经《新时期维护高校稳定工作体系及机制研究》课题组近期对某部属院校学生的一次抽样问卷调查中显示:当高校发生突发事件时,有79.9%的学生希望设法分清事件是非,64.1%的学生会理性参与,76.6%的学生服从有关领导与管理人员的态度与行为。这说明,高校大学生在突发事件发生时,大多数还是相信学校和官方媒体的态度和引导。[1] 但高校在与学生沟通的过程中要注重沟通原则,以达到最好效果:

1. 亲临现场。人们都倾向于将单位领导人亲自出面当成最重要的心理沟通讯号。在天津某重点大学刮车事件到砸车事件中,就有一个大概两个小时的时间差,在此期间学生在等待学校领导的出面,但相关校领导并没有第一时间赶到,也就不能给学生们一个信服的说法,结果事态进一步发展,影响不断扩大。

2. 选择媒介。沟通渠道一般分为大众传播媒体、组织自控媒体、人际传播媒体等。高校应充分应用这些媒体为突发事件处理服务。例如,在处理"王铭铭剽窃事件"时,北京大学就很巧妙地

---

① 于孟晨等:"基于思想引导机制建设的高校突发事件应急管理研究",载《西安邮电学院学报》2007年第7期。

发挥了人才荟萃、权威众多的优势,通过"人文与社会"首届北大论坛的形式,借助何芳川(副校长)、袁行霈(人文学部主任)、厉以宁(社会科学部主任)、朱苏力(法学院副院长)等学界名人,发出了"清除赝品,拒绝平庸","用心血做学问,用生命写文章"的宣言,及时扭转了不利舆论。①

3. 信息公开。高校与学生沟通过程中要注意信息公开的原则。如在"刘燕文诉北京大学"事件的一审判决之后,北京大学法学院就专门为此主办了学术沙龙。之后,北大法律信息网还专门开辟了"法律 BBS",继续发表各自对"刘燕文诉北大"一案的想法。这些做法无疑为扭转社会公众对北京大学在该事件中的不良印象起到了较好的作用。

4. 统一口径。高校在发生突发事件后,对外要提供统一的信息。例如,在"北大清华连环爆炸案"中,公安部部长助理朱恩涛在第一时间表示,这只是个别案件,并非恐怖袭击事件。北大校长许智宏及时做出了"校园爆炸案案犯不太可能是本校学生"的判断。并明确表示,北大将不会因为爆炸事件变得保守起来。爆炸事件之后,北大方面加强了对公共场所的安全监测,北大师生要继续提高警惕。这些表态对引导舆论起到了很好的作用。②

5. 灵活应对媒体。经常保持危机意识,切勿怀有不关己之念,勿以善小而不为;在危机到来前,能主动以坦诚、友好的心态与媒体建立良好的互动关系;规定学校消息发布的基准、要求,确定新闻发言人,收集完整的资料,代表学校对外发言;建议和指导师

---

① 吴建勋:"论高校突发事件的沟通管理",载《技术经济与管理研究》2005年第 2 期。

② 吴建勋:"论高校突发事件的沟通管理",载《技术经济与管理研究》2005年第 2 期。

生学习学校的媒体政策,遵守媒体采访、报道程序;保持平和心态,正面面对记者采访,切忌黑面和怒斥记者;记者要知的是事实,切忌回答"不愿置评"或说谎话,要针对问题进行作答,切勿扯远话题,或是向记者披露一些不想被引述的信息;安排专人负责接听媒体来电,并委托发言人务必答复或以书面形式回应;在沟通过程中,如果发现记者掌握的资料有误,一定要及时予以纠正;若遇到无法马上回应的问题,一定要先进行调查和了解,然后再答复。①

---

① 李志强:《论高校危机管理》,华东师范大学硕士毕业论文 2006 年。

责任编辑:茅友生
版式设计:程凤琴
责任校对:吕 飞

图书在版编目(CIP)数据

高校公共安全法律研究/崔卓兰 江乐忠 主编.
北京:人民出版社,2009.3
ISBN 978 - 7 - 01 - 007638 - 6

Ⅰ. 高… Ⅱ.①崔…②江… Ⅲ. 高等学校-安全管理-法律
-研究 Ⅳ. D912.104

中国版本图书馆 CIP 数据核字(2009)第 006742 号

高校公共安全法律研究
GAOXIAO GONGGONG ANQUAN FALÜ YANJIU

崔卓兰 江乐忠 主编

人 民 出 版 社 出版发行
(100706 北京朝阳门内大街 166 号)

北京凌奇印刷有限责任公司印刷 新华书店经销

2009 年 3 月第 1 版 2009 年 3 月北京第 1 次印刷
开本:880 毫米×1230 毫米 1/32 印张:14.5
字数:280 千字

ISBN 978 - 7 - 01 - 007638 - 6 定价:48.00 元

邮购地址 100706 北京朝阳门内大街 166 号
人民东方图书销售中心 电话 (010)65250042 65289539